坚持实验，勇于探索，在实践中求真，在探索中创新。

——张天孝

· 教育家成长丛书 ·

张天孝
与新思维数学

中国教育报刊社·人民教育家研究院 组编

张天孝 著

北京师范大学出版集团
BEIJING NORMAL UNIVERSITY PUBLISHING GROUP
北京师范大学出版社

图书在版编目（CIP）数据

张天孝与新思维数学/张天孝著；中国教育报刊社人民教育家
研究院组编. —北京：北京师范大学出版社，2016.11（2022.6重印）
（教育家成长丛书）
ISBN 978-7-303-21292-7

Ⅰ.①张… Ⅱ.①张… ②中… Ⅲ.①小学数学课—教学研究
Ⅳ.①G623.502

中国版本图书馆 CIP 数据核字（2016）第 225866 号

营 销 中 心 电 话　　010-58802135　010-58802786
北师大出版社教师教育分社微信公众号　　京师教师教育

出版发行：北京师范大学出版社　www.bnup.com
　　　　　北京市西城区新街口外大街 12-3 号
　　　　　邮政编码：100088
印　　刷：北京玺诚印务有限公司
经　　销：全国新华书店
开　　本：787 mm×1092 mm　1/16
印　　张：29.25
字　　数：503 千字
版　　次：2016 年 11 月第 1 版
印　　次：2022 年 6 月第 3 次印刷
定　　价：88.00 元

策划编辑：倪　花　　　责任编辑：刘文平　王玲玲
美术编辑：焦　丽　　　装帧设计：焦　丽
责任校对：陈　民　　　责任印制：陈　涛

教育家成长丛书

编委会名单

总　序

　　教育是国家发展的基石，教师是基石的奠基者。古人云："国将兴，必贵师而重傅。"兴国必先强教，强教必先重师。党中央、国务院高度重视教师队伍建设。2013 年教师节，习近平总书记在给全国广大教师的慰问信中指出："百年大计，教育为本。教师是立教之本、兴教之源，承担着让每个孩子健康成长、办好人民满意教育的重任。"2014 年，在第 30 个教师节前夕，习总书记到北京师范大学视察并发表重要讲话，指出："一个人遇到好老师是人生的幸运，一个学校拥有好老师是学校的光荣，一个民族源源不断涌现出一批又一批好老师则是民族的希望。"《国家中长期教育改革和发展规划纲要（2010—2020 年）》也明确提出，"有好的教师，才有好的教育"，要"努力造就一支师德高尚、业务精湛、结构合理、充满活力的高素质专业化教师队伍"。"倡导教育家办学"，要创造有利条件，鼓励教师和校长在实践中大胆探索，创新教育思想、教育模式和教育方法，形成教学特色和办学风格，造就一批教育家。"两个一百年"奋斗目标的实现、中华民族伟大复兴中国梦的实现，归根结底要靠人才、靠教育，而支撑起教育光荣梦想的，是千百万的教师。

　　时代呼唤好老师。有一流的教师，才有一流的教育；有一流的教育，才有一流的国家。出名师、育英才、成伟业，是时代赋予我们教育战线的神圣使命。"所谓大学者，非谓有大楼之谓也，有大师之谓也。"好学校、好教育的最重要标准，就是要有好老师。一所学校、一个地区，乃至一个国家，如果教师有理想、有爱心、有学识、有高超的教育艺术，那么即使硬件设施有些简陋，家长、学生也会心向往之。教师是中国梦的奠基者。教师的重要使命，就是为每个孩子播种梦想、点燃梦想，并帮助他们实现梦想。每一间平凡的教室，每一节朴实的课，都不仅是知识的传递，而且是人类文明精神的接续、人生梦想的起航。正是有亿万个孩子梦想的放飞、绽放，中国梦才更加光彩夺目。如果说中国梦最坚实的土壤是学校，那么教师就是最伟大的"筑梦师"，他们用默默无闻、孜孜不倦的智慧劳动，让每一颗年轻的心灵都与中国梦激情相拥。

倡导教育家办学，造就一批好老师，首先要尊重、珍惜我们的本土智慧、本土创造。教育家不是凭空产生的，而是扎根于自己的民族文化土壤，同时吸收人类文明成果，从而创造出独特而生动的教育实践、教育智慧和教育文明。五千年源远流长的中华文明，不但形成了有我们民族特色的教育理论体系，而且涌现出了千千万万优秀的教育家，有被推崇为"大成至圣先师""万世师表"的孔子，有"匹夫而为百世师，一言而为天下法"的韩愈，有"捧着一颗心来，不带半根草去"的人民教育家陶行知，等等。改革开放40年来，随着教育改革的不断深入，教育战线涌现出了一大批杰出教师。他们痴情于教育事业，坚守理想信念和教育良知，在三尺讲台上默默耕耘、刻苦钻研，同时以敢为天下先的精神大胆创新，不断进取、不断超越，形成了各具特色的教育思想和教学风格。正是他们的成功探索和实践，创造了具有中国风格的教育经验，丰富了具有中国特色的教育理论宝库。原由教育部师范教育司组织编写，现由中国教育报刊社人民教育家研究院组织编写的"教育家成长丛书"，就是要向这些宝贵的本土创造性的教育经验致敬。

当前，教育领域综合改革正在深入推进，考试招生制度改革的大幕已经拉开，立德树人、培育和践行社会主义核心价值观成为大中小学教育的头等任务。可以预见，中国教育将发生深刻的变革，将从"中国制造"向"中国创造"转变。"没有革命的理论，就没有革命的运动。"没有适合中国土壤、具有中国智慧的教育理论，就不可能为未来的中国教育改革提供有效的指导。我们的教育要向"中国创造"飞跃，必然要首先创造属于我们自己的教育理论，而不是"言必称希腊"或者老是贩卖欧美的教育理论。170 多年前，美国思想家、诗人爱默生发表了著名演说《美国学者》，号召美国知识界："我们依赖旁人的日子，我们师从他国的长期学徒期时代即将结束。在我们周围，有成百上千万的青年正在走向生活，他们不能老是依赖外国学识的残余来获得营养。"由此，美国迈入精神立国阶段。

如今，我们也面临与爱默生同样的情形。随着我国 GDP 已从世界第二向第一迈进，我们的经济崛起已成为事实，但在道德文明、文化精神等方面，我们还需奋起直追。没有文明的崛起，经济崛起就难以持续。当务之急，是我们需要化解内心深处的文化自卑情结，摆脱对他国文明的精神依附，自觉养成强烈的"中国意识"，独立的中国文化品格，并由此去环视世界，去改造本土实践，去创造属于我们自己的精神养料——这在教育界显得尤为紧迫。"教育家成长丛书"，旨在把我们本土教育实践中蕴含的中国智慧提炼出来，从而形成具有时代意义的中国特色的教育话语体系，再以此去观照、引领、改造中国的教育实践，为伟大的教育改革提供经验、理论支持，也为未来的教育家提供丰富、可资借鉴的精神养料。

让我们为中国教育的伟大未来一起努力吧！

2018 年 3 月 9 日

前　言

　　见证着中国基础教育半个世纪的春华秋实，代表着中国基础教育教学成果的最高成就——"首届基础教育国家级教学成果奖"，闪耀着李吉林、窦桂梅、吴正宪、张思明、洪宗礼、唐江澎、邱学华、于永正、孙双金、薄俊生、龚春燕等一大批优秀教师的名字。而上述这些教师杰出代表恰恰都是《人民教育》"名师人生"栏目中最受读者喜爱的名师，都是"教育家成长丛书"的作者。

　　"教育家成长丛书"（以下简称"丛书"），是在第 20 个教师节前夕，为了研究、总结、宣传和推广我国众多优秀中小学教师的先进教育思想和鲜活宝贵的教育教学经验，培养造就一大批德才兼备的优秀教师和杰出的教育家，促进教师队伍整体素质的提高，根据教育部党组安排，由师范教育司组织编写的一套凝聚着一大批教育家成长智慧的大型教育丛书。

　　"丛书"自 2006 年问世以来，不但得到国务院和教育部领导同志的高度重视，而且先后印刷多次尚不能满足广大读者的需求。这其中的奥秘何在？

　　当你翻开"丛书"，每一部著作都讲述着一位教育家成长的故事。这些著作主要从"成长历程""思想概述""课堂实录"和"社会反响"等方面全景式反映其教育思想、教育智慧、专业精神和专业人格的形成过程与教学实践过程。这是教育家成长的基本素质所在。

　　当你沿着教育家成长的足迹走近他们的时候，你会融入这些带有"草根色彩"、扎根中华教育实践大地、充满田野芳香的真实感人的教育故事中。

当你从"丛书"中，从这些当年和自己一样的普通教师，成长为今天受人尊敬的教育家的成长过程中受到启迪，当你触摸着自己的心，把学生的成长和祖国的未来紧紧连在一起的时候，你会真切地感受到教育家离我们并不遥远。

当你用整个身心蘸着自己的生活积累去品味"丛书"中的每一部著作的"成长历程"时，在一位位名师不断学习、不断超越自我、不断超越学科教学的求索足迹中，你会读懂"教育是事业，其意义在于奉献"的丰富内涵。

当你研读"丛书"中的每一部著作的"思想概述"，和每一位名师展开心灵对话的时候，都会深深地感受到，一名教师对教育独立的理解与执着的追求有多么重要。从一名普通的教师成长为受人尊敬的教育家的过程中，你会读懂"教育是科学，其价值在于求真"的深刻含义。透过"丛书"，你会看到一代代教师用爱与智慧塑造民族未来的教育理想。

随着我们从"知识核心时代"走向"核心素养时代"，教师教育教学活动的视野已拓展到人的生存与发展的方方面面。教师要结合自己的教学实践去感悟"教育理念是指导教育行为的思想观念和精神追求"，应该把爱化为自己的教育行为，让爱充盈课堂，触摸到一个个灵动的生命，让爱产生智慧，让爱与智慧在学生心中留下岁月抹不去的美好回忆，让教育者和受教育者都感受到教育的幸福。这是"丛书"给我们的启示，也是每位教师应有的胸怀和视野。

时代呼唤教育家。为了进一步把我们本土教育实践中蕴含的中国智慧提炼出来，从而形成具有时代意义的中国特色的教育话语体系，以此去观照、引领、创新中国的教育实践并在更大范围加以推广，"丛书"将由中国教育报刊社人民教育家研究院继续组织编写，希望能够在更广大教师的心田中播种教育家成长的智慧，从而出更多的名师，育更多的英才，成就中华民族复兴的伟业。这是时代赋予广大教育工作者的神圣使命。如果广大教师能在每位教育家成长、探索教育智慧的过程中受到启迪，形成自己的教育智慧，则实现了我们编辑这套"丛书"的初衷。

"教育家成长丛书"
编 委 会
2018 年 3 月

目 录
CONTENTS
张天孝与新思维数学

新思维人生
——人生几何，秉烛求索

新思维理念
——学非探花，自拔其根

新思维课堂
——如切如磋，如琢如磨

新思维历史
——博观约取，厚积薄发

新思维印象
——香远益清，亭亭净植

新思维人生
——人生几何，秉烛求索

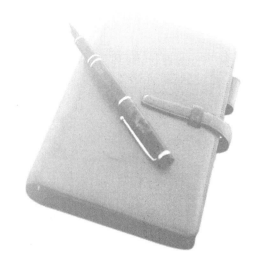

"人的一生，应当这样度过：当他回首往事时，不因虚度年华而悔恨，也不因碌碌无为而羞耻"……"一个人，一辈子，一件事"，张老师把整个生命和全部精力，都献给了小学数学教育研究。

　　在困难中坚持，在孤独中前进。在张老师丰富的人生中，有鲜花，也有荆棘；在张老师前进的道路上，有直线，也有曲线。张老师与数学结缘一辈子，享受着研究数学与教学的乐趣，把发展学生的思维融入血脉，扛起"出名师、育英才"的重任。

　　张天孝老师出生在越剧之乡浙江省绍兴嵊县(现嵊州市),出身贫寒,苦心求读,1953 年,以优异的成绩报考了杭州师范学校(今杭州师范大学),农家娃实现了鲤鱼跳龙门的愿望。欣喜余波未尽,刚刚离开家乡踏进校门的张天孝却突然接到父亲因脑出血不幸病故的噩耗,这晴天霹雳,给他年轻的心灵蒙上了深深的忧伤。但失去亲人的痛苦和家境的贫寒,并没有成为他学习的阻力,岁月的苦难反而成为他无比的学习动力,铸就了年轻人难得的坚韧不拔的毅力和意志,揭开了他漫长曲折而又卓越不凡的教育人生。

一、初试牛刀:三算教学改革

　　1956 年 8 月步入教坛,张天孝老师被分配在杭州市上城区第一中心小学(现饮马井巷小学)担任大队辅导员、六年级班主任,既教语文又教数学。1957 年、1958 年、1960 年张老师送走了三届毕业生。在这四年中,张老师被评为杭州市优秀辅导员、杭州市文教方面先进工作者,参加上城区语文中心教研组。1960 年下半年张老师担任副教导主任,不再教语文,只教一个班数学。1962—1963 年张老师在饮马井巷小学试验和推广了杭州大学教育系孙士仪先生设计的"计算练习片",进行口算和笔算结合教学实验,探讨小学各年级口算教学方法,研究速算规律,大面积提高了计算教学质量,培养了一批速算小能手。1963 年上半年杭州市举行全市小学生速算比赛,张老师所辅导的速算小组 9 名学生参赛。这届比赛决出了 12 名优胜者,上城区参赛代表队 12 名学生进入了前 10 名,其中 9 名是饮马井巷小学参赛的学生。张老师的实验总结"改进计算教学提高计算能力"作为上城区首届小学数学专业会议的专题报告,在区教师进修学校开设了"计算教学研究"专题讲座,研究成果《速算技巧》由中国国际广播出版社出版。

　　1972 年,张老师在学习上海市崇明县"三算结合"教学试验的基础上,结合自己在 20 世纪 60 年代初进行的口算、笔算教学试验,在上城区开展了"三算结合"教学试验,提出了"以珠算为基础,改造笔算,促进口算"的教学思路,改革了笔算从低位算起的传统计算方法,把它改为从高位算起,使我国传统的珠算方法与笔算计算法融为一体。这在当时全国"三算结合"实验中独树一帜,形成了小学数学教学改革的一个新的流派。编写的"三算结合"小学数学教材，先后由浙江人民出版社和湖北人民出版社出版，每年发行量达百余万册，遍及全国 24 个省市和地区。在此期间张老师编写了《三算结合讲义》《改造笔算试验讲义》等师资培训教材，发表了《"三算结合"，彻底改革小学数学》《用辩证唯物主义观点改造笔算的试验》等文章。

1978 年 8 月，全国试用统编教材，各地停止了"三算结合"教学试验，在上城区教育局何容局长的全力支持下，张老师在总结经验教训的基础上，继续在区内坚持试验。1979 年、1980 年上城区先后两次接待日本的全国珠算教育联盟访华团，考察"三算结合"教学，1979 年下半年，张老师写出了"三算结合"新试验实验报告，在浙江教育学会年会上做了交流，并在中国珠算协会主办的《珠算》杂志 1980 年第一期发表。1979 年 11 月，张老师参加了中国珠算协会成立大会，交流了与杭州师范学院黄继鲁合作的《以珠算为模式改造笔算》的论文，并发表于《杭州师范学院学报》（自然科学版）1979 年第二期，后来又被日本全国珠算教育联盟研修委员长户谷清一译成日文，发表于日本《珠算春秋》第 52 期，1980 年上半年，张老师在新试验的基础上编写了"三算结合"实验课本第 1～4 册，由教育科学出版社出版。1980 年 12 月，教育部原副部长、中国教育学会会长董纯才在全国教育学会第三次常务理事扩大会议的讲话中，对张老师同其他同志共同研究的"三算结合"算术教学法，给予了高度的评价，他说："要看到中小学教师队伍中是有人才的……他们中，有些人在教育上是有所发明、有所创造的，如浙江省杭州市张天孝等同志创造了'三算结合'算术教学法……引起了国际上的重视，日本人曾经先后五次派代表团来我国访问，学习'三算结合'算术教学法。"

1982 年下半年，张老师与杭州大学教育系王权合作，进一步开展"三算结合"教学研究，杭州大学还将此课题上报，被列为联合国教科文组织亚太地区研究课题之一。张老师在研究中写出了《三算结合试验报告》，刊于《小学数学教师》1984 年第 6 期，并在美国一家刊物发表。

1983 年 3 月，日本琉球大学教育学博士比嘉良充教授与美国梅利兰德大学心理学博士弗拉那根教授到杭州市上城区考察"三算结合"教学班的计算能力。考察期间张老师就"三算结合"教学的发展过程和若干理论问题向两位教授做了介绍，他们还对饮马井巷小学三年级、五年级"三算"班学生的计算能力进行了测试，并对中国、日本、美国三国小学生的计算能力做了比较研究，结论是"中国杭州三算结合实验班达到最优秀的技能水平"。

二、系统研究：应用题教学改革

1964—1965 年，张老师在杭州市上城区教师进修学校担任小学数学教学法教师期间，开设了"应用题教学研究"课程。为了上好这门课，张老师参阅了大量的文献资料，分析了当时应用题教学的研究成果，特别是重点分析了白振汉、茅于燕、朱曼殊等心理学工作者的论文。他们的研究指出："题目的数学结构是复合应用题难易的决定性因素。""所谓数学结构主要是指题目的数量关系。"但是复合应用题的数量关系是多种多样的，究竟怎样的数量关系才是构成多样复合应用题的基本结构？为此，张老师对人民教育出版社 1952 年版、1956 年版、1960 年版、1963 年版四套小学算术课本做了两千多张应用题卡片，进行分析，反复比较，研究它们之间的联系。经过一年的努力，提出了"应用题数量关系基本结构的设想"，把当时的小学算术应用题归结为两积之和、两商之差、归一（正比例）、归总（反比例）、几个数的和五种基本结构，这些基本结构通过"扩缩""可逆""情节"三种变换方式，就编成教材中的一些多步应用题。据此，张老师设计了复合应用题实验方案，准备在 1966 年下半年开始实验。但由于"文化大革命"，学校处于停课状态，无法进行实验。1972 年，张老师到原任教的饮马井巷小学和老师们商谈，取得了大家的支持，他们不怕被人批，以"五年级算术应用题补救计划"为题目，对高年级学生进行了系统的算术应用题补课。1977 年，又以"四、五年级应用题补救计划"为题印发，在全区各校四、五年级中集中一段时间进行系统的补课，效果很好。以此为开端，从 1978 年下半年到 1984 年上半年，在上城区系统地进行应用题教学改革的实验。《小学教学》1987 年第六期刊登了"关于应用题教材结构和教学进程"的研究文章，整个实验分纵向试验、横向试验、推广性试验三个阶段。

纵向试验是指从 1978 年秋季入学的新生选择一个班（与"三算结合"新试验同一个班）进行系统实验，只用四年时间完成了《小学数学教学大纲（试行草案）》规定的教学任务。1982 年 6 月，实验班学生经教育行政部门批准可以单科参加毕业、升学考试，全班学生数学学科的平均成绩为 90.6 分，高于全区所有毕业班的平均成绩，实验取得了明显的效果。在此试验阶段，笔者自己于 1979 年 3 月至 1980 年 6 月在一所小学执教，进行"分数应用题"与"比例应用题"两个专题试验。

　　横向试验指 1981 年 5 月—1982 年 4 月，按整数简单应用题、整数两步应用题、整小数多步应用题、分数应用题、比例应用题五个专题共十七个项目，分别在不同年级各选择若干班级组织实验，每一个班只就一个专题进行实验。在这一阶段的试验中，我们按照教育科学实验的要求，切实抓好选点（按等组设计的要求确定实验班与对照班），控制条件，统计分析三个环节，结果表明，实验的效果是好的，实验班和对照班两种不同的教学方案，对学生解题的影响是有显著差别的。在此期间，张老师发表了《复合应用题的分析》等 5 篇专题总结。1982 年 5 月至 8 月，根据纵向试验和横向试验的情况，编著了《小学数学应用题》，1983 年 3 月由浙江人民出版社出版，该论著获得了 1983—1984 年浙江省社会科学优秀成果奖。

　　推广性试验分两步。第一步，逐步推广性试验，参加实验的教师都感到实验方案要比传统教法好。实验方案揭示了应用题之间的内在联系，重视应用题的智力价值，注意调动学生的积极性和主动性，使学生解题能力得到了较大的提高。不少学校要求扩大试验，于是我们就因势利导，召开了全区性的应用题教学研究会，组织实验方案的公开教学，介绍实验的情况。在此基础上把实验的一些基本做法，按专题进行整理，在各年级的教研活动中组织专题讲座，并开办"应用题研究班"，向教学骨干系统介绍实验方案。对多步应用题、分数应用题两个专题，还从点到面，组织推广性实验，由张老师按课时编写了试验材料发给有关教师。多步应用题的推广性试验在四年级进行。上城区 1978 年秋季入学的学生在学完第七册后，该年级一部分学生编为六年制四年级，另一部分仍为五年制四年级。我们在六年制的班级，按实验方案对已学的应用题进行重新教学，作为实验组，对五年制的班级，对已学应用题教给学生列方程解法，作为对照班。教学试验前测成绩：实验班 66.25 分，对照班 75.9 分。教学试验后测验成绩：实验班 87.7 分，约提高 32.5%，对照班 80.7 分，约提高 6.4%。随后分数应用题推广性试验在全区各校普遍进行。我们选择了 1980 年秋季与 1982 年秋季由同一位教师教的五年级的班级做比较，其中，基本工程问题教学试验前后教法一样，1980 年 11 月测验平均成绩为 85.5 分（对照班），1982 年 11 月测验平均成绩为 85.6 分（实验班），可视为两届学生的水平基本一致。试验后实验班 928 人的平均成绩为 86.6 分，比对照班 1291 人的平均成绩 71.1 分约高 21.80%，在此期间，张老师发表了《多步应用题两种教学方法的初步研究》等 4 篇实验专题总结。1983 年 4 月，张老师应邀为江苏省第一期小学数学教学研究班做一星期的"应用题教学改革"讲座。同年 6 月，张老师对五年来的试验进行了初步总结，撰写了论文《应用题教学序列化初探》，经省教研室推荐，被中国教育学会中小学数学教学研究会选用。1983 年 10 月，张老师参加了"全国首届小学数学学术交流讨论会"，1984 年 8 月，应中国科学院心理研究所的邀请，参加了小学数学教学改革座谈会，又以"应用题教学改革初探"为题在会上做了交流。

第二步扩大试验。经过逐步推广性试验，证明实验方案的效果是好的，为满足各校扩大试验的需要，张老师将各专题的试验材料改编成《小学数学应用题系列训练》教材(共六册)，1983 年下半年，在全区各校试用。1984 年上半年，江苏省第三期小学数学教学研究班翻印了全套《小学数学应用题系列训练》，共印 6 万册，在全国二十个省市的一些地区开展试验和研究用。1985 年 8 月，江西教育出版社出版了全套《小学数学应用题系列训练》，共印 15 万册，向全国发行。在此期间，张老师发表了《小学生解答应用题难点的心理分析》等共 5 篇文章。1985 年下半年，张老师对应用题教学改革进行了系统总结，并从理论上进行概括，撰写了长篇论文《应用题教材结构和教学进程的研究》在《福建教育》1985 年第 12 期作为"教学改革成果专辑"全文发表。1984 年下半年，上城区开始《现代小学数学》教材改革试验，张老师就将应用题教学改革试验成果系统地反映在《现代小学数学》试教本和试用本中，先行试验结束后，张老师再次进行总结，提出了构建应用题教学体系"四基""四化"的基本思路，并体现在《现代小学数学》修订本和实验本之中。在此期间写出了《两个不等量之间相差关系应用题》等 12 篇论文，分别发表于《小学数学教师》等刊物中，并完成专著《小学数学应用题教学》，于 1993 年 3 月由科学出版社出版。

三、学术提升：研究思维训练

1981 年年底，张老师参加了中央教育科学研究所心理研究室主持的全国九个地区"小学生数学能力研究"协作组，进行小学生数学能力测查与评价的研究。在这项研究中，张老师与同事先后在本区三所小学从一年级到六年级对六个班学生的数学能力以及影响能力发展的个性特征和家庭因素进行了跟踪测查和调查研究，先后两次对全区低年级和中年级学生的数学能力进行全面的测查和分析，1984 年 4 月，张老师受协作组委任，承担了四年级小学生数学能力预测任务，编写了《小学四年级学生数学能力预测报告》。1985 年，张老师受课题组负责人赵裕春研究员的委托，在整理研究成果，撰写专著《小学生数学能力的测查与评价》(中年级卷)的过程中，执笔编写了该书的"绪论""第三套测验及测查结果和应用""第四套测验及测查结果和应用""中年级测验结果的分析和对教学的建议"四章。1987 年在撰写该书高年级卷时，张老师又执笔编写了"第五套测验及测查结果和应用""第六套测验及测查结果和应用""高年级测验结果的分析和对教学的建议"。1990 年 6 月中央教育科学研究所召开"小学生数学能力检测的评价方法"的研究成果鉴定会，张老师在会上作了"杭州市上城区小学生数学能力培养和发展的研究"报告。该项研究成果得到了与会鉴定专家的肯定。《小学生数学能力的测查与评价》一书在首届全国教育科学优秀成果评选中荣获专著类一等奖。

四、教材建设：主编《现代小学数学》

1984 年 8 月，中国科学院心理研究所召开小学数学教学改革座谈会期间，成立了"现代小学数学"教学实验协作组，张老师被推举为实验领导小组成员。此后又被心理研究所聘请为教材副主编，由张老师执笔编写《现代小学数学》全套教材。为了在全国范围内开展实验，各册教材均先在上城区先行试验。

"现代小学数学"教学实验，是一项着眼于提高学生素质，促进小学生数学能力发展的教学实验，也是探索儿童数学认知发展的一项科研课题。它是由中国科学院心理研究所"儿童数学思维发展"课题组组织，有心理学工作者、小学数学研究工作者和教师参加的一项协作研究项目，1985 年开始，全国各地不少学校参与实验，1985 年、1986 年分别得到中国科学院院长基金和国家自然科学基金委员会的资助。1985 年，包括"现代小学数学"实验在内的儿童数学思维发展的科研成果，荣获中国科学院科技进步一等奖，1991 年 11 月，此项实验列为全国教育科学"八五"规划教委重点课题。《现代小学数学》是供此实验的一套教材，原国家教育委员会基础教育

司认为"是一套锐意改革的教材"为"小学数学教学改革做出了贡献"。1993 年，该教材列入国家教育委员会用书目录。这套教材全面系统地吸取了上述三个专题研究的成果，集中反映了张老师在长期实验中形成的小学数学教学思想。杭州大学教育系于 1994 年 5 月召开了"张天孝小学数学教学思想"研讨会，全国 20 多个省、市和地区 416 位教研员和教师参加研讨。2000 年 3 月教育部颁发了《九年义务教育全日制小学数学教学大纲(试用修订版)》，张老师随即对《现代小学数学》进行修订，五年制、六年制两套教科书分别于 2001 年、2002 年经全国中小学教材审定委员会审查通过，成为义务教育教科书，被全国 24 个省、市和地区 1000 多所学校选用，产生了比较广泛的影响。历时 16 年后，该实验成果获浙江省人民政府首届基础教育教学成果一等奖。张老师的专著《现代小学数学教学研究和实验》在 1999 年 11 月由科学出版社出版。

在"现代小学数学"教学实验中，张老师致力于教材建设和实验指导工作，在教材建设方面，张老师负责教材的整体设计和各册教材的编写，先后经历试用本、修订本、实验本和义教本四次较大的修改，而且每种版本都写了三稿：征求意见稿、教学试验稿和出版发行稿，工作量之大是很难想象的。在实验指导方面，张老师担任《实验通讯》主编，编辑、印发了二十五期，指导各地实验工作；奔走于大江南北各实验基地，参加教学研究活动；在培训师资方面，先后在几个县、市的小学数学骨干教师研修班进行系列培训，每年定期举办实验教师培训。此外，还先后去北京、上海等十七个省市及澳门进行师资培训。

在"小学生数学能力的测查与评价"的研究和"现代小学数学"教学实验期间，张老师担任杭州市上城区教育局教研室主任和教师进修学校校长，张老师十分注意将全区性的"培养和发展小学生数学能力"的教学研究活动和数学教师的继续教育紧密结合，把面上教学中突出的问题作为专题研究的课题，组织教学实验，以教研促科研；把实验的成果逐步推广到面上，在推广的过程中深入进行教学研究，以科研带教研；把进修作为联结教研和科研的中间环节，在研究问题、实验和推广成果的过程中组织教师进修。这一工作从 1982 年开始历时十二年，分五个阶段进行。

第一阶段，从 1982 年 4 月—1985 年 4 月。在进行"小学生数学能力的测查与评价"的研究过程中，组织《现代小学数学》教材先行试验，组织教师探讨小学生数学能力的含义：第一，在三所小学 6 个班学生中进行小学一年级到四年级数学能力的纵向跟踪测查。第二，在饮马井巷小学对连续四届一年级学生进行数学能力的横向测查，以研究教材教法与学生数学能力发展的关系，研究报告已选入教育科学出版社出版的专著中。第三，编写实验教材，在4所实验小学中进行"现代小学数学"先行试验，1985年4月写出了第一册教材先行试验报告，获1985年度浙江省小学数学教学研究会论文一等奖，并在1986年第一期《小学数学教师》发表。第四，召开区第六次小学数学教学研究会，专题研究学生数学能力的含义和小学生数学能力结构，先由张老师做专题报告，再分别由4所实验小学根据自己的理解，组织公开教学、进行专题介绍和教研成果展览。

第二阶段，1985年5月—1986年12月。围绕"构建合理的知识结构，塑造良好的认知结构，在教学中促进学生数学能力的发展"这一中心，从教材组织、教学方法和练习设计等方面，探讨如何培养和发展小学生数学能力。这一阶段主要的工作有：第一，对全区4503名中年级学生的数学能力进行全面测查，了解各校学生数学能力的现状和差异。测查结果表明，校与校之间数学能力的差异比学业成绩的差异要大得多。例如，四年级数学能力平均测验成绩最高的学校为44.44分（满分为66分），比最低的学校17.67分高约151.5%，而该年级学生数学学业测验平均成绩最高的学校93.7分，比最低的学校75.6分只高约23.9%。第二，1985年秋季扩大了"现代小学数学"教学实验，并组织"多位数乘除法教材编排""分数、小数结合教学"等课题，在中、高年级开展教材单项改革实验。第三，开办以"培养小学生数学能力"为主题的培训班，吸收70多位骨干教师参加，由张老师主讲，组织80课时的系统进修，为学员编写了二十八万字的讲义，后将讲义整理成《小学生数学能力培养》专著，于1987年正式出版。第四，1986年11月11日召开了区第七次小学数学教学研究会，组织了《现代小学数学》7节公开课和5个专题介绍，集中研究在教学中促进学生思维能力发展的问题。

第三阶段，1987年1月—1988年5月。开展小学生数学思维能力系列训练的实验和研究，做了以下工作：第一，对全区1～6年级学生的数学思维能力进行普遍的测查。第二，进行小学生数学思维系列训练的试点工作。第三，举办"儿童数学思维训练"研究班，吸收80多位骨干教师参加，采取专题系统讲授与课题研究相结合的方式，培训研究骨干。第四，进行了"儿童数学思维发展"的个别测查实验，写出了《数学能力优、中、差学生的知识掌握水平与实验研究》等3篇研究报告，并被选入教育科学出版社出版的专著中。第五，编写了全套的《小学生数学思维训练》，由浙江大学出版社出版，作为数学兴趣小组和开展课外活动的选用材料，从点到面，开展了小学生数学思维专项训练。第六，1988 年 5 月召开区第八次小学数学教学研究会，区内外结合，引进先进地区的教改经验。

第四阶段，1988 年 6 月—1990 年 5 月。围绕"如何发展中下学生数学能力"开展专题研究。第一，在部分学校开展后进生形成原因的调查，组织后进生转化途径的实验。第二，组织教研员深入学校借班上课，开展培养和发展中下学生数学能力的教学实践活动。据不完全统计，两年来几位数学教研员共借班上课 320 余次。第三，进行儿童类比推理能力的调查实验，为编制后进学生智力开发课程作准备。第四，1990 年 5 月，召开区第九次小学数学教学研究会，专题讨论中下学生数学能力培养和发展问题。在这一阶段，还开办了《现代小学数学》教材教法研究班，围绕《现代小学数学》教材编排的指导思想和各领域的教学以及专项数学思维训练，对 70 多位实验班教师进行 120 课时的系统培训，后将培训材料整理成《张天孝数学教例和教法》，由人民日报出版社出版。

第五阶段，1990 年 6 月—1993 年 12 月，推广"现代小学数学"实验成果，开展优化小学数学课堂教学的研究。第一，召开了区"现代小学数学"实验研讨会，推广实验成果，总结交流了 11 份经验，重点评析了 10 堂典型课，提出了进一步搞好实验的意见。第二，举办了《现代小学数学》应用题体系讲习班，采取系统讲授和课堂教学观察相结合的方式，帮助各校教学骨干理解应用题教学改革的基本思路，掌握教材体系。第三，在 1990 年秋季入学的一个班中，选择了 10 名智力发展较缓慢，学习数学有一定困难的学生，进行矫正认知结构以促进未来发展进程为目标的强化思维训练，通过 46 次系统训练，取得了十分显著的效果。第四，举办教导主任和教研组长短训班，集中研究在小学数学教学中加强思想品德教育的问题。第五，组织各校数学教师广泛开展优化小学数学课堂教学和教学设计的评优活动，在区第 10 次小学数学教学研究会上，围绕优化课堂教学设计进行教学观摩和优秀教学设计介绍。在此基础上，编辑了《现代小学数学教学设计》，1993 年由浙江大学出版社出版。

1994 年 6 月，上城区实施"跨世纪园丁工程"，区教育局让张老师收 15 名青年教师为徒，与他们共同研究小学数学教育。为此，张老师将此前发表的 30 余篇主要文章汇编成《小学数学教改实验》正式出版，作为徒弟们的参考读物，使他们了解张老师对小学数学的一些想法，以便共同研究小学数学教育。1993 年，张老师被中国科学院心理研究所聘为特邀研究员，1995 年还被该所学术委员会确定为硕士研究生导师，同年底荣获曾宪梓教育基金全国中等师范学校教师奖一等奖。1994—2001年，张老师的主要精力首先集中于本区青年教师的培养，省、市及绍兴地区的一些市县小学数学骨干教师的培训，还应邀为华东师范大学数学系数学教育硕士研究生班作"现代小学数学教学的研究与实践"的讲座。其次是进行小学生数学思维能力培养的研究，修订《小学数学思维训练》，指导学校开设"数学思维训练"课程；与日本京都大学教育学院合作开展了"中日小学生数学思维能力的比较研究"；为中国科学院心理研究所"小学生数学思维的发展和促进"研究方向的硕士研究生开设"现代小学数学思维教育"课程。

五、退而不休：致力于新思维数学建设

1998 年 1 月，张老师面临退休。上城区人民政府张鸣放区长、区教育局党委书记方莉找张老师谈心，要张老师留下来延聘五年。区机构编制委员会还特批成立杭州现代小学数学教育研究中心，作为经费自收自支的全民所有制事业单位，任命张老师为中心主任，专门研究现代小学数学教育。此时正值我国新一轮基础教育改革启动，张老师满腔热情地宣传数学课程改革，积极参加小学数学教学大纲修订与数学课程标准制定的讨论，先后组织六次大型研讨活动，宣传课程改革的理念。

2003 年 1 月，张老师正式办理了退休手续，教育局领导为了让现代小学数学研究在新一轮课程改革的春风下继续开花结果，聘请张老师继续主持现代小学数学教育研究的工作，带领一个团队开展"新思维数学教学体系"的研究。

2002 年，张老师开始构建新的教学体系，编写《新数学读本》实验教材和相应的配套材料，并于 2003 年在杭州市上城区 24 所小学开始实验，2004 年扩大到其他实验区。2005 年组织了新思维数学教学体系研讨活动，全国 300 多位教师与教研员参与研讨。同年，与澳门数学教育研究会合作，编写了《新思维数学》教科书，在澳门、香港部分学校试用。同年教育部浙江大学基础教育课程研究中心对新思维数学教学实验成果进行阶段性评估，认为效果显著。2006 年，浙江省教育厅教研室和教育部

浙江大学基础教育课程研究中心联合邀请张景中院士、张奠宙教授共 15 位专家，对新思维数学体系进行了鉴定，并给予高度评价。同年该项研究成果再次获浙江省人民政府基础教育教学成果一等奖。2007 年 3 月，浙江省教育厅致函教育部推荐"新思维数学"立项，同年 8 月，教育部基础教育教材审定工作办公室批复，同意立项编写小学数学教科书。同年 10 月在第 9 届中国杭州西湖国际博览会上，举行了"张天孝小学数学 50 年教学思想研讨会"。2008 年 4 月，作为新思维数学教学研究的重要成果，浙江教育出版社出版的（以下简称浙教版）小学《数学》一年级、二年级课本共 4 册经全国中小学教材审定委员会审查通过，成为全国义务教育实验教科书。同年 7 月张老师和编委会主要成员去墨西哥参加第 11 届国际数学教育大会，张老师在"数学课程重建"分会场介绍了"新思维数学"，10 月，在杭州市人民政府和浙江省教育厅组织的第 10 届中国杭州西湖博览会名师名校长论坛中展示了"新思维数学教学体系"研究成果。2009 年，在四个地区组织了新思维数学教学观摩活动，全国各地 4000 人参加研讨了 8 个专题，观摩了 40 节课。同年 5 月，浙教版小学《数学》三年级上、下册通过了国家审查。同年 6 月，北京师范大学"神经认知科学与学习"国家重点实验室对上城区 2003 年至 2009 年全程参与新思维数学教学实验的学生进行了数学学业质量监测，结论是"数学基础很好"。2009 年 11 月，浙江省中小学名师名校长工作站成立了"浙江名师张天孝工作室"，在全省各县市选拔了 56 位学员，举办了"小学数学高级研修班"，进行了 200 课时的系统交流，研究了 16 节典型课，组织学员开展教学实验，下基层作专题讲座，并将讲稿整理成《小学新思维数学研究》，2011 年由浙江大学出版社出版。

　　2010 年 6 月，浙教版小学《数学》四年级上册至六年级下册共 6 册通过了国家审查。至此，全套新思维数学教材通过教育部中小学教材审定委员会审查，成为全国 8 套实验教材之一。

六、改革不止：出名师，育英才

　　2010 年 8 月，张老师学习了《国家中长期教育改革和发展规划纲要（2010—2020 年）》，结合本职工作，思考了提高小学数学教育质量的问题。张老师将工作重点确定为"学数学、长智慧、育英才"，结合校内外兴趣小组、数学社团活动和校外数学班，开展了"数学英才教育"的研究和实践。配合"数学英才教育"，张老师编著了《学数学，长智慧》1～12册，由浙江大学出版社出版。该读物紧密配合知识点，立足于知识应用的广度、深度和灵活度，通过数学问题的解决，提高学生数学素养，开发学生智慧潜质。"思维训练项目"被评为杭州市培训行业的特色品牌项目。

为了在全国范围交流和传播新思维教育的思想和实践，自2010年下半年，新思维数学有幸与中国教育报刊社《人民教育》合作，每年的10月底在杭州举办"中国小学数学教育峰会"，每一年都聚焦前沿主题，汇聚国内外顶尖级的教授学者参与，已成为当前中国小学数学界最具学术影响力的活动之一。

2013年9月，政府简政放权，鼓励社会力量办学，鼓励建立健全社会组织，在原来杭州现代小学数学教育研究中心的基础上，张老师创建了"浙江省新思维教育科学研究院"，这也是浙江省第一家在民政厅直接登记的教育科学研究院，研究院主要从事小学数学教材建设、小学数学教师教研培训以及儿童数学智慧培训，致力于小学数学质量监测研究，开展在线能力测查与E-MATHS在线教育等教育科技服务，积极推广数学科普阅读。基于数学，又不限于数学，开始拓展民办教育研究院的更大范围。

成立研究院以来，张老师带领团队开展了广泛的教育业务，除了服务好原来的新思维实验学校，将服务的触角延展到各个学校，在全国各地建立起了工作站，远到广西柳州，近到省内各地，建立起了新思维实验项目学校，赢得了教师们的赞誉，受到了学校的欢迎。

如今，新思维教育科学研究院已成为浙江省教育厅第一批审核通过具有全省培训资质的研究机构，新思维的教育团队正在壮大，新思维的活力正在被进一步的激发，一个具有学术性、权威性、国际化的民办研究机构，将在浙江热土成长。

近期，通过第三方的评估和严格的审核、媒体公示等程序，新思维教育科学研究院被浙江省民政厅认定为5A级社会组织。

张老师的一生，是改革的一生。每每回想自己在学术上的成就，满是欣慰，但每当面对自己的家人，内心却充满愧疚。"人的一生有很多可以等待，但孩子们的学习是不能等待的。"为祖国建设有特色的小学数学教材，让更多中国的孩子更聪明，树立现代新思维这块小学数学的不倒丰碑，一个人，一辈子，就这么一件事，这已成为张天孝老师一生的追求！

普林斯特问卷-问张天孝

1. 你认为最完美的快乐是怎样的?	13. 你对自己的外表哪一点不满意?
与心爱的人共处	个子矮
2. 你最希望拥有哪种才华?	14. 你最后悔的事情是什么?
思维的敏捷、灵活、创造	对妻子的疾病未及时发现
3. 你最恐惧的是什么?	15. 你最喜欢男性身上的什么品质?
亲人的离世	坚毅、刚强
4. 你目前的心境怎样?	16. 你使用过的最多的词语或一句话是什么?
每天有成就感，愉悦	创新、发展高层次思维能力
5. 还在世的人中，你最钦佩的是谁?	17. 你最喜欢女性身上的什么品质?
张景中	温柔
6. 你认为自己最伟大的成就是什么?	18. 你最伤痛的事是什么?
构建新思维小学数学体系	爱人离世
7. 你最喜欢的旅行是哪一次?	19. 你最看重朋友的什么特点?
新疆之行	仗义
8. 你最痛恨别人的什么特点?	20. 这一生中最爱的人或东西是什么?
陷害他人	夫人
9. 你最珍惜的财产是什么?	21. 你希望以什么样的方式死去?
住房	自然状态
10. 你认为程度最浅的痛苦是什么?	22. 何时何地让你感觉到最快乐?
患糖尿病	某项实验成功
11. 你认为哪种美德是被过高地评估的?	23. 如果你可以做改变你家庭的一件事，那会是什么?
助人为乐	和谐
12. 你最喜欢的职业是什么?	24. 如果你能选择的话，你希望让什么重现?
教师培训	青春

续表

25. 你的座右铭是什么？	31. 你天性中的缺点是什么？
坚持实验　勇于探索	不善于交往
26. 你喜欢在哪儿生活？	32. 你最想在哪个国家生活？
杭州	中国
27. 你认为现实中的幸福是怎样的？	33. 你最珍惜的东西是什么？
家庭和谐	喜欢的书
28. 你最欣赏的历史人物？	34. 觉得自己最有底气最自豪的能力？
林则徐	不跟随，不随大流
29. 你最希望拥有的是什么？	35. 什么是你最不喜欢的？
亲情	奉承，拍马屁
30. 你最显著的特质是什么？	
独立思考	

新思维理念
——学非探花，自拔其根

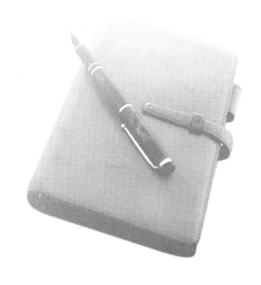

张老师用独特智慧转动数学的魔方，用超人的力量挥起思维的宝刀，构建了新思维数学教育的理念与课程。如何改善小学数学课程，让数学教育更好地贡献思维发展与智慧生长的力量？"人生为一大事来"，张老师用毕生的心血寻找这个问题的答案，用思维的主旋律唱响动听的数学之歌。在这首歌里，培养创新型人才，开发学生的可能性，发展高层次数学思维……被反复地吟唱。

　　中国教育名师荟萃、百花盛开，在我国广袤辽阔的教育园地上，张天孝老师的新思维数学教育之花开得格外鲜艳、特别璀璨。现在，新思维之花已遍布全国，张老师还在用他的智慧悉心浇灌，新思维的理念还在完善与创新，永不停步。

一、教育理念：从现实走向可能，从基础转向创新

　　教师要相信学生的潜能，教学要从着眼于学生的现实性走向开发学生的可能性。

——张天孝

　　即使是普通的孩子，只要教育得法，也会成为非凡的人。

——（法）爱尔维修

　　从某种意义上说，教育对人的促进作用，是从现实的发展到可能的发展。用数学的图形来解释，现实性就像线段，而可能性就像射线，两者的区别就在于有没有延长与拓展的空间。

　　一个人的发展，能不能从普通成长为非凡，不在于走过的路程有多长，而在于前进中有没有超越的方向。时代发展到今天，我们应该如何认识儿童，怎样理解教育呢？著名学者成尚荣在《从关注学生现实性走向开发可能性》的文章中指出[1]："当下的教育在不知不觉中，小心翼翼地为自己画了一个圈，筑了一堵墙，这个圈、这堵墙的名字就叫'现实性'——教育只关注学生的现实性，而且死死紧盯着学生的现实性，始终没有勇气探出头来，看看墙外有没有更广阔的天地和更美丽的风景。我把墙外的天地和风景叫学生的'可能性'。"

　　在教育中超越现实，走向可能的发展，首先需要相信人的潜能。"郑重的确认与宣告：人是一种可能，可能性是学生的最伟大之处，教育的领域首先是超越的领域。"可是，面对当下的教育现状，我们需要"严肃的审查与反思：当下的教育停留在现实性，遮蔽了可能性的光辉，抛弃了教育的伟大使命和更高追求"。教育需要"根本性的变革：着眼可能性，着力现实性，从关注学生的现实性走向开发的可能性，

---

[1]　成尚荣. 从关注学生现实性走向开发可能性[J]. 人民教育，2009(8).

构建以开发可能性为中心的教育"。

当今世界，国际综合国力的竞争，说到底是创新人才水平与数量的竞争。"创新"已成为知识经济时代和社会发展的主旋律，迎接未来科学技术的挑战，最重要的是坚持创新，勇于创新。2011年颁布的《义务教育数学课程标准(2011年版)》(以下简称《标准(2011年版)》)在"前言"中指出："数学是人类文化的重要组成部分，数学素养是现代社会每一个公民应该具备的基本素养。作为促进学生全面发展教育的组成部分，数学教育既要使学生掌握现代生活和学习中所需要的数学知识与技能，更要发挥数学在培养人的思维能力和创新能力方面不可替代的作用。"《标准(2011年版)》进一步指出："创新意识的培养是现代数学教育的基本任务，应体现在数学教与学的过程之中。"

过去，我国义务教育阶段的数学课程，无论在内容设计还是教学方式上，都是偏向于知识与技能的，而对于思维能力和创新意识的培养，不仅重视不够，而且研究也不多。

对传统的课程设计和教学方式的解析与教育目标的解构，把历史的表面剖开，呈现出参差不齐的截面，我们发现，历史的意义在于对真知灼见的探寻，前进的方向在于对宏伟目标的仰望。现实的迷雾会遮蔽我们的视线，我们需要有一面反射光线的镜子，让理想的光芒照亮现实。

蔡金法教授在《中美学生数学学习的系列实证研究——他山之石，何以攻玉》的著作中指出[①]，"加强基础知识和基本技能的教学"是中国数学教学的一大特征，从我们一系列测试研究中，都能看到中国加强"双基"的成功之处。我们看到中国学生在计算题及简单问题解决上比美国学生占有绝对优势，但这个优势并没有在一些过程性开放的复杂问题解决上表现出来，这是否也反映中国的数学教育在"双基"上的投入过多了？

更为形象地，蔡教授指出，以建一栋楼宇为例，一栋楼宇简单地说包括两部分，地下的基础部分和地面的楼层部分，当建造楼宇的投资一定时，如果投资在地下基础部分的钱越多，那么地面楼层上投资就会越少；但如果在基础投入过少的钱，尽

---

① 蔡金法. 中美学生数学学习的系列实证研究——他山之石，何以攻玉[M]. 北京：教育科学出版社，2007：205.

管可以在楼层上花更多的钱，楼宇似乎可以建得更高，但基础不牢，就会面临倒塌的危险，这样在地面楼层上投入的钱再多，又有何益处可言呢？显然，在基础和楼层之间需要找到一种平衡。

蔡教授进一步指出，具备很好的基础知识和基本技能，并不一定能自动转化为解决问题的能力，特别是解决非常规的、开放的复杂问题的能力，进而说明学生解决非常规问题能力的培养，需要有别于基本知识和基本技能的、特别的学习和训练的过程。

张奠宙教授在"实验研究"的序言中指出："过度地打基础，就像花岗岩上盖了个茅草房"，这是一种极大的浪费，"我们所思考的是投入分配问题，即如何为有限的投入设计一个良性的结构，使它能产生更大的效益"。基础与创新密切相关，"没有基础的创新是空想，没有创新指导的打基础是傻练"。张教授强调："在掌握数学基本知识与基本技能的基础上，谋求学生的创新发展。"

知识是思维的载体，学习数学的目的是为了促进智慧的生长。传统的数学课程是以知识体系设计的，不是说随着数学知识的学习智慧就能自然而然地生长，更不是说所有数学知识的学习都能促进智慧生长。把学数学的目的定位于长智慧，就需要按照能力体系进行课程再造，甚至需要重新思考课程的定义。

什么是小学数学呢？小学数学是指6～12岁儿童应该学习的数学，可能学习的数学，有利于促进学生智力发展、品格发展的数学。新思维的课程再造，以培养人的创新精神与创造能力为基点，按照国家义务教育数学课程标准的要求设计应该学习的数学，以现代儿童的认知发展观为参照设计可能学习的数学，以建设国家未来需要的创新型人才为培养目标设计有利于促进学生发展的数学。

(一)追求为创新型人才培养奠基的数学教育

创新人才的培养是系统工程，不只涉及一个阶段一个环节，而应当是一个系统，一个生态。创新能力的培养应循序渐进，不能只凭一道题一个过程，而应当是一个课程体系，一个教学序列。新思维数学的再造，在保持原有课程系统性、科学性的基础上，设计了趣味性、开放性、挑战性的数学任务，增加了课程内容的选择性、教学过程的开放性和思维能力培养的独特性。在研究这些数学问题、挑战这些数学任务的过程中，培养学生的创新能力，为培养创新型人才奠定基础。

马克斯·范梅南说:"不能仅仅期望孩子们去被动的发现某种生活,必须允许他们去行动、试验和创造。"可是许多人对数学教育是否能培育出创新意识和能力存在疑问,他们认为,在成人社会中的创新还是那样的艰难坎坷,遥不可及,同小孩子谈创新是多么不切实际。① 其实,在小学数学教学中培养创新意识和创新能力,不能把"创新"想得过高,看作高不可及。对于小学生来说,发现一种以前不知的东西都应视作创新,创新是一种知识的"再创造",这种"再创造"对社会来说或许是微不足道的,但在这个过程中逐渐积累发现的经验、创新的意识和激情,对个体的发展具有重要的意义。创新贵在精神、意识,而不是成果的价值。对小学生来说,虽然发现的是一个全新的"已知"结果,但在他们心灵里埋下的是创新的种子。

基础是创新的根基。数学创新是建立在特定的数学知识技能、数学思想和活动经验上的,是迸发出来的对数学知识的灵感和超越。数学课程的设计,应当开发更多的拓展性课程,让学生的灵感得以迸发,智慧得到超越。

比如,选数字构建数学等式。把1~9这九个数字分别填在□里,使下面的等式成立。

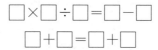

选数字构建等式联系了数感、运算能力、推理能力等多种核心素养,是一个兼具开放性与挑战性的数学问题,它把运算能力与代数思维的发展、发散思维能力的培养统整在一起,是一种联系广泛的训练,与常规的计算练习相比,更有利于培养学生思维的敏捷性、灵活性、深刻性、批判性和创造性。

问题解决的思路是开放性的,构建等式的思考也不是线性的,既可以先构建和相等的等式 $a+b=c+d$,也可以先构建积相等的等式 $a \times b = c \times d$。构建积相等的等式对代数思维的要求更高,先把积相等变形为 $a \times b \div c = d$,再将 d 扩展为两数之差,就得到"□×□÷□=□−□"的形式。

我们在不同年级做了调查,在没有任何解题指导的情况下,让学生用 20 分钟去完成。其中,三至六年级学生平均每人做对的题数分别是 0.44 题、0.73 题、1.55

_____

① 孙晓天. 把数学"活生生"的一面展示给孩子们[J]. 人民教育,2012(12):39.

题、2.31题。由此可见，这道题对不同年级学生都构成了较大的挑战。

根据解决问题所需要的基础与能力，我们安排了如下三项基础训练。

第一项，选四个数字两个相加和相等，□＋□＝□＋□。按照相邻数之间的关系，构成等式的4个数字分为两种类型：一种是等差数列，如1，2，3，4。另一种是"对称数列"，如1，2，4，5；1，3，4，6；1，3，6，8。

第二项，选四个数字使两两相乘积相等，□×□＝□×□。学习乘法口诀后可以按积相等进行整理，如$2×6＝3×4$，将这些等式变形，$2×6÷3＝4$，$2×6÷4＝3$，$3×4÷2＝6$，$3×4÷6＝2$。

第三项，等式的扩展性训练。把等式右边的数表示为两数之差，如$2×6÷3＝9－5$，$2×6÷4＝8－5$。

调查实验中我们发现，在第一项训练中，学生习惯于先确定和，比如和是10，再构建等式。也有一些学生能在此基础上，确定和的取值范围，再有序地构建和相等的等式。第二、三项训练，学生掌握比较容易。经过三项训练之后，再次对学生进行调查，同样20分钟时间内，三至六年级学生平均每人做对的题数分别是2.78题、3.37题、4.78题、5.16题。训练前后，学生解决问题的思路由模糊变得清晰，不仅能更加顺利地解决问题，而且也从中体会到了思路和方法是解决问题的关键。

根据克鲁捷茨基的观点，学生有两种基本的数学能力，一是学习数学（学科的）的能力，二是数学创造性（科学的）的能力。在这里，学习数学的能力体现为知识与技能的获得、组织和迁移，创新能力表现在思维的敏捷性、发散性上。

培养创新型人才是建设创新型国家的先决条件，创新型人才必须通过教育来实现，基础教育作为一个国家系统教育的奠基工程，应该担负起推进创新教育的历史使命。培养创新型人才是一个复杂且丰富的系统，开发具有创新教育特色的课程体系，是培养创新型人才的关键。数学教育对创新型人才的培养有着其他学科所不能替代的作用，在数学教学中要不断地渗透创新意识，以发展学生的创新思维，为培养创新型人才奠定基础。

（二）设计以开发学生可能性为中心的数学课程

义务教育阶段的数学课程是培养公民素质的基础课程，具有基础性、普及性和发展性，能为学生未来生活、工作和学习奠定重要的基础。① 教育要关注学生成长的现实性，更要关注学生发展的可能性。可能性就是不确定，不确定才有发展、创造的空间。对于学生来说，可能性实质上是创造性。打开现实性和可能性之间的通道，是数学教育面临的一个艰巨而紧迫的任务。

史宁中教授指出："教育的任务就是要把科学的知识让学生理解，并化为学生自己的知识。这里面有两个重要的转化过程，一是科学知识向学科课程知识的转化，二是把学科课程知识转化为学生的知识。这两个转化，都是教育研究的重要课题。"②新思维数学的课程再造，着力现实性，着眼可能性，从关注学生的现实性走向开发的可能性，在强调基础性与普及性的同时，以现代儿童的认知发展为参照，努力构建以开发学生可能性为中心的数学教育，力求在课程的"两个转化"上取得突破。

比如，20 以内的进位加法，我们在 2000 年、2009 年、2014 年分别对浙江省的城市、城镇、农村进行取样调查，样本总数 7510 人，调查的内容是 20 以内进位加法 36 式(不含和是 10)的计算掌握情况。得到的结论是：学生在正式学习 20 以内进位加法之前，已经能熟练地进行计算，达到或者超过了课程标准提出的每分钟 8～10 题的要求，每式的平均通过率超过 80%。基于这样的现实，我们思考：20 以内进位加法的教学重心不再是获得计算技能，而是要在落实理解算理和掌握算法的基础上，把教学重心调整到计算活动思考方法的训练上。

一是学习多样化的算法，根据数据特征选择不同算法。例如，5＋8，既可以看 8 分 5 凑成 10，也可以看 5 分 2 凑成 10(两 5 凑 10)。特别地，进位加法 36 式中，两个加数分别大于等于 5 的有 24 式，用两 5 凑 10 对于熟练进位加法有一定作用。此外，还可以把 8 看成 10，10＋5＝15，15－2＝13，即"进一减补"法。这样，让学生在学习进位加法的起点上，建立起了算法选择的观念。

二是加强数学思想渗透，在计算中融入数学方法训练。例如，利用天平平衡的直观，进行等量替换的启蒙训练。

---

① 中华人民共和国教育部．义务教育数学课程标准(2011 年版)[M]．北京：北京师范大学出版社，2012.

② 史宁中．教育与数学教育——史宁中教授教育研究录[M]．长春：东北师范大学出版社，2006.

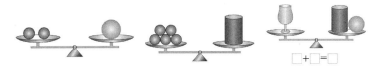

$$\square + \square = \square$$

用加法算式表示出杯子的质量和几个球一样，把计算与代换、推理等数学思想方法结合起来。

又如，以同数连加求和为基础，推算图形（实物）代表的数，培养可逆思考能力，初步渗透代数思维。

再如，以等距搭配的方法，进行构建等式的训练，培养有序思考的习惯，初步渗透模型（结构）思想。

从 5、6、7、8、9 这五个数中，找出两个数相加后和相等的三对数。

$$\boxed{5} + \boxed{9} = \square + \square$$

$$\square + \square = \square + \square \qquad \square + \square = \square + \square$$

再将这五个数填入下面的方框或圆圈中，使每条线（或每个三角形）上三个数相加的和相等。

学生能把前面构建的等式分别填在上面这些变化的图形中，"透过现象看到本质"，是模型思想或结构意识发挥了作用。

以上这些形式的练习，其基础知识都是 20 以内的进位加法，但是联系到的数学能力是很丰富的，包括数感、运算能力、推理能力、模型思想，等等。

"可能"的空间需要开拓，不能坐等"可能"的到来。培养数学思维能力与核心素养，就是在可能性空间里成长的内容和具体表现，花开有季，只要有"可能"的空间，就一定能成长，并且能充盈全部空间，最后结出丰花硕果。

再以乘法口诀为例。乘法口诀的学习具有相似性，基于学生前期学习口诀的经验，借助于正方形方格图的直观，可以引导学生研究口诀之间的关系，掌握其中的规律，把机械的学习转化为丰富的思考活动。如：编 7，8，9 的乘法口诀。

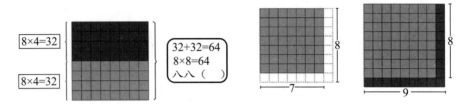

在"八八 64"的基础上，通过"内缩"与"外扩"，分别得到"七七 49"与"九九 81"这两句新口诀，并结合图形用算式表示推导的过程，即 $7 \times 7 = 8 \times 8 - (8 + 7) = 64 - 15 = 49$，$9 \times 9 = 8 \times 8 + (8 + 9) = 64 + 17 = 81$。

乘法与加法联系密切，学习了乘法之后，拓展了用计算解决问题的空间，如：等差数列求和。

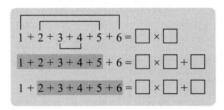

根据不同的搭配选择多样的计算方法，使繁杂、单调的加法计算变得简洁、灵活。

乘法口诀的巩固与整理，也可以设计成生动有趣、思考丰富的活动。例如，0 的乘法是一种比较简单的运算，把这种运算的训练设计成研究性学习的内容，如：按下图所示的方法，你能找出结果是 0 的两位数吗？

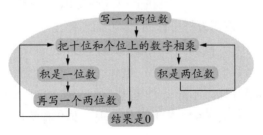

不同类型的两位数，得到"结果是0"的路径长短不一样，路径最短的是整十数，如80，8×0＝0；其次是两个数字相乘的积是整十数，如45，4×5＝20，2×0＝0，等等；还有一类是积的两个数字再相乘是整十数，如78，7×8＝56，5×6＝30，3×0＝0。学生在尝试过程中巩固乘法口诀，发现规律，通过整理分类提高解决问题的效率，提升思维层次水平。

2015年3月，浙江省台州路桥区林小红老师的研究表明，随机编写120道表内乘法题(含0的乘法)作为基础测试，全班47名学生完成的时间与正确率相差无几，最快的学生3分钟以内完成，绝大多数的学生在3～5分钟(39人)内完成，其余的学生5～6分钟(7人)完成。说明学生表内乘除法的计算都已经达到相当熟练的程度，且不同的学生相差无几。

但是，这些学生在20分钟的时间内，解决上述"寻找满足条件的两位数"的问题时，表现出的能力水平差异很大，在基础测试中算得快、正确率高的学生解决这道题的能力不一定强。分析学生的思维过程，对寻找时计算步骤进行统计，如30，3×0＝0，记作1步，再如45，4×5＝20，2×0＝0，记作2步，发现全班有21％的学生步骤忽多忽少，有时找到的是第一类数，有时找到的是第二类数，他们在解决这个问题时没有分类的思想。

在基础测试中计算速度与正确率最高的学生，在解决这个问题时，也没有清晰的思路，其思考步骤统计如下图。

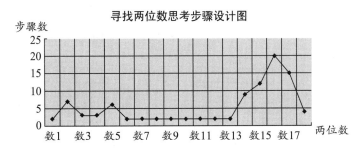

寻找两位数思考步骤设计图

中间一段计算步骤数比较稳定，学生找到了符合要求的整十数，之后又开始盲目尝试，解决问题的效率比较低。这类学生占全班的27％。

有的学生在基础测试中表现并不十分突出，但在解决开放性、挑战性的问题时，却表现了出色的思维能力。(如下图)

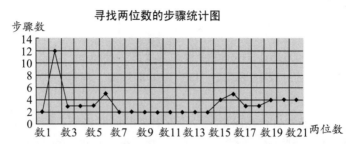

寻找两位数的步骤统计图

从折线的变化上可以看出，这位学生一开始是凭感觉寻找的，也可以说是盲目地尝试，但是很快就找到了规律，并且持续稳定地把符合要求的一类数找全，因而，在规定时间内找出满足条件的两位数个数也比较多。

绝大多数学生在解决这个问题的过程中，都经历了尝试的过程，这种过程写下的数往往是无效的、不满足条件的。学生在解决这个问题时体现的思维能力与学习品质的差异，主要体现在解决问题的效率上。解题效率低的学生自始至终都在尝试，没有积累起思维活动的经验，这样的学生学习能力是比较弱的。而学习能力强的学生，在尝试无果的情况下能迅速调整思路，在尝试过程中能总结出规律，形成分类解决问题的思路，解题效率就比较高。

根据表格中数与数之间的关系归纳计算的规则，把乘法口诀巩固训练与概括能力、推理能力的培养结合起来。例如，用乘法口诀在空格里填数。

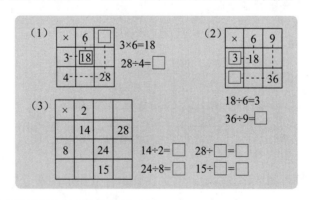

再如，结合"数墙"整理积相等的口诀。

积相等的本质是反比例关系，是一个重要的数学模型。以这种独特的方式整理

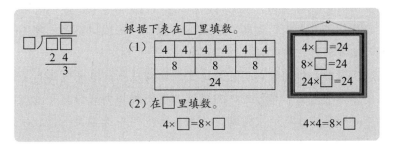

乘法口诀，为解决一些开放度大、推理性强的问题积累思维活动的经验。如上图。

让学生在学习数学的过程中学会思考，最重要的是要设计出相应的数学任务。把基础知识与基本技能设计在开放性、挑战性的问题解决之中，学生解决此类问题，不需要构建新的知识基础，算出答案不是最终的目的，最重要的是在解决问题的过程中，获得最大可能的发展。

教育是培养人的活动，对人的认识与开发既是教育的起点，也是教育的归宿。人的发展有巨大的可能性，这种可能性来自于人本身所蕴藏的巨大潜能。从某种意义上说，教育促进人的发展，就是把"不可能"转化为"可能"的过程。因此，开发学生的可能性，就是激发学生的智慧、释放学习潜能，课程的设计要跨越现实性构筑的樊篱，追求并构建以开发学生可能性为中心的数学教育。另一方面，倡导教育公平，必须要设计以开发学生可能性为中心的数学课程，"真正实现面向全体学生，适应学生个性发展的需要，使得：人人都能获得良好的数学教育，不同的人在数学上得到不同的发展"。①

(三)构建以发展高层次思维为核心的学习序列

张景中院士指出："我认为，最糟糕的教学就是让学生在学习一个公式之后做几十个类似的题目。数学教学改革也不能只着眼于讲什么、不讲什么，先讲什么、后讲什么，教师应该下功夫研究在课本之外有没有与众不同的、更好的表达方式。不

---

① 中华人民共和国教育部．义务教育数学课程标准(2011年版)[M]．北京：北京师范大学出版社，2012．

但要教学生算，更要教学生想。"①我们理解，推进课程改革，要摆脱浅层化的教学流程改造，碎片化的教学内容创新，把课程的设计从知识体系转向能力体系，把教学改进与创新从零敲碎打聚焦到核心素养上来。

关于高层次思维，目前没有统一的定义，学者从不同的角度进行了研究，认为高层次思维是非算法性的、非程式化的思维，是多种智力成分复合的思维活动。有些学者用思维品质来描述高层次思维，认为其特征是思维的灵活性、敏捷性、深刻性、批判性、独特性。

华东师范大学数学系鲍建生教授用高层次思维来定义数学能力，他指出：数学能力本质上是一种以抽象符号为载体的高层次思维能力。但遗憾的是一些研究表明，我国学生在高层次思维能力的表现上并不乐观。顾泠沅的一项横跨 17 年的大规模调查表明，"课程改革以后，学生的数学高层次认知能力不仅没有提高，反而有所下降。因此，如何提高我国中小学生的高层次思维能力应是当务之急。"②

作为教育任务的数学是从学术形态的数学改造而来的，构造能力体系的数学教育形态，关键是对知识进行合理组织，以知启智，构建合理的能力培养序列，发展学生的高层次思维，使学生在学习过程中学会思考、学会概括、学会推理。

第一，学会思考。首先要学会独立地思考。以"问题"引领，以问题的发现、探索、解决和拓展为主线，从思考的起点、思考的角度、思考的方向等方面，鼓励学生独立思考，养成独立思考的习惯。

例如，异分母分数加减法的计算法则是先通分，再按同分母分数加减法的计算方法计算。学生运用这一法则对两个异分母分数求和或求差，是一种基础的计算技能训练。如果让学生自己构建两个异分母分数相加，使和等于 $\frac{11}{12}$，即 $\frac{\square}{\square}+\frac{\square}{\square}=\frac{11}{12}$，解决这样的问题有一定的难度，但并不是不可尝试。学生在探索方法、解决问题和拓展思路的过程中，在思考起点、角度与方向等方面呈现出多样化的思考，这些不同的思考是创新的表现，属于高层次的数学思维。

---

① 张景中. 触摸数学激情——与数学家张景中对话[N]. 光明日报，2002-08-08.
② 鲍建生. 关于数学能力的几点思考[J]. 人民教育，2014(5).

方法一：以单位分数为核心，把$\frac{11}{12}$理解为 11 个$\frac{1}{12}$，则原问题可以简化为对分子(整数)11 的拆分，剩下的就只是约分的问题了。可是，对这个复杂的问题进行恰当的表征，可以发现它的基础十分简单。解题的关键是在基本概念与复杂问题之间建立起联系。

11 个$\frac{1}{12}$的和是$\frac{11}{12}$，$11=10+1=9+2=8+3=7+4=6+5$。

$$\frac{10}{12}+\frac{1}{12}=\frac{5}{6}+\frac{1}{12}, \quad \frac{9}{12}+\frac{2}{12}=\frac{3}{4}+\frac{1}{6},$$

$$\frac{8}{12}+\frac{3}{12}=\frac{2}{3}+\frac{1}{4}, \quad \frac{7}{12}+\frac{4}{12}=\frac{7}{12}+\frac{1}{3},$$

$$\frac{6}{12}+\frac{5}{12}=\frac{1}{2}+\frac{5}{12}。$$

方法二：利用加减法的互逆关系，先确定一个分母为 12 的真分数作为一个加数，把和减去一个加数得到另一个加数，能约分的约分。这种思路是先假定一个分数，运用了加减法运算的关系，把复杂问题转化成为简单的运算。

12 的因数有：1，2，3，4，6，12。分别以这些因数为分母得到真分数有$\frac{1}{2}$，$\frac{1}{3}$，$\frac{2}{3}$，$\frac{1}{4}$，$\frac{3}{4}$，$\frac{1}{6}$，$\frac{5}{6}$。

$$\frac{11}{12}-\frac{1}{2}=\frac{5}{12}, \quad \frac{5}{12}+\frac{1}{2}=\frac{11}{12},$$

$$\frac{11}{12}-\frac{1}{3}=\frac{7}{12}, \quad \frac{7}{12}+\frac{1}{3}=\frac{11}{12},$$

$$\frac{11}{12}-\frac{2}{3}=\frac{1}{4}, \quad \frac{1}{4}+\frac{2}{3}=\frac{11}{12},$$

$$\frac{11}{12}-\frac{3}{4}=\frac{1}{6}, \quad \frac{1}{6}+\frac{3}{4}=\frac{11}{12},$$

$$\frac{11}{12}-\frac{5}{6}=\frac{1}{12}, \quad \frac{1}{12}+\frac{5}{6}=\frac{11}{12}。$$

方法三：把$\frac{11}{12}$扩成与它等值的分数，如$\frac{22}{24}$，24 的因数除包含 12 的因数，另外还包含了 8 的因数。这种思路对原问题进行了改造，是一种等价变换。

$$\frac{1}{8}+\frac{19}{24}=\frac{11}{12}, \quad \frac{3}{8}+\frac{13}{24}=\frac{11}{12},$$

$$\frac{5}{8}+\frac{7}{24}=\frac{11}{12}, \quad \frac{7}{8}+\frac{1}{24}=\frac{11}{12}。$$

方法四：分子是 11 分母大于 12 的分数，都比 $\frac{11}{12}$ 小，以这样的分数作为一个加数，构建出减法算式，求得另一个加数。

$$\frac{11}{13}<\frac{11}{12}, \quad \frac{11}{14}<\frac{11}{12}, \quad \frac{11}{15}<\frac{11}{12}, \quad \cdots$$

$$\frac{11}{12}-\frac{11}{13}=\frac{11}{156}, \quad \frac{11}{156}+\frac{11}{13}=\frac{11}{12},$$

$$\frac{11}{12}-\frac{11}{14}=\frac{11\times(14-12)}{12\times14}=\frac{11}{84}, \quad \frac{11}{84}+\frac{11}{14}=\frac{11}{12}。$$

以上几种不同的解题思路，联系了相似但也有区别的知识。分享讨论这些思路与方法，不仅有利于学生进一步巩固基础，而且对于学生学习如何思考问题，如何解决问题也是有益的。

第二，学会概括。概括能力是数学能力的核心。在 20 世纪 80 年代，张老师参加了中央教育科学研究所教育心理研究室主持的小学生数学能力研究协作组，对小学生的数学能力进行了比较科学严谨的测查与评价，得到的认识是：数学思考的核心之一，是对数学材料的概括能力及其密切相关的可逆思考能力以及函数思考能力。

我们把对数学材料的概括区分为两个方面：一方面是从不同的现象中发现共同之处，在各种不同的现象中建立联系；另一方面是形成解法的概括模式。研究发现，学生在学习数学和解决问题的不同阶段，对数学材料的概括能力表现是不同的。

在获得数学信息阶段，主要表现为对数学材料的形式化知觉能力和掌握题目形式结构的能力。所谓形式化，是指对一个具体问题或一个数学式子形式结构的迅速"抽象"，从问题情境或具体内容中摆脱出来，只留下表征问题或数学式子类型的标志。以两步应用题为例。

（1）自选商场里一些商品的标价如下。

3元/桶　　6元/瓶　　8元/盒

①买 3 瓶苹果汁和 1 盒饼干，要付多少元？

②小明带了 30 元钱，买了 4 桶方便面，还剩多少元？

(2)要折 45 架纸飞机，已经折了 27 架。剩下的 3 个同学折，平均每个同学折多少架？

(3)圆珠笔和钢笔共有 52 支，其中钢笔有 12 支，圆珠笔每 10 支装 1 盒。圆珠笔有多少盒？

以上几个应用问题，描述的问题情境并不相同，用算术方法解答，算式的表征形式并不相同，是"不同类型"的两步计算应用题。如果"透过现象看本质"，这些应用问题都可以统整在 $a \times b = f - n$ 的数学模型之中。具体的：(1)①$6 \times 3 =$ 要付$\square$元-8，②$3 \times 4 = 30 -$剩下$\square$元；(2)每人折$\square$架$\times 3 = 45 - 27$；(3)$10 \times$圆珠笔$\square$盒$= 52 - 12$。不考虑未知数位置的差异，以上几个数量关系是同构的。但是，从算术方法的计算表征上看，相应的算法分别是 $a \times b + n = f$，$f - a \times b = n$，$(f - n) \div b = a$，$(f - n) \div a = b$，从这些算式中比较难看出它们的联系。$a \times b = f - n$ 就是对这些关系的共同概括，可以看作是一个数学模型。

从数学模型上分析应用问题的数量关系，是一种结构性的观念，代数思维在其中发挥了重要的作用，它可以让未知的数量与已知的数量取得同等位置，并利用方程的同解变换求得数量关系表征形式的一致。用这样的方式去处理应用问题，不仅可以提高教学的效率，而且对培养学生的概括能力、模型思想都是很有好处的，但它需要代数思维作为支持。

但是，在小学低年段培养代数思维需要解决面临的许多困难。当前低年级的数学教学，算术思维占据统治地位，而且根深蒂固。要推翻算术思维一统天下的僵局，需要对小学数学整个课程体系进行改造。包括在低年级引进图形等式推算，在简单的应用问题中引进方程的思想。这些构想和行动，在我国数学教育改革的历史中，也有过探索与实践。

从结构的角度分析数量关系、思考数学模型，要求教学要超越具体的计算，侧重于认识不同运算之间关系的分析和变换，要求教学中要加强题组设计，从一组题目中概括出相同的数学模型。结构、关系、模型、变换，每一种训练都联系着概括能力的培养。

第三，学会推理。推理是数学基本的思维方式。数学推理能力是数学能力发展的重要标志，数学中的推理主要是对数量关系、空间关系和随机关系的推理能力。

《标准(2011 年版)》在"数学思考"的目标表述中，要求"发展合情推理和演绎推理能力"。"合情推理是从已知的事物出发，凭借经验和直觉，通过归纳和类比等推断某些结果。"对于一个数学结论来说，合情推理与演绎推理发挥的作用是不一样的。"合情推理用于探索思路，发现结论；演绎推理用于证明结论。"

例如，下面的每个序号与一个算式对应，请在方框里填上合适的数。

序号	算式
1	$1+2+3=6$
2	$3+5+7=15$
3	$5+8+11=24$
4	$7+11+15=33$
⋮	⋮
17	□＋□＋□＝□
⋮	⋮
□	□＋89＋119＝□
⋮	⋮
□	69＋□＋□＝312
⋮	⋮
□	□＋□＋□＝852

这是计算与推理相结合的例子。根据前面已知的 4 组算式，归纳出算式的规律，发现数与数之间的关系，特别是序号与算式中各数的关系。每个算式都是三个数相加，这三个加数构成等差数列，公差与序号数相同。三个加数与序号数(n)之间的关系分别是 $2n-1$，$3n-1$，$4n-1$，和与序号数(n)的关系是 $9n-3$。通过归纳推理得到这些关系，成为解决问题的新条件，再将这些条件运用于问题解决，求出方框里的数，就是演绎推理的过程。

在一刻度为1 cm的方格上，依右图所示的规律，设定A_1，A_2，A_3，A_4，…据此，A_1，A_2，A_3连成三角形 ⚠，A_2，A_3，A_4连成三角形 ⚠ 。请问 ⚠ 为100 cm²时，x是多少？⚠ 的面积与 ⚠ 的面积差为56 cm²，求此条件下，所有a与b的组合。
（日本初中入学试题）

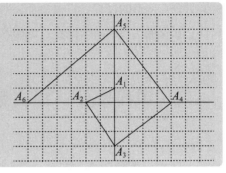

根据题中定义的三角形，由小到大依次编号，其面积分别是：①4×2÷2＝4(cm²)，②6×3÷2＝9(cm²)，③8×4÷2＝16(cm²)，④10×5÷2＝25(cm²)。由此可以归纳出：三角形高是底的一半，面积数依次是连续自然数的平方数，序号数（x）与面积的关系是$(x+1)^2$。当三角形面积为100 cm²时，序号x是9。两个三角形的面积之差为56 cm²，即两个数的平方差为56，设$m^2-n^2=56$（m，n均为正整数），则有$(m+n)\times(m-n)=56$，56＝56×1＝28×2＝14×4＝7×8。利用和差问题的解法，符合要求的解有两组，即m＋n＝28，m－n＝2，m＝15，n＝13；m＋n＝14，m－n＝4，m＝9，n＝5。相应的，a，b的组合分别是(14，12)，(8，4)。

从几个三角形的面积计算中发现规律，归纳关系，就是合情推理。将合情推理得到的关系应用于问题解决，就是演绎推理。除了推理能力的培养，这个问题联系的知识基础也是比较广泛的，包括三角形的面积计算、因数分解等，此外还有平方差、和差问题等数学模型，是一个综合性很强的数学问题。

提升人才培养水平，就要坚持能力为重，这似乎用不着证明。对知识的掌握不应该限制人的思维与想象的翅膀，而应成为人们进一步认识世界和改造世界的阶梯。古希腊教育家普罗塔戈说："教育的最终目的是要把作为人的独特本质的创新精神释放出来，使其成为能够自觉、自由创造的人。"[①]

从现实走向发展的可能性，从重基础转向谋创新。正确和科学的假设是一种积极的教育力量，这不仅可以引领学生向积极的方向发展，也让数学教育变得更加美好和富有感召力。新思维数学教育理念的构建，是关于数学教育的目标与定位的设计，

① 郭思乐．改革核心：课程与教学的再造[J]．人民教育，2015(4)．

是价值引领与创造的过程，它根植于实践和实验的土壤，成长于对现实与未来的洞察与设计，它发端于对昨天的反思，试图改变今天的现状，十分肯定地指向明天的未来。

二、课程设计：提高数学素养，降低学习难度

数学课程的设计，如同生物遗传学基因序列的研究一样，是具有攻坚意义的课题。

——张天孝

数学知识的学习主要是跟教材的编排顺序有关，而不是与年龄有关。那些认为学生太小，没有处在最合适的学习阶段没有做好准备的种种所谓有理论根据的说法已经被证明是错误的。

——（美）《成功的基础》

数学是一切自然科学的基础，为其他科学提供语言、观念和方法；数学还是一切重大技术发展的基础。数学也是一种文化，数学教育在人才的培养上有着不可替代的作用。数学的重要性与它在公众中的形象，并不是平衡的。在多数成人的记忆里，数学常常是与"深""难"联系在一起的，真正喜欢学习数学的孩子并不多。降低数学难度的声音此起彼伏、不绝于耳，甚至有人鼓吹一二年级可以取消数学课。那些打着课程改革的旗号，把数学与其他学科整合在一起，也是在变相地削弱数学课程。

《国家中长期教育改革和发展规划纲要（2010—2020 年）》（以下简称《纲要》）指出："把提高质量作为教育改革发展的核心任务。树立科学的质量观，把促进人的全面发展、适应社会需要作为衡量教育质量的根本标准。树立以提高质量为核心的教育发展观，注重教育内涵发展，鼓励学校办出特色，办出水平，出名师，育英才。建立以提高教育质量为导向的管理制度和工作机制，把教育资源配置和学校工作重点集中到强化教育环节、提高教育质量上来。"对于义务教育，《纲要》进一步指出："调整教材内容，科学设计课程难度。"2001 年，我国启动了新一轮基础教育课程改革，对教师在教材的使用上提出了新的要求，如《基础教育课程改革纲要（试行）》中

指出，教材改革应有利于教师创造性地进行教学。

在充满变革的时代，为了给学生提供公平而富有质量的学习机会、优质而均衡的学习资源以及创新和变革的学习模式，课程的构建应当丰满而多元。"新思维数学"顺应了变革时代和课程改革的要求，设计了包括实验教科书《数学》（经全国中小学教材审定委员会审查通过，由浙江教育出版社出版），《小学生数学能力训练系列》（分四则运算、图形几何、问题解决三个系列，每个系列均分为四册）等多元化的学习内容，为教师对教材进行"二次开发"、提高课程执行能力和创生能力提供了支持，为不同学生学习不同的数学，实现有差异的发展，提高数学思维能力和培育数学核心素养提供了可能。

传统的数学课程以知识为核心。以学科知识为中心的课程，侧重学科知识的科学性、完备性，往往将现实生活的知识抽象成学科教学的科学内容教授。学生在学习过程中，面临的常常是抽象的知识世界，形成"碎片化"的知识，而难以将书本的知识和现实世界发生联系，无法用学过的知识解决现实生活中出现的问题，缺乏问题解决能力和创新思维。[①]

从知识为本到能力立意，是课程改善的重大转向，转向的最终目标是提高教育质量。改善小学数学课程，不能一味地在课程内容与难度上做减法，如果把那些难的题目全部删去，这样做势必带来教育质量的下降，付出的代价是学生数学素养的降低。教学研究要把题目本身的难度与学生学习的难度区分开来，教学或许一时难以引领学生跨越这个台阶，但不能止步不前甚至往后退，得努力向上攀登。教材编写也不能一味地删除难题，应当"知难而进"，不能总是"知难而退"。

教育的最终目的在于促进学生的学习。提高数学素养，降低学习难度，看似矛盾的两个方面，构成了一个狭小的磁场空间，要在这个天地里施展"法术"，秘籍就是知识序列的设计、教学体系的构建。新思维数学通过"重组结构、更新内容、滚动发展"的方式设计学习内容，优化学习序列，达到了"提高数学素养，降低学习难度"的目标。

作为教育任务的数学是从学术形态的数学改造而来，构造数学的教育形态，关键是对知识合理组织，构建起利于教学的"序"。数学教育既是科学，也是艺术。

---

① 辛涛，姜宇. 全球视域下学生核心素养模型的构建[J]. 人民教育，2015(9).

7＋8，作为科学的数学，全世界的答案都是15。作为教育任务的数学，7＋8在教材中可以有不同的设计。比如在目标上，计算7＋8，除了能正确地算出结果，还有什么其他更为重要的教学目标？又如在序列上，学习之前应当帮助学生积累哪些基础与经验？学习之后可以运用于解决哪些挑战性的任务？这些问题都没有统一的答案。无论是过去还是现在，不同的教材处理方式都是不一样的。这些不一样的处理方式，就是课程设计可以创新的地方。

新思维数学教学体系的构建，通过"重组结构，更新内容，滚动发展"的方式，对传统教学内容进行改造，形成了小学数学教学的新序列。

(一)重组结构

奥苏伯尔说过："假如让我把全部教育心理学仅仅归纳为一条原理的话，那么，我将一言以蔽之，影响学生唯一最重要的因素就是学生已经知道了什么。"教材的知识结构深刻地影响着知识展开的方式，深刻地影响着学生学习的质量与效率。"重组结构"，科学地设计学习序列，合理地安排学习内容，是构建新思维教学体系首先需要攻克的难题。

知识编排的顺序是否合乎联系的逻辑？是否在简单的基础上重复过多？如何在学习知识的同时培养数学能力？这些看似平常实则非凡的问题，其实都是课程设计需要破解的难题。破解这些难题，不仅要有整体的视野，还要有结构的视角。知识如果处于分割状态，不仅会影响学生的学习，还会造成思维的障碍。改正知识的分割状态，让学生在知识的有机联系中学习，把一些孤立的难题放到一个序列中去学习，降低学生学习数学的难度，提高学生的数学素养。

一个知识点就像一颗珍珠，序列设计就是要把散落的珍珠穿成一串，这一串珍珠构成教材编排中知识布局的经纬。每一个创新都是勇敢者的尝试，这种尝试需要的不只是勇气，还有智慧。比如，3＋4与13＋4，一个计算的结果在10以内，一个计算的结果在20以内，过去都是分两个阶段教学的。其实，这两个算式实际的计算都只发生在个位上，难度几乎没有什么区别，合二为一看似是一个小小的变化，但改变的不只是编排的体系，还有学生学习的效率和建立的认知结构。正是这种看似微观实则重要的改变，构成了数学课程改善的点点滴滴，最后汇聚成"新思维数学"的体系之流。

例如，六年级学习了正反比例应用题之后，解决这样的问题：某厂有一批煤，原计划每天烧 5.4 吨，可以烧 12 天。改进烧煤方法后，每天节约用煤 20％。照这样计算，这些煤可以烧多少天？

先考虑改进前后每天烧煤量的比是 1：（1－20％）＝5：4，根据煤的总量一定，每天烧煤量的比等于烧煤天数比的反比，设实际可以烧 x 天。则 $4x＝12\times5$，解得 $x＝15$。解决这个问题的关键是比的转化，基础是反比例意义的理解。

新思维数学体系，结合不同的知识点渗透了反比例关系。学习乘法口诀时，根据积相等对乘法口诀进行整理，如 $3\times8＝4\times6$。在学习两步应用问题时，可以呈现如下问题情境：

比较被除数相同的两个除式。

（1）
$$800\div40=\boxed{}\cdots\cdots①$$
$$800\div20=\boxed{}\cdots\cdots②$$

①式的除数是②式除数的（　　　）倍。

②式的商是①式商的（　　　）倍。

（2）
$$360\div30=\boxed{}\cdots\cdots①$$
$$360\div90=\boxed{}\cdots\cdots②$$

②式的除数是①式除数的（　　　）倍。

①式的商是②式商的（　　　）倍。

把 320 个贝壳装进袋子里。

每袋个数	10	20	40	80
袋数				

下面两个大三角形的面积相等。如果左边三角形的涂色部分表示 60，那么右边三角形的涂色部分表示多少？

这些不同形式的训练，形成一个前后联系的学习序列，为反比例意义与关系理解打下了基础。

新思维数学，通过"合并同类项"，避免了简单地重复，通过"寻找公因子"，实现了跨领域的整合，从而改变了原来线性的知识结构体系，把数学知识的逻辑顺序和小学生心理发展顺序有机整合，通过对内部结构进行调整和重组，形成了网络型的知识结构体系。重组结构的基本途径包括以下三个方面：

第一，不同领域内容之间的整合。线性的教学结构体系，总是根据同一领域内容的先后顺序纵向展开。新思维数学教学体系，注意揭示不同领域内容之间的联系。例如，长方形的周长和面积是几何的内容，乘法分配律和两位数乘两位数是代数的内容，新思维教学以"乘法分配律"为核心，把两个领域的内容整合在"篮球场上的数学问题"的主题下，形成一个教学单元。这个单元从步测和目测开始，测量篮球场的长和宽，计算长方形的周长，为学习长方形周长积累经验，从 $28 \times 2 + 15 \times 2$，$(28+15) \times 2$ 两种不同计算方法中引出乘法分配律，在学习了乘法分配律以后，再学习长方形面积与两位数乘两位数，用乘法分配律来说明两位数乘两位数的算理，并用于探索不同的计算方法。这样整合，使得每个知识点的学习环环相扣，渐次构成一个螺旋上升的知识网络。

第二，同一领域内部知识点学习顺序的调整。根据数学知识的本质和学生认知的规律，从利于学生理解和掌握的角度出发，对学习知识的顺序进行适当调整。

例如，"分数的意义和运算"，原来是在三年级学习分数的初步认识，五年级进一步学习分数的意义，再学习分数与除法的关系，然后学习真分数和假分数。调整后的学习顺序是，在分数初步认识的基础上，学习分数与除法的关系，认识分数的本质，并引出真分数与假分数，再进一步概括分数的意义。调整之后的教材设计注重将分数的意义与分数运算相结合，注意分数运算与整数运算之间的联系，能更清晰地揭示出分数的本质，方便学生理解假分数的概念。

具体地说，分三段安排：三年级下从几分之一到几分之几，突出分数单位的认识，直观地认识 $\frac{1}{2}$ 和 $\frac{1}{4}$ 的关系，并进行直观地运算；从单个"1"的均分到整体"1"的均分，并引入用"归一"思路解分数应用题。四年级下，在多个物体均分的过程中引出分数与除法的关系，加深对分数的认识，把分数区分为真分数、假分数两类。五年级下，把"1"与"多"统一在单位"1"之中，加深对分数意义的认识，理解分数的等值性质。通过直观演示和实际操作，让学生理解分数运算的本质——在统一分数单位的条件下对分子的整数运算。

第三，不同阶段学习内容的有机整合。算术与代数是两个不同阶段的学习内容，小学数学中通常都是先学习算术，到了高年级才开始学习代数。新思维数学从一年级开始引入图形表示未知数，把算术计算与代数运算有机整合，促进了代数思维的早期开发。用图形等式表示数量关系，把分析数量关系与代数模式建构有机整合，培养学生数学建模的意识。

数学不仅仅是各个分支的简单总和，数学课程的各个领域之间有着千丝万缕的联系。最有价值的数学课程，应当是各个领域密切联系、相互整合的。《标准（2011年版）》在教材编写建议中指出："教材内容的呈现要体现数学知识的整体性，体现重要的数学知识和方法的产生、发展和应用过程。"

选择具有核心作用的关键知识为主要脉络，在关键知识的教学过程中加以拓展，以实现与其他领域内容的整合。核心知识具有自己的内在逻辑，这种内在逻辑符合学生的认知规律，在此基础上容易建立知识之间的有机联系。

例如：乘法分配律 $a×(b+c)=a×b+a×c$ 是最重要的运算定律，是小学数学课程的核心知识。运用乘法分配律进行乘法与加法运算的转换，可以实施灵活简洁的运算。

新思维数学，在乘法口诀学习时，就安排了如下训练：

基于乘法意义的理解和式子之间关系的分析，让学生初步感知乘法分配律，为进一步学习两位数乘一位数积累思维活动经验。例如，

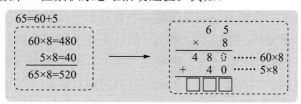

　　乘法分配律是两位数乘一位数的算理基础。进一步在两位数乘一位数的练习中，引出两积之和的运算，以及一位数乘整百数与两位数的题组训练，为概括乘法分配律积累更加丰富的思维活动经验。例如：比一比，说一说。

$$39 \times 6 + 54$$
$$39 \times 6 + 9 \times 6$$
$$(39 + 9) \times 6$$

$$47 \times 9 + 72$$
$$47 \times 9 + 8 \times 9$$
$$(47 + 8) \times 9$$

$$500 \times 3$$
$$37 \times 3$$

$$300 \times 8$$
$$75 \times 8$$

　　在学习了乘法分配律之后，引进组块计算的方法，引导学生分析式与式之间的关系，根据已知条件(算式)对参与运算的数进行灵活拆分，进而实施灵活简洁的运算。

$$25 \times 4 = 100$$
$$28 \times 4 = (25 + \Box) \times 4$$
$$= 100 + \Box$$
$$= \Box$$
$$25 \times 7 = 25 \times (4 + \Box)$$
$$= 100 + \Box$$
$$= \Box$$

$$37 \times 3 = 111$$
$$39 \times 3 = (37 + \Box) \times 3$$
$$= 111 + \Box$$
$$= \Box$$
$$37 \times 8 = 37 \times (3 + \Box)$$
$$= 111 + \Box$$
$$= \Box$$

　　学生在运算中积累的基本活动经验，以及建立起的选择算法的观念，为后继探索算法多样化打下了基础。例如，三位数乘一位数。

$$205 \times 7 = 1435 (元)$$

```
    2 0 5
  ×     7
  ‾‾‾‾‾‾‾
  14¦3 5
      └---- 200×7
      ---- 5×7
```

$$265 \times 7 = \Box (元)$$

```
    2 6 5
  ×     7
  ‾‾‾‾‾‾‾
  1 4 3 5  ◄------ 205×7
+  □□      ◄------ 60×7
  ‾‾‾‾‾‾‾
  □□□5
```

　　几百零几的数乘一位数肯定不会出叠加进位，在三位数乘一位数中，可以把几百零几的数乘一位数看作一个组块，乘出来的结果作为第一层部分积，再用十位上的数字乘一位数。这样的计算方法，把乘法与加法拆解为两个独立的环节，分解了传统算法中"边乘边加"的难度，是一种通用且方便的算法，其算理核心仍然是乘法分配律。

　　进一步，在两位数乘法的教学中，可以让学生自主探索多样化的算法，如篮球场长 28 米，短边 15 米，它的面积是多少平方米？

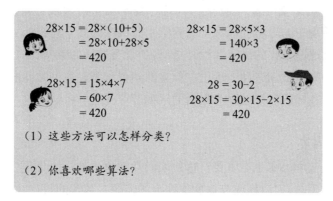

$28×15 = 28×(10+5)$
$= 28×10+28×5$
$= 420$

$28×15 = 28×5×3$
$= 140×3$
$= 420$

$28×15 = 15×4×7$
$= 60×7$
$= 420$

$28 = 30-2$
$28×15 = 30×15-2×15$
$= 420$

（1）这些方法可以怎样分类？

（2）你喜欢哪些算法？

　　在学生交流了多样的算法之后，对这些算法进行分类，一类运用了乘法分配律，另一类运用了乘法结合律。进一步讨论哪一类算法比较好，引导学生更加深刻地体会乘法分配律作为算理核心的重要价值。

　　加法与乘法联系密切，在两位数乘一位数的练习中，通过设计乘法与加法的相互转换，可以丰富学生计算活动中的思考，如：求一个乘数的某一位数字。

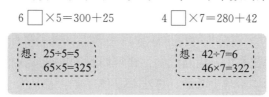

$6 \boxed{} ×5＝300+25$

想：$25÷5=5$
$65×5=325$
……

$4 \boxed{} ×7＝280+42$

想：$42÷7=6$
$46×7=322$
……

　　又如：

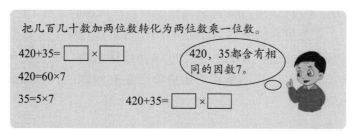

把几百几十数加两位数转化为两位数乘一位数。

$420+35=\boxed{}×\boxed{}$

$420=60×7$

$35=5×7$

420，35都含有相同的因数7。

$420+35=\boxed{}×\boxed{}$

　　等式一边的加数是乘法计算的两个部分积，根据部分积推断两位乘数个位上的数，或者根据部分积推断两个乘数，突出了计算过程中的位值理解，并且把数感、运算能力、推理能力等多种核心数学素养结合在了一起。

新思维数学设计的多位数乘法，以乘法分配律为知识的内核，按照"前有孕伏、中有突破、后有发展"的思路设计能力训练，在不同学习阶段都重视算法的自主探索，加强计算活动中的思考性训练，培养学生高层次的数学思维能力。

布鲁纳在批评原子化的细分课程时指出："学习的目的就是在前后关联之中获得知识，以使这种知识被创造性地运用。孤立的知识越多，它们之间的联系就越困难，除非我们能把这些知识压缩成更为概括的序列。"[①]

(二)更新内容

学什么，怎么学，哪个更重要？这是人们常常争论的一个话题。《标准（2011年版）》提出明确的要求："课程内容要反映社会的需要、数学的特点，要符合学生的认知规律。它不仅包括数学的结果，也包括数学结果的形成过程和蕴含的数学思想方法。"如此看来，数学课程包括结果和过程，它们是相互联系不可分割的。

关于学什么，或者说哪些是小学生必须要学习的内容，哪些是小学生不可能学习的内容，从来没有不可逾越的边界。把不可能变成可能，关键在于内容与呈现方式的设计。新思维数学对传统的内容进行深度研发，以研究当代儿童的知识背景和认知水平为基础，对小学数学重要的学习内容进行了梳理和更新，实现了更高层次的整合。

例如，两位数乘法教学，应当让学生在理解算理的基础上掌握算法。但一般的教学，算理都是教师讲给学生听的，算法都是统一的，都从个位乘起的，并且不管是怎样的题目，都用一种方法去算。在传统的观念中，让学生自己去研究算理和探索算法，被认为是不可能的事情。新思维数学对这一内容的目标定位，不只是解决如何算的问题，更为重要的是让学生在经历学习的过程中，发展思维能力。算理是学生可以自己研究的，算法是学生可以自己探索的，关键在于教师有没有给学生留下这样的空间，是不是真正相信学生是有潜能的。新思维数学设计了

---

① 布鲁纳. 学习与思维：教育心理参考资料选辑[M]. 皮连生，译. 济南：山东教育出版社，1986：189～190.

"头尾相乘"的计算方法，不仅把学生自主探索掌握算法变成可能，而且提高了计算的效率。

几十一乘几十一。

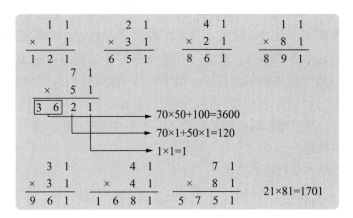

你发现了什么规律？用发现的规律算一算。

61×71＝　　　　　　11×91＝　　　　　　71×21＝

实践证明，这种算法学生是可以掌握的，而且学得饶有趣味。浙江农林大学附属小学的裴晓芳老师教学时，让学生观察这些算式，思考各个数位上的数与积的各部分之间的关系，从发现的关系中概括规律，在新的例子中加以检验，最后运用规律进行计算。在这个学习过程中，算法是学生自己探索的，规律是学生自己概括的，学生在获得知识结果的同时，也发展了阅读能力、概括能力以及研究能力，这些重要的能力都是高层次的数学思维能力。学生如若总是做简单重复的计算训练，这些能力是不可能得到发展的。

通常运算的训练都是教师出好题目，学生按照运算定律和法则来计算，最后形成熟练的计算技能，这样的教学在低年级司空见惯，甚至形成了计算教学的定势。新思维数学引进了连方的概念，把1～18的数从小到大分三行排列，形成3×6的表格，让学生用边与边相连的连方勾画出和是30的几个数。这种训练，使得机械枯燥的计算训练变得生动活泼，加强了计算活动中的思考性，使得计算成为培养学生思维的灵活性和敏捷性的有效载体。

数的计算，无论是在现实生活中还是在后续学习中，都是学生应该掌握的基本能力。新思维数学在计算教学中，把训练的重点从技能的获得转向了思考性训练。

例如，20 以内进位加法是传统的教学内容，几年间学生学习的基础发生了很大的变化。据我们 2000 年的调查，本地区的学前通过率已经达到 77.53%，2009 年的学前通过率更是高达 91.62%。基于这样的学习起点，我们把训练重点从计算技能的获得转向思考性训练，在学习标准计算程序的同时，加强了计算活动中的思考性训练，培养学生的创新意识，给学生提供创新机会，帮助学生积累创新经验。

①形数转换。通过坐标图中的形与数、形与式的转换，建立数、式、形的联系，渗透形数结合的思想。

分别求出每种颜色的线的长度。

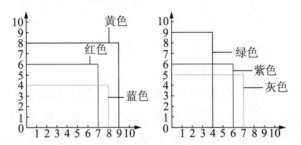

②信息推理。根据情境信息，在理解基数与序数关系的基础上，对信息进行加工处理，解决问题。

小兔队有多少位运动员？

③联系比较。根据式与式之间的关系，灵活选择计算的方法，并为后续学习乘加、乘减作准备。

填空，并说一说你是怎么想的。

$$6+5=\boxed{}$$

$$5+6=\boxed{} \quad \boxed{6+6=12} \quad 7+6=\boxed{}$$

$$6+7=\boxed{}$$

$$7+6=\boxed{}$$

$$6+7=\boxed{} \quad \boxed{7+7=14} \quad 8+7=\boxed{}$$

$$7+8=\boxed{}$$

④代数思维。从同数连加求和到同图连加已知和求图形表示的数，培养可逆思考能力，渗透初步代数思维。

比一比，算一算。

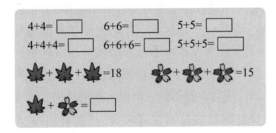

⑤构造性方法。例如，等距搭配。观察数列的规律，构建和相等的式子。

把 4，5，6，7，8，9 这几个数分别填在 $\boxed{}$ 里。

$$\boxed{}+\boxed{}=\boxed{}+\boxed{}=\boxed{}+\boxed{}$$

先从 4，5，6，7，8 这五个数中，找出两个数相加后和相等的三对数。

$$4+7=\boxed{}+\boxed{} \quad \boxed{}+\boxed{}=\boxed{}+\boxed{} \quad \boxed{}+\boxed{}=\boxed{}+\boxed{}$$

再把这五个数填在每个图的小方格里，使横、竖三个数的和相等。

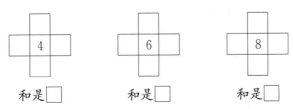

又如，选数填空。先构建出基本的等式，再通过数的分解获得多种解法。

从 1～9 这九个数中，各选一个填入 □ 里。（每个数只能用一次）

$$\Box + \Box + \Box = \Box + \Box$$

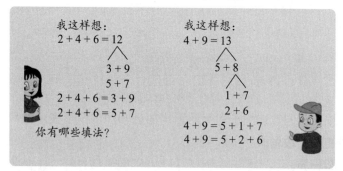

此题共有 52 个解，按和值分类，解的个数呈正态分布。在限定的时间内，学生能否得到解答，能得到几个解答，可以反映学生的基本运算能力和解题策略水平。我们对两个地区 567 名学生进行调查发现，通过和值相等的口算系列训练之后，学生解题的通过率比自然状态（没有经过系统训练）有很大提高，能独立得到 1 个及 1 个以上解的从 78.5％提高到 95.3％，其中能得到 5 个以上解的从 12.7％提高到 63.3％。

《标准（2011 年版）》对教材编写的建议中有："教材的内容、实例的设计、习题的配置等，要经过课堂教学的实践检验，特别是新增的内容要经过较大范围的实验，根据实践结果推敲可行性，并不断改进与完善。"

再如，方格连数。

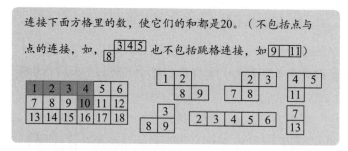

根据不同的年级，可以把和数改成 30，40 或其他，答案多达数十种。这种类型的练习，结构比较简单，但是训练的容量很大。

以上练习，可以安排在学习了 20 以内进位加法之后进行，练习目的除了巩固基本的计算方法，形成熟练的计算技能之外，更侧重于数学思想的渗透和数学方法的训练。由于计算的算式一般不是直接给出，而是由学生自己构造出来，计算时需要思考数与数的关系或数的空间位置，思考性和挑战性明显增强。应当强调，这些富有挑战性的数学问题联系的知识基础并不复杂，学生创新思维主要体现在观察、比较、探索和发现的过程之中。数学教育应当注重开发既联系重要基础，又能拓展思维空间的学习材料，把加强基础知识与培养创新思维有机地结合起来。

新思维数学在应用问题教学中，克服了"讲解例题孤立化，分析方法烦琐化，练习内容单一化"的弊端，形成了以基本数量关系分析为基础，以数量关系复合为中介，以复合关系的基本结构和基本变换为重心的教学系列。

新思维数学在几何教学中，倡导在动态变换的过程和操作活动中培养学生的空间观念；设计了图形辨认，找隐蔽图形，图形特征概括，图形类比推理，图形分割与组合，图形变换，图形折叠和展开等训练系列。

（三）滚动发展

学生对数学知识的理解与能力的发展不是一蹴而就的，而是有一个逐步提高的过程。新思维数学教学体系，致力于使学生在学习重要知识与形成能力时，能像"滚雪球"那样滚动发展，经历由小到大和逐步积累的过程。按照"为进而退，退中悟理，执理而进"的思路，采取"前有孕伏，中有突破，后有发展"的呈现序列。

前有孕伏，是指结合可以联系的知识点，将学习一个重要知识点所必需的基础在前期进行铺垫，降低在新知学习第一时间产生的难度。

中有突破，是指在新知学习过程中，让学生主动利用原有的知识，突破新知探索中的难点，使经验材料数学化，数学材料逻辑化。

后有发展，是指把在"中有突破"的探索中获得的数学知识和方法进行迁移，使知识运用的深度、广度和灵活度上有所拓展。

用 0～9 的数字构建等式，是一种联系广泛的训练，不仅可以提高学生的运算能力，而且对培养学生的创新思维也有很大的益处。新思维数学设计了一系列这样的问题，供不同年段学生结合学习的进度进行训练。例如，用 5，6，7，8，9 五个数字构建数学等式，就是一个开放度很大的纯数学结构性问题，需要的知识基础是整数的四则混合运算、等式的恒等变形。

为了研究学生的思维能力，张老师对两个学生进行了长期的跟踪观察，对学生可能学习的数学进行了研究。其中的一个观察对象在二年级下学期解决上述问题时能写出 11 组共 57 种答案，如构建出 $5=8-6\div(9-7)$ 的等式，通过变形得到 $8-5=6\div(9-7)$，$6\div(8-5)=9-7$，$6=(8-5)\times(9-7)$，$7=9-6\div(8-5)$，$8=6\div(9-7)+5$，$9=7+6\div(8-5)$，其次构建的等式还有 $5=8\times9\div6-7$，$5=7\times(8-6)-9$，$5=(7+8)\div(9-6)$，$5=68-7\times9$，$5=96\div8-7$，$57=6\times8+9$，$65=8\times9-7$，$58=67-9$，$59=67-8$，$85=76+9$，等等。这是一位智力中等的学生，解决这个问题的思路如此开拓，这让实验者十分惊喜。

一项科学的实验研究，首先要求结论可重复、可检验，这样才能从经验走向科学。为了取得更加翔实可靠的数据，我们在使用人民教育出版社出版的教材(以下简称人教版教材)的普通学校进行教学实验。由于实验对象构建等式与等式变形的基础比较薄弱，实验设计了相关的基础训练，训练分两课时进行。

第一课时主要是理解和构建简单的等式。安排三个环节：一是以天平为操作加以理解等式，如 $8=5+3$，$4\times2=5+3$，等等。

二是算 24 点的游戏活动，如：先说一说下面各数算 24 点的思路，再写式子。

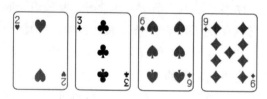

三是用 1，2，3，4，5 五个数字构建数字等式。

先确定任意两个数字，如 1，2 可以想到 ①$1=2-1$，②$1=3-2$，③$1=2\div2$，再选择一个等式，用 3，4，5 得到所需结果，如 ②$1=3-2$

$$\downarrow$$

$$(4+5)\div3$$

得到 $1=(4+5)\div3-2$

第二课时学习等式的恒等变形。用 3，4，5，6，7 五个数字组等式。

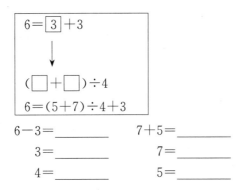

$$6 - 3 = \underline{\hspace{2cm}} \qquad 7 + 5 = \underline{\hspace{2cm}}$$
$$3 = \underline{\hspace{2cm}} \qquad 7 = \underline{\hspace{2cm}}$$
$$4 = \underline{\hspace{2cm}} \qquad 5 = \underline{\hspace{2cm}}$$

在学生掌握了等式恒等变形的方法之后，再进行四次训练，每次 10～15 分钟，让学生形成熟练的技能。在此基础上，要求学生从 1～9 中任选五个数字构建数字等式。全班 47 人出现了 16 种不同的选数情况。

构建等式个数统计如下表：

正确个数	0	1～4	5～10	11～20	21 以上
人数	1	13	13	14	6
百分比	0.020	0.277	0.277	0.298	0.128

学生对题目难度、喜欢程度与持续研究态度调查

题目难度			喜欢程度			持续研究态度		
不难	一般	难	喜欢	一般	不喜欢	愿意	一般	不愿意
5	28	14	41	6	0	44	2	1
10.6%	59.6%	29.8%	87.2%	12.8%		93.6%	4.3%	2.1%

根据以上统计可知，87.2％的学生喜欢探索这类问题，70.2％的学生认为题目不难或一般，93.6％的学生愿意在课后续续研究这类题。

进一步对学生进行访谈时发现，学生喜欢的主要原因是这类题以前没有遇到过，题目可以多变，答案不止一个，有挑战性。用学生的话来说，"这个题目考我们聪明不聪明""想不到写出一个等式还能变出那么多的等式，真好玩，我还想再多写几个"。

组织实施这项实验的第三期"高访班"学员盛丽老师深有感触地说："原来我们认为题目比较难，学生难理解，而实际上学生反而更愿意接受具有一定新奇性、灵活性及挑战性的题目。适度的困惑更能激起学生积极的学习动力，一定难度的问题给学生提供了思维发展的契机。"

"重组结构，更新内容，滚动发展"，每一种改善课程的方式，都意味着要在继承的基础上谋求创新。创新的道路必定是不平坦的，解决一个问题，攻克一个课题，既是新思维研究的一个终点，也是一个新的起点。

数学作为小学教育的一门课程，在前面冠以"新思维"，表明了课程设计的基本思想：数学教育的核心是思维教育。新思维数学"新"在哪里？新思维数学体系是如何构建的？这些重要的教育思想从何而来？在这里，不打算考察体系构建的每一个细节，也不打算追溯这些引起思想的源头，我们只是围绕几个核心观点和相应的例子，以理论与实践相结合的方式做一个"速写"，只能看作是一个极为粗糙的近似，是比较概括的，也是不完全的。其实，在新思维数学课程体系的构建上，既有宏观的理论创新，更有具体的内容设计，具体到一课课教材的编排，具体到一个个题目的设计。

新思维数学课程体系的构建，是改善小学数学课程的重要探索，它使得小学数学比以前任何时候都不像过去那样是知识堆积和技能的训练，也比以前任何时候都更加重视通过数学学习促进人的思维发展。发展思维成为学习数学最重要的目的，也是开发人的可能性的强有力的工具。新思维数学用"思维"这个核心概念，支配着小学数学的广大领域，这些领域中发展思维的着力点原先处于杂乱无章的状况，但是，在新思维数学里已经形成了相应的完整的体系。

这个知识结构与教学体系的构建，不是一朝一夕的事情，经历了漫长的积淀过程，是不断实验、创新研究、滚动发展的结果，其起点可以追溯到1962年。50多年来，先后进行了计算教学、应用题教学、小学生数学能力培养和发展三项实验研究。其中，在计算教学改革实验研究中，构建了口算、珠算、笔算相结合的高位算起体系；在应用题教学改革实验研究中，构建了以数量关系的基本结构与基本变换为核心的应用问题教学体系；在小学生数学能力的培养与发展的研究中，通过连续6年对小学生数学能力的跟踪测查，分析了小学生数学能力结构，设计了独特的能力训练系列。

在实验研究的基础上，从 1984 年起，编写了《现代小学数学》，被原国家教委基础教育司认为"是一套锐意改革的教材"，为"小学数学教学改革做出了贡献"。1993 年，该教材列入国家教委用书目录。2000 年 3 月，新思维团队对《现代小学数学》进行了修订。2002 年经全国中小学教材审定委员会审查通过，成为义务教育教科书，被全国 24 个省市和地区近 1000 所学校采用，产生了比较广泛的影响。历时 16 年后，该实验成果获浙江省人民政府首届基础教育教学成果一等奖。

2002 年，紧随国家《全日制义务教育数学课程标准（实验稿）》的颁布，新思维团队以课程标准提出的基本理念和基本内容为依据，着手编写新的教材。《现代小学数学》教学体系本身也是完备的，并且已经得到了广泛的认可。放弃轻而易举，重建却举步维艰。

新思维数学的实验研究，得到了由中科院院士、大学教授、著名特级教师等组成的鉴定专家组的充分肯定。大家认为，这项实验研究的成果在不同历史时期都具有国内领先水平。"新思维团队具有锲而不舍的钻研精神，严谨中求创新的治学态度，构建了小学数学新思维教学体系，一系列成果是小学数学领域内的一笔可贵财富，在理论与实践上所做的贡献令人尊敬，具有推广价值。新思维数学教学的研究成果在当前建设创新型国家中具有重要的意义。"

如果用新思维数学的今天来推断新思维数学的明天，可能是困难的。因为张老师一直在创新，永不停步。他常常会通过我们想不到的关系来设计数学，用崭新的方式去处理棘手的问题，而这种关系由于我们缺乏想象力，是难以发现的。这或许是新思维不断发展的真正的秘密所在。

通往课程改善的道路始终是曲折的，但前途是光明的。新思维数学课程体系的构建过程就像"弄潮"，需要区分前沿与方向。前沿是一种探索，是一种突破，是一种创造，方向是一种目标，是一种信念，是一种坚持。方向决定未来，我们关注前沿也把握方向，坚定不移地走在"出名师，育英才"的道路上。

三、教学原则：展开思维过程，突出能力培养

数学教学要重视展开知识的发生、发展的过程。

——张天孝

与其说是学习数学，还不如说是学习"数学化"。只有通过"数学化"的途径来进行数学教育，才能使学生真正获得充满着关系的、富有生命力的数学知识，使他们不仅理解这些知识，而且能够应用。

——（荷兰）弗赖登塔尔

数学教学过程是学生在教师指导下，通过数学思维活动，掌握数学家思维活动的成果，并发展数学思维能力的过程。思维教育是数学教育的核心。在数学教学中存在着三种思维活动，即数学家的思维活动（一般存在于教材之中）、数学教师的思维活动和学生的思维活动。

数学知识是数学家思维活动的成果，从这些成果中，可以觉察出他们的思维过程，而这种思维过程正是学生思维活动的楷模。数学家虽然不直接参与数学教学活动，但是他们以教材和教师为中介来影响数学教学活动。

学生是数学学习活动的主体，学生所学的数学知识是数学家思维的结果，学习知识不是简单的吸收，而必须通过积极的思维活动把数学家的思维结果通过"再创造"转化为自己的思维结果。数学学习的"再创造"过程并非是去重复历史上的"原始创造"，而应根据自己的体验，并用自己的思维方式重新去创造有关的数学知识。但是，在"再创造"过程中，学生难以独立完成重现数学家思维过程的任务，而且数学家的思维与学生的思维水平存在着一定程度的质的差异。因此，需要通过教师的指导，以缩短学生建构数学家思维活动的时间。

数学教师是数学教学过程中的组织者和积极参加者，他需要根据数学知识结构，重现数学家思维活动的过程，并根据学生的思维特点和水平，制订出学生学习的"序列"；他还需要指导、调控学生的思维活动，把静态的知识结论转化为动态的探索对

象，让学生在探索未知领域的过程中，逐步实现学生思维结构向数学家思维结构的转化。

成功的数学教学就是要实现数学家的思维活动、数学教师的思维活动和学生的思维活动的和谐与统一，而认识和处理这三种思维活动的相互关系，则构成了新思维数学教学的基本原则。

(一)结构性原则

学生在数学活动中，存在两种结构。一种是知识结构，即数学知识之间的内在联系所构成的整体。数学知识结构是数学家研究的对象，是前人研究所积累的经验总结。教材中的数学知识结构是数学教育家根据教育要求和学生的认知规律组织起来的知识结构。数学教材的知识结构不等同于数学本身的知识结构，特别是小学。知识结构是客观的，对学生来说是外在的东西。另一种是认知结构。数学认知结构是学生学习数学时，在自己的头脑中逐渐形成的认知模式，即学生头脑里的知识结构。认知结构是主观的，对学生来说是内在心理上的东西。结构性原则，概括地说，就是把数学知识结构转化为数学认知结构。这里有两方面的含义：第一，把具有逻辑意义的数学知识转化为具有潜在意义的教材知识结构；第二，把教材知识结构转化为学生头脑里的知识结构，即把具有潜在意义的数学知识转化为具有心理意义的数学知识。

对于学生来说，最根本的是心理意义。一项知识，对于前面的知识来说，具有逻辑意义，对于某一学生群体来说，具有潜在意义，但这并不等于学生自己的知识，新知识只有与学生的原有知识建立联系，发生了相互作用之后，才能成为学生的知识，也就是建立了心理意义。

良好的知识结构，可以使学生更好地理解新知识。建立心理意义为特征的理解，实际上就是学生充分利用原有的数学知识和经验去理解新的数学事实和教学现象的心理过程。一个良好的知识结构是由知识点、知识链构成的纵横交叉的多维知识体系，既反映了知识间的纵向联系，又揭示了知识间的横向联系和逆向转换关系。知识点是指知识的基本单位，如基本概念、基本原理等。知识链是表示知识间的相互关系，诸多纵横交叉的知识链有机地构成知识网。学生掌握了知识网，就能从整体上把握知识结构。这是一种简结构大容量的知识结构。简结构，主要指再生能力较强的基本结构，这种结构具有知识之间的联结与转换功能，具有知识结构的同化和顺应功能，它必然包含较大的知识容量，能将所包含的内容统筹兼顾，有主有从，以主带从。

按照建构主义的观点，数学学习活动很大程度上取决于以学生已有的知识和经验为基础的主动建构活动，这与传统教学设计的控制性质直接相对立。贯彻数学教学思维教育结构性原则，就不应把数学教育看成是客观知识的传递过程，而应着眼于促进学生主动地建构认知结构，促进智慧的发展。

奥苏伯尔把"认知结构"定义为一个人观念的全部内容和组织。认知心理学认为，儿童智慧的发展是认知结构的发展。皮亚杰将儿童智慧、能力的发展，看成是主体在环境作用下，通过"同化"和"顺应"两种功能，改变认知结构，从而不断适应环境的过程。所谓"同化"，指把新知识纳入原有的认知结构中去，充实和完善原有的认知结构；所谓"顺应"是指原有的认知结构不能同化新知识时，对原有的认知结构加以调整，引起认知结构发生质的变化。同化和顺应这两种功能，只有学生主体主动发挥作用时，才能起作用。

我们的研究表明，优等生的认知结构，反映了教材的知识结构，而差等生的认知结构与教材的知识结构相差较大。培养和发展学生数学思维能力的主要方法，就是促进学生主动地建构良好的认知结构。

(二)过程性原则

苏联数学教育家斯托利亚在《数学教育学》中明确指出："数学教育是数学活动的教育"，也就是思维活动的教育。我们把充分展示数学思维过程称之为过程性原则。

过程性原则，要求数学教师自觉地展示数学思维过程，通过自己的创造性思维活动，在数学家的思维活动与学生的思维活动之间架设桥梁。在数学思维的各个阶段、各个环节，都应该毫无例外地展示过程。通过展示数学思维过程，让学生感受、理解数学知识产生和发展的过程，培养学生的科学精神和创新思维习惯。

忽视数学活动中的思维过程是当前小学数学教育中不良倾向的要害。例如，满堂灌、注入式取消了结论产生的思维过程，把数学学习变成反复再认识由课本或教师规定的结论；题海战术，取消了方法的思维过程，把数学学习变为重复某些既定的题型解法。忽视数学思维过程，主要表现为：忽视概念的形成过程，忽视结论的

推导过程，忽视方法的思考过程，忽视问题的被发现过程，忽视规律的被揭示过程。概括地说，就是忽视问题的提出过程。弗赖登塔尔在《作为教育任务的数学》中指出："今天我不能想象这样一种训练方式，就是青年人必须侧耳静听老年人的教诲，在数学与几乎所有的自然科学中，那样的时代早就过去了。""近几年来的一些亲身经验使我大为吃惊。例如，一所中学七、八年级的数学课，教师滔滔不绝地讲解，几乎没有时间进行提问，虽然最初 10 分钟让学生重复前节课学过的内容，但由于学生表达不好，还被教师打断好几次。接着又观摩了五、六、七年级的数学公开课，那些最高水平的教师足足讲了三刻钟，学生甚至不敢透气，随后进行书面练习，要求学生运用教师已给证明的定理，也只是将定理中出现的参数赋以具体数值。"造成这些现象的原因是多方面的，或者担心学生被问住，而耽误教学时间；或者怕被学生问住，而不敢让学生提问题；或者怕打乱教案预做的安排。因此，整个教学过程看不到学生积极思考的现象，使数学课成为一场精心编导的演出。

充分展示数学思维过程的原则，是各种先进教学方法的出发点，是对先进教学方法的概括。启发式教学法，主张通过启迪学生思维建立新旧知识的联系，达到展示思维过程的目的；尝试教学法，主张让学生在旧知识的基础上先进行尝试，再引导学生讨论，来展示思维过程；发现法则更把培养探究式思维当作教学的根本任务，而且以模拟科学家发现过程的教学结构作为充分展示思维过程的保证；单元探究法，通过突破传统教学中课时划分的限制，在突出结构的同时，为探索活动开辟了广阔的天地，为展示数学思维过程提供了有利条件；讨论式教学法，更是一种灵活的教学形式，它的突出优点是能在学生与学生之间、教师与学生之间以及学生与课本之间展开多向的交流，为展示数学思维过程创造条件。

课堂教学中重视学生获取知识的思维过程，应遵循数学思维过程的规律，即数学思维的问题律、情境律、发展律，组织教学过程，抓好引入、展开、巩固三个环节。

引入。引入就是按照数学思维的问题律，从数学知识的联系和矛盾，引发学生的思维活动。首先，要抓住新、旧知识的连接点，搞好知识铺垫。知识铺垫不是简单的重复，而是从新、旧知识的联系发展，抓住新旧知识的共同因素，即共同的构成部分或共同的基本原理或共同的本质联系，缩短学生已知与未知的差距，使学生具备建立新旧知识联系的条件，找到新知识的"固着点"。其次，从知识本质的矛盾发展中，找出新、旧知识的区别点，创设问题情境，设计学生认知过程中新、旧知识的矛盾冲突，引起学生思考，在学生思想上产生疑问。

展开。展开就是按照数学思维的情境律，采用操作、图示、模拟等手段，通过分析和比较，从新旧知识的区别中找出旧知识新添的成分，创设思维情境，抓住这个区别点，引导学生从感知、操作和抽象概括中，积极地参与学习，主动地探索，发现教师想让学生掌握的原理和结论。

巩固。巩固就是按照思维的发展律从具体到抽象、从抽象到具体组织系列训练，引导学生在沟通新旧知识中发现联系，在对比中区别概念，在辨析中防止知识的混淆，把新学的知识纳入原有的认知结构中去并能用以解决具体问题。练习的方式要多变换，同一内容从不同角度用不同形式进行练习，既有模仿例题的基本训练，又有增加非本质干扰因素的变式训练和一题多解的灵活训练。引导学生在新的具体情境中和种种不同抽象上灵活地运用新知识解决新问题或逆向问题。这种巩固练习，不仅要在新授课以后进行，还应在后继学习中反复进行。

(三)发展性原则

发展性原则，强调尊重学生的主体地位和主体人格，培养学生自主性、主动性和创造性，引导学生在掌握数学家思维成果的过程中学会学习、学会创造。

发展性原则，有两个方面的含义。第一，数学教学要适应学生思维发展的水平，不能超越思维发展的阶段。传统教学理论过多地强调教学的可接受的一面，而且对学生接受能力又估计偏低，特别对低年级儿童抽象思维能力发展的可能性估计不足。因此教学内容和教学方法的设计就偏于适应学生现有水平，看不到学生智力发展的潜在可能性。另一方面，在数学教学中也曾经出现过对学生的能力发展要求过高过急的倾向。20 世纪 60 年代西方出现的新数学运动的实践就是这种倾向的典型表现。事实证明，不遵循学生思维发展的规律，企图超越思维发展的某些阶段，是导致新数学运动失败的根本原因。教学中过低或过高的要求都不可能形成问题情境，也不能激发积极的思维。第二，数学教学要积极促进思维的发展，不能老是在"低水平上重复"。早在 20 世纪二三十年代，苏联心理学家维果茨基就提出了："只有当教学走在学生发展前面的时候，这才是好的教学。教育学不仅应当以儿童发展的昨天，而应以儿童发展的明天作为方向。"根据维果茨基这一理论，数学教学要求、教学内容与教学方法，应该与学生"最近发展区"相适应，学习的内容要有一定难度；教师的指导应留有一定的余地，既要使学生能够达到而又不能轻易达到；既要使学生充满信心而又始终感到不足。

在新思维数学教学实验中，我们对如何贯彻发展性原则进行了探索，提出了"发展为本、主动参与、合作学习、体验成功"四个方面的要求。

发展为本。课堂教学应当以学生全面、主动、和谐的发展为中心。努力发掘和发展每个学生的潜在智能，相信每个学生都能学好，注重学生个性发展，满足学生的兴趣爱好，促进学生的知识、能力、情感、意志、特长等在各自原有水平上得到动态而持续的发展。在教学中既要充分发挥每个学生的"显能"，更应创设条件发掘发展每个学生的"潜能"，让学生自我调节，促使知识的广度和深度不断提高。为此，数学课堂教学应从知识信息传递走向智慧教育的轨道。智慧是人们获取、应用、创造知识，以及创造性地解决问题的能力、方法、谋略和思维方式。智慧并不是实体，而是体现在过程中，体现在思考的活动之中。数学学习中的智慧整合于分析、概括、推理的化归的过程。

知识不等于智慧，知识的积累并不一定直接带来智慧的增长。但智慧在很大程度上又依赖于知识，本质上不是依赖知识的多少，而是依赖于对知识的理解，依赖于对知识之间联系的把握，依赖于运用知识解决问题。把知识传授为主的课堂转变到智慧的轨道，关键是基于知识又超越知识。基于知识，要重视知识的学习，依托知识，打好知识基础；超越知识，强调不能满足于知识，不能止于知识，重要的是把知识转化为智慧。学习数学，促进智慧的发展，从学生已有的知识出发在解决数学问题的过程中，促进数学思考，加强数学思想方法训练，提高学生的思维品质。

主动参与。发展性原则的主动参与，核心问题是增强学生的参与意识，提高学生的参与度。增强学生的参与意识，就要促使学生"肯学"，使教学过程对学生始终有一种吸引力。首先，要以知识的魅力吸引学生。教师要注意创设问题情境，诱导学生酝酿认知冲突，激发学生进一步学习的愿望，把握深入思考的方向。其次，要以教学的艺术去感染学生。针对重点、关键的内容，抓住几个基本环节，形成思维高潮，组织一些实地问题引起学生争论，达到启中激愤，争中求胜。最后，要以良好的气氛去影响学生，教师的教态和蔼可亲，充分发扬教学民主，并注意及时排除学习过程中的心理障碍，可使学生满怀信心、精神饱满地投入学习。提高学生参与度，首先，要把学生的学习活动组织到一个"以训练为主线"的程序性、阶梯性的教学进程之中。进程的设计，既要简明又要有较大的容量。简明不等于内容的单一，也不是方法的刻板。在简明的基础上要包含较大的容量，将能所包含的内容统筹兼顾，还要照顾优、中、差学生各种不同的认知水平，为学生提供多层次的训练材料，使各类学生都有最大限度的提高，获得最佳训练效果。其次，要培养学生敏锐的问题意识，心理学研究表明，意识到问题的存在是思维的起点，也为主动参与提供了可能。教师在课堂教学的各个环节，要鼓励学生大胆地提出问题，指导学生善于提出问题。逐步学会在重点、难点处提出问题，在连接转换处提出问题，在联系过渡处提出问题。要启发学生动脑筋想问题，要培养学生质疑的习惯和释疑的愿望。最后，要重视培养学生的思考方法。其一是培养学生从不同的角度寻找解决问题的多种方法，并学会评价不同方法之间的联系。其二是培养学生"降格"去思考问题的习惯，善于把问题化零为整，化繁为简，即善于把未知的问题转化为已知的问题，把一般性的问题转化为特殊的问题，把抽象性的问题转化为形象性的问题，把综合性的问题转化为互相联系的单一问题。

合作学习。数学教学活动，既是师生间、学生间信息传递的互动过程，又是师生间、学生间情感交流的人际交往过程。在这个过程中，通过学生和教师组成的"学习共同体"实现个人和社会的沟通。好的"学习共同体"，每位学生都能得到应有的尊重和理解。教师应激励每个学生以一种积极的心态，共同针对某些问题进行探索，在这一过程中会有一个表达、交流、修正、吸收的过程，通过教师与学生、学生与学生的相互影响和作用完成建构认知结构的活动。由于经验、背景的差异，学生对问题的理解常常各异。在学习者的共同体中，这些差异本身便构成了一种宝贵的学习资源。合作学习通常采用讨论的方式，一般有辨析概念性问题的合作讨论，发现规律性知识的合作讨论，操作实验探究问题的合作讨论，选择解题策略的合作讨论，以及完成竞争性作业的合作，学生互评、互检、互考中的合作。讨论的形式，可以是全班性的，也可以是分小组的。当每个学生在个别活动期间得出一些结论后，教师可以设置一个教学情境，以班级为单位进行讨论。在这种情形下，教师的角色是在个别化活动后选择结果，组织学生创造性地和有效地讨论。或者教师制订一个计划，在课堂上给某些学生提供一些解决问题的方法，以便在每种解答中体现一些好的思想方法。或者教师在全班给出所有的解答方法，学生相互比较。通过这些过程，期望学生们学习一些好的思想，好的解题方法和不同的思考方法。在分组活动中，人员的组合可采取轮换制，使每个人接触面更广。小组成员应轮流代表小组发言。组与组之间可以随机交流、帮助。无论全班讨论还是小组讨论，都要培养学生善于倾听他人发言，乐于陈述自己的想法，敢于修正他人的观点，勇于接受他们意见并修正自己的想法。对于不同意见不能统一时，应学会各自保留自己见解继续研究。

体验成功。发展性原则不仅强调学生积极主动参与，而且强调让学生获得成功的体验。学生对数学学习成功的体验，不仅可以促使他们积极参与数学思维活动，而且对形成良好的态度、稳定的情绪和自信心都有十分重要的作用。让处于不同水平、不同层次的学生都能体验成功，特别是对那些受到训斥、责骂、被群体冷淡的学生，更要为他们提供机会和条件体验成功，"让每个学生都能抬起头来走路"。引导学生用培养起来的能力，去解释生活周围中的数学现象，解答生活实际中的数学问题，是体验成功的最佳选择。对于不同年龄段的学生，采用不同形式的表扬机制，让他们体验成功的愉悦。以赞许集体合作性的成功为主，对于一些有独特见解的学生，给予积极鼓励和赞赏。

(四)实践性原则

实践性原则要求数学思维教育做到理论与实践相联系，理论与实践相统一，苏联数学教育家斯托利亚认为，一个完整的数学活动过程是由经验材料的数学组织化，数学材料的逻辑组织化，数学理论应用三个阶段组成的。其中第一第三两个阶段是数学理论和实践的结合部。

数学认知结构的建构包括物质动作内化和精神动作外化两个基本方向。内化建构实际上是认识对象(某一新知识)的感知水平、表象水平、理解水平的向内发展，朝向主体认知模式的形成。在内化建构中，教师应根据小学生的认知特点，有意识地设置动手操作的情境，把课本中的现成结论转变为学生探索的对象，促使静态的知识动态化。外向建构是运用学生头脑中的认知模式，作用于客体，即从理性到实践，实现数学材料实践化，参与到"问题解决"之中。在数学教学中要实现数学材料的实践化，不仅应让学生有足够数量的数学练习，以完成外化建构，而且更应促使

　　学生能把数学知识应用于生活、生产和市场流通中，学会将实际问题转化为数学问题，建立一种数学模型，以解决实际中的问题。因此，在数学思维教育过程中贯彻实践性原则，要注意：让学生在实践活动中、在现实生活中学习数学，丰富数学知识、数学问题的现实背景。

　　弗赖登塔尔所提出的数学教育的四条教学原则中，有一条是"数学现实"原则，他认为：每个人都有自己的生活、工作和思考特定客观世界以及反映这个世界的各种数学概念，它的运算方法和有关的数学知识结构——这就是所谓的"数学现实"。数学教学已经将学生具有的"数学现实"作为直接出发点，并根据学生的思维发展水平，把经验材料"数学化"。新思维数学十分重视通过操作、讨论、实践活动，使学生得到"搜集信息、分析处理信息，将实际问题数学化，建立模型，并解释和应用"的训练。

　　波利亚认为："掌握数学就意味着善于解题，不仅善于解一些标准的题，而且善于解一些要求独立思考、思路合理、见解独到和有发明创造的题。"数学思维形成的最有效的办法是通过解题实现，正如苏联心理学家吉霍米诺夫所指出的："在心理中，思维被看作解题活动。"因此，数学思维能力主要表现为善于运用一种方法改变问题情境，善于运用新的解题手段开拓新的解题思路，善于在原有题目的基础上设计出新的题目，善于对解题过程进行评价和对结果进行检验。

　　小学数学的习题中，大量是常规题，这种题条件完备，答案固定，有人称之为"封闭题"；也有一些条件不充分或者结论不确定的非常规题，有人称之为开放题。封闭题和开放题在解题教学中应该并重而不是相互排斥。按照皮亚杰的观点，封闭题主要引起同化，开放题则引起顺应。这两种过程结合在一起并多次循环，是发展学生智慧和提高学生解决问题能力的重要途径。

　　在"以培养学生的创新精神和实践能力为重点"的素质教育中，更应重视开放题的作用。开放题有条件性开放、结论性开放、策略性开放和综合性开放等多种形式。解答开放题体现了学生的主体地位，为学生全方位的积极参与创造了条件。在开放题教学中，教师既要照顾到差生的解答水平，也要鼓励优生去寻求更好的更一般的解答，并力图使这种智力体验变成大家共同的财富。

　　数学知识在社会实践应用中的一种重要形式，就是组织学生开展小课题研究。新思维数学结合有关知识的学习，安排了"杨辉三角形研究""野餐中的数学问题""反应时间与刹车距离"等 20 多个小课题研究。

小学数学学习中的"课题"研究，区别于传统的数学学习方式。它是一种旨在提高学生解决问题能力的综合实践活动，在活动中激发每个学生的好奇心，不断地去探索课题，使学生利用自身能力学习和理解数学知识，用数学知识解决实际问题。活动中还能培养学生良好的与别人沟通的能力。

(五)适合性原则

《纲要》指出："尊重教育规律和学生身心发展规律，为每个学生提供适合的教育。"这是教育改革与发展的重要使命。

基础教育是面向所有学生的教育，应该关注每一个，发展每一个。而只有适合每一个学生，才能发展每一个学生，才能保证面向全体学生。

每一个学生都是独特的个体，他们的天赋和秉性、兴趣和爱好、家庭背景和生活环境都有差异，即使是同一个学生在不同的成长阶段，他们的认知能力、兴趣与关注点也是不相同的。当教育太注意统一性，忽略差异性，只强调共性，而忽视了个性的时候，教育就会抑制学生发展的自由。

不同的人在学习数学中表现出不同的能力水平。小学生学习数学的能力差异，主要表现在对数学材料的感知、概括和迁移上，教学时要承认和尊重学生的差异。英国学校数学教育调查委员会报告指出："要求所有学生用同样的时间、同样的速度、同样的努力，学习同样的东西，获得同样的结果，是件不可思议的事。"尊重差异，一方面要看到学生发展存在着差异，教学时要不求平均发展，而应当让每个学生在原有基础上、不同起点上获得最优发展。另一方面，要看到学生发展的独特性，教师要尽可能发现每个学生的聪明才智，尽量捕捉他们身上表现出的或潜在的创造力火花。教师应鼓励学生使用任何对他们来说合适的方法，让学生在解决问题的过程中，形成适合于自己的解题策略，发展相应的解题水平。

面对差异，为每个学生提供适合的数学教育，就要处理好大众数学教育和英才数学教育的关系。大众数学教育，在小学要"人人学数学"，确保达到基本要求。对智力发展缓慢，学习数学有困难的学生，要致力于诊断数学认知的缺陷，并设计矫正方案，满腔热情地帮助他们达到基本要求。

数学课程改革倡导的是大众数学教育，同时倡导不同的人学习不同的数学。《纲要》提出："鼓励学校办出特色，办出水平，出名师，育英才。"近几年一些学者发出"英才教育之忧"的呼喊，引发了人们对数学教育的思考。在教育大普及的背景下，世界各国正在强化英才教育。任何一个强调都是重视英才教育的。因为英才教育是关系国家的前途和民族命运的。数学课程是英才教育的核心课程，法国教育部中法教育合作项目招收中国学生只考数学，说明数学对人才选拔的重要性，从数学问题解决中可反映一个人的智慧水平。

许多老师在多年的教学实践中，会发现这种现象：不少原来智力突出的孩子，因为"吃不饱""吃不好"而丧失对学习的兴趣和探索的欲望，而导致"不想吃"，有的甚至变成了后进生。关注教育公平，同样应尊重这部分孩子受到良好教育的权利，"数学英才教育"要为每个孩子提供适合的教育。

数学在培养拔尖人才所贡献的力量是众所周知的。拔尖创新人才的培养，要从娃娃抓起。小学数学英才教育不是数学知识逐年级下放，也不是加快教学进度，而是在所学的知识范围内，在知识应用的深度、广度、灵活度上有所扩展，设计以能力为核心，在解决问题过程中促进数学思考的训练系列，通过训练提高思维能力，促进智慧发展。

四、教学特色：合理设计学习空间，聚焦数学核心素养

数学教学主要不是靠老师讲清楚，而是要努力让学生想清楚。

——张天孝

在我看来，教给学生能借助已有的知识去获取知识，这是最高的教学技巧之所在。

——（苏联）苏霍姆林斯基

教学活动是师生积极参与、交往互动、共同发展的过程。《标准（2011年版）》在教学建议中指出：在数学教学活动中，教师要把基本理念转化为自己的教学行为，处理好教师讲授与学生自主学习的关系，注重启发学生积极思考；发扬教学民主，

当好学生数学活动的组织者、引导者、合作者；激发学生的学习潜能，鼓励学生大胆创新与实践；创造性地使用教材，积极开发、利用各种教学资源，为学生提供丰富多彩的学习素材；关注学生的个体差异，有效地实施有差异的教学，使每个学生都得到充分发展；……我们理解，有效教学的核心是采用恰当的教学方式，设计合理的学习空间。

反思多数的数学课堂，教室里年复一年地重复着这样的现象：教师问学生答，教师讲学生听，问题只有一个标准答案，教师只关注符合要求的答案。在这样的课堂中，真正的学习并未发生！

数学不是教师讲清楚的，而是学生想清楚的。好的教师不应该把课讲清楚。过去那种以教师讲为主，像挤牙膏一样的碎片化教学，再也不适用于今天的学生，教师的教如果不能转化为让学生自己学的力量，教得再精彩也是无用功。但这并不是说课堂中教师不能讲，不能问，过程是可以预设的，过程中要有更多的生成与涌现，体现在教与学的交互作用中。

我们在追问"如何选择恰当的教学方式"时，实际上是在追问"怎样的教学更有利于学生的发展"，我们在思考"如何设计合理的学习空间"时，实际上是在追问"什么样的知识最有价值"。

当今世界是信息时代，庞大的知识体系铺天而来，淹没了知识中最为重要的成分，遮蔽了教育中人发展的主要方向。可以肯定，由于计算工具、互联网的出现，数学作为工具的性质，今天已经有所改变，它对基础教育的意义主要是促进思维、发展智慧，当然也包含了为在更高层次上使用数学打下基础。因此，知识的积累不再是教育教学唯一目的，数学的核心素养应当回到教育的中心。

提升教育质量的关键在于充分激发教师教和学生学的创造性、主动性，形成一个知识转化为能力、能力内化为素养的教与学的机制。我们以促进学生的发展为目标，以学生学会学习为核心，建立了新思维数学课堂评价标准，这个标准包括教学设计的目标导向，教学过程的价值取向，以及教学创新的努力方向。具体如下：

发展为本问题驱动	基于学生现实，开发学生发展的可能性；创设问题情境，引导学生发现问题、提出问题。
目标合理序列优化	充分展开知识的发生发展过程，积累数学活动经验；突出重点、突破难点、容量恰当、层次分明、差异训练。
启迪思维鼓励创新	鼓励学生独立思考，适时指导合作交流，引导反思、质疑、争辩；鼓励学生用不同的方法、从不同的角度分析问题、解决问题；把握深入思考的方向，培养学生高层次思维。
主动参与体验成功	创设民主、和谐的课堂氛围，引导学生主动参与；情知交融，珍视、修正学生错误，不同水平的学生都能获得成功的体验。

　　教师的行为方式改变了，学生的学习方式改变了，课程改革才能见到实效。如果师生的日常教学方式与学生学习方式发生了深刻而积极的变化，课程改革也就可以说富有成效了。建立新思维课堂教学评价标准的目的，就是为了推动"教与学"方式的转变，激励老师大胆进行教学创新，逐步形成教学特色，这个特色的核心是设计开放的教学，安排合理的空间，聚焦核心素养，培养创新思维。

(一)形成教学的新方式

　　新思维数学不仅培养了一批高水平的学生，也成就了一批优秀的教师。许多使用新思维数学的实验学校，都把数学学科打造成了特色学科。一些非新思维实验学校的教师在上公开课时，也会自觉地参考新思维的设计，把新思维的教学内容与方式整合到自己的教学中。这些教师看中的是新思维教材新的教学方式，包括问题情境的设计，学习内容的呈现方式，还有内隐的知识发生发展的过程，这个过程为学生独立思考、主动探索提供了合适的空间，有利于教师创造性地开展教学活动。概括地说，这个新方式就是"主题介入，数学建构，差异发展"。

　　第一，主题介入。主题介入是指围绕一个主题情境介入数学学习的过程。具体地说，是让学生围绕一个数学学习情境，从对情境中数量关系或空间形式的分析开始，经历提出并解决数学问题的全过程。主题情境主要是结合学生日常生活实际和学生感兴趣的内容而创设的情境，在这些情境中包含了一个个数学问题，学生通过对数学问题的发现与解决，完成数学学习的全过程。例如，把"旅游中的数学问题"

作为一个单元的主题情境，研究人们在旅游中可能遇到的各种数学问题，发现"单价、数量、总价""速度、时间、路程"等数量之间的关系，并用以解决实际问题。以速度、时间和路程的关系为例，如下图。

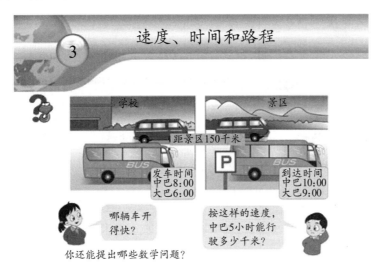

生活中，我们常常需要比较车辆行驶的快慢，需要根据时间计算路程，或者根据路程估计时间，这是生活的问题。这种问题用数学的方法来解决，就是研究路程与时间的比，数学上用一个新的单位来刻画，即速度。速度是一个抽象的概念，教材把抽象的数学知识设计在生活的主题中，教师容易找到教学的切入点，也有利于激发学生的学习兴趣。

第二，数学建构。数学建构主要是倡导利用原有知识主动探求新知，以数学问题的提出和解决来引导学生积极情感状态下的自主性学习活动。新思维数学教学体系主要通过"知识问题化"和"问题知识化"两个过程，使学生完成对数学知识和数学方法的建构。

知识问题化，是指根据主题情境提出数学问题。具体地说，就是把数学知识以问题的形式呈现，使得知识的形成过程和结论隐含在问题之中。知识问题化的关键是设计主题情境，根据创设的主题情境提出实际问题，并使之转化为数学问题。新思维数学，把提出问题作为一种相对独立的数学活动，把培养学生提出问题的能力作为教学的重要目标。

问题知识化，是指经历解决问题并获得数学知识的学习过程。问题知识化以问题为引领，通过对问题进行再加工，在展开问题解决的过程中完成对数学知识的学习与建构。

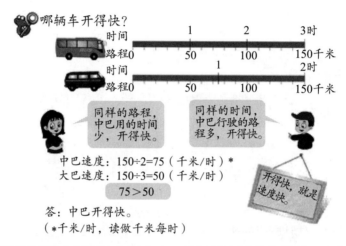

中巴速度：150÷2=75（千米/时）*
大巴速度：150÷3=50（千米/时）
75＞50

答：中巴开得快。
（*千米/时，读做千米每时）

"哪辆车开得快"这个问题从生活中来，是知识生活化的结果，也是知识问题化的设计。思考这个问题的角度与思路却是开放的。在学生的生活经验与知识结构中有不同的方法，比如同样的时间开得路程多就快，或者说同样的路程开的时间少就快。这两种思路与生活经验密切联系，但对数学条件的限制比较严格，需要有一个数量路程或时间必须是一样的，而且，一次转化也只是解决了这一个问题。

数学不满足于这样一个一个地解决问题，而是要追求一类一类的解决问题。这就需要相应的数学工具或方法，问题知识化开始发挥它的作用与价值。在数学上，把刻画行驶得快慢的时间统一为单位时间，如 1 小时，用这个单位时间内行驶的路程多少来比较快慢，这样就得到了一个复合的单位，它就是速度。速度的大小是由路程与时间这两个数量共同决定的，把时间确定为单位时间，就相当于定义一种"度量"的标准，建立这个标准，比较起来就方便多了。当然，建立速度这个概念的重要性，还在于"速度×时间＝路程"的关系之中，在这个关系的作用下，只要知道其中的任何两个数量，另一个数量就可以计算出来。定义数学概念的重要性、建立关系的威力在这里体现出来。

第三，差异发展。人与人之间的差异客观存在，不同的人在学习数学中表现出不同的能力水平。小学生学习数学的能力差异，主要表现在对数学材料的感知、概括和迁移上。新思维数学，从关注学生数学学习的现实性走向开发学生学习数学的可能性，在确保每个人达到基本要求的基础上，实施有差异的教学，促进学生有差异的发展。教学中，为学生提供能体现不同能力水平的数学问题，并对每个重要知识点的掌握程度和相应的能力水平进行刻画，进行个别诊断，提出个性化的学习要求，引导部分学生向更高一级水平发展。

比一比，哪种昆虫的飞行速度快？

8分钟飞2400米　　3分钟飞1980米　　5分钟飞2700米

用已经学习的知识先计算出每种昆虫飞行速度，可以十分方便地进行比较。但是，解决问题的思路还有多种，如蜻蜓用的时间少，飞行的路程比蜜蜂多，可知蜻蜓的速度比较快，估计野蜂的速度每分 600 多米，蜻蜓的速度每分不到 600 米，可知野蜂的速度是最快的。这种解决问题的思路，并不是僵化地运用所学的知识，而是联系到数感、大小关系的传递性，灵活地、创造性地解决问题。像这样，学生可以选择不同的思路与策略解决问题，教师只要为学生提供开放的交流与分享的空间，学生的创造性的思维就可以迸发出来。

"学了什么，怎么学习，学得怎样"是教学研究的三个重要问题，主题介入，数学建构，差异发展，分别对应于这三个问题，是新思维数学构建的教学新方式。

(二)开拓了学习的新空间

这里所说的学习空间，并不是物理意义上的空间，如教室环境的布置，网络资源的开发，等等，而是设计了新的数学学习材料，这些材料立足于学生的数学现实，着力于提升学生的学习品质，特别是思维能力、创新能力的培养。概括地说，就是通过学习材料的创新设计，把不可能变为可能，把学生现实的发展提升到可能的发展。

全美数学顾问小组的研究报告《成功的基础》指出："数学知识的学习主要是跟教材的编排顺序和方法有关，而不是与年龄有关。那些认为学生太小，没有处在最合适的学习阶段，没有做好准备的种种所谓有理论根据的说法，已经被证明是错误的。"影响学生学习最重要的因素不是年龄，而是教材编排的顺序和方法。一个知识点学生能不能学，既不是以课程标准有没有做出要求作为依据，也不是以传统课程里有没有这样的内容作为判断，更不是由哪个专家说了算，而是要问计于学生，通过实验研究的数据来说明问题。

开拓新的学习空间，重构课堂教学，不只是教学形式上的变革或者学习内容的拼盘式整合，最重要的是抓住学科的核心能力，设计有质量的内容，实施有意义的教学。

例如，平方差公式是数学中的重要学习内容，以抽象的形式表示为：$a^2 - b^2 = (a+b) \times (a-b)$，这个内容在课程标准中安排在第三学段，通常在七年级学习。由于这个公式很重要，有多种证明和推导的途径，同时也是实施灵活计算的利器。例如，$25^2 - 5^2 = (25+5) \times (25-5) = 30 \times 20 = 600$；又如 23×17，以 20 为基准数，可以转化为 $(20+3) \times (20-3) = 20^2 - 3^2 = 400 - 9 = 391$。如果把这个应用进一步加以推广，如计算 25×17 时，可以看作 $(23+2) \times 17 = 23 \times 17 + 34$，那么这个公式在计算中应用就更加广泛了。

新思维数学尝试借助几何直观与归纳推理，在二年级教学了平方差公式，使一个传统观念中认为不可能的教学变成了现实，学生经历了观察、归纳、发现、探索的学习过程，发展了概括能力与模型思想。教学的基本环节如下（根据邢佳立老师的教学案例改编）：

1. 认识平方数
(1)依次呈现 2×2，3×3，4×4，5×5 的方格图，计算出小方格的个数。
(2)观察这些方格图与算式，说一说，这些算式有什么特点？
(3)引入平方数：乘数相同的乘法算式，还有另外一种表示方法：如 2×2 就可以写成 2^2，3×3 可以写成 3^2。
(4)想象 6^2，7^2，8^2 等表示的图形，解释意义并计算。
2. 计算底数相差 1 的平方差
(1)$4^2 - 3^2$ 结果是多少？你是怎么想的？
生：相差 7 个，因为 $4^2 - 3^2 = 16 - 9 = 7$。

师：这种算法我们都能想到。如果用方格图来表示 4^2-3^2，怎么表示呢？你们自己试着摆一摆。

学生将两个方格图叠放在一起(如图1)后发现：4^2-3^2 就是剩下上面(①部分)和右面(②部分)，也就是 4 个＋3 个＝7 个小正方形。

演示将两个小部分从原图上移开的过程(如图2)。

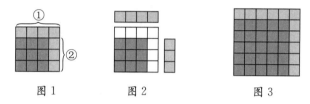

图1　　　　　　图2　　　　　　　　图3

板书：$4^2-3^2=4+3=7$。

(2)师：那么 6^2 和 5^2 相差多少呢，请你继续用方格图摆一摆。想一想，你是怎么看出结果的。

学生到黑板前用方格图摆出 6^2-5^2 (如图3)，并回答：6^2-5^2 就是11，是上面的 6 加上右边的 5!

板书：$6^2-5^2=6+5=11$。

(3)练习，计算 9^2-8^2 是多少呢？先猜一猜，再用 9×9 与 8×8 的方格纸叠放解释算法，验证答案。

师：我们找到了一种奇妙的方法计算两个平方数相减？谁能把这个方法说一说？

生：只要把两个数加起来就行了。

教师根据学生表述，板书：$\triangle^2-\bigcirc^2=\triangle+\bigcirc$。

【借助方格图理解两个数的平方差的意义，并从几个例子中归纳出底数相差1的两个平方数相减的计算方法，这个计算方法是底数相加。这个结论并不十分准确，也不十分严密，学生沉浸在发现的快乐中，为下一步探索底数相差2、相差3的平方差制造了认知冲突，积累了思维活动的经验。】

3. 计算底数相差几的平方差

(1)引发认知冲突。

师：我们发现了一种重要的方法，再请你们用这样的方法计算：6^2-4^2，行还是不行，都要想办法说明道理。

生：等于10，6+4＝10。

师：你们同意吗？有没有不一样的答案？

教师在屏幕中呈现：

图4

我们来验证一下，先看结果对不对？大家一起来数数看！1，2，3，…数到6，7的时候开始，学生开始纷纷表示：不对啊！不是10！数完20，学生沉默了大约3秒钟以后。

师：怎么回事？请你们在小组里讨论一下。

生1：我知道了！就是6和4差2（跑到屏幕前面，用手指着方格图最上面的两行处），所以就是2个10。

生2（激动的）：是这样的！前面的几和几（4^2-3^2）都是差1的，就正好是它们加起来，现在差2，所以要乘一个2！

（2）探明计算方法。

教师在屏幕上呈现将相差部分分拆的过程（如图5）。

师：看来咱们刚才的猜测：$\triangle^2-\bigcirc^2=\triangle+\bigcirc$，是错误的！但这个猜测有没有用呢？

生：有用的！就是不单单是这样，还要看差几，差几就再乘几。

师：你们的意思是说如果$\triangle$和$\bigcirc$差2就再乘2，要是差3呢？

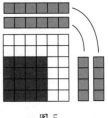

图5

生：就再乘3。

教师随着与学生的对话板书：$\triangle^2-\bigcirc^2=(\triangle+\bigcirc)\times(\triangle-\bigcirc)$。

和　　×　　差

师：这又是你们的猜测了！到底对不对呢？怎么办？

生：再试试看！

师：请你自己写两个相差3的数，到方格图上找一找它们的平方差，看看是不是这样的？

【学生的认知经历了"建构、解构、重构"的过程，在这个过程中学生的思维受到了挑战并感受到了发现与创造的快乐，学生经历的这个过程，与数学家发现某些数学结论、创造某些数学知识的经历是类似的。因此，学生与其说是在探索平方差的计算，不如说是学习像数学家那样去"发现知识"，这对于每个参与其中的孩子来说，都是十分美妙的学习经历，也是十分愉快的学习体验。】

奥苏伯尔认为：如果学习材料本身具有逻辑意义，学习者具有意义学习的心向，同时在学习者的内部认知结构中有适当的能力及与新知识进行联系的知识基础，就有可能产生有意义的学习。本节课运用的知识基础就是乘法的意义与表内乘法的运算，借助于几何直观，让学生经历了观察、发现、猜想、验证的学习过程，成功地归纳了属于自己的计算方法，把一个看似不可能教学的知识转化为有意义的学习过程。事实胜于雄辩，从课堂的观察来看，二年级学生学习平方差公式的计算是可能的，也是有意义的。

无论是培养数学能力还是发展高层次思维，最终还是取决于学习材料的开发与设计，只有设计出支持这些能力发展的学习材料，才能把那些认同的、高位的教育理念真正落到实处。基于学生现实基础和发展的可能，新思维数学设计开发了许多新的学习材料，这些材料孤立地看，可能是难的，在传统的观念中甚至认为是不可能教学的，但是系统地看，却又是简单的，是学生可能学习的数学。这部分材料的开发与设计，为一部分学生的能力发展开拓了新的空间，使得不同的学生学习不同的数学、得到不同的发展成为可能。

（三）聚焦于数学核心素养

《教育部关于全面深化课程改革　落实立德树人根本任务的意见》的文件中提到"核心素养体系"，引起了人们广泛的关注，文件指出："教育部将组织研究提出各学段学生发展核心素养体系，明确学生应具备的适应终身发展和社会发展需要的必备品格和关键能力，突出强调个人修养、社会关爱、家国情怀，更加注重自主发展、合作参与、创新实践。"构建核心素养体系要解决的问题是：21世纪培养的学生应该具备哪些最核心的知识、能力与情感态度，才能成功地融入未来社会，才能在满足个人自我实现需要的同时推动社会发展？简单地说，构建核心素养体系，需要深入地回答"培养什么人，怎样培养人"的问题。

学校教育是面向未来的事业，核心素养的培育是至高无上的课题，它引领着中小学课程教学改革实践，没有核心素养，改革就缺了灵魂。① 具体到数学教育中，没有高层次的数学思维能力，改革就迷失了方向。

在2015年第六届中国小学数学教育峰会上，许多数学教育专家都讲到了数学核心素养的问题，他们从各自的角度出发产生了许多说法，这些说法并没有统一起来。从顶层设计数学学科的核心素养或者从定义上去描述它目前都比较困难，但也有一些重要的共识，如学生的核心素养涉及知识、技能、情感态度价值观等多方面能力的要求，是个体能够适应未来社会、促进终身学习、实现全面发展的基本素养。或者说核心素养是知识、能力、态度或价值观等方面的融合，核心素养是最关键、最必要的共同素养。核心素养既有发展的连续性也有阶段的敏感性。

《标准（2011年版）》指出："作为促进学生全面发展教育的重要组成部分，数学教育既要使学生掌握现代生活和学习中所需要的数学知识与技能，更要发挥数学在培养人的思维能力和创新能力方面不可替代的作用。"

学生在学校学习的每一个数学知识点，在日后的生活和工作中未必都能直接派上用场，数学教学需要删繁就简，从浩瀚的知识教学中腾出手来，直击"核心能力"。一个人不管将来从事何种职业，思维能力都可以说是无形的资本，而数学恰恰是锻炼这种思维能力的体操，数学对一个人终身发展的影响主要表现在思维方式上。

小学阶段是发展学生思维能力的最佳时机，无论是归纳思维的初步建立，还是演绎思维的渗透，都是在小学阶段奠基的。史宁中教授断言，在中小学阶段没有过概括和推理的直接经历，那么这个人长大以后成为创新人才是不可能的。在小学阶段没有得到这些思维能力的训练，将直接制约学生终身发展。

---

① 钟启泉. 核心素养的"核心"在哪里——核心素养研究的构图[N]. 中国教育报，2015-04-01.

从知识到素养，能力处于一个特殊的位置，它是素养的载体和具体体现，又是知识到素养的必经之路。抽象和推理是数学的显著特征，也是数学思维的核心成分，是数学高层次思维的核心能力，也是数学教育的核心素养。

以抽象概括能力的培养为例，下面式子中的★表示什么？

$3 ★ = 13$　　$4 ★ = 17$　　$7 ★ = 29$　　$12 ★ = 49$

$18 ★ = (\quad)$　　$26 ★ = (\quad)$

$13 = 3 × 4 + 1$　　$17 = 4 × 4 + 1$　　$29 = 7 × 4 + 1$　　$49 = 12 × 4 + 1$

★表示"$× 4 + 1$"

$18 × 4 + 1 = 73$　　$26 × 4 + 1 = 105$

数学思考的核心之一，是对数学材料的概括能力及其密切相关的可逆思考能力同函数思考能力。新定义运算，关键不在于运算结果上，而在于如何定义算法上。学生对算法的定义，是基于数与数之间关系的思考，在众多的式子中归纳概括出来的，在这里，概括能力是探索算法的核心。

概括能力的培养与数学解题能力息息相关，在解决挑战性的问题中表现为结构的"简缩"与模型的"重组"。

其一，简缩数学推理过程和相应的运算系统，用简缩的结构进行思考。比如，解决下面的问题：某制药厂计划3月份（按31日计算）生产某种药品2700箱，结果前10天完成计划的$\frac{5}{9}$。照这样计算，可以提前多少天完成？

概括能力强的学生，能从纷繁的情境信息中概括出一个基本的数量关系："提前完成的天数＝计划完成的天数－实际完成的天数"。把这个关系作为解决问题的"线索"，组织已知条件，求"实际完成的天数"，使问题得以解决。

解法一：$31 - 2700 ÷ (2700 × \frac{5}{9} ÷ 10) = 13$（天）。

解法二：$31 - 1 ÷ (\frac{5}{9} ÷ 10) = 13$（天）。

解法二与解法一相比较，抛开"2700箱"这个具体的数量，把工作量用单位"1"

与分数表示，简缩推理过程，使得列式与计算变得更加简便。

更为简洁的思路是根据"10 天完成计划的 $\frac{5}{9}$"，则完成全月计划即实际完成的天

数是 $10 \div \frac{5}{9}$（天）。这样就得到

解法三：$31 - 10 \div \frac{5}{9} = 13$（天）。

以上三种算术解法，基本的思路是一致的，主体数量关系都是"提前完成的天数＝计划完成的天数－实际完成的天数"，由于对"工作量"进行了不同程度的概括，形成了不同的简缩的思路。可以这样说，概括越彻底，结构越简缩，运算过程也越简洁。

此外，上面的问题还可以用正比例与反比例的思路来解。

解法四：生产效率一定，生产数量和生产时间成正比例。

设提前 x 天完成。

$\frac{10}{31-x} = \frac{5}{9}$，$x = 13$。

解法五：生产总量一定，生产效率和生产时间成反比例。

$5(31-x) = 10 \times 9$，$x = 13$。

其二，重组自己的心理活动，突破已经形成的解题模式，代以一种新的解题模式。概括与迁移密切相关，概括能力强的学生，能把某些条件迁移到另外一些条件里，能把某些材料迁移到另外一些材料中，即能在看来与当前无直接关系的知识之间建立新的、概括的联系。例如，分析下列各题的数量关系：

(1)一笔钱可以买 6 个足球，每个足球涨价 15 元后只能买 5 个。这笔钱多少元？

解：设原单价为 x 元。

$6x = 5(x+15)$，$x = 75$，$75 \times 6 = 450$（元）。

(2)同一段路，维维要走 3 分钟，思思要走 4 分钟，维维每分钟比思思多走 20 米。这段路长多少米？

解：设维维速度为 x 米/分。

$3x = 4(x-20)$，$x = 80$，$60 \times 4 = 240$（米）。

(3)甲乙两车从相距 270 千米的 A 地去 B 地，甲车比乙车晚 1.5 小时出发，结果两车同时到达。甲乙两车的速度比是 4：3，求甲车的速度。

解：设甲车行驶 x 小时。

$4x=3(x+1.5)$，$x=4.5$，$270÷4.5=60$（千米/时）

以上 3 个应用问题，从情节上看各不相同，但都可以概括为 $ax=b(x±n)$。教学中，把这些题目设计成题组，引导学生进行比较分析，对于培养学生的概括能力、迁移能力是十分有益的。通常我们所说的"举一反三"就是联系的能力与迁移的能力，当然，它是以概括能力作为直接基础的。

把 $ax=b(x±n)$ 这个结构加以扩展，可以变为较复杂的应用问题。

(4)某旅游公司为客人安排早餐。如果 8 人一桌，比预订增加 1 桌；如果 10 人一桌，比预订减少 1 桌。这批客人有多少人？

解：设预订 x 桌。

$8(x+1)=10(x-1)$，$x=9$。

$10×(9-1)=80$（人）或 $8×(9+1)=80$（人）。

(5)李叔叔到公司上班，开始以 60 米/分的速度走了 2 分钟，如果照这个速度走下去就要迟到 3 分钟。于是他以原速度的 1.5 倍继续前行，结果提前 5 分钟到达公司。李叔叔从家到公司的路程是多少米？

分析：原来速度：加速后的速度＝1：1.5＝2：3。

解：设准时到达时间为 x 分钟。

$2(x+3)=3(x-5)$，$x=21$。

$60×(2+21+3)=1560$（米）。

比较上面这些题目的联系、变化与拓展，可以得到两点提示：一是对于一些复杂的题目，孤立地看可能是难题，但是放在一个序列中去分析，可以化难为易；二是在众多的数学能力中，概括能力处在核心地位，就应用问题的解决来说，它与分析数量关系、迁移解题方法等基本能力息息相关。

此外，思维的可逆性意味着思维过程中方向的转变，是概括的派生现象。心理学研究表明：每一个思维都有一个与它相反的思维过程，在这个互逆过程中存在着正、逆向思维联结。在数学中，一个正向问题往往可以改变成逆向的问题，而且问题的条件越多，或者其数学结构越是复杂，可以改变成逆向问题的数量也就越多。比如：

(1)450元钱原来可以买6个足球，现在只能买5个，每个足球涨价多少元？

$450 \div 5 - 450 \div 6 = 15$(元)。

$\dfrac{450}{5} - \dfrac{450}{6} = 15$(元)。

(2)450元钱原来可以买6个足球，现在每个足球涨价15元。这笔钱现在可以买多少个足球？

$450 \div$ 现在个数 $- 450 \div 6 = 15$。

$\dfrac{450}{x} - \dfrac{450}{6} = 15$。

(3)一笔钱可以买6个足球，每个足球涨价15元后只能买5个。这笔钱多少元？

$\dfrac{x}{5} - \dfrac{x}{6} = 15$。

(1)(2)(3)都属于两商之差的应用问题，如果把(1)视作正向题，则(2)与(3)题是它的逆向题。正向题与逆向题数量关系的表征是一样的，有所不同的是未知数所处的位置。教学中把题目进行可逆性改编，学生解题就可能实现由"一个"转向"一类"。

正向的应用问题，未知数就是问题的答案，一般用算术方法解。逆向的应用问题，如果用算术方法解，运算时需要逆思考，难度就要大一些，如果用方程方法解，其数量关系表征与正向题是一样的，但难点转移到了解方程上。从概括能力、模型思想的角度看，方程解法的优越性是很明显的，即使把基本的结构进行扩展，还是容易发现它们之间的联系，如：

(4)用450元钱买足球，每个足球涨价15元，原来可买足球的个数是现在的1.2倍，现在可以买多少个足球？

450÷现在个数－450÷（现在个数×1.2）＝15（元）。

$$\frac{450}{x}-\frac{450}{1.2x}=15。$$

可逆思维能力是数学能力结构中的重要因素。皮亚杰指出：思维的可逆性是儿童数概念形成的基础，也是智力发展的重要标志。克鲁捷茨基的研究也证明，凡是数学能力强的学生，在一个方向形成了联系，就意味着在相反的方向上建立联系，所以他们能够迅速地辨认或理解逆向问题，而数学能力差的学生往往感到困难。

毫无疑问，从知识体系转向能力体系，会提高学生学习的难度，教学创新从零敲碎打聚焦到核心素养，会增加教师教学的挑战。新思维数学构建了以丰富性、选择性和层次性为主要特征的个性化课程体系，这个体系把数学的关键能力置于教学的核心地位，又把关键能力转化提升为核心素养。聚焦核心素养，使得新思维数学的教育目标更加明确，课程体系的构建更加科学化，新思维数学培养学生思维能力的目标更加坚定，前行更加果敢。

五、计算活动过程的思考性

运算作为小学数学课程内容的一条主线，贯穿整个小学阶段的数学学习。"数与代数"自不必说，"图形与几何""统计与概率""综合与实践"也多关涉运算。"运算不仅是学习的重要内容，也是解决数学问题的基本方式，在这一点上，它和推理共同构成了数学的重要基础，也必然成为数学学习者应该培养的最基本的数学素养。"[①]

运算的本质是集合之间的映射。如果给出若干元素，根据某种法则存在唯一的元素与之相对应，称为运算。运算的学习包括算理理解、算法习得和问题解决，它们相互联系并构成教学的整体。教学中，要处理好三者之间的关系，避免把获得正确的计算结果作为教学的唯一要求——仅就获得计算结果而言，计算机完全可以替

---

① 黄翔. 数学课程标准中的十个核心概念[J]. 数学教育学报，2012，21(4)：18.

代人工。新时期，运算教学的立意，更重在"合理""简洁""灵活""创新"。我们应站在"巨人的肩膀"上，继承传统精华，克服过往不足，删减过剩的基础训练，增加富有趣味性和思考性的计算活动，使过程性的操作与结构化的反省结合，计算与推理结合，切实地从"教计算"转向"用计算教"，从而发展学生的数学思维，激发他们的创造力。

（一）从"三算结合"到"智慧运算"

张天孝老师从 20 世纪 50 年代末开始就对运算教学进行研究。

最初，是他在杭州饮马井巷小学担任教导主任期间，试验和推广了原杭州大学教育系孙士仪先生设计的"计算练习片"，开展"口算、笔算结合教学"，大面积提高了运算教学质量，培养了一批速算小能手。1963 年春，杭州市举行全市小学生速算比赛，上城区代表队的十二名学生包揽了比赛优胜者中的前十名，其中九名是张老师的学生，引起了轰动。根据实验所著《速算技巧》一书很快由中国国际广播出版社出版。

1972 年 2 月，在"口算、笔算结合教学"的研究基础上，张天孝老师又学习了上海市崇明县"三算结合"教学的经验，在杭州市上城区开展"口算、笔算、珠算结合教学"实验，提出了"以珠算为基础，改造笔算、促进口算"的教学改革思路，大胆将笔算从低位算起的常规方法改为从高位算起，使我国传统的珠算法与笔算计算法融为一体。这在当时全国"三算结合"实验中独树一帜，形成了小学数学教学改革的一个新流派。这项实验，历时十年。十年中，张天孝老师编写了"三算结合"教材及师资培训讲义，教材先后由浙江人民出版社和湖北人民出版社出版，每年发行量达百万余册，遍及全国 24 个省市和地区；他还撰写了十余篇专题总结和论文，其中《以珠算为模式改革笔算》一文被译为日文，发表在日本《珠算春秋》第 52 期上；另一篇《三算结合实验报告》则被美国一家国家刊物转载。1983 年 3 月，日本琉球大学教育学博士比嘉良充教授和美国梅州兰德大学心理学博士费拉那根教授循着共同的研究兴趣来到杭州上城区，考察"三算结合"教学班学生的计算能力。他们对上城区饮马井巷小学二年级、五年级"三算班"学生的计算能力进行了测试，并与美国和日本的学生进行比较，结论是：中国杭州"三算结合"实验班学生的计算能力达到了最优秀的算术技能水平。

为算而算不是张天孝老师的目标，张老师是要"通过算让孩子们聪明起来"。

1984 年，张天孝老师与中国科学院心理研究所合作，启动了旨在促进儿童数学思维发展的"现代小学数学"教材实验研究，执笔主编了《现代小学数学》(六年制、五年制)全套教材。这套教材围绕"构建合理的知识结构，塑造良好的认知结构，抓基础，促迁移，提升学生数学能力"对小学数学的课程内容进行了重构和创编。在计算方面，它特别重视算理的教学，提倡算法多样化，并编写了不少计算思考题。《现代小学数学》经过近 20 年，遍布 29 个省、市、自治区等 8000 多个教学班的实验，取得了显著的效果。运算测查表明：实验班的学生口算能力强，四则运算的概念、性质、算理和算法掌握得好，计算方法灵活，在解思考性较强的题目时，更显示出长足的优势。

如果说在《现代小学数学》教材中，张老师出于发展思维的考虑，已经对运算教学的内容、序列有所调整、有所开发，世纪之交的新课程改革则进一步解放了他的思想，激发了他的灵感，将他思维教学的设想和实验推向了新高潮。张天孝老师旗帜鲜明地打出"智慧运算"的口号，开展了"高位计算""组块计算""图形等式推算""数阵、数表问题"等一系列研究，形成了又一套科学、新颖的运算教学体系，并体现在新思维数学教材和配套的《学数学长智慧》《小学数学能力训练》等课外阅读材料中。集中来说，就是运算中的思考性，而具体来说，主要表现为 4 点。第一，情境性。计算教学不再是单纯的技能训练，而是把它作为解决问题的一个部分，创设生动活泼的问题情境来引起计算、促进计算、发展计算。第二，基础性。"双基"(基础知识、基本技能)是数学思维和思想发展的前提。这意味着：一方面，为了后续思维的发展，需要通过一定量的训练来落实相关的基础；另一方面，要从思维发展的角度重新甄别、精选基础训练的内容。第三，主动性。提倡学生主动探索算理、算法。从学生的"数学现实"出发，引导他们把经验材料"数学化"，数学材料"逻辑化"，逻辑材料"条件化"，自主地、多样化地解决问题。第四，创造性。开发一些非常规的运算任务，通过独立尝试、分析交流、反思拓展等，培养学生的高层次思维。

(二)运算中的思考性

我国的数学教学，历来重视运算能力的培养。中国学生的运算水平举世闻名。

但高超的计算本领并没有带来出众的问题解决能力，尤其是在非常规问题解决方面，多次国际测试表明，中国学生的表现不尽人意，恰应了"花岗岩上盖茅草屋"一说。① 人们开始重新审定"运算能力"的内涵，集中表现为强调运算中的思考性。例如，罗增儒等人在《数学教学论》中指出：运算能力是数学能力中最基本的能力，其中包括计算技能和逻辑思维。计算技能体现在：是否记住数学公式及计算法则，能够运用概念、性质大量进行有关计算和推导；在进行各种数学运算时，其结果是否准确，速度是否迅速，过程是否合理，推导是否严密；在计算中能否进行查表和使用计算器等。逻辑思维则体现在：是否合理运用公式法则；能否对运算结果进行检查和判断；能否自我改正运算中的各类错误；能否简化运算过程；能否推理计算等。② 曹培英结合小学数学教学实际，构建了运算能力的"四面体模型"——揭示出运算能力的四个核心要素和相互关系：基本口算（主要是 20 以内的加减与表内乘除）是其他口算、任何笔算、估算必不可少的运算反应；算法、算理是运算能力的一体两翼；它们共同构成运算能力的底部；运算策略水平与其他三个要素相互关联，是鉴别运算能力的敏感因素。③《标准（2011 年版）》将"运算能力"与数感、符号意识、空间观念、推理能力等并列成十个核心词④（近来有学者指出这十个核心词即十个核心素养⑤）。研制组对"运算能力"的解释是：能够根据法则和运算律正确地进行运算的能力。培养运算能力有助于学生理解运算的算理，寻求合理简洁的运算途径解决问题。

① 数学教育高级研讨班. 关于"运算能力"的调查研究——2002 数学教育高级研讨班研讨结果[J]. 数学教育学报，2003，12(2)：46～49.

② 罗增儒，李文铭. 数学教学论[M]. 西安：陕西师范大学出版社，2003.

③ 曹培英. 跨越断层，走出误区："数学课程标准"核心词的实践解读之六——运算能力(上)[J]. 小学数学教师，2014(3)：11.

④ 中华人民共和国教育部. 义务教育数学课程标准(2011 年版)[M]. 北京：北京师范大学出版社，2012.

⑤ 马云鹏. 关于数学核心素养的几个问题[J]. 课程·教材·教法，2015，35(9)：36～39.

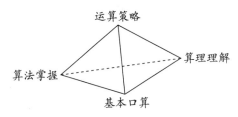

明确运算中的思考性是问题的一个方面，如何在实际的教学中，通过具体的任务设计落实运算的思考性则是问题的另外一个关键。"运算能力的培养是一个长期的任务，它要经历一个从简单到复杂、从具体到抽象、从单一到综合的反复训练、循环上升的活动过程。"①张天孝老师引领新思维数学团队遵循儿童认知规律，结合不同阶段的课程内容，科学地设计了运算能力发展的序列，塑造了"智慧运算"的教学新体系。

1. 情境性

情境认知理论认为学生是在参与和实践的过程中掌握知识的。它有四个主要的基本假设指导学习活动的发展：学习以日常情境中的活动为基础；知识需要情境化并转移到相似的情境中；学习是包括思考、感知、解决和交互的社会过程的结果；学习存在于由行动者、行动和情境组成的复杂的社会环境中。②

新思维数学认同情境认知假设，在材料编写中注意：创设问题情境，体会运算的意义，引起计算的需求；结合直观情境，促进算理的理解，启发算法的生成；开发情境变式，增加知识应用的深度、广度和灵活度。需要指出的是，这里的情境包括现实生活的情境，也包括科学的情境，甚至是纯数学结构的情境。

以"20以内进位加法"教学为例。连续的学情测查表明，仅就获得计算结果而言，在正式学习之前，大部分学生已经达到较熟练的技能水平。

一年级学生"20以内进位加法"学前情况统计表如下。

---

① 黄翔. 数学课程标准中的十个核心概念[J]. 数学教育学报，2012，21(4)：18.
② 刘丹. 情境认知与数学课堂中的情境学习[D]. 苏州：苏州大学，2005.

一年级学生"20以内进位加法"学前情况统计表

通过率 年份 （%） 题目	2001	2009	2014		
			上城区	城镇	农村
9+2	98.02	96.22	89.06	87.62	90.49
9+3	96.23	92.78	92.30	90.09	87.17
9+4	97.44	96.22	95.27	92.84	94.25
9+5	91.06	91.41	91.56	81.31	85.52
9+6	84.89	90.38	84.06	76.68	80.97
9+7	64.68	87.63	81.21	71.11	76.55
9+8	65.74	87.63	82.83	76.37	78.76
9+9	84.04	89.00	84.70	76.72	81.42
8+3	72.27	93.13	92.64	91.25	92.04
8+4	94.74	91.07	84.42	75.41	81.42
8+5	73.83	95.88	92.70	89.91	88.05
8+6	87.70	87.63	80.75	64.06	78.76
8+7	92.21	86.94	83.26	77.28	82.08
8+8	81.03	93.13	91.56	87.90	90.04
8+9	58.51	89.00	86.64	80.99	84.96
7+4	68.72	93.81	90.93	89.35	89.82
7+5	71.70	94.50	88.38	88.29	89.16
7+6	69.79	87.97	83.66	75.06	80.31
7+7	74.04	89.69	87.83	74.00	76.33
7+8	70.21	89.00	86.32	83.60	87.61

续表

通过率（%） 题目	2001	2009	2014		
			上城区	城镇	农村
7+9	74.68	89.00	86.48	81.94	83.63
6+5	74.89	92.44	83.66	76.90	86.28
6+6	92.34	91.97	85.84	78.10	85.50
6+7	80.31	91.75	86.91	84.69	85.18
6+8	71.90	90.38	85.62	80.78	86.28
6+9	65.53	92.44	88.38	85.64	89.39
5+6	96.08	95.19	88.75	86.81	90.71
5+7	82.34	89.60	86.70	80.53	86.50
5+8	68.51	90.38	87.31	82.50	87.17
5+9	78.72	94.85	90.04	89.03	88.50
4+7	70.85	90.38	87.34	81.55	86.28
4+8	82.55	92.10	87.34	82.93	87.71
4+9	50.85	96.72	87.09	80.71	84.73
3+8	63.40	91.57	89.95	75.73	83.63
3+9	95.28	93.81	92.59	88.75	89.82
2+9	82.77	96.56	91.69	88.85	82.48
平均	77.53	91.62	87.18	82.09	85.54

注：2001 年的调查样本为杭州市上城区 470 人，2009 年的调查样本为杭州市上城区 491 人，2014 年的调查样本为杭州市上城区 3262 人，浙江省内城镇 2235 人和农村 1052 人。

因此，本节课教学的重心不再是技能的习得，而应该在理解算理的基础上，把重心放到计算活动中的数学思考方法训练上。这一教学要求的转变，需要情境的支撑。

教材的设计层层深入。首先，以射击比赛的场景导入：

射击成绩统计表			
	第一轮	第二轮	总分
小猪	8	5	
小兔	4	8	
小猫	7	8	
熊猫	5	9	
小熊	7	4	

"谁得第一"呢？一石激起千层浪，小朋友议论纷纷。

首先讨论计算方式的选择，有试图估算的，有主张用计算器计算的，还有的小朋友提笔准备逐个笔算得分：

进入笔算环节后，又引进"十个装"的鸡蛋，支持学生理解十进制运算原理，启发"凑 10"的思考。

师：小猪的成绩是"8＋5"，"8＋5"该怎么算呢？你能利用这幅图来想一想，算一算吗？请每个同学指着图，算一算，说一说。

生尝试，师巡回，适当指导。

指名汇报：

生1：从右边的5个鸡蛋中拿过2个放到左边，8＋2＝10，10＋3＝13。

师：谁听懂了她的意思？

配合生的复述，课件动态演示，并形成板书——

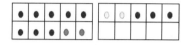

生2：我觉得可以把上面的2个5先加起来，5＋5＝10，10＋3＝13。

师：生2说的2个5，1个是——(生：加数8里面的5)，另1个是——(加数5)。

配合生的回答，演示课件并形成板书——

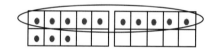

师：还有不一样的方法吗？

生3：把8当成10，10＋5＝15，可是8比10少2，15－2＝13。

……

以上，学生经历了情境直观、语言表述和算式表征之间相互联系和转译的过程，并在这个过程中理解算理，掌握算法。接下来教师的任务是要组织学生对各种方法进行比较和反思，凸显其"凑十"的特点及原理。

进一步，在丰富的变式中，借助20以内进位加法的运算技能，解决各种加法问题，从中感悟加法运算的意义(尤其是所表示的数量关系)、性质(算式各部分的关系、和的变化规律等)，提高概括、推理和建模的水平。

包括：

(1)生活情境。

例如，简单应用。

小朋友去郊游。

(1)山上有大树 6 棵，小树 9 棵，共有 ☐ 棵树。

$$☐ ○ ☐ = ☐ （棵）$$

(2)迪迪钓了 7 条鱼，强强钓了 5 条鱼，一共钓了 ☐ 条鱼。

$$☐ ○ ☐ = ☐ （条）$$

(3)面包原来有 18 个，吃了 7 个，剩下 ☐ ☐ 个。

$$☐ ○ ☐ = ☐ （个）$$

重点练习同数连加，为乘除法的学习做准备。

12 位运动员参加划船比赛，每条船上的人数相同。每条船上可能有几人？

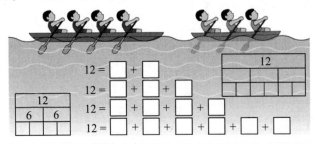

思考基数和序数的关系。

小兔队有多少位运动员？

我后面还有7位呢！

我排倒数第5个。

熊猫队一共有多少位运动员？

从左边数起，小军排第三；从右边数起，小强排第六。这排小朋友一共有多少人？

(2)数学情境。

例如，数形结合。通过坐标图中形与数、形与式的转换，建立数、式、形的联系，渗透函数的思想。①

师：好了，我们已经认识了坐标图里的线。你看，这里有两条折线争起来了。红线说："我比你长。"绿线说："我比你长。"哎呀，谁给评评理呢？

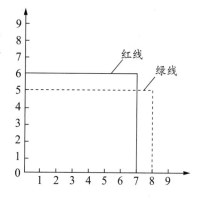

生1：我觉得可能红线长。

生2：我觉得应该是一样长的。

师：评理可要说出道理噢！

生：那我们来算一算吧。

生计算并汇报：红线 $6+7=13$，绿线 $5+8=13$，两条线一样长。

师：这两条折线的长度都是13，原来它们是一家人，我们就称它们为13号家庭吧！这个家庭中还有其他成员吗？你能不能也画出长度为13的折线呢？

学生尝试，教师巡回，适当指导。

指名汇报，形成板书和图像：$4+9=13$，$5+8=13$，$6+7=13$，$7+6=13$，$8+5=13$，$9+4=13$。

---

① 曹培英.跨越断层，走出误区："数学课程标准"核心词的实践解读之六——运算能力(下)[J].小学数学教师，2014(4)：4.

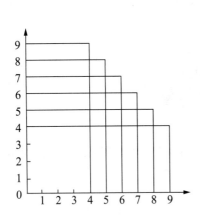 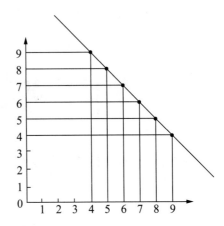

师：观察上面这幅图，你有什么发现？

生1：好像一个阶梯，可以一级一级走下去。

生2：我知道，这是因为折线中的竖线1格1格矮下去了，与此同时，折线中的横线1格1格加长了。

生3：对啊，其实就是第一个加数1个1个增加，第二个加数1个1个减少。

师（边指图边说）：第一个加数1个1个增加，第二个加数1个1个减少，但是它们的和——（生：不变），形成了阶梯形。如果我们把所有折线的这个拐弯点连起来，就是一条——直线。

（生：滑梯，笑）。

……

又如，方法构造。特别是"和相等"的结构：

把4，5，6，7，8，9这几个数分别填在□里，使等式成立。

$$\square + \square = \square + \square = \square + \square$$

感悟首尾搭配的方法。然后，从偶数项拓展到奇数项：

从4，5，6，7，8这五个数中选出四个，组成两两相加和相等的式子。你能组几个？

$$4 + 7 = \square + \square$$

从等式转化成数阵：

把这五个数(4，5，6，7，8)填在每个图的小方格里，使横、竖三个数的和相等。

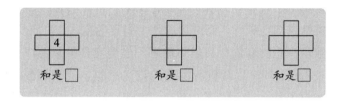

把2，3，4，5，6，7，8这七个数填在每个图的圆圈里，使每排及外圆圈上3个数的和相等。

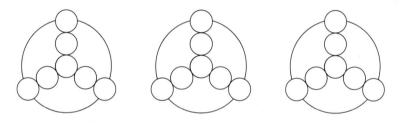

学生不仅要完成相关的填空，更重要的是，要体会题目之间的联系，感悟问题的基本结构和可能变化的维度。

2. 基础性

《标准(2011年版)》把传统的"双基"发展为"四基"，即基础知识、基本技能、基本活动经验和基本思想①，意味着数学教学不仅要关注作为进一步学习的必要条件的某些学习结果，也要重视作为进一步学习的充分条件的一些学习过程。

新思维数学认为：对运算教学而言，所谓的基础性，一要重视基本算理的理解；二要落实必要的计算技能；三要从应对高水平任务、发展高层次思维的角度出发，对数学课程内容进行再梳理，找出突破某一个学习难点，形成某一种思维策略所需要的基础，对这些"基本功"采取"提早孕伏、适时训练"的方式，有意识地渗透在前

---

① 中华人民共和国教育部. 义务教育数学课程标准(2011年版)[M]. 北京：北京师范大学出版社，2012.

期有关内容的学习中。

(1)重视基本算理的理解。

有一个时期的运算教学，单看重算法的掌握，一是强调既定程序即所谓"通法"的反复操练，二是虽也涉及一些灵活、简省的计算，但其中的窍门不是学生发现的，而是通过分门别类地讲解与训练，归纳形成几个固定的招式。在这样的情况下，"绝大部分儿童对于数学概念的真正含义很不理解，他们充其量只能成为演算成套复杂符号艺术的熟练技术员。"①学生背负着沉重的记忆负担，战战兢兢，刻板地执行算法，失去了思维的自由和自觉，何谈好奇心，何谈兴趣，又何谈运算能力呢?

要弥补这样的缺失，让学生看到完整的数学，"除算法之外，至少还应包括如下两个方面：其一，从动态而言，算法都有其发现的过程；其二，从静态而言，算法都有其成立的必然性依据"。② 这就涉及算理的教学。算理是运算的根本，算法是算理在具体问题中的应用和表现。掌握了算理，就能更好地落实算法，尤其是有可能让学生自主发现和发明算法，自觉比较和整合算法，用深刻的算理去驾驭多变的算法，在丰富的算法中进一步加深对算理的认识，发展算法思想。

新课程实施以来，教师越来越重视让学生在理解算理的基础上掌握算法，强调学生不仅要知道计算的程序，而且应了解背后的道理，掌握设计和评价算法的主动权。

比如，两位数乘一位数，浙教版数学教材(三年级上册)是这样编写的：

基于乘法的意义，改进计算的策略：最朴素的是 4 个 12 相加，怎么加得快呢?可以先将 4 个 10 相加，再将 4 个 2 相加，最后把两部分的和合起来——直观理解(情节、图像)、程序理解(算法)、抽象理解(意义)、形式理解(竖式)很好地结合起来，互为说明。

重视算理的教学，除了重视挖掘算法背后的原理，还要注意对原理作进一步的沟通。

张天孝老师指出：分数与整数的四则运算本质上是一致的。在分数单位统一的

① ［美］贝尔. 中学数学的教与学［M］. 许振声，管承仲，译. 北京：教育科学出版社，1990.

② 俞昕. 从 09 年数学高考管窥新课程教学"四重奏"［J］. 数学通报，2010，49(5)：49.

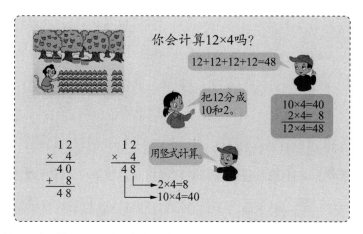

前提下，分数四则运算就是分数单位个数的（即整数或分子）四则运算。因此，新思维数学在第一次进行分数运算教学即同分母分数加减数学时，就设计了这样的环节：

说一说，填一填。

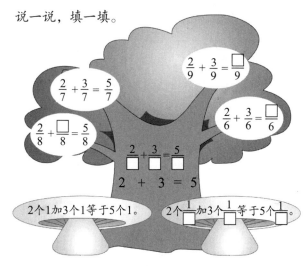

在具体计算的基础上归纳得出：上述式题的核心运算是 2 个计数单位与 3 个计数单位相加得到 5 个计数单位。

在后续的分数运算中继续强调两个要点：分数单位统一和分数单位个数运算。

例如，异分母分数加减：

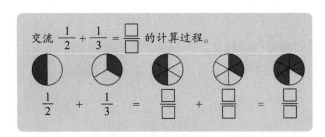

计数单位不统一，不能直接加减，转化为相同计数单位，规则继续奏效。

分数乘法：

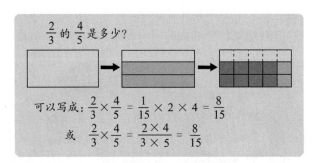

先得到新的分数单位：$\frac{1}{3} \times \frac{1}{5} = \frac{1}{15}$，然后分子相乘：$2 \times 4 = 8$，$8$ 个 $\frac{1}{15}$：$\frac{1}{15} \times 8 = \frac{8}{15}$。

分数除法，先教学同分母分数相除：

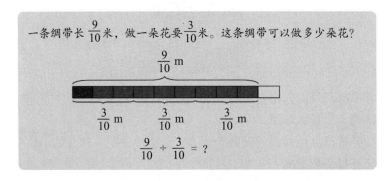

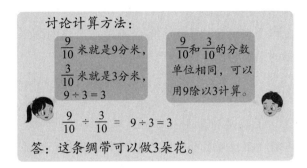

强化：同分母分数相除，只要将分子相除就可以了。

继续讨论一般的分数除法：

① $\boxed{\dfrac{2}{3} \div \dfrac{3}{4}} = \dfrac{8}{12} \div \dfrac{9}{12} = \dfrac{8}{9} \cdots\cdots \boxed{\dfrac{2}{3} \times \dfrac{4}{3}}$

② $\boxed{\dfrac{3}{5} \div \dfrac{2}{7}} = \dfrac{21}{35} \div \dfrac{10}{35} = \dfrac{21}{10} \cdots\cdots \boxed{\dfrac{3}{5} \times \dfrac{7}{2}}$

原理仍是统一分数单位（通分）后，分子相除，形式上表现为所谓的"颠倒相乘"。

算理贯通的编排，用原来整数计算的规则同化分数计算，同时又因为分数单位的多样性和分数表示的不唯一，扩充和改造了学生原有的计算图式，达成更高层次的统一和概括。

此外，学习算理本身应该是一个推理和发现的过程。

小学数学的算理包括数概念、运算意义、运算性质和运算定律等，这些原理本身是有逻辑联系的。比如加法有两种定义：

定义1（序数理论）：如果数 a 和数 b 都是自然数，在自然数列中的数 a 之后再数出 b 个数来，恰好对应于自然数列中的数 c，则 c 叫作 a 与 b 的和，求两个数的和的运算叫作加法，记作：$a+b=c$。

定义2（基数理论）：设 A、B 是两个不相交的有限集合，它们的基数分别为 a 和 b，集合 A 与集合 B 合并得到并集 C，那么并集 C 的基数 c 就叫作 a 与 b 的和，求两个数的和的运算叫作加法，记作：$a+b=c$。

无论按哪种定义，都容易想到求几个自然数相加的和时，与这几个加数的次序是无关的，即可推导出加法交换律"$a+b=b+a$"和加法结合律"$(a+b)+c=a+(b+c)$"。

小学生对上述过程会有感性的认识，但尚难进行严格的演绎，不妨采用合情推理。仍以加法运算律的学习为例：

1. 情境引入：合唱队有男生 15 人，女生 18 人，一共有多少人？

2. 根据学生回答，呈现两种算法：15＋18 和 18＋15。

讨论明确：总人数由男生人数和女生人数两部分组成，与先计数男生人数还是先计数女生人数无关，15＋18＝18＋15。

3. 算一算，在○里填上＞、＜或＝。

$$3+5 \bigcirc 5+3 \qquad\qquad 7+28 \bigcirc 28+7$$
$$55+19 \bigcirc 19+55 \qquad 3000+4000 \bigcirc 4000+3000$$

4. 观察这些算式，你有什么发现？

形成猜想：交换加数的位置，和不变。

5. 每人再举出 3 个交换加数位置的案例，算一算，是否相等？

反馈：你举了哪 3 个例子？是否有和不等的情况？

做出不完全归纳：交换加数位置，和不变。

6. 小组讨论：为什么交换加数位置和不变？你可以举例子或者画图来说明其中的道理吗？

预设 1：上衣 150 元，裤子 180 元，一共多少元？无论是 150＋180 还是 180＋150，都是用上衣价格与裤子价格合并成总价，次序不影响本质。

预设 2：

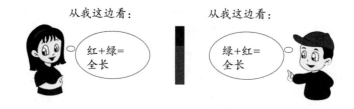

预设 3：

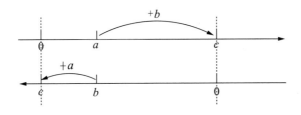

······

7. 小结，板书加法交换律，读一读。

回顾：我们是怎样研究加法交换律的？

在学生回答的基础上板书：举例—猜想—再举例验证—归纳。

8. 练习（略）。

9. 类比推理：从加法交换律你联想到了什么？

聚焦：减法有交换律吗？乘法呢？除法呢？选择其中一项进行猜想和验证。

经历如上过程，学生不仅掌握了相应的运算律，更以运算律的学习为载体，经历了归纳和类比的思维过程，积累了数学发现的经验。是发展运算能力，也是借运算发展能力。

（2）落实必要的计算技能。

行为主义学派认为学习是刺激与反应之间的联结[1]，他们强调通过训练来形成联系、强化联系和调整联系。这种对学习的认识和解释有一定的片面性，它忽视了学习者本身的主体性和能动性，但也有一定的合理性，一套认知程序的形成、贯通和压缩离不开练习。弗斯坦指出："认知操作中有效性发展最重要的一个方面，是某些行为的逐步自动化。这是由降低产生一个特定的心理活动所需的意志而获得的过程。由于认知操作某些成分的自动化，使个体能量能够集中投入某些特定领域，使把握任务的方式更快，更精确……"[2]

①　皮连生. 教育心理学［M］. 上海：上海教育出版社，2011：64～65.

②　［以色列］鲁文·弗斯坦，等. 思维工具强化——弗斯坦智力开发课程［M］. 刘育明，等，译. 北京：春秋出版社，1989.

为了让学生能把更多的注意力分配到运算中的思考性活动上，必须熟练掌握必要的计算技能，尤其要提高口算的效率。口算也就是通常所说的心算，是个人数感（对数的基本性质和运算基本规律的理解）的集中表现。口算不仅是笔算的基础和台阶，而且有独特的思维训练价值，口算时，"学生要在瞬间进行多种数的分拆、重组、转化等心理操作活动，有助于提高思维的品质，如敏捷性、灵活性等"。[1] 此外，口算有很高的实用价值，日常生活中，经常会用到口算。

教学中，要给学生创造足够的机会进行口算，发展口算能力。当然，口算训练不等于机械训练，要强调训练的科学化，做到适度、适量、形式多样。

所谓适度，就是要合理追求运算的速度和正确率。比如对基本口算（20 以内的进退位加减、表内乘除等）不可随意拔高要求（具体可参考《标准（2011 年版）》），但又必须熟练。它是其他计算的基础。多位数加减可以理解为不同数位上的 20 以内加减。例如，$45+26$，个位 $5+6 \geqslant 11$，预判进位，十位上 $4+2+1=7$ 个十，个位 $5+6=11$，取 1，结果等于 71；$45-26$，个位 $5<6$，预判退位，十位上 $4-2-1=1$ 个十，个位 $15-6=9$，结果等于 19；计算过程简单示意如下：

十位	个位
4	5
+2	6
+1	
7	1

十位	个位
4^{-1}	$^1 5$
-2	6
1	9

多位数乘除的具体步骤无非是表内乘除或多位数加减。例如，45×3，十位 $4 \times 3=12$ 个十，个位 $5 \times 3=15$，$120+15=135$；$45 \div 3=(30+15) \div 3$，十位 $3 \div 3=1$ 个十，个位 $15 \div 3=5$，$10+5=15$；计算过程简单示意如下：

百位	个位	个位
	4	5
×		3
1	2	
	1	5
1	3	5

十位	个位	
4	5	÷3
3		÷3
1	5	÷3
1	5	

---

① 周超. 数学高层次思维的界定及评价研究[D]. 苏州：苏州大学，2003.

小数和分数的运算也可做类似分析。掌握了基本口算，意味着其他运算会更流畅、更简洁，完成度更佳。

对一些特殊的运算"组块"，最常见的如"$25×4＝100$"等，还应形成记忆。这些组块能帮助学生保持对某些数、式的敏感，刺激学生基于数、式特点合理建构、选择算法。

根据 $25×4＝100$ 组块计算。　　　　　　根据 $37×3＝111$ 组块计算。

$28×4=(25+\Box)×4$ $325×4=(\Box+25)×4$ $37×8=37×(6+\Box)$ $574×3=(\Box+\Box)×3$
$\quad=100+\Box$ $\quad=\Box+\Box$ $\quad=\Box+\Box$ $\quad=\Box+\Box$
$\quad=\Box$ $\quad=\Box$ $\quad=\Box$ $\quad=\Box$

$29×8=(25+\Box)×8$ $127×8=(\Box+25)×8$ $79×3=(74+\Box)×3$ $752×6=(\Box+\Box)×6$
$\quad=200+\Box$ $\quad=\Box+\Box$ $\quad=\Box+\Box$ $\quad=\Box+\Box$
$\quad=\Box$ $\quad=\Box$ $\quad=\Box$ $\quad=\Box$

$76×4=(75+\Box)×4$ $259×4=(250+\Box)×4$ $437×3=(\Box+\Box)×3$ $379×9=(\Box+\Box)×9$
$\quad=300+\Box$ $\quad=\Box+\Box$ $\quad=\Box+\Box$ $\quad=\Box+\Box$
$\quad=\Box$ $\quad=\Box$ $\quad=\Box$ $\quad=\Box$

$23×4=(25-\Box)×4$ $243×4=(\Box-\Box)×4$ $379×6=(\Box+\Box)×6$ $476×6=(\Box+\Box)×6$
$\quad=100-\Box$ $\quad=\Box-\Box$ $\quad=\Box+\Box$ $\quad=\Box+\Box$
$\quad=\Box$ $\quad=\Box$ $\quad=\Box$ $\quad=\Box$

所谓适量，是指要根据学生的错误情况和对后继学习的作用来考虑训练的时间分配和题量分布。比如，100 以内的两位数加一位数进位加法共有 369 题，对进位加法本身来说，这些题目的口算训练价值是等同的。但对多位数乘法计算而言，其支持作用就很不一样。具体来说，两位数(不含整十数)乘一位数计算题目共 648 题，可分成 6 类。

两位数乘一位数计算类别表

类别	个位计算情况	十位计算情况	例题	题数
第1类	不进位	不进位	$12×3$	34
第2类	不进位	进位	$62×3$	92
第3类	进位	不进位	$15×3$	58
第4类	进位	进位，但与个位所进的数叠加不进位	$54×3$	336
第5类	进位	本来不进位，与个位所进的数叠加进位	$15×7$	34
第6类	进位	进位，且与个位所进的数叠加进位	$36×9$	94

容易认同第4、5、6类的计算难度大于第1、2、3类，而以第5、6类尤甚，而难点主要是十位积加个位积的进位数（如 36×9，难点为十位积 27 ＋个位积的进位数5）。进一步分析，乘法计算可能涉及的两位数加一位数进位加法题共60题，约占相应加法总题量（369题）的16.3%。从上述角度讲，对以下60道进位加法题就要有意识地增加训练量。

12＋8	18＋2	18＋8	27＋6	28＋5	36＋7	48＋2	49＋1	54＋6	56＋7
14＋6	18＋3	24＋6	27＋7	28＋6	36＋8	48＋3	49＋2	54＋7	63＋7
16＋4	18＋4	24＋7	27＋8	35＋6	45＋5	48＋4	49＋3	54＋8	63＋8
16＋5	18＋5	27＋3	28＋2	36＋4	45＋6	48＋5	49＋4	56＋4	64＋6
16＋6	18＋6	27＋4	28＋3	36＋5	45＋7	48＋6	49＋5	56＋5	64＋7
16＋7	18＋7	27＋5	28＋4	36＋6	45＋8	48＋7	49＋6	56＋6	72＋8

再者，考虑到激发兴趣和锻炼思维的需要，口算训练的形式不应次次都是一张口算纸，用心的教师可以设计多种口算游戏。

例如，减法"怪圈"：

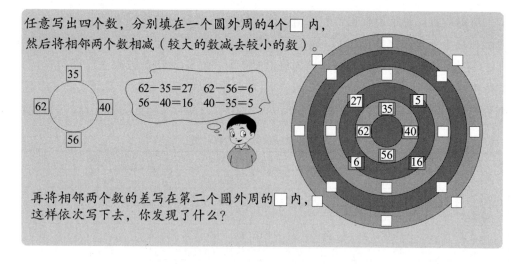

除法的"Bingo 游戏"：

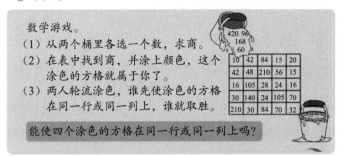

数学游戏。
（1）从两个桶里各选一个数，求商。
（2）在表中找到商，并涂上颜色，这个涂色的方格就属于你了。
（3）两人轮流涂色，谁先使涂色的方格在同一行或同一列上，谁就取胜。

能使四个涂色的方格在同一行或同一列上吗？

10	42	84	15	20
42	48	210	56	15
16	105	28	24	16
30	140	24	105	70
210	30	84	70	32

算 24 点，也可用常见的扑克牌：

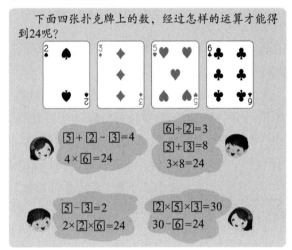

下面四张扑克牌上的数，经过怎样的运算才能得到24呢？

$\boxed{5}+\boxed{2}-\boxed{3}=4$
$4×\boxed{6}=24$

$\boxed{6}÷\boxed{2}=3$
$\boxed{5}+\boxed{3}=8$
$3×8=24$

$\boxed{5}-\boxed{3}=2$
$2×\boxed{2}×\boxed{6}=24$

$\boxed{2}×\boxed{5}×\boxed{3}=30$
$30-\boxed{6}=24$

也可以和"九宫格"相结合：

在 3×3 的方格图上，依次写 1～9，涂色表示 ▢▢，并利用四连方里的 4 个数，算出得数是 24。

1	2	3
4	5	6
7	8	9

1	2	3
4	5	6
7	8	9

1	2	3
4	5	6
7	8	9

1	2	3
4	5	6
7	8	9

1	2	3
4	5	6
7	8	9

1	2	3
4	5	6
7	8	9

1	2	3
4	5	6
7	8	9

1	2	3
4	5	6
7	8	9

这些游戏内含的计算量很大，且容易引发相应的规律探索、策略设计等高层次思维活动，而其形式活泼，有适度的比赛压力，为学生所喜闻乐见。

（3）能力立意，创新基础的内涵。

根据克鲁捷茨基的观点，学生的数学能力主要表现在两个方面：一是在学习数学的过程中，效率和效果方面的差异；二是创造性解决问题的能力。张天孝老师认为，要培养这些能力，不能就题论题。单纯通过教师示范解题过程和大剂量的重复训练，确实能强化对现有习题的记忆，却不能真正提升解决问题的能力。好的课程设计，应着眼能力，一方面精简传统基础的内容，另一方面对高认知要求的数学任务所涉及的各个要素展开分析，有的放矢地、循序渐进地充实相关的学习，为学生的数学思维发生质的变化提供可能性。

其一，为学生主动生成新算法，准备针对性的"基本功"训练。

以"三位数除以一位数"的学习为例。

三位数除以一位数的题目以被除数首位是否够除来看，可以分为首位不够除（如 $212\div3$）与够除（如 $312\div3$）两类。被除数首位不够除的题目共有 3600 题，其中能归结为表内除法的几百几十数或整百数除以一位数的有 58 题，这些题目可以根据"九九乘法表"直接找到商（如 $640\div8$，$300\div6$，主要进行的是表内除法运算 $64\div8$ 和 $30\div6$）；而其余 3542 题则需转化为几百几十数（或整百数）除以一位数与表内除法（含带余除法）的组合。例如：

$$738\div9 \qquad 574\div6$$
$$720\div9 \qquad 540\div6$$
$$18\div9 \qquad\quad 34\div6$$

被除数首位够除的也有 3600 题，这些题目也可以进行类似的拆分。例如：

$$738\div6 \qquad 574\div5$$
$$600\div6 \qquad 500\div5$$
$$120\div6 \qquad\ 50\div5$$
$$18\div6 \qquad\quad 24\div5$$

因此，提高"三位数除以一位数"计算效率的关键是要能根据除数从被除数中有效分解出几百几十数（或整百数）和两位数。例如，$324\div\square$，若除数是 4，应分解为 320÷4+4÷4；若除数是 6，则分解为 300÷6+24÷6；若除数是 9，又应分解为 270÷9+54÷9，等等。

基于这样的分析，新思维数学在教学"三位数除以一位数"的前期安排了形式多样的"拆分"训练。

(1)把一个三位数分拆为几百几十数和两位数。

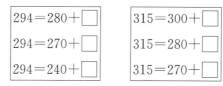

```
294＝280+□          315＝300+□
294＝270+□          315＝280+□
294＝240+□          315＝270+□
```

(2)一位数除几百几十数和两位数。

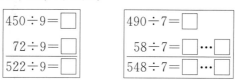

```
450÷9=□            490÷7=□
72÷9=□             58÷7=□…□
522÷9=□            548÷7=□…□
```

(3)三位数减几百几十数。

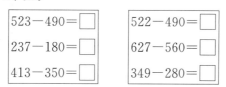

```
523－490=□          522－490=□
237－180=□          627－560=□
413－350=□          349－280=□
```

为学生自主探索三位数除以一位数的算法做好了充分的铺垫。

特别地，拆分练习不仅是学生"再创造"算法的基础，也是培养数感的重要训练，拆分的核心其实是思考数与数之间的关系。

其二，为学生挑战高水平的问题积累思维素材和思维经验。

解决高水平问题的关键常常是需要从新的角度对原有的知识进行再组织和再创造，这就需要对知识有更深刻、更多元的理解，以及进行分析、综合、评价和创作等高层次思维活动的经验。这个意义上的"基础"有别以往。

比如，传统的乘法口诀训练，虽在形式上有各种变化，不乏富有童趣的设计，但主要的目标指向仍是记忆口诀，希望对其中的因数和积做到脱口而出。2000 年新课程改革启动之后，突出了探索规律的维度，经常可见的教学流程是：呈现九九乘法表，横看、竖看、斜看等，积分别是怎样变化的？你有什么发现？帮助学生积累了归纳推理的经验。新思维数学进一步做深做细，增加口诀整理的维度，为学生挑战非常规问题打基础。

表内乘法单元复习课片段 1：

师："积个位数字是 2"的口诀有哪些？

生 1：$3 \times 4 = 12$。

生 2：$6 \times 7 = 42$。

师：有什么好的办法可以把符合要求的口诀整理得又快又全呢？

生 3：我觉得可以从积倒过来想——$\boxed{} 2 = \boxed{} \times \boxed{}$。

$12 = 2 \times 6 = 3 \times 4$。

22 没有这样的口诀。

$32 = 4 \times 8$。

$42 = 6 \times 7$。

52，62 没有这样的口诀。

$72 = 8 \times 9$。

师：你觉得他想得怎么样？

生 4：十位上的数一个一个增加很有规律，既不会遗漏，也不会重复。

生 5：抓住积是 $\boxed{} 2$ 这条线索倒过来想，比在那么多口诀里找积的个位数字是 2 的口诀要方便多了。

师：如果要找"积十位数字是 2"的口诀，你会怎么找呢？试试看。

经历过上述思考的学生遇到如下数字谜题时，更有可能发散思维，流畅地给出多种解答。

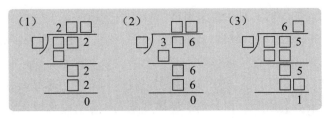

表内乘法单元复习课片段 2：

师：继续观察我们的乘法表：

×	1	2	3	4	5	6	7	8	9
1	1								
2	2	4							
3	3	6	9						
4	4	8	12	16					
5	5	10	15	20	25				
6	6	12	18	24	30	36			
7	7	14	21	28	35	42	49		
8	8	16	24	32	40	48	56	64	
9	9	18	27	36	45	54	63	72	81

这两个"12"分别是怎样算得的？

生 1：$3 \times 4 = 12$，$2 \times 6 = 12$。

师：也就是说(边说边写)：$3 \times 4 = 2 \times 6$。我们把这样的式子称为一组积相等的式子。现在我们来玩一玩"火眼金睛"的游戏：先在乘法表里找到相等的积连一连，再写出积相等的式子。

生活动，师巡回。

师展示学生作品，形成完整的板书：

$\begin{cases} 一四得 4 \\ 二二得 4 \end{cases}$　$\begin{cases} 一六得 6 \\ 二三得 6 \end{cases}$　$\begin{cases} 一八得 8 \\ 二四得 8 \end{cases}$　$\begin{cases} 一九得 9 \\ 三三得 9 \end{cases}$

$1 \times 4 = 2 \times 2$　$1 \times 6 = 2 \times 3$　$1 \times 8 = 2 \times 4$　$1 \times 9 = 3 \times 3$

$\begin{cases} 二六 12 \\ 三四 12 \end{cases}$　$\begin{cases} 二八 16 \\ 四四 16 \end{cases}$　$\begin{cases} 二九 18 \\ 三六 18 \end{cases}$

$2 \times 6 = 3 \times 4$　$2 \times 8 = 4 \times 4$　$2 \times 9 = 3 \times 6$

$\begin{cases} 三八 24 \\ 四六 24 \end{cases}$　$3 \times 8 = 4 \times 6$　$\begin{cases} 四九 36 \\ 六六 36 \end{cases}$　$4 \times 9 = 6 \times 6$

师：观察这些等式，你有什么发现？

生 1：积相等的口诀一共有 9 组。

生 2：我发现因数的变化是相反的。比如：

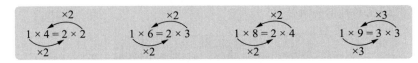

……

强调"积相等"的结构，有助于后续一系列反比关系问题的解决。包括竞赛中常见的"追及问题""盈亏问题"等，如：

①有一笔钱，可买 10 支钢笔或 15 支圆珠笔。每支钢笔比每支圆珠笔贵 2 元。每支钢笔和圆珠笔的价格各是多少元？这笔钱有多少元？

②甲、乙两车的速度分别是 90 千米/时和 75 千米/时，两车从同地出发，同向行驶，乙车先开 2 小时。甲车需要行驶多少时间才能追上乙车？

还包括一些非常规数学问题，如：

将 1~9 九个数字分别填入下式的 □ 中，□×□÷□=□−□，□+□=□+□。

（只要将题中第一式转化成"□×□=（□−□）×□"，即可利用原积相等的 9 组等式完成相应的构造）

总之，"数学属于知识丰富的认知领域，在数学中，大多数的知识（包括概念、原理、法则、性质、定理、命题等）不仅仅是一些事实，而且是推导其他知识或者解决问题的工具，是整个逻辑体系的一个组成部分。"[①]应从这个意义上重新认识和打造小学数学课程中所谓的"基础"，尤其要深入地思考如何增加基础知识的弹性和迁移力，使它成为学生分析和解决各种问题的条件与方法。

3. 主动性

在《给教师的一百条建议》中，苏霍姆林斯基开宗明义地写道："没有也不可能有抽象的学生。"[②]每个学生的学习都是基于他原有的知识背景、方法储备和认知特点进

①　鲍建生. 关于数学能力的几点思考[J]. 人民教育，2014(5)：49.

②　[苏]B. A. 苏霍姆林斯基. 给教师的一百条建议[M]. 杜殿坤，译. 北京：教育科学出版社，2005.

行的。好的课程应当尊重学生的兴趣爱好和思维规律，精心选择和编排相应的内容，创设有利于学生体验与理解、思考与探索的情境，展开生动活泼的、主动的和富有个性的学习过程，从而不仅能充分发挥学生的"显能"，更有机会挖掘和发展学生的"潜能"。

在运算教学中，发挥学生的主动性，主要包括三个方面。其一，创设情境，让学生主动提出计算问题；其二，引导学生主动探究算理和算法；其三，鼓励算法多样化，不同的学生根据不同的计算情况选择不同的算法。

（1）用情境触发学生的计算问题。

以往的运算教学，基本上是给定算式，学生按标准运算程序操作，处于被动状态。如果计算问题来源于学生，就会主动得多。新思维数学主要通过创设情境来刺激学生提出问题，情境可以源自现实生活，也可以是纯数学结构性问题。

例如，"乘加"一课，教材首先设计了"票选同学们最喜欢的活动项目"的情境，驱动学生提出"四种项目各得几票"的计算问题，引发乘加的教学。进而在"数贝壳"的操作活动中，落实乘加的运算意义和运算顺序。整个过程以学生具有的"数学现实"作为教学的起点，使学生原有的经验材料"数学化"，数学材料"逻辑化"，学生学的是自己的数学，并且，是自己学数学。

还可以引导学生从纯数学结构性问题中主动构建算式，开展计算与推理。例如：在九宫格中找出四连方图形，并用其中的四个数算出"24"。

片段 1：找四连方

师：我们都知道有 5 种不同的四连方图形（在黑板上出示教具"四连方框"）。

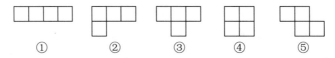

①   ②   ③   ④   ⑤

这里还有一个填写完成的三阶幻方：

4	9	2
3	5	7
8	1	6

如果用 1 个四连方框来框三阶幻方中的数……

生 1（插话）：①号框不能用，（三阶幻方）一行或一列最多只有 3 格。

师：说得对（从黑板上去掉①号框）。那么以②号框为例，可以框出怎样的 4 个数？（取②号框在三阶幻方上示意）

生 2：4，9，2，3。（师依言摆放，并说：横放）

生 3：9，2，7，6。（师依言摆放，并说：旋转后竖放，想法很棒！）

师：还可以怎么放？一共有几种不同的可能？请每个同学取②号框试一试，看看谁找得又对又好。

学生尝试，教师巡视，适当指导，如："你是按怎样的顺序找的？"或"按这个方向摆，还可以框出其他数吗？"

指名汇报：

4	9	2
3	5	7
8	1	6

4	9	2
3	5	7
8	1	6

4	9	2
3	5	7
8	1	6

4	9	2
3	5	7
8	1	6

呈现生1部分答案：

师：你能看出这位同学是怎样想的吗？他按什么顺序框数？

生2：我知道。他先按原来形状放在最上方，得到4，9，2，3；然后向下平移，得到3，5，7，8；不可能下移了，就(顺时针)旋转90°，框出4，9，5，1；再向右平移，框出9，2，7，6。

师：大家都看明白了吗？照这样，生1的下一个答案会是——

生(纷纷)：再顺时针旋转90°，2，3，5，7。向下平移，7，8，1，6，……

师根据学生回答呈现生1完整答案：

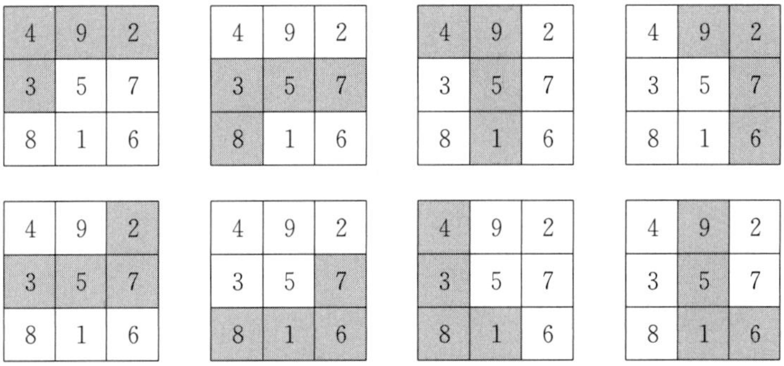

4	9	2
3	5	7
8	1	6

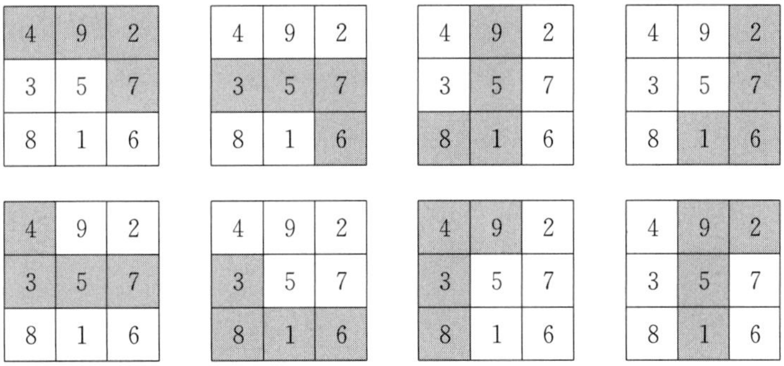

小结：小小一个四连方，竟有16种摆放的可能呢！

还可以翻转：

……

片段2：算"24"

师：用②号框每次框出的4个数"算24"，你行吗？试一试，3分钟，比比谁算出的 24 多。

　　独立尝试——同桌检查，统计。

　　师反馈：你算出了几个 24？分别是怎样算的？有不一样的算法吗？

　　（答案多样，其中"7，8，1，6"没有合适的算法，其他各给出 1 种算法，如 4×(9÷3×2)；5×7−(8+3)；(4−1)×5+9；9+2+7+6；3×7+(5−2)；4×(8−3+1)；(9−5×1)×6；2×4+7+9；(5+7)×(6÷3)；(9−5−1)×8；(7−2−1)×6；4×(7−5)×3；(8−3−1)×6；(9+3)÷4×8；2×9+1+5。）

　　师：刚才我们自己算了"24"，也听了别人的算法，怎样算"24"，你有什么经验可以分享吗？

　　生1：我觉得算"24"经常用到一些组块，比如 4×6，3×8，12×2，15+9，等等。

　　……

　　利用四连方框得的数，学生主动构造了很多结果是 24 的算式，这个过程不仅促成了主动的计算，更促成了自觉的思考。

　　(2)鼓励学生"发明"和发现算理、算法。

　　算理和算法是运算教学中最关键的两个因素。算理是计算的本质和原理，主要指运算的定义、性质、定律，等等。算理是算法的理论依据；算法是计算的程序和方法，即平时所说的运算法则，算法是算理的具体应用、具体表现。算理讲"理"，算法有"法"，它们绝不是生硬冰冷的规定，而是存在着合情合理的逻辑，运算教学要让学生体会到其中的逻辑。可以设计丰富多彩的算、学活动，使学生亲身体验算理、算法可探究、可推导、可改造，使算理、算法的客观性和学生的主观能动性很好地结合起来。

　　以"两位数乘两位数"的教学为例。

　　从计算篮球场的面积入手，"28×15"等于多少？怎样计算呢？

　　学生在掌握乘法意义、乘法运算定律（交换律、结合律和分配律）的基础上，可以主动形成各种算法，如：

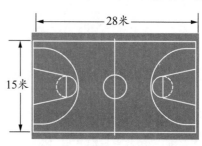

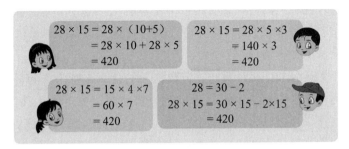

组织学生主动表达和解释自己的算法，积极比较和评价相互的算法，对算法进行概括和分类，凸显主要的思考方式：根据结合律，将其中一个两位数分解为两个一位数的积，从而转化成多位数乘一位数的计算；根据分配律，将其中一个两位数拆分成整十数与一位数的和或差，从而转化成整十数乘两位数与一位数乘两位数。

制造新的认知冲突：

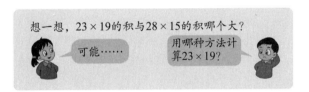

使学生感悟到当两个因数都是素数时，结合律就不再适用了。利用结合律分解因数求取乘积的做法只是一种特殊的方法。而将一个两位数因数拆分成整十数加一位数，并运用分配律进行计算，才是通用的算法。

进而对横式和竖式进行沟通，横式和竖式的计算程序及书写步骤相互对照，帮助学生超越工具性理解，生成关系性理解。

$$23 \times 19 = 23 \times 10 + 23 \times 9$$
$$= 230 + 207$$
$$= 437$$

23	23	23
× 19	× 19	× 19
207 ···23×9	207	207
	23 ···23×10	23
		437
先用个位上的9乘23	再用十位上的1乘23	然后把两次乘得的积加起来

整个教学过程一气呵成，学生不断地遭遇问题、思考问题、解决问题，体会人

们选择算法的合理性和灵活性，感受到数学是具有火热思考和理性抉择的学科，从而增加学习的主动性和积极性。

再以分数除法的教学为例。

在整数、小数、分数四则计算中，分数除法的计算法则最不容易理解，特别是学生很难理解为什么要"颠倒相乘"，既缺少直观解释，也不易从其他法则中推导。教学时，若直接让学生自己去探索这个结论，结果往往会"无功而返"。需要梳理不同类型分数除法的难易层次和递进关系，循序渐进地组织教学，以便学生前后联系，不断深化理解，增加自主迁移的可能性。

第一层次，分数除以整数。

学习分数除法可以从分数除以整数开始。按除法的等分模型，分数除法与整数除法的意义完全一样。因此，相比较而言，分数除以整数的意义比较容易解释。

例如，把一张 $\frac{1}{5}$ 平方米的纸平均分成 3 份，每份是多少平方米？列式 $\frac{1}{5} \div 3$。结果是多少呢？请学生利用原有知识独立进行探索。

可能的方法 1：根据分数的基本性质，将 $\frac{1}{5}$ 改写成 $\frac{3}{15}$，使分子能被除数整除，从而得到 $\frac{1}{5} \div 3 = \frac{3}{15} \div 3 = \frac{3 \div 3}{15} = \frac{1}{15}$。这种计算方法可以归结为分数单位个数的整数运算。

可能的方法 2：把分数化成小数，转化为小数除法进行计算。例如，$\frac{1}{5} \div 3 = 0.2 \div 3 = 2 \div 30 = \frac{2}{30} = \frac{1}{15}$。

可能的方法 3：根据商不变的规律对原式进行恒等变形，即 $\frac{1}{5} \div 3 = \left(\frac{1}{5} \times 5\right) \div (3 \times 5) = 1 \div 15 = \frac{1}{15}$。

以上几种方法联系着共同的基础，即商不变性质或分数的基本性质，计算的关键环节都是转化为整数除法，有利于学生积累探索分数除法计算方法的经验。但是这些方法与"颠倒相乘"相去甚远，对于概括分数除法计算法则没有直接的促进作用。因此，下面这种借助几何直观，把除法算式转化为乘法算式的算法备受关注。

可能的方法 4：把 $\frac{1}{5}$ 平均分成 3 份，求 1 份就是求 $\frac{1}{5}$ 的 $\frac{1}{3}$ 是多少。

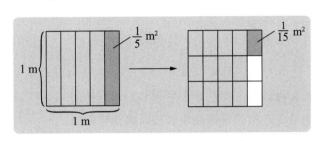

根据直观图像，容易理解 $\frac{1}{5}\div 3=\frac{1}{5}\times\frac{1}{3}=\frac{1}{15}$。进一步补充案例，如 $\frac{2}{5}\div 3$，$\frac{5}{7}\div$ 4 等，然后概括出初步的结论：分数除以一个整数，等于分数乘这个整数的倒数。

第二层次，分数除以分数。

先教学同分母分数相除的示例。

将同分母分数相除与现实情境联系起来，利用除法的包含模型来解释运算的意义和程序容易为学生所接受。

例如：一条绸带长 $\frac{9}{10}$ 米，做一朵花要 $\frac{3}{10}$ 米。这条绸带可以做多少朵花？

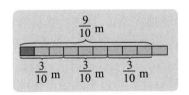

求 $\frac{9}{10}$ 里面有几个 $\frac{3}{10}$，列式 $\frac{9}{10}\div\frac{3}{10}$，结合图示，不难想到：以 3 个 $\frac{1}{10}$ 为 1 份，9 个 $\frac{1}{10}$ 里有这样的几份，$\frac{9}{10}\div\frac{3}{10}=9\div 3=3$。这里分数除法再次被转化为关于分数单位个数的整数除法。

在此基础上教学异分母分数相除。

有了同分母分数相除的基础，借鉴异分母分数加减的经验，学生自然会想到要把异分母分数转化成同分母分数相除。

师：我们已经会算同分母分数相除了，那若是异分母分数相除怎么办呢？（出示：$\dfrac{2}{3} \div \dfrac{3}{4}$）

学生尝试，教师巡回，指名展示、汇报。

生1：$\dfrac{2}{3} \div \dfrac{3}{4} = \dfrac{8}{12} \div \dfrac{9}{12} = \dfrac{8}{9}$。

师：生1是怎么想的？

生（纷纷）：先通分，把异分母相除转化成同分母相除。

师：真聪明。再试试：$\dfrac{3}{5} \div \dfrac{2}{7}$，$\dfrac{5}{9} \div \dfrac{3}{4}$。

学生尝试，指名板演，校对：

$$\dfrac{3}{5} \div \dfrac{2}{7} = \dfrac{21}{35} \div \dfrac{10}{35} = \dfrac{21}{10},$$

$$\dfrac{5}{9} \div \dfrac{3}{4} = \dfrac{20}{36} \div \dfrac{27}{36} = \dfrac{20}{27}。$$

在探索计算法则的进程中，把异分母分数相除转化为同分母分数相除，其意义有三个：一是可以把新知转化为旧知；二是可以把分数除法的计算方法归结为在统一分数单位前提下，分数单位个数（整数）的除法运算。这不仅可以作为分数除法运算的通用法则，也可以和分数的加、减、乘法计算贯通起来（见前文91页"基础性"的内容）。这一点，对算理和算法的理解而言，尤为重要。

至此，可以说分数除法的计算法已经找到了，但是，这个法则不符合数学求简求通的美学标准。因此，还需要再一个层次的发现和优化。

师：把我们刚才的计算过程进一步展开：

$$\boxed{\dfrac{2}{3} \div \dfrac{3}{4}} = \dfrac{2\times 4}{3\times 4} \div \dfrac{3\times 3}{4\times 3} = \boxed{\dfrac{2\times 4}{3\times 3}} = \dfrac{8}{9},$$

$$\boxed{\dfrac{3}{5} \div \dfrac{2}{7}} = \dfrac{3\times 7}{5\times 7} \div \dfrac{2\times 5}{7\times 5} = \boxed{\dfrac{3\times 7}{5\times 2}} = \dfrac{21}{10},$$

$$\boxed{\dfrac{5}{9} \div \dfrac{3}{4}} = \dfrac{5\times 4}{9\times 4} \div \dfrac{3\times 9}{4\times 9} = \boxed{\dfrac{5\times 4}{9\times 3}} = \dfrac{20}{27}。$$

仔细观察，你有什么发现？

生1：一个分数除以另一个分数，用一个分数的分子乘另一个分数的分母作分子，用一个分数的分母乘另一个分数的分子作分母。

生2：我有更简单的说法，一个分数除以另一个分数，等于这个分数乘另一个分数的倒数。

师：是这样吗？(逐式比较)把分数的除法转化为乘法来计算，真是太奇妙了。这样做的道理是什么呢？

生3：我认为是对通分后再除这种方法的进一步简便。

生4：我可以用商不变性质来解释。例如，$\frac{5}{9} \div \frac{3}{4} = \left(\frac{5}{9} \times \frac{4}{3} \right) \div \frac{\left(\frac{3}{4} \times \frac{4}{3} \right)}{1} = \frac{5}{9} \times \frac{4}{3} = \frac{20}{27}$。

从某种意义上说，统一分数单位后，分子(分数单位个数)的运算才是算理根本，"颠倒相乘"的算法不过是微末之技，是对依据算理所执行的基本算法的压缩和优化。展开这个压缩和优化的过程，放大算理和算法之间的联系，能体现数学推理的力量。可以推理，学生就有了作为的空间。

最后归纳出分数除法的一般法则：甲数除以乙数(0除外)，等于甲数乘乙数的倒数，$\frac{a}{b} \div \frac{c}{d} = \frac{a}{b} \times \frac{d}{c}$。

学习是一个连续的过程，旧有的知识支持新知的理解，新的理解又深化了原先的认识，逐步形成更加概括化和富有弹性的认知系统。教学时，要设计好学习的序列，做到"前有孕伏，中有突破，后有发展"，使学生保持自主探究的兴趣，把握自主探究的理据，取得学习的主动。

(3)倡导算法多样化。

新课程对计算方法多样化的倡导深入人心。教师们在教学中感到困惑的主要有两个问题：第一，学生的算法层出不穷，没完没了，占用了大量的教学时间，导致教学重点不突出，难点未突破，怎么办？第二，各种各样的算法要不要优化？要不要统一到所谓的"通法"上来？

　　回答这两个问题，应当深入"算法多样化"的教学本质。新思维数学认为，算法多样化是一种教学手段而非教学目的。算法多样化凸显了运算过程中的思考性成分：基于算理建构多样的算法；对多样的算法进行比较和分类；基于情境选择合适的算法；……而展开这些思考过程，归根结底是为了发展学生思维的主动性和开放性，提高运算能力。

　　对于问题一，教师应认识到收集算法的本质是收集思维的材料。教师作为课堂活动的组织者、引导者，应选择那些具有交流价值的算法，引导学生在理解他人算法的基础上，辨析各算法之间的异同，做出必要的分类和筛选。例如，"两位数加两位数进位加法"的教学：

　　从购物情境中得到计算问题"26＋38＝?"。
　　自主尝试后组织汇报：
　　生1：我是这样算的：20＋30＝50，6＋8＝14，50＋14＝64。
　　生2：先算26＋30＝56，56＋8＝64。
　　生3：38靠近40，我先算26＋40＝66，66－2＝64。

　　生4：我用竖式算：$\begin{array}{r} 26 \\ +38 \\ \hline 64 \end{array}$ 。

　　师：你能指着竖式说一下你的计算过程吗？
　　生4（边指竖式边说）：先算个位，6＋8＝14，写4进1。再算十位，2＋3＝5，5＋1＝6，答案是64。
　　师：好，我们给这几位同学的方法编上号（给生1～4的作业分别编上①～④）。请大家仔细看一看，比一比，你能给这些方法分分类吗？
　　经过学生的相互补充，形成共识：①和④一类，②和③一类。①和④都是分别计算十位和个位，再加在一起；②是加不够再加；③是加多了减去。

　　学生的主动性不仅体现在有机会产生和表达自己的算法，更体现在有可能反思和形成自觉的算法。
　　常常发生的另一种现象是：教学虽然提供了算法多样化的尝试，但稍后、最主要的任务仍是落实基本计算法则。不少研究文章还把按基本法则计算称为"通法"，认为落到通法是多样化之后必需的优化，即问题二。对此，新思维数学有不同的想法。

首先，过快地、被动地进入到整齐划一的算法中，虽然能较早实现技能目标，但也因此容易忽略学生对算理的理解，从而造成算法认知上的缺陷，并由此带来运算程序的僵化。例如，"重复的调查表明，学生对部分积大小判断（如下图）的正确率低于 50%"，除问题表征形式方面的原因外，很可能反映出学生未真正理解竖式每一层的算理意义，每一次操作只是在"照章办事"。

判断竖式中"箭头"所指的两个数哪个大，哪个小。

$$
\begin{array}{r}
379 \\
\times \ 34 \\
\hline
1516 \leftarrow (\quad) \\
1137 \ \ \leftarrow (\quad) \\
\hline
12886
\end{array}
\qquad
\begin{array}{r}
418 \\
\times \ 29 \\
\hline
3762 \leftarrow (\quad) \\
836 \ \ \leftarrow (\quad) \\
\hline
12122
\end{array}
$$

再者，什么是通法？是不是优化？需要学生在一定量的计算实践的基础上自主体验，自觉评价。主动权还是在学生这里。并且，体验和评价算法的过程也是运算能力形成的过程。

以"两位数乘两位数"为例，算法很多。例如，"63×45"，除了所谓"通法"（低位乘起）：

$$
\begin{array}{r}
63 \\
\times \ 45 \\
\hline
315 \quad \cdots\cdots 63\times5 \\
252 \ \ \quad \cdots\cdots 63\times40 \\
\hline
2835
\end{array}
$$

其他方法还有：

高位乘起：　　　　　　　　　　　　　　　　交叉相乘：

① 　　63
　　× 45
　　315 ······63×5
　　252⓪ ······63×40
　　2835

② 　　63
　　× 45
　　270⓪ ······60×45
　　135 ······3×45
　　2835

③ 　　　　　　　　63
　　　　　　　 × 45
60×40······ 24 15 ······3×5
　　　　　　 4 2⓪ ······(6×5＋3×4)×10
　　　　　　　 2835

利用数字特点巧算：

④ 63×45 = 63×(50−5)
　　　　 = 3150−315
　　　　 = 2835

⑤ 63×45 = 63×5×9
　　　　 = 315×9
　　　　 = 2835

⑥ ······

表征为竖式：　　　 63
　　　　　　　 × 5̄5
　　　　　　 315⓪ ······63×50
　　　　 − 315 ······63×5
　　　　　 2835

这些方法，第一，合理。算法①～④依据"乘法分配律"，算法⑤依据乘法结合律。第二，具有一定的便捷性。例如，算法③，竖式第一层：十位乘十位、个位乘个位，每次进行的都是表内乘法，且两部分积可以直接相加，计算顺序和记数顺序一致；竖式第二层，先乘后加，乘加分离，且"相加时遇到较难进位加法的可能性低于20％"。第三，符合学生认知水平。

2012年2月20日—3月14日期间，由浙江省新思维教育科学研究院牵头组织，在杭州市上城区部分学校开展了"两位数乘两位数"的教学实验，主要措施是：鼓励学生自主探索多样化的算法，引导学生理解和沟通各种算法，但不强调也不推行所谓"通法"，而是允许学生个性化地选择与运用。

结果发现：①85％的学生喜欢并胜任这样的学习，"两位数乘两位数"独立计算正确率达到80％以上。②89.6％的学生能主动将两位数乘两位数的运算经验迁移到三位数乘两位数，在未正式学习的情况下，61.4％的学生"三位数乘两位数"独立计算正确率超过85％。③在"两位数乘两位数"阶段，选择"交叉相乘"的学生人数（43.3％）与选择"低位乘起"的学生人数（52.9％）相当，而遇到"三位数乘两位数"，则有78.3％的学生放弃交叉相乘而选择从低位算起，也就是说，学生能根据运算情

况自觉做出运算策略的调整。

优化到"适合"的方法，比优化到"通法"更重要，立意更高。其实，"通法"本身也是一种历史的选择。

4. 创造性

"创造性"是时代的热词，当然也是教育的热词。《标准(2011年版)》指出："创新意识的培养是现代数学教育的基本任务，应体现在数学教与学的过程中。"具体地，"学生自己发现和提出问题是创新的基础；独立思考、学会思考是创新的核心；归纳概括得到猜想和规律，并加以验证，是创新的重要方法。"①

在计算教学中落实这些创新的要求，除了前面所说的，让学生在日常运算内容的学习过程中有意识地主动开展相关探究，进行算理"再发现"和算法"再发明"等"再创造"性质的活动以外，还应该围绕创造性思维的特点，设计新的教学任务，增加数学知识应用的深度、广度和灵活度，发展学生的高层次思维。

对高层次思维能力，目前虽然没有统一的定义，但许多研究从不同角度指出了它的一些特质。布鲁姆把认知领域的教育目标分为识记、理解、应用、分析、综合与评价②，其中后三项(分析、综合与评价)常常被认为是高层次的思维形式。瑞斯尼克(1987)指出高层次思维能力的若干特征，包括：①高层次的思维是非算法性的；②高层次的思维常常是复杂的，单一的思路不足以解决一个问题，并且解决一个问题的方法常常是多样的；③高层次的思维包含自己给出含义，要在明显的无序中找出结果来；……③富安利，赵裕春等(1988)测查发现：在解决数学问题时，数学发散思维是不可缺少的重要成分，可作为鉴别学生数学能力强弱的一个重要标志。④ 朱智贤、林崇德等(1986)提出"培养思维品质是发展思维能力的突破点"。⑤ 周超

---

① 中华人民共和国教育部. 义务教育数学课程标准(2011年版)[M]. 北京：北京师范大学出版社，2012.

② ［美］Lorin W. Anderson，等. 布卢姆教育目标分类学(修订版)：分类学目标视野下的学与教及其测评[M]. 蒋小平，等，译. 北京：外语教学与研究出版社，2009.

③ 鲍建生，周超. 数学学习的心理基础与过程[M]. 上海：上海教育出版社，2009.

④ 富安利，赵裕春，张锦帆. 数学能力发展水平不同的学生的创造性思维的比较研究[J]. 心理科学，1988(8)：11～16，41.

⑤ 林崇德. 智力发展与数学学习[M]. 北京：中国轻工业出版社，2011.

(2003)从思维品质的 5 个方面(即思维的深刻性、灵活性、独创性、批判性和灵活性)描述性地刻画了数学高层次思维。①

多项国际比较研究发现,中国学生在纯粹的试题计算和解决常规问题方面遥遥领先,而在非常规问题的解决上却不尽如人意,学生的创造性思维水平堪忧。

2012 年 3 月,新思维教育科学研究院对杭州市相关学校四年级上的学生进行了创造性思维能力检测,使用的测试题及评价标准如下:

测试:请使用 1,2,5,6,8,9 六张数字卡片,运用"+、-、×、÷或( )、[ ]"进行四则运算,并尽可能多地写出数学等式(至少 4 个)。例如:$6+8+15=29$,$(29+1)÷5=6$。

提示:(1)同一等式不能出现两个相同的数字。

　　　　(2)等式越复杂得分越高。

评分标准:满分 12 分。写出的等式含一个运算符号的每式得 1 分(如果写出的四个等式都只含一个运算符号的只能得 4 分;如果是同一个式子的变形,如 $8+1=9$,$9-1=8$,$9-8=1$,即使写出三个式子,也只能按一个式子给分)。写出含 2 个运算符号的每式得 2 分,如 $29-(8+6)=15$,$5×6=29+1$。写出含 3 个运算符号的每式得 3 分,如 $6×9÷(5-2)=18$,$6×(8+2)=59+1$。每多写 1 个等式,加相应的分值(1 分,2 分,3 分),最多可加 10 分。

结果回收到 14 所学校 1690 份有效问卷,统计发现:①总体而言,学生不善于解决这样的非常规问题;②不同学校的教学文化、教学质量不同,校际之间、生际之间差异非常大。就参加测试的学校来说,两极得分率分别为 15.3% 和 85.8%(见下表)。而从学生来看,有 42 人发挥超常,得 22 分,约占样本总数的 2.5%;有 245 人所写等式多于 10 个,可视为优秀水平,约占样本总数的 14.5%;但是不少学生思维刻板,创造力低下,特别是有 647 人在例题提示的情况下仍然构建不出一个等式,占到样本总数的 38.3%(见下图)。

---

① 周超. 数学高层次思维的界定及评价研究[D]. 苏州:苏州大学,2003.

有效参测学校的得分率与人均答题数

学校编号	参测人数	得分率(%)	人均答题数	
			2 个符号	3～4 个符号
1	238	0.514	1.731	0.765
2	101	0.344	0.996	0.752
3	102	0.399	0.598	1.000
5	102	0.202	0.843	0.137
6	63	0.738	1.000	0.857
7	122	0.217	0.934	0.189
9	34	0.358	1.469	0.471
11	190	0.436	1.342	0.647
13(极弱)	131	0.153	0.505	0.084
15	177	0.378	0.893	0.288
16(极佳)	133	0.858	1.744	1.894
17	102	0.309	1.010	0.275
18	101	0.298	1.158	0.257
19	94	0.471	1.319	0.936

有效参测学校学生成绩等级分布图

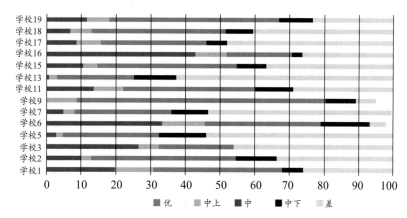

　　高层次思维，包括创造性思维水平，是可以培养的。仍以上述"构建等式"的任务为例，2013 年，浙江省台州市黄岩实验小学采用张天孝老师设计的 30 组序列化

训练材料对本校四年级上的学生进行训练(每组练习量控制在 10 分钟左右),其后测成绩较前测显著提高。

黄岩实验小学"构建等式"实验前后测数据对比

	前测: 从 1,2,7,5,4,8 中选几个数字运用＋、－、×、÷四种基本运算,尽可能多地构建数学等式。	后测: 从 2,3,5,6,7,9 中选几个数字运用＋、－、×、÷四种基本运算,尽可能多地构建数学等式。
最高分	114 分	132 分
最低分	4 分	10 分
所写等式不含两步以上计算的人数	142 人(约占总人数的 47.3％)	81 人(约占总人数的 27％)
平均分	49.30 分	58.20 分

备注:①测试时间:20 分钟。②评分上不封顶。写出的等式含一个运算符号每式得 2 分,写出的等式含两个运算符号每式得 4 分,写出的等式含三个或四个运算符号每式得 6 分。如果写出的是某一等式的变形,则减半计分,即分别得 1 分、2 分、3 分。③样本总数 300 人。

2015 年,临安衣锦小学以三年级下的学生为实验对象,并将实验过程减缩为两节实验课,具体安排如下。

	课时安排	课时内容
上课和练习	第一课时 "构建等式"数学	1. 什么是等式? 分小组开展"玩转天平"活动,理解等式的含义。强调,当两个量相等时,可以用等号连接,等号表示等价。 2. 如何构建一个等式? 小游戏,用 1,2,3,4,5 五个数字构建等式。 通过学生自主尝试和相互交流,逐步积累起一些构造等式的经验,突

续表

课时安排		课时内容
上课和练习		出有序思考：如先想数字 1 和 2，可以构成算式 1＋2，2－1，1×2，2÷1，或者两位数 12，21；取"1＋2"作为等式的一边，则另一边需要用数字 3，4，5 构造一个得数等于 3 的算式，3÷(5－4)、3×(5－4)、(4＋5)÷3、……则可形成等式 1＋2＝3÷(5－4)、1＋2＝3×(5－4)、1＋2＝(4＋5)÷3 等；继续取"2－1"作为等式的一边思考……
		作业，用 5，6，7，8，9 这五个数字以及"＋、－、×、÷、( )"等符号构建出尽可能多的等式。
	第二课时"恒等变形"教学	利用学生的作业("5、6、7、8、9"五个数字构建基本等式)进行恒等变形教学，如某生已得等式：8－5＝6÷(9－7)，引导学生通过数与式的关系进行以下变形： 　8＝6÷(9－7)＋5　　　9－7＝6÷(8－5) 　5＝_____　　　　9＝_____ 　6＝_____　　　　7＝_____
		作业，用 3，4，5，6，7 这 5 个数字以及"＋、－、×、÷、( )"等符号构建出尽可能多等式。

结果也发现，学生的进步很大：

衣锦小学"构建等式"实验前后测数据对比图

■0题　　■1-4题　　■5-10题　　■10题以上

后测	2.1	27.7	27.7	42.6
前测		29.8	61.8	8.4

教学要预见学生发展的可能性，在可能性上下功夫，设计出有高认知要求的数学任务来。

例如，教学两位数加减法后，可以组织如下这样一节练习课。

环节一：

师（呈现一张数表——

1	2	3	4	5	6	7
8	9	10	11	12	13	14
15	16	17	18	19	20	21

）：仔细观察，你有什么发现？

生1：横行相邻两数相差1，竖列相邻两数相差7。

师：也就是横行和竖列都是——（生齐：等差数列）

师：对等差数列，你有求和的好办法吗？我们来算算看。

分别框出数表中的一部分快速求和，依次为：①奇数项；②偶数项；③组合。

如：

3
10

17	18

，

1	2	3	4	5	6	7
8	9	10				

。

【主要意图：第一，复习等差数列求和；第二，在交流的过程中，熟悉概念"多连方""平移"和一般名词"主干部分""剩余部分"等。】

环节二：

师：我们刚才算了几个多连方，它们的和不尽相同。那么想一想，在这张数表中，和是48的多连方会有多少个？分别是怎样的？请你用彩笔来圈一圈、画一画好吗？

生在印有数表的练习纸上自由勾画，验算。师巡回，与学生轻声讨论。（5～8分钟后）师：好了，同学们至少都找到了一个。有的同学呢，找到了好几个，我们请他们来介绍一下经验好吗？

聚焦生2的作品，如：

师：大家能看懂她的想法吗？

（生仔细琢磨，稍后）

生3：老师，我发现生2非常有规律，先找最右边的这列数，$14\times3=42$，$42+6=48$；再向左平移1格，$13\times3=39$，$39+9=48$，9没有，可以用$4+5$替代；再向左平移，$12\times3=36$，差12，找不到合适的搭配；继续平移，$11\times3=33$，$48-33=15$，$15=10+5$，……

师：非常好。我们仔细来欣赏一下生2究竟有哪些地方值得我们学习呢？在学生回答的基础上师小结并板书：找主干—补剩余—平移主干—……

【主要意图：在学生尝试的基础上，示范高水平的解决方案，使每个学生都受到启发，增进解题的信心，同时留有继续思考的空间。】

环节三：

师：这下你可以找到更多和等于48的多连方了吗？试一试，看谁找得又多又好。

生在印有数表的练习纸上继续勾画，验算。师巡回，与学生轻声讨论。

（3～5分钟后）师：这次我们先去小组交流一下。要求：①相互检查找得对吗？②谁找得多？还有什么好方法要介绍？

（3分钟左右）师：除了刚才这样平移主干再补剩余，还有什么好方法要介绍吗？

生4：我想介绍我们组×××的好办法，他的一个主干有时可以搭配几个剩余。

（出示：

1	2	3	4	5	6	7
8	9	10	11	12	13	14
15	16	17	18	19	20	21

1	2	3	4	5	6	7
8	9	10	11	12	13	14
15	16	17	18	19	20	21

1	2	3	4	5	6	7
8	9	10	11	12	13	14
15	16	17	18	19	20	21

）

生5：我想介绍我们组××的方法，他找到和相等的主干，很快变出了新答案。

（出示：

1	2	3	4	5	6	7
8	9	10	11	12	13	14
15	16	17	18	19	20	21

1	2	3	4	5	6	7
8	9	10	11	12	13	14
15	16	17	18	19	20	21

）

小结：一个是主干不变，变剩余；一个剩余不变，变主干。

师：太棒了，还有同学想说吗？

生6：我想问问，主干平移到$1+8+15$以后，还会有别的答案吗？

师：好问题。我们把主干一直平移到最左列，还会有别的答案吗？

（稍后）生 7：我觉得刚才我们竖列 3 个数当成主干，还可以把竖列 2 个数当成主干。

师：就是变化主干里数的个数。

生 8：还可以改变主干的方向，竖的找完了可以找横的呀。

【主要意图：保持题目非算法化的特质，关注解题的策略而非具体的答案，促进思维的发散和变通。】

需要指出的是，教学这些题目，不在乎得到了多少个答案，最重要的是经历分析问题、解决问题的过程，积累创造性思维活动的经验，如如何找到思考的突破口？数感的培养；有序思考；变化思考的方向；……

同时，不是这样一道题、两道题就能立竿见影地得到某个知识，发展某种能力，必然是通过一系列这样的活动，丰富学生的学习经历，积淀出一些思想方法，最终锻炼和提升数学思维，数学素养。

评价对教学有着重要的导引作用。当我们在教学中引进创造性问题时，就要考虑创造性的评价方式。

新思维数学认为，一份指向思维能力的测评卷，一方面要紧扣学习的具体内容，基于课程的基本知识、基本技能，另一方面又要革新常见的例题、习题，尽量保证试题对学生构成新的情境、新的挑战，促使学生真正启动个性化的思考，给出创造性的回答。

例如，针对"异分母加减"的掌握水平开展检测，设置了这样 5 个大题：

1. 直接写得数。

(1) $\frac{1}{2} + \frac{1}{3}$；(2) $\frac{3}{4} + \frac{1}{5}$；

(3) $\frac{5}{12} + \frac{3}{8}$；(4) $\frac{3}{5} - \frac{1}{8}$；

(5) $\frac{5}{6} - \frac{3}{4}$。

2. 计算（写出主要过程）。

(1) $\frac{2}{7}+\frac{1}{3}+\frac{5}{21}$；(2) $\frac{4}{9}-\left(\frac{5}{6}-\frac{2}{3}\right)$。

3. 用 3、4、6 作分母，写出两个异分母真分数的加式或减式（不少于 3 式），算出结果。

4. (1) $\frac{7}{8}=\frac{1}{(\ \ \ )}+\frac{1}{(\ \ \ )}+\frac{1}{(\ \ \ )}$；

(2) $\frac{7}{8}=\frac{1}{(\ \ \ )}+\frac{1}{(\ \ \ )}+\frac{1}{(\ \ \ )}+\frac{1}{(\ \ \ )}$。

5. 两个异分母分数相加，和是 $\frac{13}{16}$（不少于 4 式，也不要超过 10 式）。

$\frac{(\ \ \ )}{(\ \ \ )}+\frac{(\ \ \ )}{(\ \ \ )}=\frac{13}{16}$。

其中，第 1 题和第 3 题较为基本，而第 2 题要求写出计算过程，从过程中可以看出学生是否能够针对数据特征，灵活使用运算定律，以更便捷地得出结果。第 4 题和第 5 题都是异分母分数加法的逆向训练，可以看作同一题型的两种变式，解题时，涉及拆分、替换、搭配等多种数学方法。题目没有提示清晰可见的解题路径，且路径并不唯一，为学生预留了充分的创造空间。

评价不仅要看思维的结果，还要细究思维的过程。对检测的表现应有合理的评分方案，从而可以开展统计、分析，准确地诊断学生的思维水平和思维特点，跟进优质的后续教学。

以上述异分母加减检测第 5 题为例，该题为开放题，学生在答案的多样性和寻找多样答案时方法的有效性和灵活性方面存在很大差异。主要有以下四类[①]：

第一类，只给出 4 式。

———————————

① 蒋楷平. 能力分量化的思考——《异分母加减法》测查报告[J]. 小学教学设计，2014(5).

第二类，无序，但给出多个式子。

第三类，有序地给出多个式子。

第三类下第一幅图运用的方法是把分子 11 进行有序拆分，而第二幅图虽然也有序构建了多个式子，但都是根据 $\frac{12}{32}+\frac{7}{16}=\frac{13}{16}$，无非是把分数 $\frac{12}{32}$、$\frac{7}{16}$ 进行通分，因此也可以说是同一个答案，同一个方法。

第四类，运用扩分，有序地给出多个式子。

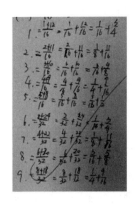

以上都是先对分数进行扩分，如 $\frac{13}{16}=\frac{26}{32}$，再对分子 26 进行有序分成。

怎样评分能体现这四类学生的差异呢？新思维数学采用"底分＋加分"的方法，规定每构建 1 个式子得 3 分，构建 4 个式子得底分 12 分。在此基础上，像第二类图中构建 4 个等式以上的可以给予 12＋3 分。第三类第一幅图是基于一定的方法得到多个答案，再＋3 分，即 12＋3＋3 分；而第三类第二幅图则只能得 12 分。继续类推，像第四类图中这样的解题过程可以得到 12＋3＋3＋3 分，12 分是底分，第一个＋3 分是因为构建多个式子，第二个＋3 分是因为有序思考，第三个＋3 分是运用了最适合本题的扩分方法。

从而在本题中，学生最少得 0 分，最多能得到 21 分。在一次测试中，学生的得分情况统计如下：

得分情况	0	3	6	9	12	15	18	21
人数	197	87	57	103	485	814	520	39

绘成条形图：

检测题 5 学生得分情况

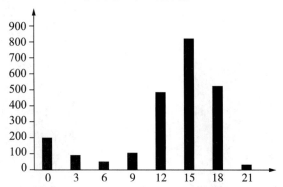

能得到基本分 12 分及以上的有 1858 人，占总人数的 80.7%，说明大部分学生能构建 4 个及以上式子，本题难度适中。整体略呈偏态分布，说明对学生具有一定挑战，能区分出学生能力的差异。其中有 197 人不能构建一个式子，占总人数的 8.6%，这部分学生在后续练习中要更多地注意观察和思考数与数之间的关系；得到 21 分的学生有 39 人，占总人数的 1.7%，这部分学生可以被认为是运算能力较强，具有良好的创新意识。

六、应用问题教学的结构性

现代数学发展的一个典型的特征就是数学得到了空前的发展，许多抽象的数学理论得到了应用，数学向其他学科渗透又形成了许多新的数学交叉学科。现代社会比以往任何时候都更需要公民运用数学知识面对生活和工作中的问题。重视应用意识的培养，把应用意识作为十大"核心概念"之一，是国家《标准（2011 年版）》对数学的这种发展态势和时代要求做出的积极的反应。数学应用是认识数学、体验数学、形成正确数学观的过程，这一过程以数学课程作为载体，追求的目标不仅是知识的获得和问题的解决，更重要的是使学生通过这一过程学会数学地思考，掌握数学思想方法，感悟数学的精神并形成正确的数学态度。①

---

① 教育部基础教育课程教材专家工作委员会．义务教育数学课程标准（2011 年版）解读[M]．北京：北京师范大学出版社，2012：110.

　　培养应用意识，要使学生从数学的角度发现问题和提出问题，综合运用数学知识解决问题，增强应用意识，提高实践能力。学数学的目的是用数学，解决应用问题是培养学生应用意识的重要途径，"它与知识的关系体现在两个方面：一是知识影响问题解决，二是问题解决是知识获得的重要途径。[①]"这里所讲的应用问题，是指我国传统课程中数与代数领域中的问题，主要是把日常生活或经济活动的实际问题，用语言、文字或图形、表格来表示已知数量与未知数量的相互关系，进而求未知数量的问题。解答这类应用问题是小学数学学习中的重要技能，它可以帮助学生理解数学概念，掌握运算法则，培养学生的逻辑思维能力和解决实际问题的能力。

(一)应用问题研究的历史回顾与时代创新

　　一直以来，应用问题都是小学数学教学的难点，是当前数学教学改革的荒漠地带。许多研究者在小学数学教学的领地里辛勤耕耘，取得了不少成果。但是，在应用题这片比较贫瘠的土地上，偶尔可以看到在风中摇曳的新苗，但终究没有收获成片的庄稼。在小学应用题领域，有零星的研究成果与局部的教学创新，但孤树不成林，这些研究与创新并没有改变应用问题的整体面貌。

　　张天孝老师就像一位勤劳的农民，执着地在这片荒凉的土地上，挥舞着实验的镰刀和结构的锄头，种植了肥美的庄稼并且喜获丰收。

　　新思维数学对应用问题教学的研究与改进，有个历史的长期积淀过程和顺应时代发展的过程，最终形成了"从总体出发抓结构，从联系入手抓变换"的思路与架构，从根本上改变了应用问题这块"土地"的质地，把贫瘠的土地硬是变成了肥沃的良田。

　　1964—1965 年，张天孝老师在杭州市上城区教师进修学校工作，担任小学数学教学法教师，开设了"应用题研究"的专题讲座。由于应用题一直是教学研究的薄弱环节，现成的经验和可以参考的资料很少，张老师就另辟蹊径，把新中国成立以来人民教育出版社的几套课本的全部应用题做成题卡，分析这些应用题的结构，研究应用题教学体系。这是一项既简单又复杂的研究工作，说简单是因为做题卡的方法很简单，说复杂是因为要把数千张卡片进行分类，从中分析应用题教学存在的问题

---

① 辛自强．问题解决与知识建构[M]．北京：教育科学出版社，2005：14.

与改进的方向，是一项艰苦卓绝的工作。

张老师从结构出发分析应用题的题型，结合教学中存在的实际问题，设计了"应用题补救教学课时计划"，对应用题的教学体系进行了重新设计和规划。正当张老师想要雄心勃勃地搞实验，大展宏图地做研究时，"文化大革命"开始了，几乎所有的学校处于"停课"的状态。是坚持还是放弃？是随波逐流还是逆流而上？倔强的张老师选择坚持。形势不允许大张旗鼓地搞，张老师就偷偷摸摸地做。1972年，他以《应用题补救计划》为题，向全区印发了补课的材料，在四、五年级集中一段时间进行系统补救，取得了很好的效果。

张老师以应用题补救为开端，从1978年到1984年，在上城区系统组织了应用题教学改革的实验，按照纵向试验、横向试验、推广性试验三个阶段，有条不紊在全区内展开。

纵向试验是从1978年开始的，从秋季入学的一年级新生中选择了一个"三算结合"教学实验班进行，到1982年3月完成全部试验任务。在纵向试验取得一定经验之后，又于1981年起开展了横向试验。这项试验分5个专题17个项目，包括整数简单应用题、整数两步应用题、整数和小数多步应用题、分数应用题、比例应用题等，分别在不同年级各选择几个班级进行。结果表明，与对照班相比，实验班解决应用题的水平显著提高。在此基础上，1982年，编著了《小学应用题教学》，由浙江人民出版社出版，作为一项研究成果，这部著作获得了浙江省1983—1984年社会科学优秀成果三等奖。

推广性试验分两步谨慎地推进。首先是逐步推广性试验。在纵向实验中已经证明了实验方案比传统的教法效果要好，它的优势在于重视应用题的智力价值，揭示了应用题之间内在的联系，注重调动学生学习的积极性和主动性，并且显著提高了学生的解题能力。不少原先观望的学校纷纷要求参与到这项实验中来。张老师就在全区范围内组织召开了应用题教学研究会，并开办了"应用题教学研究班"，向骨干教师大力宣传实验的方法，并按课时编写了试验材料，方便教师组织实施。

与此同时，在四年级组织了多步应用题教学的推广性试验。试验把六年制四年级作为实验班，按实验方案重新学习已经学过的应用题，五年制的四年级作为对照班，对已学的应用题教给学生方程解法。实验班和对照班前测的成绩分别为66.25分与75.90分，而后测的成绩分别为87.7分和80.7分，分别提高了约32.4%与

6.3%。分数应用题教学的推广性试验是在全区进行的。试验选择同一教师执教的两个班级作比较，把 1980 年秋季的班级作为对照班，1982 年秋季的班级作为实验班，前测的成绩分别为 85.8 分与 85.6 分。按照实验方案在全区 928 人中进行试验，实验班的平均成绩为 86.6 分，对照班 1291 人的平均成绩为 71.1 分，实验班比对照班高约 21.8%。

其次，扩大试验。实验在区域范围内取得了成功，之后又逐步扩大试验的范围。1983 年，张老师把试验材料改编成《小学数学应用题系列训练材料》，先在上城区内各学校使用，之后经过修订，翻印了 6 万册，供全国 20 个省市和地区开展试验。1985 年，江西教育出版社出版了全套《应用题系列训练》，面向全国发行，印量达到 15 万册。在此期间，张老师又发表了《小学生解答应用题难点的心理分析》《小学第七册应用题常见错误分析》《分数应用题》等文章。1985 年，张老师对应用题教学改革进行了系统总结，并从理论上进行了概括提炼，撰写了《应用题教材结构和教学进程的研究》，以"教学改革成果专辑"在《福建教育》发表。

研究无止境，实验无终点。1984 年下半年，上城区开始了《现代小学数学》教材改革的先行试验，张老师把应用题教学改革试验成果转化为教材，系统地体现在《现代小学数学》试教本和试用本中。经过长达 5 年的先行试验，张老师再次对应用题教学实验进行总结，形成了应用题教学体系改革的基本思路，这个思路是：从数量的基本性质出发，理解基本数量关系（相并关系、相差关系、份总关系和倍数关系），掌握数量关系的基本复合和复合关系的基本结构（相并关系结构、相差关系结构和比例关系结构），熟悉数量关系的基本变换（可逆变换、扩缩变换和情节变换），构成三大教学系列，力求题材内容生活化、解题思路方程化、教材结构简明化、教学活动序列化。配合《现代小学数学》教材的修订，这个体系得以补充与完善，陆续体现在《现代小学数学》修订本、实验课本中。

长期以来，应用问题的学习一直是我国传统小学数学课程中的特色内容，是培养学生运用数学知识解决实际问题能力的重要途径。通常的教学要求包括：了解应用问题的结构，学会解答的基本步骤与方法，学习按类解答各种各样的应用问题，等等。但是在世纪之交，我国新一轮基础教育课程改革拉开了序幕，2001 年公布并付诸实施的《全日制义务教育数学课程标准（实验稿）》，把课程内容划分为数与代数、空间与图形、统计与概率、实践与综合应用四个领域，在各个领域都没有出现应用题的名称，标准中没有出现基本的数量关系。按这个标准编写的几种不同版本的教科书，也都没有将应用题作为单独的教学单元，而是伴随运算的学习分散呈现，或是安排在"解决问题"的教学单元中。2011 年颁布的《标准（2011 年版）》，对小学阶段诸多教学内容进行了调整或补充，增加了基本的数量关系，但关于应用问题的编排与教学仍然没有提及，我国传统课程中的应用问题没有了"安身立命"之所，原有的结构体系被打破。

但是新课程并没完全抛弃这个传统课程的宠儿，在"综合与实践"领域强调综合运用各领域的知识与方法解决问题，应该说这是对传统应用问题内容的拓展与目标的创新。在内容上，新课程强调数学知识呈现的现实性和情境性，减少纯算式运算的内容，增加"含情境性的数量关系"，情境性的呈现有语言文字形态和图画表格方式。在目标上，新课程强调让学生经历发现问题、提出问题、分析问题、解决问题的全过程，更加全面地培养学生的应用意识与创新能力。

应用问题原有的结构体系被打破，在综合与实践的大背景中教学应用问题，学生对数量关系的分析与理解以及解决问题的能力发展可能会受到影响。新思维数学在继承传统的基础上进行了大胆创新，体现了：重基础，突出基本关系与基本训练；重变换，着力基本复合与同构变换；重结构，重视复合关系的基本结构。这些基本的关系、训练、变换与结构，都在用联系的观点去分析，在千变万化的应用问题中通过分类、归纳得到的，是应用问题中的核心知识与能力，抓住这些核心，有利于培养学生的模型思想与解决问题的能力。

（二）重基础，突出基本关系与基本训练

一个问题至少包含两层结构，一是问题的表层结构，如问题的细节、表现问题所用的故事，问题中的事物等；二是问题的深层结构，如问题所包含的数量关系，所体现的基本原理，问题的约束条件或规则、问题的本质与类别等。[①] 小学数学中的应用问题，占的分量多比例大，类型多分布广，对应用问题进行分类，是研究与教学的基本方法。一种分类以计算的复杂程度来分，如分成一步应用题，两步应用

---

① 辛自强. 问题解决与知识建构[M]. 北京：教育科学出版社，2005：34.

题，两步以上的应用题，等等；另一种分类是根据数量之间的关系，如相差关系、两积之和、两商之差，等等。后者是根据数量之间的关系来分类的，深入到问题的深层结构，因而是更本质、更核心的。

数学是研究数量关系与空间形式的科学，对数量关系的研究一直是基础教育阶段数学学习的重点。如果把应用问题看作一个集合，则该集合涉及四个基本要素，即元素、情节、性质与关系①，其中元素与情节就是应用问题的情境性，性质与关系就是数量关系。因此，也可以说应用问题的基本要素是情境性和数量关系，其中数量关系是最为本质的。对于数量关系的学习，不只是记住几个基本数量关系及其变换，更重要的是理解数量关系的本质，学会分析数量关系之间的关系，并联系到模型思想。

1. 突出数量的基本关系

首先是数量关系的属性。数量的重要属性具有可分、可比的性质。一个数量作为整体，可以分为若干部分，其中每一部分都小于整体，这就是数量的可分性。数量的可分性决定了总数量与部分数量之间的包含关系。当部分量为不等量时，这种包含关系表现为部分数量和总数量之间的相并关系；当部分量为等量时，这种包含关系表现为部分数量与总数量之间的份总关系。数学中最基本的运算是加法与乘法，总量与部分数量之间两种不同的包含关系与这两种运算分别对应。

同类数量之间可以比较，通过比较可以做出某种数量较多，某种数量较少，或者某几种数量同样多的判断，这就是数量的可比性。数量的可比性决定了数量之间的比较关系。这种比较关系既可以表现为两个不等量之间的差比关系，又可以表现为两个不等量之间的倍比关系。

其次是数量之间的关系。在一定意义上，份总关系、倍比关系都可以看作用一个单位数量去度量另一个数量得到的关系，其中，1份或1倍的量就是单位量，其数量关系的表征是一致的。在三个数量中，当其中一个数量不变时，另外两种数量相依变化构成了比例关系。如果它们所对应的两个数的比值一定，这两种量成正比例关系；如果它们所对应的积一定，这两种量成反比例关系。所以，份总关系与倍

① 杨光伟. 基于应用问题解决的认知调控[M]. 桂林：广西师范大学出版社，2008：12.

比关系实际上就是比例关系。

这样分析，大千世界中基本的数量关系就可以归结为相并关系、差比关系、份总关系与倍比关系，从运算的角度，这几类关系可以表述为和的关系、差的关系、比例关系，这些关系是数量的基本关系。

数量的基本关系都可以归结为部分与整体的关系，根据部分与整体的联系方式，可以分为包含关系与比较关系。包含关系的类型有 5 类：求总数、求剩余；求几个相同数的和，把一个数平均分成几份求一份是多少，求一个数里包含几个另一个数。比较关系的类型有 5 类：求两个数相差多少，求比一个数多几的数，求比一个数少几的数，求一个数的几倍，求一个数是另一个数的几倍。

突出数量的基本关系，就是要理解数量的属性，把握数量关系之间的内在联系，对应用问题的结构类型进行分类，把握最重要的、最具生长力的基础知识，提高教学的效率。

2. 重视分析的基本训练

无论是解决问题还是问题解决，都是以思考为内涵的，以问题目标为定向的心理活动过程。小学里学的式题与应用问题既有联系又有区别。基本式题是解决基本应用问题的工具与手段，两者的区别是：基本式题指明了运算方法，学生解答的过程就是根据指明的运算方法，按照一定的法则进行计算的过程。应用问题未指明运算方法，学生解题时要根据题目的意思分析数量之间的关系，选择运算方法。简单地说，应用问题是不能"直接看出"问题的解决办法与答案的，因此，分析数量关系、选择运算方法成为应用问题教学的核心。基本应用问题的教学，要十分重视帮助学生分析数量关系的训练，建立"问题－条件－算法"之间的联系系统。新思维数学对基本应用问题的教学，重视抓好列式、补充、编题、选择、变式等几项基本训练。

（1）列式训练。

就是在分清题目的条件和问题的基础上，分析数量之间的关系，根据运算意义列出算式。在教学的不同阶段，有不同的训练重点。

教学初期，紧密结合四则运算的意义。让学生了解基本应用题的结构特征，学会区分应用问题的条件和问题，学习在分析数量关系的基础上，根据四则运算的意义列出算式。

解答应用问题首先要分清条件和问题，进一步分析已知数量是什么，它们之间

有什么关系，这是确定算法的基础。例如，"强强家种了 25 盆花，加上聪聪家种的一共是 40 盆花。聪聪家种了多少盆花？"分析时，学生要弄清"40"是两家种的花合起来的盆数，强强家种的"25 盆"是"40 盆"里的一部分，聪聪家种的也是"40 盆"里的一部分。三种数量之间的基本关系是"25＋□＝40"，从 40 盆里去掉 25 盆，剩下的就是聪聪家种花的盆数，即"和－加数＝另一个加数"。这样，学生就能真正理解为什么要用减法运算。

教学中期，逐级归纳概括数量关系式。分析数量关系就是理解题意的重要环节，数量关系就其概括程度，可分为具体、基本、抽象三级水平。教学要逐级训练，注意序列。第一步，从题目的具体内容中列出具体数量关系式，如"每件衣服价格×件数＝衣服总价"；第二步，从若干个具体数量关系式中概括出基本关系式，如"单价×数量＝总价""速度×时间＝路程""工作效率×时间＝工作总量"……；第三步，概括出抽象关系式"每份数×份数＝总数"。

教学后期，对数量关系进行可逆变换。分析应用问题的某一条件或问题，列出多种联系且有变化的数量关系式，并就某种数量关系式进行可逆变换。这种训练形式，对于理解数量关系之间的关系，培养灵活的分析与解决问题的能力有益。

以对条件的分析为例。例如，根据"已装配 35 辆车"的条件，从不同的关系考虑，可以列出多种多样的数量关系，对这些关系进行可逆变换，涵盖的应用问题的类型是很丰富的。从相并关系考虑，"35＋未装配辆数＝装配总辆数"，其可逆变换为"装配总辆数－35＝未装配辆数""装配总辆数－未装配辆数＝35"；从相差关系考虑，"未装配辆数－35＝未装配比已装配多的辆数"，其可逆变换为"35＋未装比已装多的辆数＝未装配辆数""未装配辆数－未装比已装多的辆数＝35"；从份总关系考虑，"每天装配辆数×已装配天数＝35"，其可逆变换为"35÷每天装配数＝已装配天数""35÷已装配天数＝每天装配辆数"；从倍数关系考虑，"35×未装配辆数是已装配的几倍＝未装配辆数"，其可逆变换为"未装配辆数÷35＝未装配辆数是已装配的几倍""未装配辆数÷未装配辆数是已装配的倍数＝35"，等等。

减法是加法的逆运算，除法是乘法的逆运算。加强数量关系的可逆变换，可以把和的关系与差的关系统一起来，也可以把两种比例关系统整在同一个数量关系之中。这种联系与统整，可以简化数量的关系，发展学生的代数思维。

列式训练的另一种形式是根据已知条件，把算式与对应的问题连接起来。例如，根据"儿童玩具商店有玩具小汽车 30 辆，小卡车 25 辆，大客车 40 辆，拖拉机 8 辆，摩托车 5 辆"把下面的算式与对应的问题连接起来。

三种汽车一共有多少辆？	$25-8$
小汽车的辆数是摩托车的几倍？	$30+25+40$
拖拉机比小汽车少几辆？	$40\div8$
大客车比小汽车多几辆？	$30\div5$
大客车的辆数是小汽车的几倍？	$40-30$

（2）补充训练。

就是根据条件与条件，条件与问题的逻辑关系，把不完整的应用题补充为完整的应用题。这种训练，可以帮助学生进一步理解数量之间的关系与结构，对提高学生分析数量关系的能力很有帮助。训练的形式有两种，一种是根据条件补充问题，另一种是根据问题补充条件。

根据条件补充问题是综合式的数量关系训练。训练时要注意两点：第一，从直观到抽象。在训练初期，可让学生观察演示过程，在直观的情境信息中提出问题。例如，教师出示 6 个苹果，并将其中 2 个放在一只盘子内，要求学生根据"6 个苹果""每 2 个一盘"这两个条件，补上一个问题，如"可以放几只盘子？"在此基础上过渡到根据条件补充问题，如"河边有 12 条船，划走 4 条"，学生根据抽象的，补充"还剩几条船？"第二，从一个到多个。例如，根据"停车场上停大汽车 15 辆，小汽车 5 辆"这两个条件，可以分别补上"一共停多少辆车？""停的大汽车辆数是小汽车的几倍？"等问题。

根据问题补充条件是分解式掌握数量关系训练。训练时可先呈现问题和不充分的条件，让学生理解情境信息，把握数量关系，再补充解答问题所必需的条件，使条件与问题构成"充分必要"的关系。例如，"某水果店运来苹果 50 千克，运来橘子多少千克？"在这里，苹果和橘子之间是没有关系的两个数量，补充条件，就是要在这两个数量之间架设一座桥梁，可以是差比关系，如运来的橘子比苹果多 20 千克，也可以是倍比关系，如运来的橘子是苹果的 2 倍。

选择条件或问题是另外一种补充的训练，可以根据已知的两个条件，从多个问题中选择一个合适的问题，也可以根据问题，从多个条件中选择其中两个条件。选择的基本方法是先确定相关联系的量。从打乱了的数量中找出相关联的量，让学生识别哪几个量与某一事件有关。这种练习可以使学生熟悉各类应用题的基本数量关系，训练的基本形式有两种：一种是教师列举一些数量，让学生找出相关联的量，用线连接起来；另一种是把条件和问题都告诉学生，让学生根据条件选择相应的问题，或根据问题选择相应的条件。

例如，给出多个条件，根据需要的问题选择适当条件。"一段路全长 1200 米，甲每分钟行 70 米，乙每分钟行 60 米"，在这三个已知条件中，分别选择哪两个可以解决下面的问题：甲每分钟比乙多走多少米？甲行完这段路需要多少分钟？如果甲、乙从两地相对而行，一分钟共行多少米？

再如，选择条件，提出可以解决的问题。"夏令营活动中有 48 人参加划船，原来打算租 6 条船，现在平均每船少坐 2 人，现在要多租 2 条船。"从上面的条件中，选择其中的两个，你能提出哪些问题？

（3）编题训练。

就是要求学生根据数量关系自编应用题，或者将同一组数量关系的各类应用题相互改编。编应用题的练习，不仅可以帮助学生掌握应用题结构，而且可以加深数量之间关系的理解，提高学生分析问题与解决问题的能力。

编应用问题可以理解为用数量关系讲故事，补充问题的训练，实际上就是让学生续讲故事，只是这个故事要合乎生活的逻辑，符合基本的数量关系。在编应用问题的训练中，教师可以提供不同的素材，如给出一幅情境图，描述一些关联的数量，甚至可以设计一些学生参与的活动，让学生用数学的眼光审视这些数量，思考这些数量之间的关系，编出完整的应用问题。学生在编应用问题的过程中，需要思考现实情境与数学操作之间的关系，"取其精华，去其糟粕"。

将同一组数量关系的各类应用题相互改编，实际上就是把应用问题的条件与问题进行同构互换。通过这种形式的训练，可以帮助学生理解基本应用问题三个数量间的相互关系与变换，达到"举一反三，融会贯通"的目的。例如，根据数量关系"总价＝每件的价钱×件数"或"平均每天烧煤量＝总煤量÷天数"各编一道应用题，然后对数量关系进行可逆变换，再分别改编出相对应的应用问题。

（4）变式训练。

变式训练是中国数学教育的重要特色。应用问题中的变式训练，主要是指通过改变题目的非本质属性，如关键用语、叙述方式或叙述顺序等，保留数量关系不变，或者改变学生分析数量关系的角度或方法，让学生在变式中加深对数量关系本质与结构的理解。

首先，是变化使用关键用语。观察发现，一些学生解答应用问题时，依赖于个别词语的暗示，根据关键用语选择算法，而不是分析数量关系，看到"和"就想加法，看到"差"就想减法。变化使用关键用语，就是要打破学生的思维定势。"一年级收练习本费23元，和收的书费合在一起一共是55元，收书费多少元？"在这里，"合""一共"这样的关键用语强烈地暗示加法的运算，但实际的计算是减法。又如，通过解答"体育室里有一批皮球，平均每班发给6个，4个班领走后这批皮球减少了多少个？"这种形式的练习，可以使学生避免出现那种只根据题目中的个别词语来选择运算方法的倾向，使学生能根据应用题数量之间的关系正确选择运算方法。

其次，是变化叙述方式。把明显的数量变成隐蔽的数量，如"周老师、李老师、王老师每人从粉笔盒里拿走7支粉笔后，盒里还剩下7支，盒里原来有多少支？"在这里，老师的人数是关键的数量，题目中并没有直接写出来，需要在理解语义的基础上析取。又如"聪聪和佳佳做纸花，聪聪做15朵，佳佳做22朵，聪聪再做几朵就与佳佳同样多？"本质上是求相差数，需要从两个数量同样多的理解中分析得到。通过应用题条件和问题叙述方式的变化，使学生理解叙述方式虽然变了但实质没有变，这个不变的实质就是数量之间的关系。

最后，是对数量进行等值变换。现实生活中的数量是很多的，但并不是任何两个数量都有关系，以加减法应用问题为例，一道基本应用题的三个数量中，必须是同类的数量，因为同类的数量才能进行加减的运算。当出现了不同类量，就需要变化思维的方向，对数量进行等值变换，把不同类量转化为同类量。例如，"有43块蛋糕，分给29个小朋友，每人1块还剩多少块？""43块蛋糕"与"29个小朋友"之间没有直接联系，需要把"分给29个小朋友每人1块"转换为"分掉29块蛋糕"。又如"有小朋友47人，苹果35个，如果每人1个，几人没有苹果？"题目所反映的是"小朋友总人数""有苹果的小朋友人数"和"没有苹果的小朋友人数"三个数量之间的关系，因此要把"35个苹果每人1个"转换为"35人有苹果"。这种形式的练习，有利于加深对数量属性的理解，提高分析数量关系的能力。

(三)重变换，着力基本复合与同构变换

一步应用题是从具体的式、题向应用问题转化的开始，一步应用题就是讲一个"数量关系的故事"，它与加、减、乘、除四则运算的意义是密切联系的，重点是数量关系属性的理解与可逆的变换。如果要求两个数量的和，必须知道两个部分量各是多少，如果已知每份数与份数就可以求出总数，等等。每一个基本的数量关系都包含三个数量，已知任何两个数量，就可以求出第三个数量，这与加法与减法、乘法与除法之间的关系是一致的。

两步或两步以上运算的应用题，是讲了两个或两个以上"数量关系的故事"，其数量关系都是两种或两种以上基本数量关系的复合。复杂的应用问题都是由基本的数量关系复合而成的，我们把两种数量关系的复合叫作基本复合。使学生掌握数量关系的基本复合，是复合应用题教学的关键。可以这样理解，基本数量关系是原子，两种数量关系的基本复合是分子，复杂的应用问题就是物质。物质由分子构成，分子由原子构成。

由于解答两步运算的应用问题，要求的两个数往往直接说明一个，间接说明一个，也就是把解决问题必须具备的一个数量隐蔽起来，因而解答的关键是分析两个一步应用题所具备的数量间的相依关系。换个角度，就是要分析"先求什么，再求什么"，实际上就是根据数量关系进行推理，因而两步应用问题的解答是比较难的。新思维数学在序列化的教材结构中，十分重视把两种基本关系复合为基本复合关系，把基本复合关系分解为两种基本关系。

1. 数量关系的基本复合

两种数量关系的基本复合，以运算符合来表示有 16 种不同的组合，分成同级运算与不同级运算两类：同级运算有＋＋、－－、＋－、－＋、××、÷÷、×÷、÷×；不同级运算有×＋、×－、÷＋、÷－、(＋)×、(－)×、(＋)÷、(－)÷。由于一种运算可以联系的基本数量关系不同，因而一种复合的运算中，又表现为各种不同数量关系的复合。

如前所述，数量的基本关系都可以归结为部分与整体的关系，包含关系与比较关系各 5 类，共 10 类。从理论上讲，具体到部分与整体两个数量不同的联系方式，两步应用问题应该有 100 种，结合数量关系的逻辑性与现实情境的合理性，实际可

以编出的应用问题共 93 类，其中，先求一个数是另一个数的几倍再求相同数的和，连续求一个数是另一个数的几倍等 5 类不能编出合理的应用问题。

以乘加（×＋）为例，分别有：①先求相同数的和，再求总数，如食堂原来有大米 180 公斤，又买来 4 袋大米，每袋 75 公斤，食堂现有大米多少公斤？②先求相同数的和，再求比一个数多几的数，如菜场运来一批蔬菜，每筐西红柿重 75 斤，运来的黄瓜比 4 筐西红柿的质量多 30 斤，运来黄瓜多少斤？③先求一个数的几倍，再求总数，如向阳生产队种高粱 140 亩，种玉米的亩数是高粱的 3 倍，高粱和玉米一共种了多少亩？④先求一个数的几倍，再求比一个数多几的数，如一辆汽车用橡胶 185 公斤，一架飞机用的橡胶比一辆汽车用的橡胶的 2 倍多 130 公斤，一架飞机用橡胶多少公斤？

再以乘除（×÷）为例，分别有：①先求相同数的和，再把一个数平均分成几份，如三年级举行跳绳比赛，分 6 组比赛，每组有 8 个人，如果分 4 组比赛，每组有多少人？②先求相同数的和，再求一个数里包含几个另一个数，如生产大队有 105 对大牲畜，平均每天喂 8 公斤饲料，现在有 25200 公斤饲料，可以喂多少天？③先求相同数的和，再求一个数是另一个数的几倍，如学校开运动会，参加乒乓球比赛的有 120 人，参加羽毛球比赛的分 5 组，每组 8 人，参加乒乓球比赛的人数是羽毛球的几倍？④先求一个数的几倍，再把一个数平均分成几份，如科技组 14 人，图画组的人数是科技组的 3 倍，图画组分 6 组，平均每组多少人？⑤先求一个数的几倍，再求一个数里包含几个另一个数，如白花 24 朵，红花的朵数是白花的 3 倍，每 9 朵红花扎成一束，红花有几束？⑥先求一个数的几倍，再求一个数是另一个数的几倍，如美术作品展览，有国画 90 幅，版画 15 幅，油画的幅数是版画的 3 倍。国画的幅数是油画的几倍？

两步应用问题的教学重要性不容置疑，哪些数量关系的复合应该作为基本的教学内容？教材应该呈现几种不同的类型？这些问题值得研究。在 20 世纪 80 年代通用教材中，共出现了 35 种题型，21 世纪初，按《全日制义务教育数学课程标准（实验稿）》编写的教材，使用面较广的三种版本教材分别出现了 21 种、18 种、27 种题型，三种版本共 36 种不同的题型。新思维数学出现了 70 种题型。

2. 数量关系的同构变换

从结构的角度，数量关系变换的基本方式是正逆变换与扩缩变换，这两种变换得到的应用问题与原题都是同一结构的。从运算的角度，正逆变换对应于运算关系的转换，如加法的逆运算是减法，乘法的逆运算是除法，而扩缩变换则联系到运算步骤的增减，就是已知数量与未知数量的转化。

解答两步应用题，要对已知量进行选择，确定中间环节的数量关系，提出中间问题，使数量的间接关系转化为直接关系。围绕这一重点与难点，新思维数学加强了数量关系的同构变换，主要通过对应用问题进行过渡性改编、扩缩性改变、可逆性改编、对比性改编来实现。

（1）过渡性改编。

为了使学生更好地了解基本应用题和两步应用题的内在联系，以及两步应用题的结构，教学中可进行从基本应用题到两步应用题的过渡性改编训练。新思维数学在基本应用题教学时，就十分重视把两个相关联的基本应用题设计为题组。例如：①停车场停了 3 排大汽车，每排 6 辆，停大汽车多少辆？②停车场停了大汽车 18 辆，停了小汽车 7 辆，一共停了多少辆？

这两个应用问题讲的是同一个故事，把两道题的"同类项"进行合并，就得到了一个两步运算的应用问题。教学时让学生讨论两道题之间的联系，初步感知第①题的问题是第②题的一个条件，在此基础上，进而解答有"两个问句"的连续性基本应用题，即连续两问基本应用题。例如，"停车场停了 3 排大汽车，每排 6 辆，停大汽车多少辆？又停了 7 辆小汽车，一共停了多少辆汽车？"通过练习，使学生逐步理解，要解答第二个问题就必须以第一个问题为条件。

连续两问基本应用题是一步题向两步题的过渡，省去它的第一个问题，就成为一道两步应用题。这个省去的问题对第一道题来说就是缺少的问题，对第二道一步题来说是缺少的一个条件，它是沟通一步题与两步题的一座"桥"。为了帮助学生过好这座"桥"，可以先进行补充问题的训练。

首先，是补充第二问的训练。具体分为三步：第一步，先出示一道基本应用题，解答后在第一问后面补充关联的条件，引导学生提出第二个问题，如"一本故事书有 72 页，小英 8 天读完，每天读了多少页？小华每天读 12 页，_____？"第二步，根据第二问的要求，把第一问的答案作为一个条件，并补充一个条件，如"食堂原来有 15 袋面粉，又运来 30 袋，现在一共有多少袋面粉？_____，这些面粉可以吃多少天？"第三步，变换第一问后面的条件，让学生另外提出第二个问题，如"菜场里有 3 筐西红柿，每筐 25 千克，西红柿有多少千克？茄子 60 千克，西红柿与茄子一共有多少千克？"把条件"茄子 60 千克"变换为"茄子比西红柿少 15 千克"，问题就要改为"茄子有多少千克？"

其次，是补充第一问的训练。这种训练可以从选择第一问的问题抓起。训练时出示缺少第一个问题的应用题并提出供选择的几个问题。例如，"学生买了 20 个红皮球，10 个白皮球，_____？把这些皮球平均分到 6 个班，平均每个班分到多少个皮球？"仅就第一道题，可以补充：红皮球比白皮球多多少个？一共有多少个皮球？红皮球的个数是白皮球的多少倍？白皮球比红皮球少多少个？等问题。但是把两个应用问题联系起来，思考它们之间的逻辑关系，补充的问题就只能是"一共有多少个皮球"了。提出的第一个问题必须以已知条件为依据，而条件的搭配要以所求的第二个问题为目标。这实际上是分析与综合两种思考方法的综合训练。

两步应用题是两种基本数量之间的复合，这两种复合的基本数量关系之间有依存关系，也有主次之分。其中问题所求量与所需条件之间构成了主体数量关系，另一个数量关系是从属数量关系。其中，从属数量关系所求得的问题，就是两步应用问题的"中间问题"，换一种说法，中间问题就是连续两问应用题中的第一个问题。解答两步应用题首先必须找到隐蔽的中间问题，并把它转化为一个连续两问的应用题。过渡性改编的训练目的，是帮助学生把两个应用问题讲的故事联系起来，或者说分清应用问题所说事情的两个阶段，帮助学生选择或构建中间问题。

(2)扩缩性改编。

扩缩性改编，有扩题和缩题两种形式。改变基本应用题的一个条件，或者补充一个条件，使之成为两步应用问题，这种改编形式称为"扩题"。例如，"水果店有橘子 20 千克，苹果 60 千克，橘子和苹果一共多少千克？"以此题作为基本题，其中的一个条件"橘子 20 千克"不变，问题也不变，把另一个条件"苹果 60 千克"改成间接条件，如：

水果店有橘子 20 千克 ⎰①苹果比橘子多 40 千克⎱ 橘子和苹果一共有多少千克？
　　　　　　　　　　 ⎱②苹果的质量是橘子的 3 倍⎰
　　　　　　　　　　 ⎱③苹果有 2 筐，每筐 30 千克⎰

另一种形式的训练是补充一个条件并改变问题。可以通过比较基本题与扩展题，让学生理解题目的联系与变化。例如：①生产组原计划生产 1500 个零件，已生产

900 个，还要生产多少个？②生产组原计划生产 1500 个零件，已生产 900 个，剩下的 3 小时完成，平均每小时生产多少个？在分析两道题区别的基础上，思考并解答第②题。然后进行模仿性的改编，如给出"仓库有化肥 3500 千克，运走 1500 千克，还剩多少千克？"把这个基本题改编成像上面第②题那样的两步应用题。

在两步应用题中选择两个条件，经过计算使它们的结果成为基本应用题的一个条件，这种改编形式称为"缩题"。例如，"生产组原计划生产 10000 个乒乓球，已经生产了 8 小时，每小时生产 650 个，还要生产多少个？"根据"已经生产了 8 小时""每小时生产 650 个"两个条件，算出已经生产的个数后，原题缩编为"生产组原计划生产 10000 个乒乓球，已经生产了 5200 个，还要生产多少个？"

扩缩性训练，可以帮助学生熟悉两步应用问题的分析程序，这个程序可以概括为：一抓、二列、三找、四补。即：第一，抓住题目所要解答的问题；第二，根据这个问题列出数量关系式；第三，根据关系式所需要的条件找已知数；第四，把缺已知数的条件补充为中间问题。

扩缩性改编是分析应用问题的重要训练形式，不仅可以突破两步应用问题的难点，而且也是学生理解数量之间相依关系的有效方法，无论是"扩"还是"缩"，都可以帮助学生积累分析与解答应用问题的经验，形成联系的观点与简化的思路。

(3)可逆性改编。

与一步应用问题的教学相同，两步应用问题的教学也要重视可逆性改编，这种训练有助于揭示应用题之间的内在联系，进一步明确两步应用题的结构。可逆性改编前后的两个应用问题，数量关系是相同的，只是未知数量所处的位置不同而已。

例如：①洗衣机厂原计划 30 天生产 360 台洗衣机，实际每天生产 18 台，实际每天比原计划多生产多少台？列式是：$18-360\div30=6$(台)。把问题"实际每天比原计划多生产多少台(6 台)"当作条件，把"实际每天生产 18 台"这一条件改作问题，改编为：

②洗衣机厂原计划 30 天生产 360 台洗衣机，实际每天比原计划多生产 6 台，实际每天生产多少台？列式是：$360\div30+6=18$(台)。把"原计划 30 天"这一条件改作问题，改编为：

③洗衣机厂要生产 360 台洗衣机，实际每天生产 18 台，比原计划多生产 6 台，原计划多产天完成？列式是：$360\div(18-6)=30$(天)再把计划生产的总台数"360 台"作为问题，改编为：

④洗衣机厂要生产一批洗衣机，原计划 30 天完成，实际每天生产 18 台，比原计划多生产 6 台，原计划共生产洗衣机多少台？列式是 $(18-6)\times30=360$（台）。

上面 4 道题目讲的是"同一个故事"，但题目的已知条件与所求问题并不完全一致。在用算术方法解以上各题，变换的每道题分析的思路都是不一样的，都要重新探索解题途径。但如果列方程解题，用字母代替未知数，在分析数量关系和运算过程中，把未知数和已知数同等看待，那么无论哪种正逆变换，都可以运用相同结构的方程来解答，这就是代数思维的优越性。

可逆性改编，可以渗透代数思维，为学习列方程解两步应用题打下基础。例如，出示 4 个相关联的条件：洗衣机厂要生产 360 台洗衣机，原计划 30 天完成，实际每天生产 18 台，实际每天比原计划多生产 6 台。

根据下面的问题写出算式和已知数量。

问题	已知数量或算式	
原计划生产的台数	360	$(18-6)\times30$
原计划每天生产台数	$360\div30$	$18-6$
实际每天生产台数	18	$360\div30+6$
原计划完成天数	30	$360\div(18-6)$

将上列 4 个条件中的一个改为问题，分别编出 4 道应用题，并按不同的等量关系列出方程。列表如下：

应用题		①洗衣机厂原计划 30 天生产 360 台洗衣机，实际每天生产 18 台，实际每天比原计划多生产多少台？	②洗衣机厂原计划 30 天生产 360 台洗衣机，实际每天比原计划多生产 6 台，实际每天生产多少台？
等量关系	原计划生产总台数	设实际每天比原计划多生产 x 台 $360=(18-x)\times30$	设实际每天生产 x 台 $360=(x-6)\times30$
	原计划每天生产台数	$360\div30=18-x$	$360\div30=x-6$
	实际每天生产台数	$18=360\div30+x$	$x=360\div30+6$
	原计划完成天数	$30=360\div(18-x)$	$30=360\div(x-6)$

续表

应用题	③洗衣机厂要生产 360 台洗衣机，实际每天生产 18 台，比原计划多生产 6 台，原计划多少天完成？	④洗衣机厂要生产一批洗衣机，原计划 30 天完成，实际每天生产 18 台，比原计划多生产 6 台，原计划共生产洗衣机多少台？
等量关系	原计划生产的总台数 原计划每天生产台数 实际每天生产台数 原计划完成天数	设原计划 x 天完成。 $360=(18-6)x$ $360\div x=18-6$ $18=360\div x+6$ $x=360\div(18-6)$	设原计划共生产洗衣机 x 台。 $x=(18-6)\times 30$ $x\div 30=18-6$ $18=x\div 30+6$ $30=x\div(18-6)$

　　从数学的角度看，扩缩性改编与可逆性改编都是一种变换，把变换前后的应用问题看作同构，其实质就是从数量关系的角度对应用问题进行分类，这种分类有利于学生思维结构的系统化与条理化，在一定意义上，解答应用问题的过程是数学建模的过程，也就体现在这里。

　　(4)对比性改编

　　对比的要素包括情节与关系。情节的对比是把内容不同而数量关系相似的题目进行比较。例如：

　　①学校买 4 个足球用去 68 元，买一个篮球用去 25 元，一个篮球比一个足球贵重多少元？

　　②毛巾厂原来 6 天生产 2340 条毛巾，开展技术革新后每天生产 570 条，现在每天比技术革新前多生产多少条毛巾？

　　③汽车每小时行驶 35 千米，火车每小时行驶 240 千米，火车每小时比汽车快多少千米？

　　这三个题目讲述的"故事情节"不同，但都是"先把一个数平均分成几份，再求两数相差"的应用题。通过对比，可以帮助学生撇开题目的具体情境，如"买篮球、足球""生产毛巾""火车、汽车行驶"等具体内容，突出数量关系相同的本质，理解"总价、总产量、路程""单价、工作效率、速度""数量、时间"之间的对应关系，把三种基本的数量关系进一步抽象概括，得到相同的数学结构与关系，发展学生的抽象概括能力。

　　关系的对比是把内容相似而数量关系不同的题目进行比较，突出它们的区别，从联系中看区别，从区别中找联系。例如：

　　①手表厂原计划 25 天生产手表 10000 只，实际生产的手表比原计划多 50 只，实际平均每天生产多少只？

　　②手表厂原计划 25 天生产手表 10000 只，实际平均每天生产的手表比原计划多 50 只，实际平均每天生产多少只？

　　第①题中"实际生产的手表比原计划多 50 只"和第②题中"实际平均每天生产的手表比原计划多 50 只"看起来很相似，都是"多 50 只"，但第②题的"多 50 只"则是指实际平均每天生产量比原计划每天生产量多 50 只，两题的数量关系是不一样的。

　　通过改编比较，对条件完全相同，问题不同的应用题，区别不同的解法。例如：

　　①手表厂原计划 25 天生产手表 10000 只，实际每天生产 500 只，实际提前多少天完成？条件不变，改变问题，改编为：

　　②手表厂原计划 25 天生产手表 10000 只，实际每天生产 500 只，实际每天比原计划多生产多少只？

　　第①题是求时间差，列式是 $25-10000 \div 500$；第②题是求效率差，列式是 $500-10000 \div 25$。

　　有些题目由于叙述的形式与儿童生活经验或通常解题顺序不一致，或在叙述中插入与运算无关的数字，或运算需要用到的数字是用汉字形式书写的，致使数量关系隐蔽，解题难度增加。例如：把"186 名同学分乘 3 辆汽车去参观，第一辆坐 60 人，第二辆和第三辆坐的人数同样多，第二辆坐了多少人？"改编为"186 名同学乘坐汽车去参观，其中一辆坐 60 人，其他同学分乘另 2 辆车，平均每辆坐多少人？"改变叙述形式，不改变题目的条件、问题或情节，使数量关系明朗化。当然，也通过改变叙述形式，增加数量关系的隐蔽性，提高学生分析问题与解决问题的能力。

　　根据不同的数量关系与数量关系的不同复合，新思维数学把两步应用题的教学分为"三段六步"，不同阶段相互联系但有不同的教学重点，形成完整的教学序列。

　　第一段，两步应用题教学的初期。第一步，学完"求总数""求剩余"两类基本应用题后，出现这两类基本应用题复合的两步应用题。第二步，学完"求两数相差多少"以后，出现求总数和求两数相差复合，以及求剩余和求两数相差复合的两步应用题。在这一阶段的教学中，主要是让学生掌握基本复合关系的结构，分清复合关系中的主体数量关系和从属数量关系。

第二段，两步应用题教学的中期。第三步，学了"求相同数的和""把一个数平均分成几份""一个数里包含几个另一个数"的基本应用题后，出现这三类乘除应用题和"求总数""求剩余""求两数相差"三类加减应用题复合的两步应用题。第四步，学完了"求比一个数多几的数""求比一个数少几的数""求一个数的几倍""求一个数是另一个数的几倍"这几类基本应用题之后，就学习"比多（比少）求和（差）""先求几倍再求和（差）"以及"三个数比较求第三个数"的两步计算应用题。在这一阶段的教学中，主要是使学生熟练掌握分析两步应用题的基本思路。

第三段，两步应用题教学的后期。第五步，主要出现"求相同数的和""把一个数平均分成几份"与"一个数里包含几个另一个数"三类乘除基本应用题和"求两数相差""求比一个数多几的数"与"求比一个数少几的数"三类加减基本应用题复合的两步应用题。第六步，出现乘除复合的两步应用题，主要是归一、归总的基本题。在这一阶段，主要应使学生理解复合关系中数量之间的对应关系。

（四）重结构，重视复合关系的基本结构

需要三步或三步以上运算的应用问题，题型繁杂，千变万化，但是"万变不离其宗"，这些复杂的应用问题本质上都是由几个简单应用问题组合得到的，其数量关系的复合都有一个基本结构。例如，"两积之和""两商之差""归一""归总"。把这些基本结构进行变换，就成为形形色色的多步复合应用问题了。变换的形式包括扩缩性、可逆性、情节性。扩缩性变换，指改变某一条件或问题，从而增加或减少计算步骤的变换。可逆性变换，指把问题作为条件，把其中一个条件作为问题的变换。情节性变换，指应用问题的题材内容和叙述方式进行变换。这里主要以"两积之和"的数量关系为例，介绍由各种变换带来的发展与变化。

"两积之和"的基本结构有 $ab+cd=f$ 与 $(a+b)\times c=f$，后者是前者的特例。以前者为例，其可逆变换与扩展变换为 $ax+bc=f$ 与 $ax+by=f$，$nx=my$ 或 $ax+by=f$，$x+y=n$。

例如，原题为：①每张桌子 45 元，每把椅子 15 元。买 4 张桌子和 6 把椅子共付多少元？列式是 $45\times4+15\times6=270$（元）。通过可逆性改编，可以得到：②买 4

张桌子和 6 把椅子共付 270 元，每张桌子 45 元，每把椅子多少元？算术解法为：$(270-45\times4)\div6=15$(元)，代数解法为：设每把椅子 x 元，$45\times4+6x=270$。将②进行扩展性改编得到：买 4 张桌子和 6 把椅子共付 270 元，每张桌子的价钱是每把椅子的 3 倍，每把椅子多少元？算术解法为：$270\div(6+4\times3)=15$(元)。代数解法为：设每把椅子 x 元，$6x+3x\times4=270$。②中"每张桌子 45 元"的条件，可以扩展为③"买 2 张桌子的钱可以买 6 把椅子"，算法解法为：$270\div(6+4\div2\times6)=15$(元)，代数解法为：设每张椅子 x 元，$6x+4\times(6\div2)x=270$。也可以扩展为④"买 4 张桌子和 8 把椅子共付 300 元"。算术解法为：$(300-270)\div(8-6)=15$(元)，代数解法为：设每张桌子 x 元，每把椅子 y 元，$4x+6y=270$，$4x+8y=300$。

如果将原题①直接进行扩展变换，可以得到：⑤买来桌子和椅子共 10 张，其中桌子 4 张，每张 45 元，其余是椅子，每把 15 元。共付多少元？算术解法为：$45\times4+15\times(10-4)=270$(元)。将⑤进行可逆改编，得到：⑥买来桌子和椅子共 10 张，共付 270 元。桌子每张 45 元，椅子每把 15 元。桌子多少张，椅子多少把？算术解法为：$(270-15\times10)\div(45-15)=4$(张)，$10-4=6$(把)。代数解法为：设桌子 x 张，椅子 $(10-x)$ 把，$45x+15(10-x)=270$。将⑤进行情节变换，得到：⑦松鼠妈妈采松子，一连采 8 天，其中晴天 2 天，每天可采 20 颗，其余是雨天，每天只能采 12 颗。它一共采了多少颗？算术解法为：$20\times2+12\times(8-2)=112$(颗)。将⑦进行可逆变换，得到⑧松鼠妈妈采松子，晴天每天可采 20 颗，雨天每天可采 12 颗，它一连 8 天共采 112 颗。这几天中多少天是晴天？算术解法为：$(112-12\times8)\div(20-12)=2$(天)，代数解法为：设这几天中 x 天是晴天，$20x+12(8-x)=112$。

可以看到，从原题①变换到⑧，情节、条件、问题都发生了变化，这些变化构成了问题类型的变式序列。从近变式到远变式，表明了问题难度的逐步加深。研究表明，如果学生有可能在它们之间抽象出共同的部分，也就可能很好地理解概念、原理或问题的解决程序，从而使得解决这一系列子问题成为自动化的过程。①

其实，这些联系且有变化的问题，都可以归结为"两积之和"的结构。分析两积之和的结构，要抓住"和"的表述句，分析哪两个数量的"和"，列出以"和"为等量的

---

① 杨光伟. 基于应用问题解决的认知调控[M]. 桂林：广西师范大学出版社，2008：32.

关系式。如果"和"的表述句是问句，则为正向题，数量关系的表征与计算的表征是一致的。如果"和"的表述句是条件句，则为逆向题，先列出"和"为等量的关系式，再把它转化为求未知数量的算式。抓住"和"的结构分析数量关系，可以降低解答应用问题的难度。

例 1　王叔叔越过山岭，费时 5 小时，行程共 15 千米，上山速度为 1.5 千米/时，下山的速度为 4 千米/时。王叔叔上山和下山的时间各是多少？

这道题从形式上看，像行程问题，但实质上是"鸡兔同笼"问题。只要抓住"行程共 15 千米"就能列出上山、下山路程和为等量的方程。

解：设下山用 x 小时，则下山的路程为 $4x$ 千米。

$4x+1.5(5-x)=15$，$x=3$。

$4\times3=12$（千米），$15-12=3$（千米）。

如果抓"费时 5 小时"，即上山、下山所需要时间的和，也能列出方程。

设上山路程为 x 千米，则下山路程为 $(15-x)$ 千米。

$$\frac{x}{1.5}+\frac{15-x}{4}=5,$$

$4x+22.5-1.5x=30,$

$x=3,\ 15-3=12$（千米）。

此为"两商之和"结构，"鸡兔同笼"问题中"脚的和"为"两积之和"，头的和即为"两商之和"。

例 2　甲、乙两班共 76 人，甲班派出本班人数的 $\frac{1}{6}$，乙班派出本班人数的 $\frac{1}{8}$，共 11 人参加数学竞赛。甲、乙两班各有多少人？

"11 人"是甲、乙两班派出参加竞赛的人数的和。

解：设甲班有 x 人，则乙班有 $(76-x)$ 人。

$$\frac{1}{6}x+\frac{1}{8}(76-x)=11,$$

$$\frac{1}{24}x=11-9.5,\ x=36。$$

"76 人"是甲、乙两班人数的和。

设甲班参加竞赛人数的 $\frac{1}{6}$ 为 x 人，则甲班人数为 $(x \div \frac{1}{6})$ 人，即 $6x$ 人。

$6x + 8(11 - x) = 76$，

甲班：$6 \div \frac{1}{6} = 36$（人）。

乙班：$76 - 36 = 40$（人）。

例 3　甲、乙两堆煤共 180 吨，甲堆煤的 $\frac{2}{5}$ 与乙堆煤的 $\frac{1}{3}$ 的和是 64 吨。甲、乙两堆煤各多少吨？

"64 吨"是甲堆煤的 $\frac{2}{5}$ 与乙堆煤的 $\frac{1}{3}$ 的和。

解：设甲堆煤为 x 吨，则乙堆煤为 $(64 - x)$ 吨。

$\frac{2}{5}x + \frac{1}{3}(180 - x) = 64$，

$\left(\frac{2}{5} - \frac{1}{3}\right)x = 4$，

$x = 60$，$180 - 60 = 120$（吨）。

"180 吨"是甲堆与乙堆煤的和。

解：设甲堆煤的 $\frac{2}{5}$ 为 x 吨，则甲堆煤为 $\dfrac{x}{\frac{2}{5}}$ 吨。

$\dfrac{x}{\frac{2}{5}} + \dfrac{64 - x}{\frac{1}{3}} = 180$，

$\frac{1}{3}x + \frac{2}{5}(64 - x) = 180\left(\frac{2}{5} \times \frac{1}{3}\right)$，

$\frac{1}{15}x = 1.6$，$x = 24$。

$24 \div \frac{2}{5} = 60$（吨），$180 - 60 = 120$（吨）。

例 4　甲种茶叶的价钱比乙种茶叶的价钱贵 75%。买甲、乙两种茶叶共 8 千克，共付 50 元。又知甲种茶叶比乙种茶叶多付 34 元，买两种茶叶各多少元？

分析："8 千克"是甲、乙两种茶叶质量的和，而茶叶质量＝总价÷单价，根据两种茶叶的总价"和"与总价"差"，可以求出甲、乙两种茶叶的总价。

解：甲种茶叶总价＝(50＋34)÷2＝42(元)，

乙种茶叶总价＝(50－34)÷2＝8(元)。

设乙种茶叶单价为 x 元，则乙种茶叶有 $\dfrac{8}{x}$ 千克。

$$\dfrac{42}{1.75x}+\dfrac{8}{x}=8,$$

$14x=42+14$，$x=4$。

$8÷4=2$(千克)，$8-2=6$(千克)。

工程问题中工作总量用"1"表示，工作效率以分数形式出现，这是分数工程问题与整数应用题的重要区别，也是抽象性的主要表现。工程问题中的工作总量也是若干部分工作量的和，同样可以抓住"和"分析数量关系。

例1　有一批蔬菜要运往奥运村，甲车 10 小时可以运完，乙车 15 小时可以运完。两车一起运需要多少小时？

用"1"表示运输总量，甲车 1 小时的运输量为 $\dfrac{1}{10}$，x 小时的运输量为 $\dfrac{x}{10}$，乙车 1 小时运输量为 $\dfrac{1}{15}$，x 小时的运输量为 $\dfrac{x}{15}$。

解：设两车同时运输需要 x 小时。

$\dfrac{x}{10}+\dfrac{x}{15}=1$，$x=6$。

例2　车站有一批货物，用两辆汽车同时运，6 小时可以运完。用甲车单独运，10 小时可运完，用乙车单独运，要多少小时运完？

这批货物的全部运输量为"1"，甲 6 小时的运输量 $\dfrac{6}{10}$，乙 6 小时的运输量为 $\dfrac{6}{乙单独运完时间}$。

解：设乙车单独运输时间为 x 小时。

$\frac{6}{10}+\frac{6}{x}=1$，$x=15$。

例 3 一项工程，甲单独做 20 天完成，乙单独做 15 天完成，丙单独做 30 天完成。如果甲、乙两队合做 6 天以后，余下由丙队单独做，还要多少天完工？

这项工程的工作总量，包括甲、乙合做 6 天的工作量与丙单独做 x 天的工作量两部分。

解：设余下部分丙 x 天完成。

$\frac{6}{20}+\frac{6}{15}+\frac{x}{30}=1$，$x=9$。

例 4 一项工程，甲单独做要 75 天，乙单独做要 50 天完成。现在两人合做，甲中途离开几天，结果整个工程 40 天才完工。甲中途离开了多少天？

甲做的工作量为 $\frac{40-离开天数}{75}$，乙做的工作量为 $\frac{40}{50}$。

解：设甲中途离开 x 天。

$\frac{40-x}{75}+\frac{40}{50}=1$，$x=25$。

例 5 一项工程，甲、乙两队合做 15 天完成，先由甲队单独做 5 天，乙接着做 3 天，完成全部工作量的 $\frac{7}{30}$，如果甲单独做要多少天完成？

甲先做 5 天中的 3 天与乙接着做的 3 天，可以看作甲乙合做 3 天，甲先做 5 天中的 2 天可以看作甲单独做的 2 天。

解：设甲单独做 x 天完成。

$\frac{3}{15}+\frac{5-3}{x}=\frac{7}{30}$，$x=60$。

在较复杂的分数应用题中，如果题中含有"和"的表述句，也可以以此作为解题的突破口，化难为易。

为了使学生掌握复合关系的基本结构，教学中要注意将一般问题典型化，典型问题一般化，具体问题抽象化。

一般问题典型化，就是学生从同一类型但内容和形式不同的一组题中，撇开具体情节，把握题目的实质性部分，抽象出数量关系的基本结构，使数量关系"典型化"。例如，从"两积之和"的一组题目中，列出各题的条件和问题。

题号	条件			问题
1		每筐千克数	筐数	黄瓜和茄子一共 多少千克？
	黄瓜	25	12	
	茄子	20	14	
2		每盒价格	盒数	买两种菜一共付 多少元？
	甲级菜	80	15	
	乙级菜	60	20	
3		每行棵数	行数	苹果树和梨树一共多少棵？
	苹果树	18	3	
	梨树	12	4	

再把上述的条件和问题抽象为文字题，如第 1 题 25 与 12 的积加上 20 与 14 的积，和是多少？列出算式：$25 \times 12 + 20 \times 14 = ?$ 把条件、问题与算法紧密结合起来，在此基础上，以字母或图形表示数，进一步概括为 $ab + cd = f$。

典型问题一般化，就是通过某种变换沟通典型应用题与一般应用题的联系。通常所说典型应用题一般包括两类：一类是题材内容特殊的，如平均数问题、行程问题等。对于这类问题，通过情节变换，沟通联系。例如：

(1)货车和客车同时从相距 420 千米的 A、B 两城出发，相向而行，3 小时后相遇，货车的速度是 60 千米/时，客车的速度是多少？

(2)学校购置 28 套课桌椅共付 1820 元，每把椅子 17 元，每张桌子多少元？

把两题的相关数量做比较：

(1)(60＋客车速度)　　×3＝420

　　　|　　　|　　　　|　|

(2)(17＋每张桌子价格)×28＝1820

使典型应用题一般化。另一类是已知条件特殊的，如和倍、差倍问题等，对于这类问题，主要通过可逆变换来沟通一般应用题与典型应用题之间的联系。例如：

(1)茄子 120 千克，萝卜的质量是茄子的 3 倍，茄子和萝卜一共多少千克？

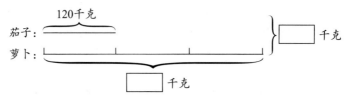

(2)茄子和萝卜共360千克，萝卜的质量是茄子的3倍。茄子、萝卜各多少千克？

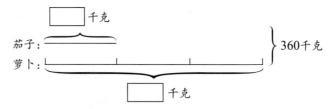

具体问题抽象化，就是把整数应用题中的一个具体量引申为分率，或把两个具体量转化为比的关系，沟通整数应用题与分数应用题之间的联系。例如：

学校买来250本新书，其中故事书150本，其余的是科技书，故事书比科技书多多少本？

150－（250－150）。

如果把"故事书150本"这个条件改为"故事书占$\frac{3}{5}$"，就成为一道分数应用题。

$250 \times \left[\frac{3}{5} - \left(1 - \frac{3}{5} \right) \right]$。

某些应用题可以撇开具体数量之间的关系，找出两个数量的比，求得问题的解决。例如，某修路队修一条环山水渠，40天修完，实际每天比原计划多修25％。实际多少天可以修完？

"实际每天比原计划多修25％"即实际工效：原计划工效＝125：100＝5：4，则实际时间：原计划时间＝4：5。设实际x天完成，x：40＝4：5，x＝32。

分析应用问题复合关系的基本结构，其本质是从相互联系、相互作用的内在规律上揭示数量关系。而且研究数量关系的结构形式，可以运用迁移的原理解决"同构异素"问题。某些应用问题，尽管在具体内容上和不相同，但实际上都具有相似的结构形式，这就是所说的同构异素问题。教学时可以将形式超脱内容，把不同题材中共同形式分离出来，进一步抽象化，并把它符号化，进而研究结构形式之间的关系。

(五)重方法，联系数学的重要思想

在序列化的教材结构中，新思维数学把分析数量关系的方法概括为五种基本思想，即比较的思想、对应的思想、假设的思想、替换的思想和转化的思想。

1. 比较的思想

比较是思维活动中常用的一种方法。它有两种基本形态，一种是纵向比较，即对数量关系发展变化的不同层次的比较；另一种是横向比较，是对数量关系发展变化的同一层次上不同的分析方法和不同解法的比较。在掌握基本数量关系和数量关系基本复合的基础上，多重复合关系应用题的教学，就不必重复基本题的分析过程，而可以出示与新例题同类，但数量关系较为简单的准备题，然后通过扩展变换或可逆变换，出示新例题，引导学生把新例题与准备题进行比较，找出两者的异同，从而根据准备题的解法类推出新例题的解法。这样让学生在整个应用问题的结构中学习某一类题，就不会感到它是陌生的、全新的，而仅仅是一种熟悉题目的变形，进而把新例题纳入应用问题的结构中去。

例如，"归一"数量关系的扩展题，出示准备题：买 3 个足球用去 225 元，照这样买 5 个足球要多少元？

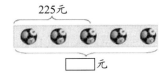

学生解答后，出示新例题：

带 600 元钱去买球，买 3 个足球用去 225 元。照这样计算，买 5 个足球后，还剩多少元？

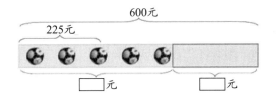

通过条件和问题的比较，学生容易找到解决问题的方法。进而出示：

带 600 元钱去买球，买 3 个足球用去 225 元。照这样计算，剩下的钱还可以买几个足球？

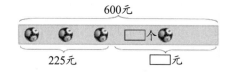

引导学生比较这两道题的异同，从比较"买 5 个足球还剩多少元？""剩下的钱还可买几个足球？"中，探知解题关键，发现解题方法。

采用比较法教学，使学生的思维活动从新旧联结点上迅速展开，把"已知"作为基础，充分运用了已有的解题经验，因此有利于形成解题方法的逻辑联系。而且，由于加强了改编应用问题的训练，使学生在数量关系的变化过程中，掌握了它们的变化规律。

2. 对应的思想

找数量之间的对应关系，是解答应用题的一种重要思维方法，在整数小数复合应用问题、分数应用问题和比例应用问题的教学中，都要作为一项基本功训练。例如，已知"原计划每天生产 50 件，实际 8 天完成"要求生产的总件数，就必须找出与原计划工作效率相对应的工作时间或者找出与实际工作时间所对应的实际工作效率。"根据两个差求未知数"的问题就是"差对应"的问题。从总价差与单价差的对应中，可以求出数量；从路程差与速度差的对应中可以求出时间（相遇时间或追及时间）。"按比例分配问题"则是"和对应"的问题，从总量和被分配的份数和对应中，可以求出 1 份所对应的数量，并以此为标准按比例分配。在解答分数应用题中，分析具体量与分率的对应关系是十分关键的问题。

3. 假设的思想

假设是指题中的某一条件先假设为其相近的另一条件，从而使问题的解决趋向于简单明朗。例如，"塑料厂要生产一批凉鞋，原计划每天生产 800 双，实际每天生产 1040 双，结果提前 15 天完成。这批凉鞋一共有多少双？"假设实际生产的时间与原计划生产的时间相同，则实际生产的总量要比原计划生产的多 1040×15＝15600（双）。总量差 15600 双是什么原因造成的呢？因为实际比原计划每天多生产 1040－800＝240（双），15600 双里有几个 240 双，就是原计划生产时间。根据原计划每天的产量和原计划生产的时间，就能求出总产量。

$800 \times [1040 \times 15 \div (1040-800)] = 52000$（双）。

有些应用问题，似乎缺少条件，根据已知条件难以找到解决办法。因此，可以假设一个数参与运算，使条件明朗化，使问题得到解决。例如，"甲、乙两人按顺时针方向沿一个圆形跑道跑步，甲跑一圈要 15 分钟，乙跑一圈要 20 分钟。现在他们分别从跑道直径两端同时出发，几分钟后甲可追上乙？"假设跑道长 300 米。甲的速度为 $300 \div 15 = 20$（米/分），乙的速度为 $300 \div 20 = 15$（米/分），要追赶的路程为 $300 \div 2 = 150$（米），所以 $150 \div (20-15) = 30$（分）可以追上。

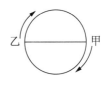

又如，"一次考试，全班平均分为 70 分，其中 $\frac{3}{4}$ 的人及格，他们的平均分为 80 分，不及格的人平均分是多少？假设全班人数 4 人，则及格人数为 3 人，不及格人数为 1 人。解法为：$(70 \times 4 - 80 \times 3) \div (4-3) = 40$（分）。假设不及格人数为 k 人，及格人数为 $3k$ 人，全班人数为 $4k$ 人。解法为：$(70 \times 4k - 80 \times 3k) \div k = 40$（分）。

4. 替换的思想

把一个数量替换为另一个数量，使数量关系趋向明朗。例如：买 9 个熊猫玩具和 12 个猴子玩具共付 90 元，每个熊猫玩具比每个猴子玩具贵 0.90 元。这两种玩具的单价各是多少元？把 12 个猴子玩具替换为熊猫玩具，应多付出 $0.9 \times 12 = 10.8$（元），则熊猫玩具的单价为：$(90+10.8) \div (9+12) = 4.8$（元），猴子玩具的单价为 $4.8 - 0.9 = 3.9$（元）。

又如，买食油、香醋和黄酒各 1 瓶，共付出 10.5 元，食油比香醋贵 1.3 元，香醋比黄酒贵 0.4 元。1 瓶黄酒多少元？食油、香醋都替换为黄酒，总价应减去 $1.3 + 0.4 \times 2 = 2.1$（元），$(10.5-2.1) \div 3 = 2.8$（元）。

5. 转化的思想

所谓转化思想，主要是条件的转换。条件转换有三种形式。①转化比较的标准。例如，超市售出山茶油 150 瓶，比售出的橄榄油多 $\frac{1}{4}$，售出橄榄油多少瓶？作为比较标准的"橄榄油瓶数"为未知数。设橄榄油 x 瓶。方程为：$\left(1+\frac{1}{4}\right)x = 150$。$150 \div$

$\left(1+\dfrac{1}{4}\right)=120$（瓶）。如果把条件"比橄榄油多 $\dfrac{1}{4}$"转化为"橄榄油比山茶油少 $\dfrac{1}{5}$"，作为比较标准的"山茶油瓶数"是已知数。解法为：$150\times\left(1-\dfrac{1}{5}\right)=120$（瓶）。

②把数量之间的不对应关系转化为对应关系。例如：某公司用 3.2 万元采购一批自行车，只采购 A 型车的辆数是只采购 B 型车辆数的 2.5 倍。1 辆 A 型车比 1 辆 B 型车便宜 240 元。这笔钱可以采购 A 型车多少辆？

差比的两种数量（A 型车与 B 型车的单价差）与倍比的两种数量（A 型车与 B 型车辆数的倍数关系）不对应，要把 A 型车与 B 型车的倍数关系转化为单价的倍数关系，即"一辆 B 型车的价格是 1 辆 A 型车价格的 2.5 倍"，这样单价的差与单价的倍数关系相对应，就成了一道差倍问题。A 型车单价为：$240\div(2.5-1)=160$（元），$32000\div160=200$（辆）。如果设 A 型车单价为 x 元，则 $2.5x=x+240$，$x=160$。$32000\div160=200$（辆）。

③把间接条件转化为直接条件。例如：甲、乙两个仓库共存粮食 38 吨，甲仓库存粮的 $\dfrac{4}{5}$ 等于乙仓库存粮的 $\dfrac{2}{7}$。甲、乙两仓库各存粮多少吨？把"甲仓库存粮的 $\dfrac{4}{5}$ 等于乙仓库存粮的 $\dfrac{2}{7}$"转化为"甲仓库与乙仓库存粮的比是 5：14"。则：甲 $\times\dfrac{4}{5}=$ 乙 $\times\dfrac{2}{7}$ 得到：甲：乙 $=\dfrac{2}{7}:\dfrac{4}{5}=5:14$，问题就迎刃而解了。

新思维数学应用问题的教学特别重视打好分析数量关系的基础，从结构入手进行变换，引导学生沟通应用问题内在的数学联系，达到"以简驭繁""优化结构"的目的。

最后强调结构的重要性。形成结构并从结构的角度把握事物本质的过程即为结构化，结构化是一种数学思想，在人类认识世界以及数学发展过程中都具有重要的意义。"任何一个数学内容都从属于某一结构，从结构的角度把握所学习的数学内容非常重要，这样能把握内容的实质，建立内容之间的联系。"[1]

---

[1]　刘加霞. 小学数学中基本数学思想的类别与内涵[J]. 课程·教材·教法，2015(9)：51~52.

七、代数思维开发的早期性

代数学是最古老的数学分支之一，它几乎和人类的文明史一样悠久。在义务教育数学课程中，数与代数是十分重要的学习领域，代数的教与学始终都是教育心理学研究的重要领域。从 1977 年第 1 届数学教育心理学大会开始，代数就成为人们关注的重要主题。较早的研究主要关注代数的概念和过程，以及从算术思维转变到代数思维过程中的困难，最新的研究开始转向代数思维的早期渗透，以及解释学生代数思维的发展过程。2012 年，在韩国举行的第 12 届国际数学教育大会上，加拿大路易斯·拉弗德的一项关于代数思维的研究成果，获得了国际数学教育研究最高成就奖——弗赖登塔尔奖。

从 2008 年起，新思维数学教材编写组开始了代数思维早期萌发的实验研究，这项研究从一年级开始引入图形表示未知数，把数的运算与式的运算相结合，用图形等式表征和分析数量关系，培养学生代数思维，发展符号意识与推理能力。在 5 年的实验研究中，形成了贯穿整个小学阶段的代数思维训练体系，并逐步转化为教科书中的学习内容。这项研究得到了国家教材审定委员会的充分肯定，专家们在教材审查意见中指出：新思维数学对发展小学生代数思维方面进行了有益的尝试。

(一)从算术思维到代数思维

什么是代数思维呢？给代数思维下一个准确的定义似乎是困难的。人们对代数思维的解释，更多是从代数与算术的区别与联系入手。韦达指出代数与算术的本质区别是抽象概括程度不同，这个观点在数学教育心理学领域被表述为"代数即概括"。不过对代数思维的理解，还要着重解释代数符号的意义。

一是字母表示变化的数量。什么是代数的基本概念呢？怀海特的回答是："给定的同类东西中的任何一个例子，这是从这个特例或那个特例抽象得来的。"这句话不容易理解，核心的意思仍然是代数由抽象概括而得到。这也就是说，用字母表示数的过程，不是简单地用字母代替文字的过程，而是具体数量符号化的过程。换个角度说，用字母表示数，不是因为不知道这个数量表示多少，而是因为这个已知数量处在不断变化中，因而用字母统一地表示它。

二是未知数也可以参与运算。在代数领域，未知数与已知数享有同等的地位，可以像已知数一样参与运算，建立这个观念是从算术思维转向代数思维的重要转折。在算术思维中，$2x$ 被看作一个没有完成的运算，在代数思维中，$2x$ 可以作为一个运算结果来看待。在运算中，代数思维与算术思维的区别不只是体现在对结果的理解上，还体现在计算的运演过程中。

把未知数看作与已知数一样同等地参与运算，也是学习方程的意义所在。在解决一些较复杂的问题时，方程方法为什么比算术方法容易？列方程解应用问题为什么要先假设未知数？这两个问题的答案是一致的。先假设出未知数，让这个未知数在方程中像已知数那样参与运算，把原来需要求解的问题（假设的未知数）当作一个已知条件来使用，这就相当于多了一个"已知条件"，已知条件增加了解题当然就方便了。

三是关键不在于有没有字母符号。代数是一种符号的语言，这句话常常被误解只有运用了字母符号才是代数思维。过去，常常把用字母表示数作为代数学习的开端，事实上，小学数学课程在没有出现未知数之前，学生已经接触了代数思维。如写出和是 10 的加法算式：$9+1=10$，$8+2=10$，$7+3=10$，$6+4=10$，$5+5=10$，……借助于这些可归纳的算式，引导学生发现一个加数增加 1，另一个加数减少 1，和仍然是 10。在这里，把加数当作准变量来使用，归纳概括结论的过程就是代数思维。思维是一种过程而不是结果，对于算术思维与代数思维的区别与比较，要关注到解决问题的思考过程，而不是看有没有运用到字母符号，或者只是看最终所获得的结果。

毫无疑问，代数学习必须以算术学习作为基础，也就是说，学生只有具备了一定的算术基础才能开始学习代数。这个教学的先后逻辑关系渐渐地演变为一个根深蒂固的观念，学生不适宜过早地接触代数思维。现在，这样的观念受到了一些实证研究的挑战。2000 年，法尔考等的研究报告指出，假如认真学习如何从已知数量计算未知数量，那么借助语言在内的一些合适的准备活动，计算未知数对于 10～12 岁的孩子来说是合情合理的。2003 年，施里曼等的研究指出，早在 9～10 岁的时候，孩子们就能够扩大对等号意义的理解，用字母表征未知数，用变量表征关系，计算未知数，甚至能解带有字母符号的一元一次方程。我们在 2008 年的一项研究也佐证了这样的观点。这项研究主要是分析题组设计对学生解决问题的影响，安排了对比实验，要求实验组按顺序解答以下 3 道题，对照组只解答其中的第 3 题。

第 1 题：6＝●＋▲，●和▲可能是几？

第 2 题：15－8＝▲＋★，▲、★表示的数分别有哪些可能，请填一填。

▲							
★							

你发现了什么？

第 3 题：62－▲＝■＋47，▲、■分别有哪些可能？最大是几？最小是几？

在这项测试中，解答第 1 题与第 2 题，可以看作是学习如何计算第 3 题中未知数量的准备活动。对 165 位二年级学生测试的结果显示，对照组解答第 3 题的通过率是 43.5％，而实验组的通过率则达到 78.7％。只要通过合适的训练，学生理解未知数表示变量，解答这种较复杂的方程也是可能的。

《标准(2011 年版)》强调，在数学课程中要注重发展学生的符号意识与推理能力，代数思维处在这些能力发展的交汇处。新思维数学以图形表示未知数，通过图形等式推算，发展学生的符号意识和推理能力，探索了一条算术思维与代数思想互相促进的教学新路子，也为发展小学生核心数学能力提供了新视野。

尽管算术和代数有很多相同的符号，但对于初学代数的学生来说，仍然需要调整很多符号的意义，因为从算术向代数转变的过程中，这些符号的意义会发生变化。

首先就是扩展学生对等号的理解。等号的本意是表示左右两边的等价性，可是在算术学习中，学生对等号的理解不仅狭隘，甚至还有错误。一项对五年级学生的访谈表明，当问及学生等号表示什么，多数学生的回答是等号表示答案。如果进一步要求学生举出用等号的例子，他们所举的例子只限于左边是运算右边是答案。在小学数学中，学生第一次接触等号是在数的大小比较中，两个数的大小关系有两类：一类是相等，一类是不等。之后，学生开始学习在运算中使用等号，如 3＋4＝7，在这里等号被理解为"得出"，学生只是把等号简单地看成是得出计算结果的符号过程。尽管在之后的运算中学生会反复地使用等号，但其意义却再也没有得到新的拓展。在代数思维中，等号的意义需要从"得出"拓展到"等价"，这个过程困难重重。要突破这个理解的障碍，需要对运算进行调整，特别是要让学生感受等式的传递性与对称性的特征。

在数学中，有许多数学概念或性质具有传递性。例如，平行，$a/\!/b$，$b/\!/c$，则$a/\!/c$，但垂直却不具备传递性。学生对传递性的理解，不必等到学习了平行的数学概念之后，而是可以提前到在他们正式运用等号进行计算之前，不过这需要借助于非符号的具体形式。例如，在〇里填上">"、"<"或"="。

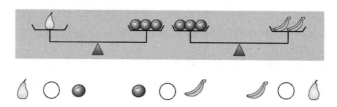

因为1个梨的重量＝3个苹果的重量，3个苹果的重量＝2根香蕉的重量，所以1个梨的重量＝2根香蕉的重量。

等式传递性是推理的依据，这种推理可以连续进行，得到解决问题所需的关键条件。例如，在学习了乘法之后，安排这样的三段推理：

计算的方法是$4\times2=8$（杯）。形成这个乘法意义的推理过程是，因为1瓶可以装2壶，1壶可以装4杯，2壶可以装8杯，所以1瓶可以装8杯。其中2壶可以装8杯是构建的新条件，这个新条件在解决问题中起到了承上启下的作用，是解决问题的关键条件。

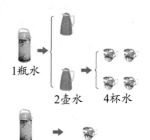

在小学数学中，对称常常作为图形性质的描述，其实对称是一种特殊的变换，并且不只局限于图形或物体。对称也是代数学的基本概念之一。与等号相关的对称，很容易想到的例子是$a+b=b+a$，$a\times b=b\times a$，这两个式子给人以对称的美感。其实，等号中的对称性要求没有这么苛刻，只要左右两边的表达式有相同值就可以了。学生形成这样的观念是一个复杂的过程。

虽然等号最初是作为得出结果而出现的，但是在适当的时候需要寻求突破。以便对等号形成新的理解。这可以分两步走：

一是打破左边是运算右边是结果的观念。例如：

$6 = \bigcirc + \triangle$

$\bigcirc$、$\triangle$表示的数分别有哪些可能？

$\bigcirc$	0					
$\triangle$	6					

实际上，这是对 6 进行分解，要求有序地思考，也是函数思想的启蒙。学生根据表格中列举的数字，概括出两种图形代表的数发生着变化，但相加的和始终不变。

打破算式总在左边，结果一定在右边的观念，学生需要接触各种训练形式，如 $9 = 7 + \square$ 或 $9 = \square + 7$，这看不出学生理解上有什么困难，但如果是解答 $2 = \square - 7$，学生会在 $\square$ 里填 5，而不是 9。为什么会这样呢？学生纯粹是"从右往左"算的，他们认为把 2 看作"$7 - 5$"的结果没有什么错误，在这里，他们"创造了"减法交换律。但是，当实验者给出 $2 = 9 - 7$ 时，他们也不反对，但不知道到底哪个是正确的，还是两个都对或者两个都错。即使是五年级的学生，在学习了分解因数之后，在解决 $240 = \square \times \square$ 的问题时，仍然会感到不适应。当然，主要是因为学生不习惯把分解因数当作与乘除法一样的运算来看待，但也不能排除学生需要调整运算结果总在右边的习惯。

二是逐步建立等号表示算式等值的观念。学生理解两个算式等值似乎没有什么困难，但如果把两个等值的算式用等号连接起来，等号右边表示结果的观念又会跑出来作祟。例如：先计算，再分别找出得数是 3，5，7，8 的算式。

在上面的算式中，$5 - 2 = 3$，$0 + 3 = 3$，$1 + 2 = 3$，这些算式的计算结果相同，是等值的。但如果用等号把两个算式连接起来，$5 - 2 = 1 + 2$，一年级的学生在理解上

会存在困难。他们不能理解的是 $5-2=3$，等号的后面应当写 3，怎么会是 1 呢？在这里，学生把符号当作"做某件事的信号"，而不是两个算式等价。也就是说，在学生的观念中，一个运算之后紧接着应该就是一个结果，而不是那个看起来毫不相关的算式。

不过，有些学生也会创造自己的理解方法，如 $5-2=3=1+2$，他们认为中间加个"$=3$"才是可靠的，这个塞进去的"$=$"实际上是一个分隔的记号。不过需要注意，这样的表达虽然不规范，但对于学生理解来说，却是有意义的。因为这时等号有了被看作是关系符号的迹象，学生理解了两个算式相等是因为有相同的值。这时，把中间的"$=3$"拿掉，学生就容易理解等号右边不再要包含答案，而是表示右边与左边有相同的值。突破了这个理解之后，还需要相应的训练进一步强化这个观念。例如，和相等：

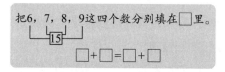

把6，7，8，9这四个数分别填在□里。

$$15$$

$$\square + \square = \square + \square$$

从 4 个数扩展到 6 个数：把 4，5，6，7，8，9 这六个数分别填在□里。$\square + \square = \square + \square = \square + \square$

再如，差相等：

$$12-4=13-\square \qquad \square-7=15-9$$

由一个未知数扩展到两个未知数或两步运算：在□里填数。说一说你是怎么想的。

$$12-5=\square-\square \qquad 15-7-2=15-\square$$

$$13-7=\square-\square \qquad 18-6-\square=6$$

这些训练都是结合 20 以内的加减法进行的，目的是突破对等号固有的狭隘理解。这个突破是关键的，有很强的延展性，可以扩展到等号两边包含不同的运算。例如：

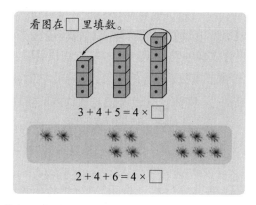

这个例子一般用作解释如何对等差数列求和，或者是作为运用乘法实施简便运算的例子。事实上，把两种不同的运算用等号连接，可以使得学生对等号表示值相等的式子有进一步的认识。等号两边的多步运算或不同运算，扩展了学生对等号的理解，为今后学习等式的性质打下了基础，并为建立两边有多个算式的代数方程做好了准备。

等号在代数和算术中有不同的意义，这会给初学代数的学生带来学习和理解的困难。在算术中，计算的目标是找出答案，等号被理解为运算的结果，在代数中，需要把等号理解为两边等价，可以在等号两边实施相同的运算。突破从算术思维过渡到代数思维的障碍，首先需要理解等号的传递性和对称性，其中对称性的理解要比传递性困难得多，也要重要得多。

(二)和相等的等式与积相等的等式

小学生学习代数受制于算术运算的基础，他们首先接触的算术运算是加法和减法。在加减运算组成的各种等式中，和相等的式子最容易被学生理解，这是由加法运算的直观性和交换性决定的。儿童最初学习加法和减法，都需要依靠实物来演示题目的行动或关系。在这一水平上，减法是把小的数量从大的数量中取走，再把剩下来的物体数一下，而加法则更加简单，就是把全部物体一一数一遍。减法中取走的数量是冗余的信息，成为学习中的干扰因素。因此，相比较而言加法运算更直观。

从实施一个加法或减法的运算，到把两个等值的式子组成等式，虽然中间有相同的运演过程，但等式的意义是不相同的。教学需要通过专门的序列与训练，推动从数与式构成等式到式与式构成等式的过渡。

首先是数与式构成等式。一个算式和它的结果就是数与式（这里的式指的是算式，下同）等值，它表示等号的两边平衡。学生最初学习的加法，算式背后都有一个"故事"情境，如 4＋3＝7，讲述的故事可以是"有 4 个小朋友在踢足球，又来了 3 个小朋友，合起来是 7 个小朋友"。故事情节描绘了运算的意义，有利于学生理解它的含义。按照这个故事情节发展顺序写出的算式，得数在等号右边。从代数的角度，4＋3＝7 也可以写成 7＝4＋3，它表示为数与式等值。这种源于问题情境的意义理解，推动了从算术理解到代数意义的过渡，并且，不同的表征形式之间相互联系，支持了代数意义的建构。

不能认为把算式的得数从右边换到左边，就完成了算术思维到代数思维的过渡，最重要的还是要理解等式的意义，这需要依赖多样的训练形式来丰富学生的理解。例如，利用天平平衡关系进行数的组成分解训练，帮助学生建立等式两边平衡的观念。

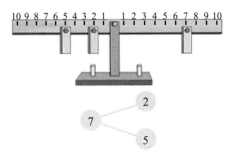

天平不仅提供了左右两边平衡的直观，而且也为学生理解等号两边的可交换性提供了便利。上面的图式用等式表示，既可以写成 7＝2＋5，也可以写成 2＋5＝7。在天平提供的意义理解中，学生容易体会这两个等式都表示了左右两边平衡，这是理解等式意义的重要基础。此外，如果把天平右边的 7 表示成两个数的和，从数与式等值过渡到式与式等值也是很自然的。

其次是式与式构成等式。如果只是看到两个算式的和相等，而不是把这两个算式看作一个整体，那么学生对等式的理解仍然没有得到实质扩展。把两个和相等的算式看作一个整体来处理，包括四个渐次提高的学习层次。

一是两个算式的加数相同。在和相等的式子中，最显现的例子就是两个加法算式的加数相同。例如：做一做，你发现了什么？

$$5 + 3 = 8$$
$$3 + 5 = \boxed{}$$

根据多数人从左到右的观察习惯，从不同的方向看，上面图示的情境可以写出两个加法算式，它们的计算结果是一样的。借助图示直观或操作直观，学生可以初步感受"交换两个加数的位置和不变"的规律。这个规律为构建和相等的式子奏响了序曲。

图示直观的支持作用不只是得到和相等的事实，更重要的是提供了理解等式意义的背景。调查发现，如果没有图示直观作为支持，学生对等式的理解容易"断章取义"。在 $4+\square=5+\square$ 的等式中，学生最容易想到在等号左边的方框里填入 1，得到 $4+1=5+\square$，右边的方框里填什么数就不知道了。此时，学生是把等式肢解为算式来处理，看到的只是等式的局部而不是整体，即 $4+1=5$。如果再提示右边的方框里也应填入一个数，并且等号两边算出的结果要相同，学生可以想到 $4+1=5+0$。由此可见，如果没有图示直观的支持与算式意义的解释，学生建立等号两边"平衡"是困难的，这是他们接触代数学习时首先遇到的挑战。

二是两个算式的加数不同。随着学生算术运算能力的提高，他们逐步摆脱了实物操作，进而过渡到较为抽象的数词运算。这时，和才能独立成为理解两个算式等值的真正桥梁。

例如：连一连。哪两盘合起来是 10 个 🐛。

$4+6=10$，$3+7=10$，把两个算式合二为一，$4+6=10=3+7$，以此为过渡，最后得到 $4+6=3+7$。在这个运算能力阶段，即使没有现实的背景作为支持，学生也能构建起和相等的等式。

三是两个数相加等于三个数相加。初学加法的阶段，加数的个数也会影响学生对等式平衡的判断。教学中，需要适时地从两个数相加扩展到三个数相加。例如：

从 1，2，3，4，5，6，7，8，9 中选两个数，使这两个数的和是 12。

$$\square+\square=12$$

再选三个数（已经选过的数不能再选），使它们的和也是 12。

$$\square+\square+\square=12$$

再如：从 1～9 这九个数中，各选一个填入□里。（每个数只能用一次）

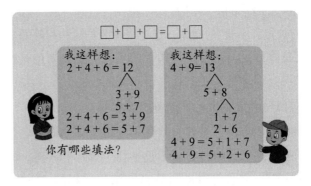

2011 年，我们对浙江两个地市中抽取的 567 名学生进行了调查。调查在学生学习了 20 以内进位加法之后分两次进行，每次都是 3 分钟。第一次直接让学生解答上述问题，第二次调查是时隔两天之后，并先进行了基础训练，训练内容为和是 8 到和是 17 的等式。例如，从 1～9 九个数中选择合适的填入□内（每道题每个数只能用一次）。

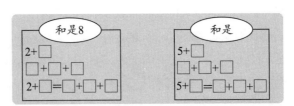

结果表明，经过基础训练之后做对的人数与题数显著提高，能独立得到 1 个及 1 个以上解的人数比例，从 78.5％提高到 95.3％，其中得到 5 个及 5 个以上解的人数比例从 12.7％提高到 63.3％。

四是数阵问题。构建和相等的式子，不只是学习代数思维的重要基础，也是解决一些数学问题的重要工具。例如，数阵问题：填数，使每行 3 个数相加的和是图下方框里的数。

三角形每条边上三个数相加的和相等，处在顶点位置的数在等式中重复出现，这对于学生今后学习等式的性质有帮助。

和相等的式子是学生理解等式较好的切入点，并且在解决数阵等问题中有重要应用，学生对等式的理解，最终要扩展为不同运算组成的等式，和与差相等是其中的一种。和与差的等式形如 $a+m=b-n$，如果 $m=n$，则构成了差值等分的数学模型，即 $a+n=b-n$，它的基本问题是：

摆圆片：拿出 12 个圆片，上行摆 8 个，下行摆 4 个。

要使上行与下行的圆片个数一样多，应该怎么摆？

上行个数－2＝下行个数＋2

上行个数－下行个数＝（　　　）

这个问题的基本数量关系是"上行个数－2＝下行个数＋2"。教学还可以在上下行各增加 2 个数，上面的等式仍然成立。但如果只在上行增加 2 个，那么等式就变成"上行个数－3＝下行个数＋3"。通过变化两行的个数，旨在引导学生理解移动个数只与相差数有关，要把相差数一分为二，其中的一份移到较少的一行中去，两行才能同样多。这个问题情境赋予和与差的等式以一个现实背景，有利于学生理解等式表示平衡的意义。情境直观支持意义理解，如果没有情境直观，也可以在纯形式的运算中，让学生经历关系分析与模型概括的过程。例如，

①▲＋3＝●－3　　　　　　　②★－5＝▲＋5

如果▲＝5，●＝　　　　　　如果★＝12，▲＝

如果▲＝9，●＝　　　　　　如果★＝18，▲＝

如果●＝7，▲＝　　　　　　如果▲＝6，★＝

如果●＝12，▲＝　　　　　如果▲＝9，★＝

如果 $a+n=b-n$，那么 $b-a=$

先把图形表示的已知数代入等式算出值，再根据这个值思考另一个图形代表的数，并检验等式两边是否保持平衡，最后归纳出图形代表的两个数的差值正是加数

（或减数）的 2 倍。在传统的计算练习中，通常学生主要关注如何算出结果，而不是思考算式中数与数的关系或算式与算式的关系。上面这种形式的训练，不只是指向计算的结果，还有计算过程中的关系分析。

即使不是着眼于代数思维的早期萌发，构建等式的训练也是必要的。两个算式等值是算式之间的重要关系，而方程的本质就是描述现实世界中的等量关系。与其到了学习方程时才去构建这个基础，不如早期加强一些训练。何况，这些训练是结合算术运算的基础进行的，不会增加额外的学习负担。

乘法具有两个数交换位置积不变的性质，这个性质给运算带来了方便，是特殊形式的积相等。此外，乘法口诀中那些乘积相同的算式都可以组成等式，在学习口诀时，引导学生整理积相等的式子，发现其中的关系，不仅有利于口诀本身的学习，而且有利于学生体会等式的性质。例如，在学习了 2、3 的乘法口诀之后：

根据下表在 □ 里填数。

3	3	3	3
6		6	
12			

$3 \times \square = 12$

$6 \times \square = 12$

$12 \times 1 = \square$

一个小正方形表示 3，这样 4 个小正方形表示 $3 \times 4 = 12$，2 个正方形组成的长方形表示 6，这样两个长方形表示 $6 \times 2 = 12$。结合几何直观让学生感受两个积相等的关系。

又如，

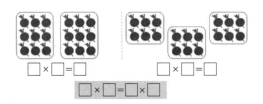

$\square \times \square = \square$　　　　$\square \times \square = \square$

$\square \times \square = \square \times \square$

根据图示直观，先分别列出算式，再组成积相等的式子。在这里，问题情境提供了解释乘法意义的真实性因素，这对于学生理解等式意义有帮助。不过也应当注意到，真实问题虽然有利于乘法意义的理解，却也往往导致学生只注重乘法意义，而不去关注积相等的数学结构。因此，需要逐步过渡到纯形式的数学运算中。例如，

在乘法表中找积相等的两个乘法算式，

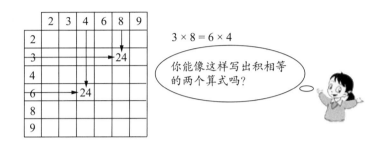

$3 \times 8 = 6 \times 4$

你能像这样写出积相等的两个算式吗？

进一步，根据积相等，在下面的方框里填数。

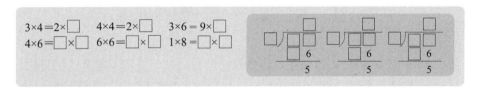

$3 \times 4 = 2 \times \square$　　$4 \times 4 = 2 \times \square$　　$3 \times 6 = 9 \times \square$

$4 \times 6 = \square \times \square$　　$6 \times 6 = \square \times \square$　　$1 \times 8 = \square \times \square$

　　利用积相等构建等式，也是整理乘法口诀的一种独特方式，这种整理方式提供了以关系联系知识的视角，是需要培养的学习方法与重要的学习能力。从联系的角度，积相等既是学习反比例的基础，也为找一个数的因数积累了经验。

　　在代数思维的教学序列设计中，如果说和相等的关系主要关注等式的理解与扩展，那么积相等的关系主要侧重于等式的运算和推理。运算和推理都是解决数学问题的重要工具。在代数思维启蒙阶段，天平表示平衡并且可在两边同时进行操作的直观能大显身手，帮助学生建立对等式实施运算的方法，再利用两积相等的关系进行运算和推理。

　　乘法的基本含义是"一对多"，这也是最简单的积相等关系。这种关系具有很强的延展性，为运算和推理提供了方便。例如，在价格上：

7条 🧣 = □ 顶 🎩

　　1 条裙子的价格与 3 顶帽子相同，7 条裙子相当于 3×7＝21（顶）帽子。教学中，可以让学生思考 1 条裙子用 3 顶帽子替代，7 条裙子就是 7 个 3，这个替代的过程也是构建乘法意义的过程。事实上，把"1 条裙子＝3 顶帽子"作为运算条件，可以构建出很多两积相等的关系，如"2 条裙子＝6 顶帽子""9 顶帽子＝3 条裙子"，等等。如同运用分数的基本性质对分数进行等价变换一样，这些关系式也是等价的，可根据解决问题的需要来选择。

　　两种物体在天平两边的平衡关系，就是两积相等关系的直观形式，如：天平两边一样重。

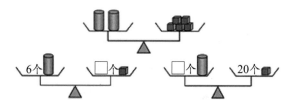

　　圆柱×2＝立方体×5，在学生学习的这个阶段，这个关系不能直接化归到"一与多"的对应，需要分析式与式之间的关系。天平左边 6 个圆柱是 2 个圆柱的 3 倍，天平右边小立方体个数也应是 5 个的 3 倍。5×3＝15（个）。把这个思考过程用等式表示出来，就是如下左图。

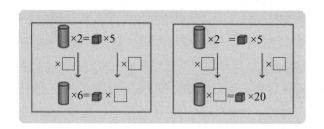

　　对一个积相等的式子两边同时实施相同的乘法运算，得到一个与之等价的结构表达式。通过表达式的变换、分解和重组，促进学生结构意识的发展。

　　运用相等的关系进行运算与推理，构建等式始终是思考的核心。例如，正向与逆向的变换训练：积相等的式子。

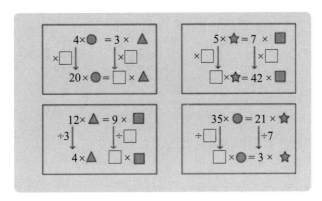

　　每组中两个表达式是等价的，对应的已知因数存在着倍比关系。通过分析这种关系，学生可以获得对等式基本性质的初步理解。

　　以构建等式的基础训练为基础，可以把计算与推理逐步引向比较复杂的形式。

　　例如：

$$3个 菠萝 =（　）个 苹果$$

　　一种思路是两个天平各有一端放了 2 个梨子，利用这个等量可以推导出一个新条件，即"1 个菠萝＝5 个苹果"，这是利用了等号的传递性。另一种思路是先根据"1 个菠萝＝2 个梨子"，构建出"3 个菠萝＝6 个梨子"，然后思考"6 个梨子＝（　　）个苹果"。6 个梨是一个"虚拟"的数量，并且解题时需要从条件到问题反复迁回，思维过程相对比较复杂，因而也难理解一些。

　　在进一步发展阶段，可以运用两积相等的关系分析解答应用问题。例如：买 5 支圆珠笔的钱可以买 3 支钢笔，买 20 支圆珠笔的钱可以买多少支钢笔？

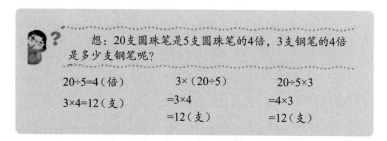

想：20支圆珠笔是5支圆珠笔的4倍，3支钢笔的4倍是多少支钢笔呢？

20÷5=4（倍）	3×（20÷5）	20÷5×3
3×4=12（支）	=3×4	=4×3
	=12（支）	=12（支）

　　真实的问题可能使得学生远离问题的潜在数学结构。上面的分析过程，用两积相等的形式表示，即为：

　　　　圆珠笔×5＝钢笔×3　　圆珠笔×20＝钢笔×□

　　如果没有对等式实施运算的基础，学生解决这类问题会面临困难。因为他们习惯于思考用于解决问题的运算，而不是思考这些等式之间的运算关系。运用这种表征形式与关系分析的方法，有利于把注意力集中到思考问题的过程和问题结构的理解上，并且对后继学习用比例解决问题也有帮助。

　　反比例问题的等式表征就是积相等。从积相等的运算与推理到解决反比例应用问题，中间需要一个从算术形式到代数形式转换的训练。这个训练以乘法分配律作为基础，把对一个数的因数分解转化为方程构建。

　　例如，等式两边两个因数的积等于 210，写出形如 $ax＝b(x\pm n)$ 方程。思考方法是先把 210 分解因数，如 $210＝2\times3\times5\times7$。假定其中的一个因数为未知数，对这些因数进行组合，可以构建出许多方程。如果 $a＝2\times7$，$b＝2\times5$，则有 $14x＝10(x+6)$；如果 $a＝2\times5$，$b＝3\times7$，则 $10x＝21(x-11)$。这种训练是解决稍复杂的反比例应用问题的基础。例如，甲、乙两车的速度分别是 90 千米/时和 75 千米/时，两车从同地出发，同向行驶，乙车先开 2 小时。甲车需要行驶多少时间才能追上乙车？

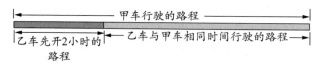

　　甲、乙两车从同地出发，甲车追上乙车时，两车所行的路程相等。根据路程＝速度×时间，就有下面的关系：

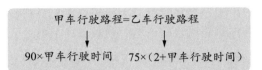

设甲车需要行驶 x 小时才能追上乙车，得到方程 $90x=75(2+x)$。

再次强调，两积相等是一个重要的数学结构，在低年级，它提供了等式运算的方便，在高年级，它联系了反比例的意义与运用。特别地，无论是构建积相等的训练还是运用积相等解决问题，共同特点都是注重了结构分析，这种解决问题的思路与课程标准强调的模型思想是一致的。

(三)等式的恒等变形与图形等式推算

从培养代数思维的角度出发，等式的教学包括意义理解与等式运算两个方面，这两个方面是互相联系的。建立等式表示两边平衡的意义理解，为等式运算打下了重要基础。为了方便起见，这里把小学数学的等式运算分为等式恒等变形与方程同解变形。两者之间的区别是，等式恒等变形的主要依据是算术运算各部分之间的关系，变形前后参与运算的数并不发生变化，而方程同解变形的主要依据是等式的性质，最终都要化归到 $ax=b$ 的形式。

等式恒等变形是一个陌生的说法，之所以在"恒等"前面加个"等式"，主要是为了把它与通常所说的递等式计算区分开来。四则运算定律如 $a\times(b+c)=a\times b+a\times c$ 等，就是等式的恒等变形，变形的目的是为了灵活地实施运算。等式的恒等变形是方程同解变形的重要基础之一，在代数思维启蒙阶段学习等式恒等变形，对运算各部分之间的关系进行训练，为后继学习方程同解变形奠定基础。

首先是四则运算的互逆关系。通常，计算教学比较关注算理与算法，其实运算之间的关系既是数学研究的重要对象，也是小学数学教学的重要内容之一。代数思维中对等式进行变形处理，主要依赖运算之间的关系，包括四则运算各部分之间的关系以及相互之间的互逆关系。其中，相互之间的互逆关系是指减法是加法的逆运算，除法是乘法的逆运算。无论是在算术思维还是代数思维中，运算之间的互逆关系都是十分重要的。

加减法之间的关系是学生学习的第一个互逆关系。建立这个关系，可以借助于具体情境的支持。例如，看图说一说，填一填。

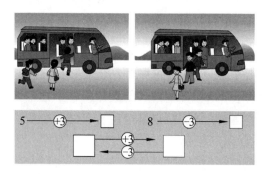

根据情境意义列式分别为 $5+3=8$ 与 $8-3=5$，通过讨论这两个算式有什么相同与不同，让学生初步感知这两个算式间的互逆关系。学生认识了这种互逆关系，对于加减法算式的变形会更加自如。例如，

$$4+3=7 \qquad 7+2=9 \qquad 8-5=3$$
$$3=7-4 \qquad 7=9-\Box \qquad 8=5+\Box$$
$$4=7-\Box \qquad 2=9-\Box \qquad 5=\Box-\Box$$

这种变形训练有两个目的：一是为概括加法之间的关系打基础；二是逐步建立"$3=7-4$"中"3"与"$7-4$"是一样（等价）的理解，而不是理解成"由 7 减 4 算出的结果是 3"，这时不再计较得数在等号的左边还是右边。

算术运算中的互逆关系在代数运算中仍然存在，它们的运算法则是完全一致的。尽管学生对算术运算是熟悉的，但初次遇到代数运算时，他们还会遇到困难。例如，在上面一组算式的变换之后，让学生进行下面的图形推算：

$$\blacktriangle+2=8 \qquad 5+\bullet=9 \qquad \bigstar-3=4$$
$$\blacktriangle=8-(\quad) \qquad \bullet=9-(\quad) \qquad \bigstar=4+(\quad)$$
$$\blacktriangle=(\quad) \qquad \bullet=(\quad) \qquad \bigstar=(\quad)$$

代数意义衍生于它的数字基础，我们期望学生在这类等式变形中，能够观察到它与前面一组结构是相同的。可是学生容易推算图形代表的数，如 $\blacktriangle+2=8$，他们的方法是先找到一个符合要求的 6，用它来替换各个等式中的 $\blacktriangle$，得到 $6=8-(2)$，最后写出 $\blacktriangle=(6)$。这种解法其实不是从结构意义上理解的，等号仍被看作了运算操

作的符号，而不是对称性的意义。用这种数字替换法求得结果，依赖于算术计算的熟练程度，并且没有运用加减法的互逆关系，不能过渡到今后学习更复杂的图形等式推算。这种现象让我们体会到，要求学生写出推理的过程，他们往往会感到很不适应。正如有些学者指出，初学代数时学生面临的一个困难，就是使用正规的表征形式和方法来解决问题。

其次是图形等式的恒等变形。从算术到代数，尽管结构是相同的，等式恒等变形也是相似的，但对于学习者来说，从算术跨越到代数，需要克服的困难仍然有很多，其中最大的障碍就是让图形符号像已知数一样参与运算。为什么学生把 $4+3=7$ 变换成 $4=7-3$ 没有困难，而把▲$+2=8$ 变换成▲$=8-2$ 却会不适应呢？我们思考可能的原因是，数字提供了直观支持。换句话说，在学生看来，只有看到了结果，计算过程才是可靠的。学生用数字替换法解决图形推算的问题，也是利用了这种计算结果的直观支持。

可是，培养学生的代数思维，重点不是推算图形代表的数，而是形成把等式看作一个结构的观念，特别是让图形也参与到计算过程中去，而不是想方设法把它替换掉。这就要求教学的重点要从求得图形代表的数转移到图形等式的恒等变换上来。例如，

$$6+2=8 \qquad\qquad ▲+2=8$$
$$6=8-2 \qquad\qquad ▲=8-(\quad)$$
$$2=8-6 \qquad\qquad 2=8-(\quad)$$

我们发现，学生通过类比可以自然地接受图形参与运算，并且在右边的式子中不要求写出▲代表的数，学生不再使用数字替换的方法。这里所说的类比，本质上是要观察到结构是相同的。

如果学生不能用从结构上来认识，那么在学习图形等式恒等变形时，图形个数的多少影响重大，如果学生能从结构上来认识，那么这种影响就会减少。因此，在初学加减法互逆关系时，可以通过增加图形的个数强化结构意识，直至最终概括出加法或减法各部分之间的关系。例如，照样子，改写式子。

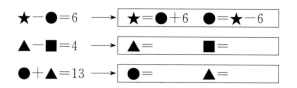

和算术运算一样，对等式进行恒等变形的难度，还取决于运算结构的复杂程度。以不同级的两步运算为例，共有 $ab+c=x$，$a-b\div c=x$，$a(b+c)=x$，$(a-b)\div c=x$ 等 12 种模式，这些模式不必一一训练，可以抓住几个重点，如带余除法的基本关系用图形等式表示为 ★÷▲=■……●，由这个等式恒等变形得到：★=▲×■+●，●=★-▲×■，■=(★-●)÷▲。这些关系在解决具体问题时都很有用。

从图形个数增加到运算结构的扩展，这一系列等式恒等变形的训练中，学生学到的不只是结构的意识和变换的方法，还有不断强化的图形参与运算的观念，这是代数思维萌发的重要基础。

《标准(2011 年版)》把创新能力培养作为数学教育的重要目标，把这种高位的教育目标落实到具体的教学活动中，现行的课程还要做些调整，至少要打些补丁，特别是要开发出适合培养学生创造性思维的材料。新思维数学在这方面做了许多尝试，下面介绍浙江省台州市黄岩区实验小学的一个研究案例(主持：张震宇，成员：王建萍、王永庆、谢菊娥)。

实验时间：2012 年 10 月至 11 月。

实验对象：黄岩区实验小学四年级共 300 名学生。

实验周期：4 周，每天 10 分钟。

实验步骤：

1. 前测。用 1，2，5，6，8，9 六张数字卡片，运用"+、-、×、÷或( )、[ ]"进行四则运算，并尽可能多地写出等式。例如：6+8+15=29，(29+1)÷5=6。提示：同一等式不能出现两个相同的数字。

2. 训练。安排[1]～[30]共 30 个构建等式的训练。

例如，训练[3]：1+4=2+3，用 5，6，7，8，9 五个数字构建不同的等式。

$5+7=\underline{8\times9\div6}$ $7+8=\underline{\hspace{2cm}}$ $9+5=\underline{\hspace{2cm}}$

58＝_____　　　　　57＝_____

从训练[11]开始，增加等式变形训练，如

2＋7＝3＋6，用 1，4，5，8，9 五个数字构建等式。

9＋1＝<u>5×(8÷4)</u>　　　9＋4＝_____　　　5－4＝_____

9÷1－8＝_____　　　5÷1＝_____　　　18＝_____

将等式 9＋1＝5×(8÷4)变形。

8÷4＝<u>(9＋1)÷5</u>　　　5＝_____　　　　9＝_____

1＝_____　　　　　8＝_____　　　　4＝_____

从训练[18]开始，要求根据给出的数构建指定得数的算式，如"从 1，2，4，5，7，8 中选数字，组成得数是 1 的三步或四步运算式子(式子里不含 1，同一个式子也不能有重复数字)"。例如，最后一步用减法运算，57－(1＋2＋4)×8＝1，(8÷2－1)×7－4×5＝1；最后一步用除法运算，25÷(4×8－7)＝1，(4＋7－8)÷(5－2)＝1。

3. 后测。从 1～9 这九个数字中选 4 个填入方框，使 □＋□＝□＋□，再用余下五个数字组成一个等式。这个问题答案十分开放，可以检测学生创造性思维水平。

例如，先选出 4，5，7，8 四个数组成和相等的等式，剩下 1，2，3，6，9，4＋8＝5＋7。9÷3＝6÷2÷1，3÷(2－1)＝9－6，(9＋3)÷2＝6÷1，2×6＝(9＋3)÷1，3×6×1＝9×2，6×2－9＝3÷1，3×6÷2＝9÷1，6＋9－2＝13，(6－3)×(2＋1)＝9，9÷(6＋3)＝1。

先出四个数字组成 a＋b＝c＋d 的等式之后，余下的五个数字所组成的每一个等式，均可恒等变形，如 8×9÷6＝5＋7，变形后为 8×9＝(5＋7)×6，(5＋7)×6÷8＝9，(5＋7)×6÷9＝8，8×9÷(5＋7)＝6，8×9÷6－5＝7，8×9÷6－7＝5。

前测与后测时间相同，均为 20 分钟，评分标准也相同，即写出含一个运算符号的等式得 2 分，写出含两个运算符号的等式得 4 分，写出含三个或四个运算符号的等式得 6 分。如果写出的等式是某一等式的变形，按上面的标准减半给分。

前测与后测成绩统计结果如下：

前测与后测成绩统计结果

类别	平均分	运算步数		
		一步运算	两步运算	三步运算
前测	49.30	17.52	24.69	7.00
后测	58.20	18.10	28.15	11.94

比较前测与后测可以看出，经过系统训练之后，学生构建等式的增量明显，主要体现在两个方面：一是学生构建较复杂等式（如两步或三步运算）的数量明显增加，二是学生构建新颖等式的能力有较大幅度的提高。

统计中也发现有近 70 名学生（约占 23.3%）训练前后没有明显变化，分析原因主要是两个：一是部分学生基础比较弱，不能通过自主学习系统地完成训练系列；二是有些家长认为这样的训练与考试没有多大关系，让孩子随便做一下了事。

为分析不同类型学生在训练中取得的实际效果，我们主要依据前测的成绩，把学生分成四类，优秀（75 分以上）、中上（55～74 分）、中等（40～54 分）、中下（30 分以下）四类，在每类中各取 10 名学生进行统计，分析训练后较之训练前成绩提高的水平，结果如下：

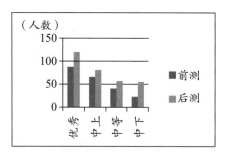

数据表明，在不同等级的学生中，经过系统训练之后，构建等式的能力都有不同程度增长。以学生个体能力发展的已有水平为参照，中下学生与其他学生一样，都能得到较快提升。

　　这项实验也验证了心理学研究的一个结果：学生的思维是可以训练的，创造性思维也是可以训练的，关键在于如何设计出合适的训练材料。能力立意的数学课程设计，应当在这个方向上大胆地迈进。

　　把算术中以数为运算对象推广到以符号为运算对象，是数学发展历程中的一次重要跨越，这次跨越改变了数学的面貌，扩大了数学的领域，开启了代数取代算术的进程。代数是算术的推广，是根据算术法则把一些表示数的字母结合起来。幸运的是，算术中的运算法则都可以迁移到代数中来，这为学习算术时渗透代数运算的方法提供了可能。但是，代数以字母表示数为主要标志，而字母具有更强的抽象性。新思维数学采用了折中的办法，在低年段中以图形符号（如▲，■，●等）表示未知数，结合算术运算教学的进度，螺旋上升地安排图形等式推算训练，分阶段教学图形等式推算的方法。

　　一是一元一次图形等式推算。一元一次图形等式推算，教学的核心主要有两个：一是逐步形成结构的意识，二是建立图形参与运算的观念，这两个方面是相辅相成的。仍以"▲＋2＝8"为例，如果把它作为一个整体结构来看待，第一步是把原等式变形为▲＝8－2，第二步可以算出▲＝6。代数思维主要体现在等式变形这一步上，▲与2和8一样，都参与了运算，在第二步，实际的计算只发生在8与2之间，这一步其实是算术运算。这也就是说，运用代数思维推算图形表示的数，首先是需要把等式看作一个整体作变形处理，其次是推算结果时仍需要算术思维作为其基础。

　　与算术运算紧密结合，是教学图形等式推算的基本策略。算术运算不仅是图形等式推算的工具，而且也是学生理解图形参与运算的拐杖。在学生学习了一种新的算术运算之后，通过类比，学习相应结构的图形等式推算，如学习了乘法与除法的运算之后，安排如下训练：

$$▲ \times 9 = 18 \qquad 32 \div ● = 8$$
$$▲ = 18 \div \square \qquad ● = 32 \div \square$$
$$▲ = \square \qquad\qquad ● = \square$$

　　与算术运算相比较，代数教学的困难与重点是一致的，都要解决字母符号参与运算的问题，关键是要理解字母符号与已知数一样，享有同等的参与运算的权利。我们意识到学生建立这样的观念并不容易，教学主要采用算术运算与图形推算相结合的方式进行。例如，在算术运算中学习了乘法表示同数连加的意义，在代数思维训练中，把相同加数从已知数延伸到未知数，先根据乘法的意义构建图形等式，再通过图形等式推算求得这个相同的加数。例如，

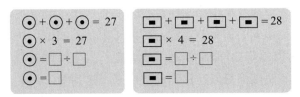

调查中我们也发现，以算术运算的理解作为基础，学生接受图形参与运算并不难。不过这个过程也不是一帆风顺的，在最初的加法与减法学习阶段，学生接受图形参与运算有些勉强，在后来学习乘法与除法阶段，就"习惯成自然了"。这也就是说，学生并不是把"字母表示变量"这样的深层含义完全理解了，他们才能接受图形参与运算的问题。

一元一次图形等式推算，结构形式与图形位置共同决定了推算的难度。在不含小括号的两步运算中，学生比较容易学习的是图形作为被减数（减数）或加数，如：

$$●-3×9=46 \qquad 81÷9+★=56$$
$$●=46+3×9 \qquad ★=56-81÷9$$

以 $●-3×9=46$ 为例，推算图形表示的数有两种思路：一是先对结构进行简化，把原式转化为 $●-27=46$，二是先对等式进行恒等变形，即原式转化为 $●=46+3×9$。这两种思路有不同的教学价值，前者联系到解方程中化归的重要思想，后者是把 $3×9$ 这个式看作一个数进行恒等变形。两者都是代数思维的重要训练。

同样是两步运算，如果图形在因数或除数的位置，则图形推算的过程就要引入小括号参与运算。例如：

$$83-8×●=27$$
$$●=(83-27)÷8$$
$$=56÷8$$
$$=7$$

$$●÷6-35=35$$
$$●=(\square\bigcirc\square)×6$$
$$●=\square$$

图形等式推算，除了用于求得图形代表的数，还可以用于推算关系，如：天平两边一样重。

$$\square \times 2 + \square = \square \times 5$$

1个 🛢 与几个 ▭ 一样重？　　🛢 = ▭ × □

再如，

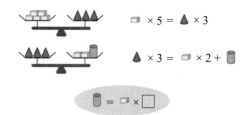

$$\square \times 5 = \triangle \times 3$$

$$\triangle \times 3 = \square \times 2 + \square$$

🛢 = ▭ × □

关系推算其实就是构建新条件，它既是等式性质的直观运用，又是解决问题的重要环节。

结合算术运算学习图形等式推算，还有利于学生进一步理解运算的意义，学习从数学结构的角度分析数量关系，为解决应用问题提供新的路径。例如，看图提出数学问题。

月季花　　茉莉花　　郁金香　　买3盆郁金香和1盆月季花，一共付了
每盆8元　　每盆7元　　　　　　35元。每盆郁金香要多少元？
　　　　　　　　　　　　　　　　🌷 × 3 + 🪴 = 35　　□ × 3 + 8 = 35

数量关系是问题情境的概括。依据学生所学的图形等式恒等变形作为基础，上面的数量关系表征可以转化为：

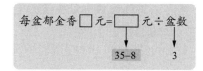

每盆郁金香 □ 元 = □ 元 ÷ 盆数

35−8　　　3

进一步列出求解问题的算式：$(35-8)\div 3$。

仅就解决问题来说，以上分析过程似乎稍显复杂，但它的要义在于，把未知数量直接运用于数量关系之中，使学生对数量关系的分析能从结构出发，建立在较高的观念起点之上。项武义教授在《从算术到代数》中指出，列方程就是一种翻译工作，把所要解决的代数问题中的未知量改用未知数符号来表示，它的好处在于可以把所要解决的代数问题的数量关系，用含有未知数符号的算式表达出来。

二是二元一次图形等式推算。阿拉伯数学家阿尔·花刺子模也享有"代数学之父"的美称，他把代数学称之为还原与对消的科学，这个说法概括了解方程的基本思路。二元一次图形等式推算，基本方法与中学解方程常用的代入法和加减法是一致的，我们有理由相信，对于早期代数来说，学习这些方法的一个潜在优点在于，学生在中学学习解方程时能与小学的图形等式推算建立联系。因此，我们关注更多的不是有没有价值的问题，而是学生能不能学会的问题。其中的挑战在于学习序列的设计。

与一元一次图形等式推算不同，二元一次图形等式推算的复杂程度，取决于式与式之间的关系清晰程度。换一种说法，用一些学者的观点来说，代数式最早的句法结构是某些代数运算的联结能力。容易理解，关系越是清晰联结也就越方便。

例如，下面的图形分别表示几？你是怎样想的？

$$\odot + 5 = 13 \qquad \odot = ?$$
$$\blacktriangle + \blacktriangle + 5 = 13 \qquad \blacktriangle = ?$$

这是两个结构相似的图形等式，既可相互独立，也可组成等式组。如果把两个图形等式联系起来思考，通过比较可以得出一个新的条件，即 1 个圆形＝2 个三角形。无论在代入法还是加减法中，这种把式与式进行比较寻求联系的过程都是十分重要的。

用代入法进行图形等式推算，最终的目标是要学会把一个式子代入另一个式子，不过学生的学习是从数的代入开始的。

例如，小花分别表示几？

先从左边的等式中求出一个未知的数，再让它参与到另一个等式的运算中，求得另一个未知数。数的代入为进一步学习式的代入奠定了方法基础，进一步，可以通过分析式与式之间关系，学习将一个式子整体代入，换取更简单的表达式。例如，小花分别表示几？

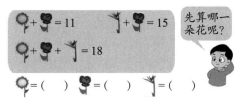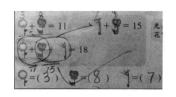

先观察上面两个式子与下面的式子有什么联系，再把上面的两个式子分别与下式进行比较，你能得出什么呢？比较直观的方法，就是把下式的两朵花用上式中的数来代替，构建出新的条件，这就是代入的方法。另一种是把上式下式左右两边分别对应起来比较，得到新的条件，这相当于加减的方法。从这里可以看出，代入法与加减法是相互联系的，不能截然分开。经验中我们体会到，代入法比加减法要简单一些。观察学生解决问题的思维过程，起初他们确实比较喜欢用代入法，如上图右。

式或图的空间排列位置会影响学生的观察与比较，如下面两个式子可代入或加减的关系被设计得稍隐蔽一些，解题的难度也增大了一些。

$$★ + ● + ★ + ★ = 38$$
$$★ + ★ + ⬡ = 28$$
$$★ = \square \quad ● \quad ⬡ = \square$$

研究中我们还发现，从代入法到加减法，中间没有明显可观察的过渡阶段，如解决下面的问题：

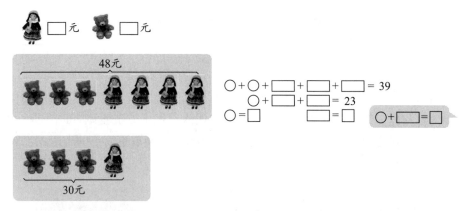

关注遇到代数符号和代数运算时学生的思维和方法，是我们研究的一个重点。我们观察了两个班级(各35名学生)的教学，发现教师提问的方式影响学生解决问题的思路。左边的问题，如果教师先提问"上下两行有什么相同?"学生用代入法比较多，占71.4%。如果教师提问"为什么上行多18元呢?"学生用加减法比较多，占85.7%。可是，紧接着让学生解决右边的问题，发现许多学生使用的方法与前一题并不相同，他们在交替使用这两种方法。

在小学数学中，和差问题是一种重要的数学问题，用图形等式表征这类问题的数学关系，可以使得其结构得以清晰表达，如果再用上加减法的推算方法，解决这类问题则如虎添翼。例如，下面等式表征与关系表征：

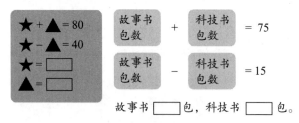

随着学生算术运算能力的提高，这个推算的过程可以进一步形式化。例如，求图形表示的数。

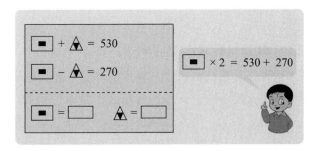

其至概括出"（和＋差）÷2＝大数"与"（和－差）÷2＝小数"的数学关系。

此外还有差倍问题，其基本关系与推算方法是：

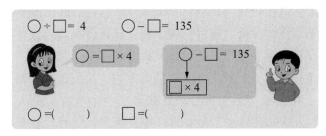

问题解决的情境是代数推理的形成和发展的基础，学生学习的等式结构表示以及图形推算方法，最终要用于解决具体的数学问题，如：

> 萝卜的质量是茄子的3倍，萝卜比茄子多90千克。茄子、萝卜各有多少千克？用 ★ 表示茄子的质量、用 ⬡ 表示萝卜的质量。
>
> ⬡ ÷ ★ = 3　　⬡ － ★ = 90

当然，像这样的问题，通常都是辅以线段图的直观，用算术方法来解答，这里我们强调代数方法，它是分析与解决问题的另一种途径。弗赖登塔尔指出，把代数与算术分开，有一定的理由，那就是算术比较直观且接近现实，而代数却典型地以形式符号方法为其特征。需要提醒的是，如果没有前期的系统训练为基础，学生学习这样的代数方法显然也是困难的。

皮亚杰认为，小学儿童认知发展的关键是从具体运算阶段到形式运算阶段，在低年段进行图形等式推算的训练，可以推动或加速实现这个阶段跨越，同时，它还是解决数学问题的重要工具。

(四)结构意识的启蒙与数量关系的结构

代数运算以算术运算作为基础，并且与算术运算共享相同的运算法则，但是算术解题与代数解题也有很大的不同。算术的解题活动是通过列式，逐步施展一些面向解答的活动，代数的解题活动，是发现与表示量的关系，并根据代数规则把一个关系变成另一个等价的关系。① 代数运算的主要活动是操作符号与变换关系，这两者相互联系并且都依赖于结构意识。因为成功应用代数符号的能力，要求首先理解数学运算和数学关系的结构属性。② 甚至有观点认为，学生学习方程概念感到困难的本质原因是缺乏代数的结构意识。③ 代数结构意识包括要把多重符号表达式看作一个整体，对表达式进行分解、重组和确认同一结构等能力，这些能力与符号意识以及模型思想相联系，因而也是重要的数学能力。

首先是把多重符号表达式看作整体对象的能力。研究表明，初学阶段学生学习代数的困难之一，是无法把多重符号表达式看成一个单位，进而无法感知代数结构。④ 学生在算术运算中就接触了大量的符号表达式，这对代数学习既有正面的支持，也有负面的影响。学生在算术运算中潜移默化地形成这样观念：运算一定要获得一个确定的数值结果，这种印象根深蒂固，以至于在代数学习中很难调整。比如圆的周长是 4π，学生就会感觉不适应，想要进一步把结果乘出来。其实，代数运算与算术运算不同，其目的不是为了得到确定的数值结果，而是形成某个表达式或者对表达式进行变形。

把多重符号表达式看作整体对象来处理，是解决两步运算图形等式推算问题的重要能力。例如，求图形表示的数。

---

① ［西班牙］古铁雷斯，［意］伯拉. 数学教育心理学研究手册——过去、现在和未来［M］. 徐文彬，喻平，孙玲，译. 桂林：广西师范大学出版社，2009.

② ［美］约翰·塔巴克. 代数学——集合、符号和思维的语言［M］. 邓明立，胡俊美，译. 北京：商务印书馆，2007.

③ 郑毓信. 课改背景下的数学教育研究［M］. 上海：上海教育出版社，2012.

④ 张丹. 如何理解和发展代数思维——读《早期代数思维的认识论、符号学及发展问题》有感(上)［J］. 小学教学，2012(11).

$$\bullet - 3 \times 9 = 46 \qquad 81 \div 9 + \bullet = 56$$

以运算顺序的理解为基础，学生会把图形等式中直接可以运算的部分先算出来，使结构简化。例如，把 $\bullet - 3 \times 9 = 46$ 简化为 $\bullet - 27 = 46$。这时，学生容易理解"3×9"这个算式可以看作 27 来对待。不过，有时这样的简化策略并不总是直接奏效。例如，解决下面的问题，☺ $\times 5 - 18 = 27$，☺$= ?$

这时，学生解题的思路主要是两种。一是"隐藏法"，先隐藏"圆$\times 5$"，把它看作"什么东西"减去 18 是 27，这个什么东西是 45，然后再把"圆$\times 5$"重新露出来，得到一个新的等式，即"圆$\times 5 = 45$"，最后利用已知的数字事实，得到圆代表的数是 9。这种解法把"圆$\times 5$"看作一个整体，先忽略原有未知数的存在，在初学阶段，这是一种比较可靠的方法。二是"变形法"，把原式变形为"圆$\times 5 = 27 + 18$"，算出等号右边已知的部分，得到"圆$\times 5 = 45$"，最后求得圆代表的数是 9。上面的两种解题思路，都要把图形等式中的"圆$\times 5$"看作一个整体来对待。

代数运算关键在于怎么"看"符号表达式。只有具备了这种把多重符号表达式看作整体对象的能力，才能在结构上把原问题变成一个更容易的问题。把什么看作整体对象与运算顺序有关。加减乘除混合运算的顺序是，先算乘除法，再算加减法。在混合运算中，学生容易把乘法算式看作一个整体对象，其次是除法。此外，在算术运算中，括号改变运算顺序，在代数运算中，括号的出现似乎有助于学生观察到结构。

算术是处理计算的方法，而代数处理的是计算所包含的过程。[①] 对等式表达式进行变形，就是一种包含过程的重要代数运算。以形如 $a \times b \pm c = f$ 的两步混合运算为例，新思维数学设计了几种不同的训练形式。例如，根据每组第 1 个等式，在○里填运算符号。

$52 - 4 \times 7 = 24$ $9 \times 5 + 28 = 73$

$52 = 24 \bigcirc 4 \times 7$ $28 = 73 \bigcirc 9 \times 5$

$4 = (52 \bigcirc 24) \bigcirc 7$ $9 = (73 \bigcirc 28) \bigcirc 5$

① 王宪昌 . 数学思维方法［M］. 北京：人民教育出版社，2010.

　　这种训练安排在学生学习了乘除与加减混合运算之后，既是运算顺序的训练，也是等式变形的重要训练。这里只要求在圆圈里填写运算符号，目的是把注意力集中在等式变形上。实验中发现，在对"$52-4\times7=24$"进行变形时，写出与 4 或 7 等值的算式比写出与 52 等值的算式要困难一些。但如果把"$52-4\times7=24$"先变形为"$4\times7=52-24$"，再写出与 4 或 7 等值的算式就容易多了。

　　根据运算之间的关系，一个等式中每个参与运算的数都可以变换为运算的结果。因此，一个等式都可以有多种变形。例如，

$$(1)\,73-7\times4=45 \qquad\qquad (2)\,6\times8+7=55$$

$$73=\square+\square\times\square \qquad\qquad 7=\square-\square\times\square$$

$$7=(\square-\square)\div\square \qquad\qquad 6=(\square-\square)\div\square$$

$$4=(\square-\square)\div\square \qquad\qquad 8=(\square-\square)\div\square$$

　　这种形式的训练，不以求解某个数量为目的，而是为了在变形中培养学生把多重符号表达式看作一个整体对象进行处理的能力。分别以各个参与运算的数作为等式的值，目的是能够根据结构特征选择恰当的表征形式。

　　以上两种形式的训练，都有"计算的直观"作为支持，也就是说，学生可以运用计算来检验变形的过程。进一步，以图形代表数，从等式变形自然而然地过渡到图形等式推算上来。例如，求各图形所代表的数，写出推算过程。

　　图形等式推算联系了代数与算术两种不同的运算。其中，第一步的等式变形是代数运算，它是最重要的，之后求解图形所代表数的过程，则是算术运算。

　　结构在等式的变形中起着关键作用。学生在等式变形与图形推算中，对结构慢慢地"熟识"和"敏感"起来，在对这一结构有了充分积累的基础上，就可以进一步推向形式化，从各种具体运算中抽象出图形符号表示的代数结构。例如，图形等式推理。

$$+ \bullet \times \blacktriangle = \begin{cases} \blacktriangle = \underline{\hspace{3cm}} \\ = \underline{\hspace{3cm}} \end{cases}$$

如果 $17+7\times8=73$，那么 $8=\underline{\hspace{2cm}}$，

$$17=\underline{\hspace{3cm}}。$$

　　尽管等式变形是十分重要的代数训练，但如果只是过分地强调变换的技巧，而忽视符号与表达式中的数学意义与结构，那么这种变形训练就可能成为无意义的符号游戏。因此，在符号运算之后，要进一步用数值运算验证符号运算的表达式，把数值运算与符号运算结合起来。

　　其次是确定两个等式表示等价或同一结构的能力。也有一种说法，代数思维是一种基于规则的推理。[①] 以解方程为例，本质就是对方程进行同解变形，最后得到 $x=a$ 的形式。这个过程包括移项，合并同类项，把系数化为 1 等基本的程序。在对等式进行同解变形或推理的过程中，学生起初依赖于运算之间的关系，后来逐步过渡到等式的性质。这两种思路有较大的区别，前者是程序化的，后者是结构化的，从程序化过渡到结构化是一个渐进的复杂的过程。

　　首先是运算关系的理解。在小学数学中，运算关系主要是加法与减法、乘法与除法之间的互逆关系。儿童初学这些运算时，一般只在个别运算上下功夫，很少去考虑这种关系。但是，儿童只有在理解加减运算互逆关系之后，才能真正理解加减法的本质。其中对加法与减法互逆关系的理解，可以追踪到一年级学习 20 以内退位减法中。20 以内退位减法有多种计算方法，包括"平 10 法""破 10 法""想加算减"等。这些方法各有优点与不足。"平 10 法"与"破 10 法"可以把算理解释得很清楚，但计算的中间过程比较复杂，初学时学生不容易从算理上理解。而"想加算减"直接指向算法，思维过程比较简单，但需要有较为熟练的加法运算技能作为直接的基础。新思维数学还从代数思维的角度挖掘了"想加算减"的教学价值，如下面的问题情境。

---

　　① ［荷兰］弗赖登塔尔. 作为教育任务的数学［M］. 陈昌平，唐瑞芬，译. 上海：上海教育出版社，1995.

看一看，说一说。

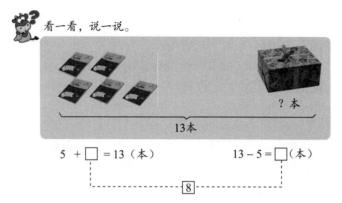

13本

$5 + \boxed{} = 13$（本）　　　$13 - 5 = \boxed{}$（本）

$\boxed{8}$

　　以算术的思路解题，列式是 $13 - 5 = 8$（本）。可是，如果学生写下 $5 + 8 = 13$（本）的算式，往往被教师判定为错，理由是"计算的得数没有写在等号的右边"。其实，这个表达可以看作以代数的思路解题，它完整地表达了情境中的数量关系，把这个式子进行变形，就可使得算式的得数成为所求问题的数值。

　　从这里也可以看出，学生以代数思维解题似乎是自然而然的事情，或者说，在小学生的思维与习惯中，算术思路与代数思路之间并没有不可跨越的鸿沟。

　　其次是运算意义的迁移。乘法是表示同数连加的简便运算，这种算术运算的意义同样适用于图形代表数的运算，因此，把同数连加的图形等式转换成乘法是十分方便的。由于学生理解图形参与运算比较困难，新思维数学最初采用赋值的方法。例如，

★ $= 6$　　　　▲ $= 7$

★ ＋ ★ ＋ ★ ＋ ▲ ＝ （　　）

$6 + 6 + 6 + 7 = \boxed{}$

$6 × 3 + 7 = \boxed{}$

◉ $= 7$　　　　▭ $= 5$

◉ ＋ ◉ ＋ ◉ ＋ ◉ ＋ ▭ ＝ （　　）

$\boxed{} × \boxed{} + \boxed{} = \boxed{}$

之后学习运用乘法的意义与等式变形的一般方法，把图形等式进行等价表示。例如，求各图形代表的数。

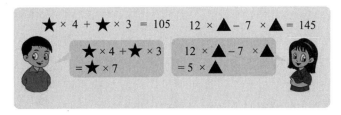

基于对乘法的意义理解，从加法到乘法的变化学生不会感到困难，他们容易理解●+●+●+7=25 与●×3+7=25 是一样的，属于同一结构。建立了图形可以参与运算的观念，图形等式的运算将变得更加自如，因为算术运算的定律都可以用到代数中来。例如，

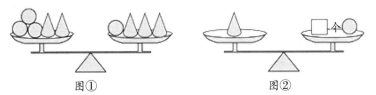

最后是等式性质的渗透。等式性质是很重要的，它提供了把一个等式变换为与之等价的另一等式的依据。天平模型是学生学习等式性质的有效工具，这是因为天平可以促进学生对从方程的两边消去相同项的理解，在学生感知等式性质中能发挥重要作用。新思维数学以天平的模型直观，设计了天平中推理的系列训练，这些训练有利于学生感知与理解等式性质。例如，图①是平衡的，在图②的空格里填上恰当的数。

图①　　　　　　　　　　图②

借助可以在天平两边同时进行操作的直观，学生容易理解在图①的天平两边同

时减去 2 个锥体和 1 个球，天平还是平衡的，进而得到"1 个锥体＝2 个球"。如果把等量的传递性结合进来，可以进行更丰富的推理训练。例如，

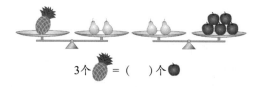

3个 🍍 ＝（   ）个 🍎

对于低年级学生来说，这种推理可以先从操作直观开始，逐步过渡到形式化的语言表达。再如，

4个 ⬜ ＝（   ）个 ⭕   4个 ▯ ＝（   ）个 ⭕

4个 ⬜ ＝（   ）个 ▯

天平中的推理，过程中包含许多等价的等式，推理的过程就是对这些符号表达式进行分解与重组，这个过程除了有利于促进代数结构意识的发展之外，还可以发展学生的推理能力，而推理能力是数学的核心素养之一。

在算术思维中，人们利用数量的计算求出答案，这个过程是程序性的。算术思维的表达式其实是思考过程的记录，它是从条件出发到问题的"单行线路"。在代数思维中，人们利用数量相等建立关系，这个过程是结构性的。代数思维的表达式充当问题转译的角色，它是条件与问题之间的"双向通路"。在解决数学应用问题时，代数思维的优势主要在于联系和转化。联系是把相同数学结构的问题统整起来，渗透模型思想，转化是指把逆向思考的问题转化为正向思考，降低学习难度。无论是联系还是转化，都是以结构理解和分析数量关系的训练作为基础的。

一是联系——渗透模型思想。

张奠宙教授指出，方程是一个非常重要的数学模型，许多实际问题最后可归结为一个模型，小学数学应用题的求解，是一种建模过程。我们的理解是，数学建模是一个复杂的过程，小学生在列方程解应用问题时经历的建模过程，主要体现在两个方面：一是从一个问题情境中发现某种关系，再用数学符号语言描述这个关系，

也就是建立一个含有未知数的等量关系；二是从几个有联系的问题情境中发现相同的数学结构，对于用图形等式表示的关系式来说，就要排除图形所处位置的干扰。

例如，下面的两个问题：

小朋友种树。

河边有9组，每组5人　山坡上有□人

一共有82人

65 名游客去游玩。共有 1 辆大客车和 3 辆面包车。

大客车坐41人。

平均每辆面包车坐多少人？

余下的坐面包车。

如果用算术方法解，列式分别是 82－9×5，(65－41)÷3，无论是从情境上还是列式上，看不出这两个问题有任何的联系。但是，从结构的角度就不一样了，这两个问题都可以看作和的结构，如果分别用★和▲表示两个未知的数量(即所求的问题)，上面的两道题可分别转译为：9×5＋★＝82，3×▲＋41＝65。不考虑图形未知数所处位置的差异，这两个问题其实是同构的，都属于 $ab+c=f$ 的结构类型。

其实，上述两个问题结构并不复杂，如果用算术方法解答也是容易的。并不是复杂的数学问题才需要运用图形等式，因为它是从结构和归纳性的角度来理解表达式的，是不一样的分析视角。例如，把"一共有 82 人种树""65 名游客"都看作和的结构，从这个结构出发，容易建立题目中条件之间的关系，也容易发现题目间隐秘的联系。或许发现那种隐秘的联系本身并不是最重要的，我们看重的是学生在发现和建立联系的过程中所形成的结构意识。另一方面，算术方法与代数方法也是密切联系的，像上面那样，先用图形等式来表征问题情境的数量关系，再把图形等式进行变形，如把 $9×5+★=82$ 变形为 $★=82-9×5$，这个过程是代数思维，之后的计算过程完全是算术的思路与方法。

毫无疑问，真实的问题情境是代数式意义生成的源泉，但是，也应注意，真实的问题情境反而容易使学生远离问题潜在的数学结构。倚重结构的数量关系分析训练，可以把数量关系从真实的问题情境中剥离出来。例如，在学生学习了基本数量关系之后，安排看图说数量关系的训练：

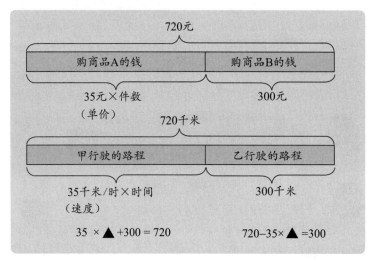

这种训练可以分为三个层次：一是描述情境，根据两个图所表示的数量关系，编出一道应用问题；二是概括关系，比较两个图的相同与不同，概括出相同的数量关系；三是关系变换，把和的结构变成差的结构。真实的问题情境、图示的数量关系、抽象的数学结构及其变换，是不同的数学表征形式，正是这些不同形式本身之间的相互关系，支持了代数意义的建构。

结构的好处是利于扩展。如果把 $ab+c=f$ 的结构扩展成 $ab+cd=f$，就是典型的两积之和的形式，这种数量关系在生活中普遍存在，与具体情境联系起来可以设计出许多应用问题。如果两个积中有一个因数相同，即 $(a+b)×c=f$，就是相遇问题的基本模型。限于篇幅，这里不再展开。

不难看出，在数学教学中重视结构意识及其变换，可以把更广泛的数学知识联系起来。而联系，既是学习数学的一种方法，也是数学学习中应当形成的一个观念，甚至可以看作是数学的一种重要思想。

二是转化——降低学习难度。

如果把小学数学的应用问题分为正向题与逆向题，那么难题主要集中在逆向题中。拿两积之和 $(ab+cd=f)$ 的数学结构来说，以买足球与篮球为例，条件与问题列举如下表：

	单价/元	数量/个	两种球的总价/元
足球	a	b	f
篮球	c	d	

已知 a，b，c，d 求 f，就是正向题，反之，如果已知 f 以及 a，b，c，d 四个数量中的三个，求另一个数量，都是逆向题。以代数思维训练作为基础，正向题与逆向题统一在同一个数学结构中，并且，每一个逆向题可以转化为正向题进行分析，这样，不仅可以降低学生学习的难度，而且可以达到以简驭繁的目的。

一个正向题可以通过改编变成逆向题，结构越是复杂条件越多，可以转换成逆向问题的数量也就越多，用数学结构统领一类题的意义也就越大。再以两商之差的基本结构 $a÷b-c÷d=f$ 为例，如：原来 450 元钱可以买 6 个足球，现在只能买 5 个，每个足球涨价多少元？计算的方法是 $450÷5-450÷6=15$(元)，其数量关系表征与计算表征是一致的，是正向题。如果把问题作为一个已知条件，再把其中的一个条件作为问题进行可逆性变换，就成为它的逆向题。例如：

①原来 450 元钱可以买 6 个足球，现在每个足球涨价 15 元。这笔钱现在能买足球多少个？

②一笔钱可以买 6 个足球，现在每只涨价 15 元，涨价后只能买 5 个，这笔钱多少元？

③用 450 元钱买足球，每个足球涨价 15 元，原来可买足球的个数是现在的 1.2

倍，现在可以买多少个足球?

　　从结构上分析，上面三个逆向题的数量关系分别可以表征为：450÷现在个数－450÷6＝15，一笔钱÷5－这笔钱÷6＝15，450÷现在个数－450÷(现在个数×1.2)＝15。本质上，这些数量关系表征与正向题是一样的。如果没有经历这个可逆变换的过程，如果不是从结构的角度去考察，把这些逆向题与原来的正向题联系起来是困难的。正向题与逆向题的可逆变换，提供了表达式的等价结构，学生在这些变换与联系的分析中，发展了结构意识。

　　算术在很大程度上是过程性的，许多逆向题用算术方法解答，难度往往比较大，主要是分析数量关系时对逆向思考的要求比较高。只要建立了未知数量也可以参与运算的观念，就可以把逆向题转化为正向题来分析。这样，不仅分析数量关系变得简单，而且那些纷繁复杂的数学问题就可以归结为几个简单的结构，如和的结构、差的结构、积的结构，等等。

　　以和的结构为例，分析这类应用问题，可以抓住"和"的表述句，分析哪两个数量的"和"，列出以"和"为等量的关系式。如果"和"的表述句是问句，就是正向题，数量关系表征与计算表征是一致的，这类问题用算术方法解答比较方便。如果"和"的表述句是条件句，则为逆向题，可先列出以"和"为等量的关系式，再把它转化为求未知数量的算式。例如，王叔叔翻越一座山用了 5 小时，行程共 15 千米。上山速度为 1.5 千米/时，下山的速度为 4 千米/时。王叔叔上山和下山的时间各是多少?

　　这道题从情境上看像是行程问题，但实质上是"鸡兔同笼"问题。

①抓住"行程共 15 千米"就能列出以路程和为等量的方程。

解：设下山用 x 小时，则下山的路程为 $4x$ 千米。

$$4x+1.5(5-x)=15, \quad x=3,$$
$$4\times3=12（千米）, \quad 15-12=3（千米）。$$

②抓住"用了 5 小时"又能列出以时间和为等量的方程。

设上山路程为 x 千米，则下山路程为 $(15-x)$ 千米。

$$\frac{x}{1.5}+\frac{15-x}{4}=5, \quad 4x+22.5-1.5x=30, \quad x=3,$$
$$15-3=12（千米）。$$

　　两种解题思路都是抓和的结构，不同的是前者是"两积之和"，后者是"两商之和"。在较复杂的"鸡兔同笼"问题中，"脚的和"即为"两积之和"，头的和即为"两商之和"。

　　又如，甲、乙两堆煤共 180 吨，甲堆煤的 $\frac{2}{5}$ 与乙堆煤的 $\frac{1}{3}$ 之和是 64 吨。甲、乙两堆煤各多少吨？

　　①"64 吨"是甲堆煤的 $\frac{2}{5}$ 与乙堆煤的 $\frac{1}{3}$ 之和。

　　解：设甲堆煤为 x 吨，则乙堆煤为 $(64-x)$ 吨。

$$\frac{2}{5}x+\frac{1}{3}(180-x)=64,\ \left(\frac{2}{5}-\frac{1}{3}\right)x=4,\ x=60。$$

$$180-60=120（吨）。$$

　　②"180 吨"是甲堆与乙堆煤的和。

　　解：设甲堆煤的 $\frac{2}{5}$ 为 x 吨，则甲堆煤为 $\frac{x}{\frac{2}{5}}$ 吨。

$$\frac{x}{\frac{2}{5}}+\frac{64-x}{\frac{1}{3}}=180,\ \frac{1}{3}x+\frac{2}{5}(64-x)=180\left(\frac{2}{5}\times\frac{1}{3}\right),\ \frac{1}{15}x=1.6,\ x=24。$$

$$24\div\frac{2}{5}=60（吨），\ 180-60=120（吨）。$$

　　抓住"和"的结构分析数量关系，可以降低解答应用问题的难度。相应地，对解方程的技能要求就比较高。但是，如果在前期的代数思维训练中，突出等式的意义与性质的教学，那么解这些方程也将变得简单。

　　分析数量关系的训练是解答应用问题的重要基础，并不是复杂的问题才需要用到方程解法，从发展学生代数思维的角度，在学生学习了方程之后，即使容易用算术方法解答的简单问题，也应当强调方程的思路。因为算术方法解题时，学生往往只是关注运算的意义，而不是表征问题情境的数学结构。建立结构意识是重要的，它既是代数思维的核心，也是模型思想的基础。

八、图形与几何课程的拓展性

几何学在人类理性文明中占有重要地位,几何学的课题也就是去研究、理解空间的本质,它是我们研究大自然、理解大自然的自然起点和基石所在,它也是整个自然科学的启蒙者和奠基者。[①] 空间是一个关于物体存在形式的基本概念,人们从物体的存在形式中抽象出关于图形及图形关系的概念,构成数学研究的对象。[②]

小学数学课程中的"图形与几何"主要是通过归纳实验发现空间的本质,是经验几何或直观几何,并不形成严格的公理化体系。几何学习的主要目标是使学生更好地理解自己周围的几何现象,将几何学习的视野拓展到学生生活空间,强调空间与几何的现实背景。新思维数学"图形与几何"的课程内容包括:图形的认识、图形的测量,图形的运动与位置变化等,以概括能力、推理能力、空间观念、几何直观为核心展开,特别重视在动态变换的过程中发展空间观念,构建了培养和发展小学生空间观念专项训练的学习系列。

(一)在图形的认识中突出基本概念与概括能力

图形是人类长期通过对客观物体的观察逐渐抽象出来的,抽象的核心是把物体的外部形象用线条描绘在二维平面上。在图形世界里,最基本的元素是点、线、面,最重要的图形是角。

1. 点与线

点是位置的抽象,线是路径的抽象。在几何学的讨论中,通常用点来标记位置,所以点其实就是位置的抽象化,当一个点由一个位置移动到另一个位置,其所经过的点组成的这个运动的通路就是线,两点之间有且仅有一条最短的通路,即线段。

点是最为原始的几何事物,所有其他的几何事物都由点组合而成。直线段和直线则是第二原始的几何事物,所有其他的几何结构和性质都是由它们所表达的基本

---

① 项武义. 基础几何学[M]. 北京:人民教育出版社,2004:1.
② 史宁中. 基本概念与运算法则[M]. 北京:高等教育出版社,2013:52.

结构来刻画和表述的。^① 新思维数学在点、线等基本几何概念的认识中，呈现了"点动成线"的直观景象，并且渗透了线段的长度比较与加减运算，使学生在概念学习之初，思维就建立在较高的观念起点之上。

例如，让学生观察蚂蚁爬行的路线，描画出这条路线。

在蚂蚁爬行的动态直观中，感知"点动成线"的几何事实，进一步，以笔尖作点，在纸上移动笔尖，画出蚂蚁行进的路线，区分直的线与弯曲的线。在这些学生熟悉的生活概念的基础上，认识直线、射线与线段。

图形的认识包括两个方面，一是对图形自身特征的认识，二是对图形各元素之间、图形与图形之间关系的认识。新思维数学以线段为原型，通过一个方向与两个方向的延长，分别得到射线与直线，揭示概念之间的关系。如下图：把线段向一个方向无限延长，就得到一条射线。射线也是直的线，它只有一个端点。如下图，记作：射线 AB。

$$\overset{A \qquad\qquad B}{\bullet\!-\!\!-\!\!-\!\!-\!\!-\!\!-\!\!-\!\!\bullet\!\!-\!\!-\!\!-\!\!-\!\!-\!\!-\!\!\longrightarrow}$$

将线段向两个方向无限延长，就形成了直线。直线没有端点。如下图，记作：直线 AB 或直线 BA。

$$\overset{A \qquad\qquad B}{\longleftarrow\!\!-\!\!-\!\!\bullet\!\!-\!\!-\!\!-\!\!-\!\!-\!\!-\!\!-\!\!\bullet\!\!-\!\!-\!\!-\!\!-\!\!-\!\!\longrightarrow}$$

一般教材中所画的直的线，以有无端点的个数来区分线段、射线、直线，实际上射线和直线是不可测量的，联系到无限的概念，是不可能画出来的。无限不宜被处理成穿越森林，穿越地球，……无限不等于很长，无限存在于概念之中。其实，数学中的"点""线"只存在于我们头脑中，是想象的线，是只能通过"心灵之目"才能看到的实在，而画出的点、线只是用来帮助我们把想象中的点、线形象化，是传达

---

① 项武义. 基础几何学[M]. 北京：人民教育出版社，2004：4.

一种含义以帮助我们形象地看到一种场面而已。①

两点确定一条连线段，这里所说的确定，包括方向与长度。线段具有可测量性，从形式上讲，线段可以比较长短，可拼可截，表现在数上，则其长度可加可减。例如，

形：$AB+BC=AC$ $AC-AB=BC$ $AB<BC$

数：$3+5=8$ $8-3=5$ $3<5$

建立线段可加加减的观念是重要的，因为在几何代数中，最基本的元素是线段，所有的运算过程都是借助于线段建立起来的。加法用线段的加长来解释，减法则是从线段上截去与减数相应的线段；两数相除被视为两线段长度的比，两条线段相乘归结为建立二维的矩形，积代表矩形面积，三条线段相乘归结为三维的一个平行六面体，而乘积代表其体积。②

在欧几里得几何空间中，两点间的直线距离是本质的，通过两点间的直线距离可以定义线段的长度。在图形的特征与度量中，线段的长度都是至关重要的。例如，所谓两条直线平行是指两条直线之间的距离处处相等，所谓平行四边形就是指两组对边的长度分别相等的四边形。正是在线段长度的基础上，人们在平面定义了面积的度量，在空间定义了体积的度量，这些度量的基础都是两点间的直线距离。③

作为一种重要的概念与模型，新思维数学对线段的教学做了两个方面的拓展：

一是把"两点之间距离"作为重要的概念。两点间的距离即线段的长度，它联系着平行线之间的距离，图形的高与圆的定义等多方面的知识，是一个被忽视但却联系很广泛的重要概念。

线段 AB 上有一点 C，它可以在线段 AB 上运动。当它运动到什么位置时，离 A，B 两点的距离相等？（每一个小方格的边长表示 1 cm）

① 韩雪涛. 数学悖论与三次数学危机[M]. 长沙：湖南科学技术出版社，2006：69.

② 韩雪涛. 数学悖论与三次数学危机[M]. 长沙：湖南科学技术出版社，2006：78.

③ 史宁中. 基本概念与运算法则[M]. 北京：高等教育出版社，2013：52.

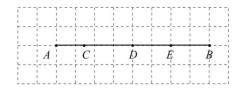

　　以方格和运动的直观，理解线段长度相等。D 点把线段 AB 分成相等的两条线段，即 $AD=DB$，D 点是线段 AB 的中点。在线段 AB 上找出两个点，使得它与 D 点的距离相等。进一步，动点从线段上移到线段外：如下图，点 M 可以在方格纸内运动。（每个小方格的边长表示 2 cm）

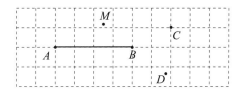

　　当点 M 运动到什么位置时：$AM+BM>AB$，$AM+BM=AB$。根据"两点之间线段最短"的数学定理，可以想到只要点 M 在线段 AB 之外运动，都有 $AM+BM>AB$，而当点 M 在线段 AB 上运动，就有 $AM+BM=AB$。把点的运动与"三角形两边之和大于第三边"联系起来。

　　到定点的距离等于定长的点的集合，就是圆的轨迹。如下图，在方格背景下，研究到定点距离相等的点的集合，为理解圆上任意一点到圆心的距离相等做铺垫。

　　如左下图，在线段 AB 和线段 CD 上各找两个点，使得这四个点到 O 点的距离相等。请你画出这些点。在右下图中也能找到这样的四个点吗？试一试。

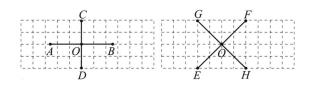

二是增加"线段计数"的问题。线段的计数是纯数学问题，是生活中许多计数问题的几何直观。新思维数学结合线段的认识，让学生研究直线上点的个数与线段条数之间的关系。

3个点在同一条直线上有2条基本线段（AB 和 BC，线段 AC 不是基本线段），共有几条线段？4个点、5个点在同一条直线上呢？

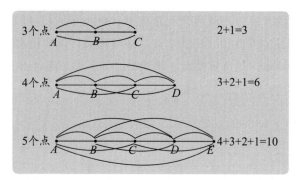

以上面的计数（计算）方法为基础，进一步解决简单的组合问题。例如，有5支球队参加单循环比赛，一共要比赛多少场？用点表示球队，两点之间的连线表示2支球队之间的一场比赛。

球队支数	示意图	线段条数	比赛场数
2	• — •	1	1
3	△	2+1	3
4		3+2+1	6
5		□+□+□+□	□

再如，有6个好朋友在一次聚会上见面，相互握一次手，一共握了几次手？

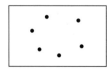

用1个圆点表示1个人，在左图连线表示握手的次数。

线段计数的几何直观是强有力的工具，以线段计数作为基本模型，学生可以借助于几何直观，分析问题、解决更为复杂的问题，如：

甲、乙、丙、丁和强强 5 位同学参加象棋比赛，每两人比赛一场。甲已赛 4 场，乙已赛 3 场，丙已赛 2 场，丁已赛 1 场。这时强强赛了几场？

学生可以利用线段计数的模型描述和分析以上问题，运用推理解决问题。

2. 角的认识

平面直线图形的基本要素是线与角，这两种基本要素构成图形的特征。例如，等腰三角形的特征是两腰相等且两底角相等，平行四边形的特征是对边相等且对角相等。

角是生活中常见的也是学生最早接触的几何概念，但角也是一个很难描述清楚的概念，比如角是指图形中的什么？是射线之间的面积吗？用射线定义角与现实世界中看到的角不符，为什么说角的大小与边的长短无关？等等。

新思维数学把角的认识分为两个教学阶段，不同阶段的教学有明显的层次性，并且都在现实生活与几何世界里来回穿梭。

第一阶段：初步认识角。这一阶段主要引导学生从生活情境中找角，经历从实物的形状中想象出几何图形有角的过程。

找一找。下面图形中哪里有角？

转一转。用硬纸条做出角，转动其中一条张纸条，什么在变？

角有两种定义：一是从一点出发引出两条射线所组成的图形，二是一条射线绕着它的端点旋转而成的图形。前者是静态定义，后者是动态定义。找一找、转一转的活动，分别对应于以上两种定义的初步感知。

　　角的度量属性是数学研究的重要方面，研究角主要研究角的大小，角的大小也是对角进行分类的重要的依据。在角的初步认识阶段，就要建立角的大小的概念。新思维数学通过操作直观、实物直观、方格直观等多种手段与方法，让学生获得丰富的感知和经验，以直角为标准，在比较中认识锐角与钝角。

　　折一折。把一张纸对折，再对折，折痕构成直角。

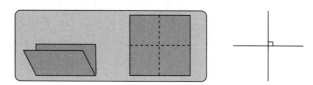

　　比一比。比一比哪个角大。

直角　　　　锐角　　　　钝角

　　辨一辨。下面钟面上时针和分针所成的角，哪一个是直角？哪一个是锐角？哪一个是钝角？

　　画一画。在点子图上画出直角、锐角和钝角。

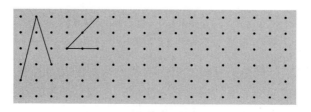

　　虽然是初步认识，但学生对角的感知却是全面的，包括角的组成、大小、比较与分类。这些丰富而全面的感知，为进一步认识角的特征打下了重要的基础。

　　第二阶段：认识角的特征。角的本质特征就是它的定义，是抽象概括的结果。在概括的过程中，要把角的大小、位置等非本质属性排除在外，从众多角的例子中归纳出共同的本质的属性。

　　新思维数学从一点引出多条射线，从放射状的图形中抽取出不同的角，注重让学生经历概括共同特征的过程。如下图：想一想，从一点出发，可以画多少条射线？

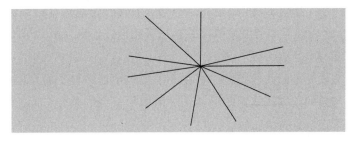

　　如果把中间的这一点理解为光源，那么这些射线就是光线的抽象，它们沿着一个方向前进，其轨迹就是单向射线。两条单向射线之间的夹角，就是这两个方向之间的差别。如下图：下面这些图形有什么共同点？

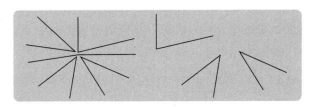

　　从以上图形中归纳概括出共同的特点，都是由两条射线组成的，这两条射线有一个共同的端点，进而得到角的定义：由一点出发引出两条射线组成的图形叫作角。

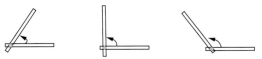

　　角也可以看成是由一条射线绕着它的端点旋转而成的图形。

动态定义的角，对于理解角的大小与关系有帮助。其中，直角是定值角，不仅在生活中最为常见，而且也是对角进行分类的标准，直角往往决定图形的性质。

在建立了角有大小的概念之后，学习比较角大小的方法，为进一步学习度量角的大小积累思维活动的经验。比较角的大小有多种方法，如直觉判断、重叠比较、用固定角对照(实际上是用量角器量角的原型)，等等。其中，用重叠的方法比较角的大小时，要重视引导学生用数学的语言描述比较的方法，并注意为用量角器度量角的大小积累活动经验。例如，∠2 固定不动，把∠1 平移到∠2 上，使顶点重合，∠1 旋转使一条边与∠2 的一条边重合，再看∠1 的另一条边在∠2 里面，所以∠2 比∠1 大。这个比较的方法与度量线段的长短有相似性，也与定义角的大小相一致。

3. 三角形的认识

三角形是比较简单的几何图形，它包含了边与角这两种平面几何图形的基本组成要素，从边与角的角度来认识图形，是理解图形特征的重要方面。认识三角形的核心是对三角形进行分类。

认识图形不仅仅是为了让学生知道哪一种图形叫什么名字，学会区分识别图形，更重要的是让学生学会对图形分类。认识某种具体的图形教学只是个案，只有让学生理解图形的分类才能使教学具有一般性。①

新思维数学以"三角形的边与角"为课题，通过具体的操作活动，引导学生研究三角形边与角的特征，并通过分类的活动引导概括三角形的特征。例如，从下面的小棒中选 3 根，摆出不同的三角形。

长度/cm	3	4	5	7	8
数量/根	2	3	1	1	1

> 围成三角形的三条线段叫作三角形的边，
> 每两条线段的交点叫作三角形的顶点。

---

① 史宁中. 基本概念与运算法则[M]. 北京：高等教育出版社，2013：57.

　　通过不同的选择，可以搭起各色各样的三角形。三角形既可以按边也可以按角进行分类，在分类的过程中，可以让学生感悟如何合理地制订分类的标准，体会根据不同的标准分得的结果是不一样的，学习如何遵循标准合理地进行分类。并在分类的过程中认识特殊的三角形。例如，把三角形按边分类，认识等腰三角形和等边三角形。再如按角分，进一步认识直角三角形、锐角三角形、钝角三角形。教学时，以其中一个顶点的动态变化，让学生体会锐角三角形在变成钝角三角形的过程中，有一个分水岭，那就是直角三角形。事实上，在分类的过程中，制订标准的核心就是找到分水岭。如下图：想一想，$\triangle ABC$ 的顶点 A 在直线上运动，可以形成哪些三角形？

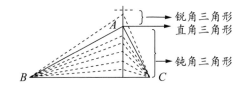

　　通过动态的演示，为学生学会自己建立分类标准提供几何直观。

　　新思维数学对三角形的认识进行了两方面的拓展。

　　一是用双重标准对图形进行分类。例如：下列三角形按角和边分，分别可以分为哪些三角形？把它们的编号填入表内。

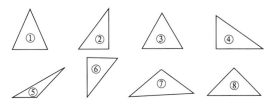

按角分 按边分		三个角都是锐角	有一个角是直角	有一个角是钝角
三条边都不相等				
等腰	只有两条边相等			
	等边			

初步感知，严格遵循标准分类，一个图形只能属于其中的一类，标准越多，分类得到的图形越是特殊。在分类的基础上，进一步讨论如下问题：

①等边三角形的三个角都相等吗？每个角是多少度？按角分类，属于哪一类三角形？

②等腰三角形的一个底角是 36°，顶角是几度？按角分类，这个顶角属于哪一类角？

③一个三角形的两个内角的度数和等于第三个内角的度数，这是什么思考性？

④一个三角形中可能有两个直角或钝角吗？为什么？

二是介绍了"杨辉三角"。

下面的"三角形"有人称它"杨辉三角形"，也有人称它"帕斯卡三角形"。

(1)这个"三角形"有许多美妙的规律。先仔细观察，再把发现的规律记录下来。

(2)以小组为单位先讨论，再用大一点的纸(以便张贴)制作一张这个三角形相关信息的"公告"。

要求：①给"公告"取一个好的名字。②"公告"中要介绍关于这个"三角形"的有关信息，以及你们小组发现的规律。③美化你们小组的"公告"。

(3)一个月以后，选择一个时间，全班同学进行交流。

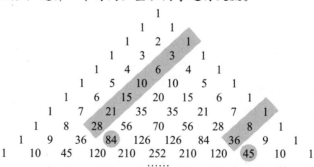

上面一个长条的阴影区域内各数的和是：1＋3＋6＋10＋15＋21＋28＝84，正好是右下方的数。另一个长条阴影区域内各数的和是：1＋8＋36＝45，也正好等于右下方的数。看一看，算一算，其他斜行也有这样的规律吗？

以上只是这个"三角形"很多规律中的一个。只要仔细观察，一定还会发现许多其他美妙的规律。

4. 长方体的认识

长方体是学生正式认识的第一个立体图形。认识立体图形的基本思路是转化为平面图形。在第一学段中，学生已经学习了通过实物和模型辨认长方体、立方体等几何体，第二学段的学习，要经历从实物到几何图形的抽象过程。

新思维数学通过对常见包装盒的观察，认识长方体（含立方体）及长方体各部分名称。如下图：这些物体的面是用什么图形围成的？

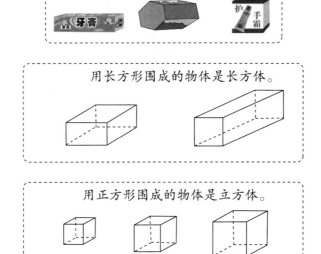

像这样，从对实物的观察与操作过程中来认识图形的特征与性质，既符合学生

认识事物的规律，也符合数学课程标准的目标要求。从具体到抽象，从实物到图形，揭示了立体图形与平面图形的关系，把图形分成长方体与立方体两类，体现了从整体到局部，从图形的内部特征到关系的分析与思考。

认识立体图形和认识平面图形一样，既要关注自身的特征，也要关注图形各元素之间的关系，如下图：

相邻两个面的公共边叫作棱。三条棱相交的点叫顶点。相交于一个顶点的三条棱，分别叫长、宽、高。

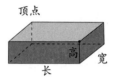

新思维数学清晰地给出了棱、顶点的定义，并以此为基础描述长方体的长、宽、高。学生对长方体特征的认识，主体是理解长方体面、棱、顶点之间的关系，这种关系不只是体现在数量上，还体现在空间位置上。因此，对于长方体特征的认识，需要通过具体的操作活动，让学生在剪一剪、做一做、想一想的活动中，深入地理解组成元素之间的关系，丰富对图形特征的认知，培养空间观念。

剪一剪。取一个长方体或一个立方体纸盒，照下图那样剪开。分析长方体的面，在立体到平面的变化中，理解相对面、相邻面的大小或位置关系。

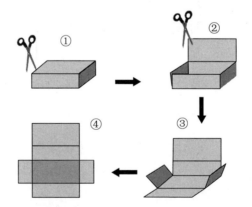

做一做。制作长方体(含正方体)模型，让学生自己填写领料单，认识长方体有8个顶点，12条棱，理解长方体相对棱的长度相等，立方体12条棱的长度都相等。

如下图：

用小圆球(顶点)和四种不同长度的小棒(棱)(分别以 A、B、C、D 表示)，制作长方体、立方体模型。

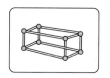

领料单

模型	顶点 (小圆球)	棱(小棒)			
		A	B	C	D
长方体	个	条	条	条	条
立方体	个	条	条	条	条

(1)按领料单领取材料。

(2)制作完成后，讨论棱和顶点各有什么特点。如果材料不够或有多余，请说明原因。

搭长方体的操作与实验活动，要求学生主动地思考长方体面、棱、顶点的关系，这些关系主要包括空间位置(如相对、平行)与数量多少。特别是说明材料不够或有多余的原因时，仍然需要回到长方体的特征上来。

想一想。培养空间观念的途径之一是根据几何图形想象出所描述的实际物体，让学生观察长方体平面展开图，在脑子中还原立体图形，不仅有利于学生进一步理解长方体的特征，而且对于培养空间想象能力十分有益。新思维数学特别重视这方面的训练，如：下面的平面图形哪些能围成长方体或立方体？在○里打"√"。

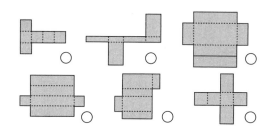

剪一剪、搭一搭、想一想，都是通过具体材料进行的操作、实验与想象。弗赖登塔尔指出，用具体材料的目的是让学生通过手脑并用，促进思维活动，形成对某个对象的发生式定义——如何把它做出来。①

5. 专题训练

空间想象能力是基础教育阶段培养学生创新精神和实践能力所需要的基本素养。新思维数学专门设计了培养和发展小学生空间观念专项训练，与认识图形相关的包括：图形的辨认，找隐蔽图形，图形计数，图形特征概括等。

（1）图形的辨认。

主要是对图形的形状、大小、方位、数量等的形感训练。例如，找相同的图形：在右边 4 个图形中找出与左边图形相同的图形，在编号下面画"√"。

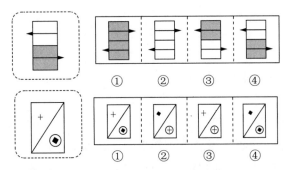

在下面的每组图形中，有一个图形与其他图形略有不同，请找出来，在图形编号右面画"√"。

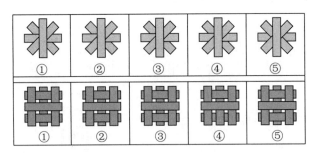

---

① 韩雪涛. 数学悖论与三次数学危机[M]. 长沙：湖南科学技术出版社，2006：78.

学生需要深入细节分析图形的数量、形状、位置，这对于培养学生的观察能力、图形识别能力与空间观念有益。

再如，模仿画图。按照上面图形的样子，在下面画一画。

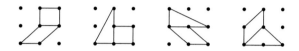

这些图形都是由基本的图形组合而成的，在模仿画图时，要分析这个图是由哪些基本图形组成的，找出图形中的几个关键点，确定连线，如下图：

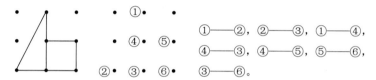

在模仿画图的过程中，基本的任务是从复杂的组合图形中分解出基本图形，根据图形的形状确定线的方向与长度。

又如，图形的补缺：在下图右边的 4 个图形中选一个补入左边的图形，使它成为一个正方形。

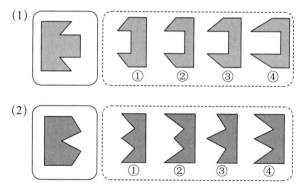

补上缺少的一块使之成为指定的图形，类似于游戏中的拼图，由于补缺的形状不确定、不规则，不仅需要分析图形的形状，还要关注图形的大小，是一种重要的形感训练。

（2）找隐蔽图形。

在复杂的图形中寻找隐蔽的图形，需要有熟练的识图能力，即从复杂的图形中区分出基本图形，并能分析基本图形与基本元素之间的关系。

例如：在每一个框中，将左图作为标准图形，在右边的各图形中分别找出标准图，用粗线勾画出来。

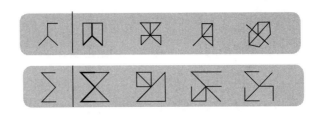

再如：下右图是由几何图形拼成的踢球人。左图中这样的踢球人你能找出几个？用粗线勾画出来。

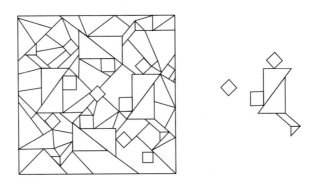

研究表明，数学能力强的学生，他们的知觉判断受复杂图形的环境影响小，其认知方式属于场独立性。而数学能力一般或较差的学生，他们的知觉判断受复杂图形的环境影响较大，其认知方式属场依存性。

（3）图形计数。

图形计数与一般的数数不同，需要从结构中分析出个体与单位，按照某种数学的方法进行分析或计算，如：下面各图形分别含有多少个三角形？

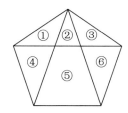

内部的直线把这个图形分割成①，②，③，④，⑤，⑥这六个基本区域，按照所包含的基本区域的个数对三角形进行分类计数。含 1 个基本区域（①，②，③，④，⑥）的三角形有 5 个，含 2 个基本区域（①＋②，②＋③，③＋⑥，②＋⑤，①＋④）的三角形有 5 个，含 3 个基本区域（①＋②＋③）的三角形有 1 个，一共有 11 个三角形。

再如：如下图所示，由小立方体堆成的立体图形含多少个小立方体？例：

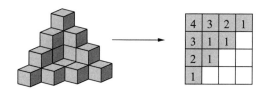

在 4×4 的方格上记录各行（横向）各列（纵向）小立方体的个数，并列式计算小立方体的总个数。$(1+2+3)×2+4+1×3=19$（个）。

这种方法联系到计数、计算、符号意识、空间观念，是一种联系丰富的数学活动。

（4）图形特征概括。

概括图形特征就是寻找一组图形的共性，需要排除表面形式的干扰，这些表面形式包括图形的形状、大小与位置等，是抽象概括能力的重要训练。

例如：如下图先找出每道题上面 3 个图形的共同特征，再在下面 5 个图形中找出与上面有共同特征的图形，并将编号填入虚线框内。

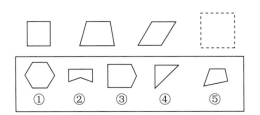

又如：如下图，每题有若干个图形，请找出特殊的图形，并在下面画"√"。

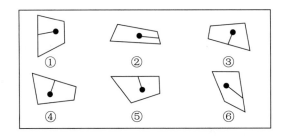

再如：如下图，仔细观察每道题中的各个图形，概括出规律，在框内找出下一个图形。

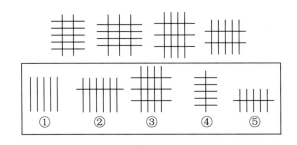

概括图形的特征，其实是一种创造性思维的训练。因为一组图形概括的方向是不确定的，需要对图形的数量、形状、大小、位置与关系做出全面地分析，才能找到隐藏在图形深处的共性。

图形的认识不只是认识图形的名称，学习辨认与识别图形，还联系到数学的思想与方法，特别是经历分类的数学活动，发现图形的共性特征，培养抽象与概括的思维能力。新思维数学特别强调在儿童已有知识和经验的基础上，对学习材料进行加工、改造和提升，充分展开过程的教学，让学生有足够的时间和空间经历观察、实验、猜测、推理等活动过程。

（二）在图形测量中强调活动经验与模型思想

对于图形，人们往往首先关注它的大小，也就是图形的度量属性。一维图形的大小是长度，二维图形的大小是面积，三维图形的大小是体积。这三种度量的基础都是直线的长度，即两点之间的距离。

新思维数学图形测量的内容设计，重视体验统一测量单位的必要性，理解测量单位的实际意义，建立测量单位的空间观念。重视让学生经历计算公式的探索与发现的过程，适当减少单纯的图形计算题，适当增加一些开放性的、挑战性的数学任务，充分展示测量过程中蕴含的方法，把图形测量的问题与空间观念、模型思想结合起来，从而提高学生分析问题与解决问题的能力。

1. 长方形周长

所谓的度量就是计算所要度量的图形包含多少个度量单位，因此，度量首先要确定度量单位。在某种意义上，度量单位的选择可以是任意的，统一度量单位的目的是为了便于度量与交流。

用公式计算长方形的周长，是一种间接的度量，其特点是方便简洁。新思维数学特别注重让学生经历探索周长的计算过程，通过画画算算、想想画画、量量算算的活动，引导学生充分地展开计算方法的探索与交流活动，还原知识的发生过程，让学生经历数学知识的再创造。

画一画，算一算。下面的点子图中，横行、竖列相邻两点间的距离都表示 1 厘米。

（1）请画几个长方形，边画边思考长方形周长的计算方法，如：

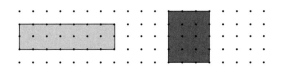

在小组里说说你的计算方法。

(2)想一想，画一画。在下面的点子图上画出周长是 12 cm 的长方形。

量一量，算一算。下列图形的周长各是多少？

计算这些图形的周长，需要知道哪些条件？

你准备测量哪几条边的长度？

①号图形的周长   ③号图形的周长。

$$3 \times 2 + 2 \times 2$$
$$= 6 + 4$$
$$= 10 \text{(cm)}$$

$$(5 + 1) \times 2$$
$$= 6 \times 2$$
$$= 12 \text{(cm)}$$

①，③号图形只要分别测量长和宽的长度，就可以计算它的周长。

长方形的周长=（长+宽）×2

②号图形的长和宽相等，是正方形，只要测量一条边的长度，就可以计算它的周长。

$$(2 + 2) \times 2$$ $$2 \times 4 = 8 \text{(cm)}$$
$$= 4 \times 2$$
$$= 8 \text{(cm)}$$ 正方形的周长=边长×4

长方形周长的计算是一种特例，对于长方形周长计算公式的真正掌握，不只是会用公式计算，还包括面对不同的图形，会选择灵活的方法。例如，通过格点中图形周长的计算，学习灵活的计算方法。

如图，下面各图形中，横行、竖列相邻两点的距离表示 1 cm。

(1)计算各图形的周长。

①   ②   ③

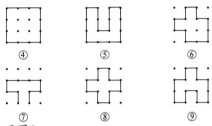

(2)计算方法有什么不同?

在计算的基础上,把以上图形区分为基本图形、凸多边形、凹多边形,区分每一类图形有共性的方法,如凸多边形都可以平移成规则的基本图形(即长方形)。

新思维数学在图形周长测量的教学中,安排了以模型思想为核心的拓展性内容,这些内容联系到探索规律、构造方法、推理能力,等等。

例如,探索规律:把边长为 1 厘米的正方形如下图那样 1 层、2 层、3 层……拼成各种图形,研究层数与周长之间的关系。

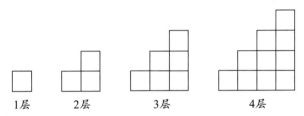

利用表格进行研究。

层数	1	2	3	4	…
周长/cm	4	8	12	16	…

移动边线,计算周长。

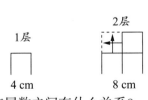

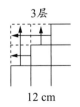

图形的周长与层数之间有什么关系?

周长=层数×4,层数=周长÷4。

又如，构造方法：在下面 4×4 的点子图上，分别画出周长是 12 的形状不同的图形。（横行或竖列相邻两点之间的距离都是 1）

先考虑含 4 条公共边的五连方图形。20－2×4＝12。

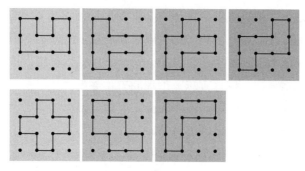

再考虑含 6 条公共边的六连方图形。24－2×6＝12。

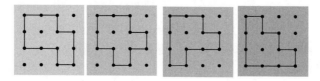

最后考虑边长是 3 含 9 个方格的正方形，进而通过平移内缩 1 格（含 10 条公共边的八连方 8×4－2×10），内缩 2 格（含 8 条公共边的七连方 7×4－2×8＝12）。

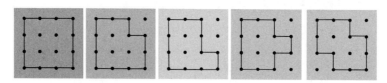

共 16 个不同形状的图形。

再如，推理能力：

把 7 个相同的小长方形拼成下图，每个小长方形的长边为 5 厘米，求拼成的大长方形的周长。

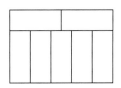

解决问题的关键是借助图形直观，推理得到一个新的关系，即 2 倍长方形的长等于 5 倍长方形的宽。大长方形的长边为 5×2＝10(厘米)，短边为 5＋10÷5＝7(厘米)，周长为(10＋7)×2＝34(厘米)。

2. 长方形面积

几何学的发展起源于尼罗河流域土地面积的测量，在很长的时间内，如何测量一个图形的面积是几何学研究的重点。对于小学生来说，主要学习的是基本图形的面积计算，新思维数学注重让学生经历计算方法的探索过程，重复数学家发现计算公式的关键思考。

在众多的图形面积计算中，长方形的面积计算无疑是最为基础，也是最为重要的，新思维数学通过设计开放的问题情境，让学生从众多的例子中归纳出长方形面积的计算公式，如：从 25 个 1 平方厘米的正方形中，选出若干个拼成长方形，单位面积的拼摆为度量和计算面积提供了基本原理和方法。

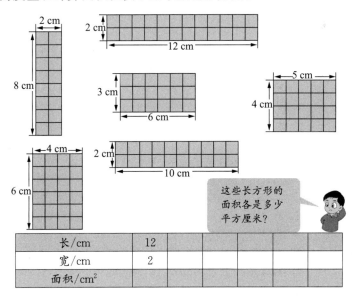

在拼摆活动中，对长方形的长、宽与面积数进行列表分析，归纳概括长方形长、宽与面积数之间的关系，进而得出计算的公式，再通过验证的操作活动，加深对计算公式意义的理解。

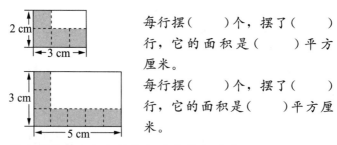

每行摆（　　）个，摆了（　　）行，它的面积是（　　）平方厘米。

每行摆（　　）个，摆了（　　）行，它的面积是（　　）平方厘米。

长方形的面积与它的长和宽有什么关系？

长方形面积=长×宽

长方形的面积公式是一个重要的数学模型，以这个模型构建的几何直观，可以作为分析复杂问题的重要工具。新思维数学设计了建立与运用这个几何直观的学习序列，作为拓展性的学习内容。例如，下面的三个有联系的问题：

①一块菜地如图所示，白色部分种西红柿，占地 150 m²。涂色部分种茄子，占地多少平方米？

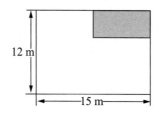

②下图空白部分的面积为 882 cm²，各边的长度如图所示：

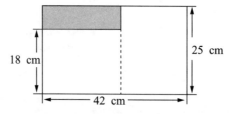

③松鼠采松果，15 天共采 220 个，晴天每天采 20 个，雨天每天采 12 个。这 13

天里晴天、雨天各多少天？

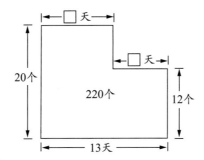

几何直观不只是针对几何而言，甚至不仅仅是针对数学而言，它是学生分析与解答数学问题的强大工具。借助几何直观可以把复杂的数学问题变得简明、形象，有助于学生探索解决问题的思路，预测结果。几何直观可以帮助学生直观地理解数学，在整个数学学习过程中都发挥着重要的作用。①

新思维数学采用形数结合的思路，利用图形分析数量关系，把推理能力、空间观念的发展联系其中，如下面的一组有层次的问题：

①下图是用 6 个相同的小长方形拼成的。1 个长方形的面积是多少平方厘米？

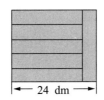

②10 个全等的小长方形拼成下图这样的一个大长方形，已知每个小长方形的长边为 14 cm，求拼成的大长方形的周长和面积。

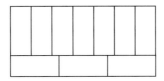

---

① 教育部基础教育课程教材专家工作委员会. 义务教育数学课程标准(2011 年版)解读[M]. 北京：北京师范大学出版社，2012：93.

③下图的正方形是由 6 个相同的长方形拼成的，每个长方形的周长是 30 cm。这个正方形的面积是多少平方厘米？

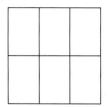

④把 20 dm 长的线段分成两段（如图），分别以每一段为边长作正方形。已知两个正方形的面积差为 40 dm²，求每个正方形的面积。

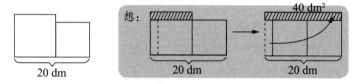

由几个小正方形边与边完成重合组成连方，是新思维数学开发的很有特色的教学内容，包括连方的周长计算、用连方拼图、在数表中勾画连方求和，可以培养学生的数感、运算能力、空间观念。例如：

①用两个三连方图形，你能拼成哪些图形？请画一画。

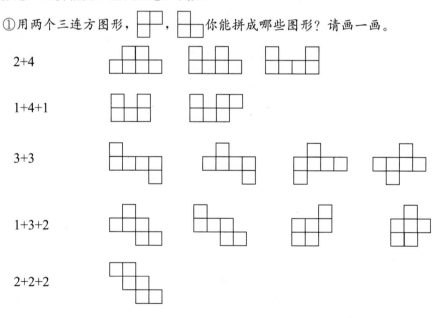

拼图是简单有趣的数学活动，但也可以设计得很有挑战性，如果要拼出尽可能多的图形，就一定要有思路，这个思路的核心就是有序地思考，并且用加法算式记录拼图的方法，这是典型的数学思维。

②如下数表，已表明三连方的起始位置，三个数的和为11。

1	2	3	4	5	6	7
8	9	10	11	12	13	14
15	16	17	18	19	20	21
22	23	24	25	26	27	28
			……			

找出和为104形如 三连方的位置。

首先要分析连方平移后和的变化规律，向右平移一格和增加3，向下平移一格，和增加21。用方程的思路解，可以设向下平移 x 格，向右平移 y 格，得到方程 $11+21x+3y=104$，$x=4$，$y=3$，向下平移4格后，连方左上角的数为 $1+7\times4=29$，再向右平移3格后，连方左上角的数为 $29+3=32$，因此，和为104的三连方的三个数分别是32，33，39。这种思路容易理解，关键在于方程求解，核心能力是数感。如果这样计算：$(104-11)\div21=4……9$，除法算式的商就是向下平移的格数，余数就是向右平移之后增加的和。

像这样求连方平移后的和或逆向题，联系的知识并不复杂，但解法很有创造性，并且有利于运算能力、空间观念的发展。

③用4个数表示出四连方，并构建得数是24的式子，如 | 4 | 5 | / | 3 | 9 |，$(9-5+4)\times3$；

| 9 | |
| 5 | 7 |，$(9-5)\times(7-1)$；　　| 3 | 5 | / | | 1 | 6 |，$3\times6+5+1$；　　| | 2 | / | | 7 | / | 1 | 6 |，$(6+7-1)\times2$，$(7-2-1)\times6$。

4	9	2
3	5	7
8	1	6

"算24点"是一种流传广泛的数学游戏活动，九宫格也是数学文化的瑰宝，用四连方覆盖九宫格的数字，丰富了"算24点"。这也是数学游戏活动的内涵，形数结合，把运算能力与空间观念的发展结合在一起。

④按要求在下面的数表上勾画出五连方。

把和是60的五连方勾画出来，并写出求和的式子。

想：考虑相邻三个数的平均数，再从与这组数相关的区域来考虑。

1	2	3	4	5	6	7	8
9	10	11	12	13	14	15	16
17	18	19	20	21	22	23	24
25	26	27	28	29	30	31	32

例：

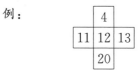

$12 \times 5 = 60$

这种训练的基本特点"简结构大容量"，简结构是指题目的陈述很简单，就是一张数表，但答案很丰富，思维的容量很大。在运算过程中，需要观察与思考数与数之间大小与位置关系，形数结合，算法灵活。答案如下：

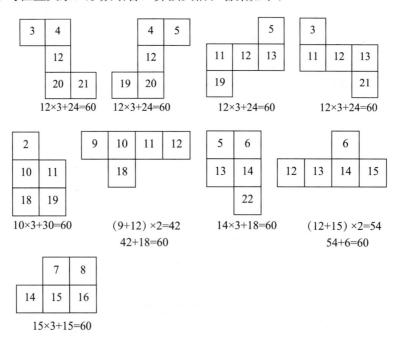

3. 图形面积公式推导

图形面积公式的推导，一个基本的思想方法就是转化，而转化的依据就是出入相补原理，这个原理是我国古代数学家刘徽的重要成就之一，是"我国古代几何学中面积体积理论的结晶"。

出入相补原理是指平面图形从一处移到另一处，面积不变。如果把图形分割成若干块，那么各部分面积之和等于原来图形的面积。这也是平面图形面积推导的基本原理。

新思维数学在学习平行四边形的面积之前，安排了感受"出入相补原理"的准备课，为学生探索图形面积的计算方法提供了经验基础与"理论依据"。

先想一想，怎样把下面每个图形经过分割、平移后变成一个长方形？再说一说，画一画。

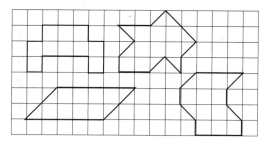

下图是两个一样的梯形，怎样把一个梯形经过旋转，再与另一个梯形拼在一起得到一个平行四边形？

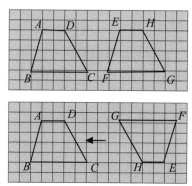

将梯形 $EFGH$ 先绕点 H 向顺时针方向旋转 $180°$，然后向下平移 2 格，再向左平移 5 格，就可以使两个梯形拼在一起，得到一个平行四边形。想一想，还有其他方法吗？

　　在解决问题的过程中，经验就是知识，或者说经验与知识同样重要。学生有了这些经验基础，才有可能探索未知图形的面积，而不至于在"黑暗中摸索很长时间却得不到结果"，教师的教让位于学生的学就成为可能。以三角形的面积为例，教学的基本过程如下：

　　从两个相同的三角形拼成平行四边形的活动中，直接提出"三角形的底和高与平行四边形的底和高"有什么联系的问题，充分利用学生在探索平行四边形面积计算过程中得到的活动经验。

　　想一想，说一说，怎样用两个同样的三角形拼成一个平行四边形？

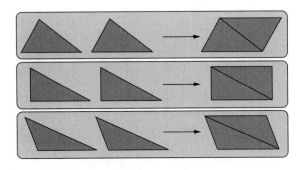

　　(1)画出三角形、平行四边形的底和高。

　　(2)三角形的面积与平形四边行的面积有什么联系？

　　进一步，利用方格对一般三角形进行等积变形，从另一个侧面探索三角形与平行四边形的底与高的关系，学习计算方法，概括出三角形面积计算的公式。

　　将下面的三角形(每个方格代表 1 cm²)剪一刀，拼成与三角形面积相等的平行四边形。

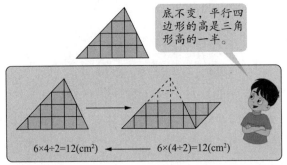

底不变，平行四边形的高是三角形高的一半。

6×4÷2=12(cm²) ← 6×(4÷2)=12(cm²)

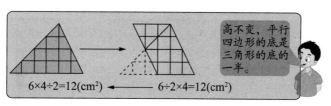

你发现了什么？

通过上面的活动，你能总结出三角形的面积计算公式吗？

三角形的面积＝底×高÷2

在图形面积的计算中，寻找不同的路径解决问题，与计算教学中算法多样的教育价值是等同的。对于面积计算本身来说，并不需要多样的方法，但是学生在探索过程中学习的知识、积累的经验、发展的智慧是重要的，这或许就是展开过程的重要价值。当然，只有学生有充足的基础与经验，展开过程才是有真实意义的。

4. 圆与正方形

在新思维数学中，无论是圆面积公式的推导与圆面积计算的拓展性内容，都与正方形有着密切的联系。在圆面积公式的推导中，首先是通过边长与圆的半径等长的正方形与圆的比较，获得圆面积在正方形面积的 2 倍至 4 倍之间的直观认识。

估计与猜测。下图中的圆面积与小正方形的面积有什么关系？

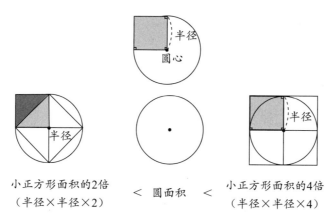

再通过正方形纸剪一剪的操作活动，获得随着折的次数不断增加，剪下的图形面积越来越接近圆面积的直接经验。

剪一剪，想一想。一张正方形的纸，照下面这样折，剪下一个等腰三角形后，展开来就是一个近似的圆。

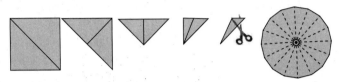

随着折的次数不断增加，所剪下的图形的面积也就越接近圆的面积。这个圆的面积，可以看成这 n 个近似的等腰三角形面积的和。

进而通过把圆面分割后拼成不同的已知图形，多途径推导圆面积的计算，明确公式的推导过程，从不同的推导方法中获得圆面积计算公式的深刻理解。

拼一拼，算一算。把一个半径为 r、周长为 C 的圆平均分成 16 份、32 份、64 份……

把 16 个近似的等腰三角形剪开，拼一拼，你发现了什么？拼成近似的平行四边形：

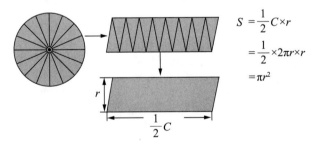

$$S = \frac{1}{2} C \times r$$
$$= \frac{1}{2} \times 2\pi r \times r$$
$$= \pi r^2$$

新思维数学在学生理解圆面积计算公式之后，进一步开发了探讨圆与正方形面积之间关系的拓展内容。

（1）圆与外切正方形之间的关系。

先画出直径分别是 2 cm，3 cm，4 cm 的三个圆，再分别画出 3 个正方形，使这三个正方形正好能分别盖住这三个圆。

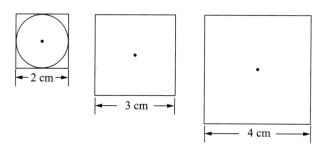

先发现圆的直径就是正方形的边长，再列表分析圆的面积与正方形的面积的关系。

正方形边长/cm	1	2	3	4	a
正方形面积/cm²	1	4	9	16	a^2
圆面积/cm²	$\frac{1}{4}\pi$	1π	$\frac{9}{4}\pi$	$\frac{16}{4}\pi$	$\frac{a^2}{4}\pi$
圆与正方形面积比	$\pi:4$				

（2）圆与内接正方形之间的关系。

在圆内画互相垂直的两条直径，依次连接直径的端点，得到圆的内接正方形。

画内接正方形。　　画两条相互垂直的直径　　画出正方形 $ABCD$

先假设圆的直径是 10 厘米，则半径为 5 厘米，圆的面积为 $5\times5\times\pi=25\pi(\text{cm}^2)$，正方形 $ABCD$ 的面积为 $5\times5\div2\times4=50(\text{cm}^2)$。再列表分析圆面积与圆的内接正方形之间的关系。

圆的直径/cm	2	4	6	8	a
圆面积/cm²	1π	4π	9π	16π	$\left(\dfrac{a}{2}\right)^2\pi$
正方形面积/cm²	2	8	18	32	$\dfrac{a^2}{2}$
圆与正方形面积比	$\pi:2$				

以圆与外切正方形、圆与内接正方形之间的关系为基础,解决有关圆与正方形构成的组合图形面积问题。例如:

(1)甲、乙两图中正方形的面积都是 40 平方厘米,阴影部分的面积哪一块大?大多少?(π 取 3.14)

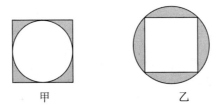

甲   乙

甲图为正方形内最大圆(正方形内切圆),乙图是圆内最大正方形(正方形外接圆)。从前文可知甲图圆面积是正方形面积的 $\dfrac{\pi}{4}$,则甲图涂色部分的面积为 $40-40\times\dfrac{\pi}{4}=8.6(\text{cm}^2)$;乙图圆面积是正方形面积的 $\dfrac{\pi}{2}$,则正方形面积是圆面积的 $\dfrac{2}{\pi}$,乙图涂色部分的面积 $40\div\dfrac{2}{\pi}-40=22.8(\text{cm}^2)$。所以乙图涂色部分面积比甲图涂色部分面积大 $22.8-8.6=14.2(\text{cm}^2)$。

(2)下图中两个正方形的面积相差 400 平方厘米,则圆 A 与圆 B 的面积差是多少?

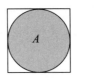

从前文可知：正方形内最大圆的面积是正方形面积的$\frac{\pi}{4}$，因此圆 A 与圆 B 的面积差为：$400\times\frac{\pi}{4}=314(\text{cm}^2)$。

(3)如下图所示，已知一个小圆的面积为$\frac{\pi}{4}$平方厘米，则图中涂色部分的面积是多少平方厘米？

小圆面积为$\frac{\pi}{4}$ cm^2，则小圆半径为$\frac{1}{2}$ cm，正方形边长为 2 cm，涂色部分的面积为$(2^2-\frac{\pi}{4}\times4)\times\frac{3}{4}=0.645(\text{cm}^2)$。

(4)下面各图形涂色部分的面积相等吗？

如果正方形的边长为 10 厘米，你能求出上面各涂色图形的面积吗？

通过适当的变换能变成大小相等的圆，面积为$(10\div2)^2\pi=78.5(\text{cm}^2)$。

(三)在图形的变化中强调图形性质与空间观念

图形的位置、运动与变化，是图形与几何这一领域内容中最为生动的部分，小学里主要学习平移、旋转、轴对称，这类运动与变化有一个共同的特点，就是运动与变化之后保持任意两点间直线距离不变，这样就保证了变化之后物体的形状不变，人们称这类运动为刚体运动。

图形的许多几何性质可以通过图形的运动直观得到，在想象这个运动的过程中可以发展学生的空间观念。发展学生的空间观念的途径有很多，生活经验的回忆与再现、实物观察与描述、拼摆与画图、折纸与展开、分析与推理等，都是发展学生空间观念的有效途径。新思维数学围绕六连方，设计了丰富多样的拓展性课程，帮助学生在二维图形和三维图形的变化与转换中，理解图形的性质，发展空间观念。

（1）分析立方体展开图。

六连方图形一共有 35 个，哪一些是立方体的展开类图呢？这个判断与辨别的过程，需要在二维图形与三维图形之间进行转换，思考立方体相对面与相邻面的位置关系，有利于发展学生的空间观念。

如下 11 个是立方体展开图。在每一个展开图的 6 个面分别写下 1，2，3，4，5，6，使相对面数字之和是 7。

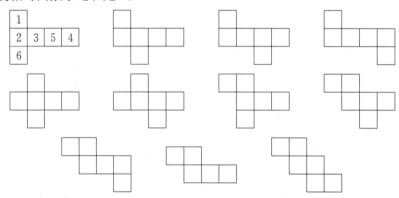

展开图的形状各不相同，如何分类研究这些展开图，也是一个有意义的问题。这 11 个展开图可以分成三类：

第一类：4 个表面在一个直线方向。

直线方向 4 个表面如果分别填 ⬚2⬚3⬚5⬚4、⬚2⬚3⬚5⬚4（竖）⬚，那么两侧的 2 个表面分别填 1，6，如果分别填 ⬚1⬚2⬚6⬚5、⬚1⬚2⬚6⬚5（竖）⬚，那么两侧的 2 个表面分别填 3，4。

第二类：3 个表面在一个直线方向。

直线方向 3 个表面如果分别填 2 3 5 、 2 3 5 ，其他 3 个表面在两侧分别填 1，

4，6。

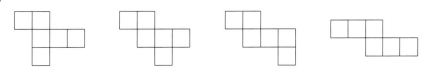

第三类：2 个表面在一个直线方向，自上而下分别填 6，3；2，1；4，5。

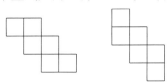

(2)折叠实验。

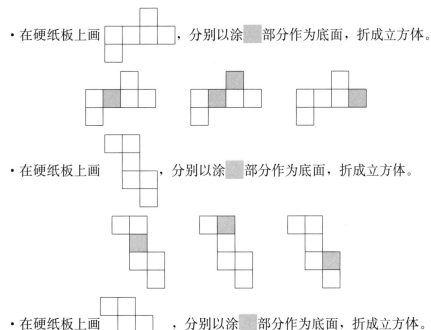

· 在硬纸板上画 ，分别以涂 部分作为底面，折成立方体。

· 在硬纸板上画 ，分别以涂 部分作为底面，折成立方体。

· 在硬纸板上画 ，分别以涂 部分作为底面，折成立方体。

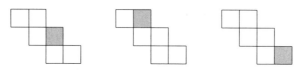

（3）折叠判断。

涂色部分为底面，在所折叠而成的立方体的顶面和两个侧面分别写数。

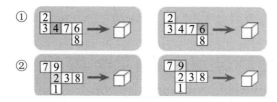

分别以涂色部分为底面，折叠后的立方体的顶面和两个侧面上的数分别如下：

用下面那样的一张硬纸板粘成盒子，应该粘成四个盒子中的哪一个？

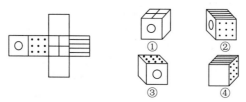

☐○☐与☐☐☐相对，∶∶与≡相对，不可能是①、②、④只能是③。

（4）立方体展开与折叠教学案例①。

【教学目标】

1. 经历探究立方体展开图相对面特征的活动过程，知道立方体展开图中相对两个面的判断方法，并能用这样的方法寻找立方体展开图的相对面。

2. 通过找一找、想一想、折一折、画一画等学习活动，经历从立体到平面，从平面到立体的转化过程，丰富对立方体的认识，培养空间想象能力，发展空间观念。

––––––––––––––––––––

① 课例设计与执教者为杭州市天长小学吴玉兰老师，姜荣富老师评析．

3.体验数学活动充满创造与探索的过程,建立学好数学的自信心。

【教学过程】

一、立方体的展开

(一)探究特点

1.初步感知

(1)出示一个魔方:这是我们很多同学都在玩的魔方,它也是一个立方体,你能找到它的相对面吗?(根据学生的动作找出上下、前后、左右三对相对面)

(2)动画展示立方体展开的过程,得到表面展开图:

如果把这个立方体展开,就能得到它的表面展开图,现在你还能找到相对的两个面吗?

①为了大家表示起来更方便,我们用数字来帮忙(出示要求:在每一个展开图的6个面分别写1,2,3,4,5,6,使相对面的数字之和是7)谁想好了?(口答几组,教师黑板上展示,每组相对面用同一种颜色标注)

②观察:看来同一幅展开图,我们的填法可以有很多种。那么多种方法,有相同的地方吗?

生:相对的两个面都是隔开的。(教师引导学生观察,初步得出相对的两个面是间隔排列的)

【设计意图:通过前期对立方体的学习,学生已经了解了立方体有3对相对面,并已经明确立方体有11种表面展开图。但是从立体转化到平面后,如何建立两者之间的联系,找到相对的两个面,还有一定的困难。本环节从立体引入,通过动画展示从立体到平面的过程,从中寻找相对的面,使学生初步感知立体到平面的变化,了解在这一幅立方体的表面展开图中,相对的两个面是相隔排列的,为后续研究奠定一定的基础】

2.自主探究

(1)提出问题:立方体的表面展开图除了这一种,还有一些(出示其余10种,见下图):

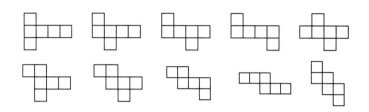

问：你还能找到相对面吗？

(2)自主研究，活动建议：

①找出相对面，标上数字，和为7；

②同一组相对面可以用同一种颜色；

③有疑惑的可以利用活动纸上的表面展开图剪一剪，折一折；

④想一想：在立方体表面展开图中，相对的两个面是怎样排列的？

(3)同桌交流：

①互相检查是否正确，说说你是怎么找相对面的；

②讨论：立方体展开图中相对两个面有什么特点？

(4)全班交流：

①展示学生的10种方法，判断是否正确；

②选择 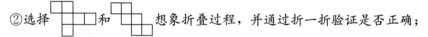 想象折叠过程，并通过折一折验证是否正确；

③你们有什么发现？

生1：相当对的两个面都是隔一格的。

生2：相对的两个面刚好是一个"Z"字形。

师：什么意思？（请听明白的上来指给大家看）

在学生讨论基础上得出：在立方体表面展开图中，相对的两个面是隔一格出现的，也可以是"Z"字形的一头一尾。

3.判断

下面的图形能不能折成一个立方体？为什么？（其中第二幅图说一说怎么变就可以折成立方体了？选几个面找相对面）

【设计意图：动手实践、自主探索、合作交流是学习数学的重要方式。因此，在本环节，教师给学生充分的时间与空间，结合 10 个立方体的表面展开图，让学生自主探索立方体表面展开图中相对面的排列特点。同时，根据学生不同的学习能力，使学生自主选择研究方式：能力强的学生可以先想象，确定相对面，再折一折验证；能力弱的孩子可以借助学习材料折一折找到相对面，再通过同桌以及全班的交流，发现立方体表面展开图中相对面的排列规律。这样的安排，让学生在充分的活动中体验平面与立体的转化，想象立方体各个面在展开图中的位置关系，建立平面与立体之间的联系，培养空间想象能力，发展空间观念。】

（二）尝试运用

这儿还有一些展开图，你能根据给出的面找到其他面吗？试一试。

出示题：下面的立方体展开图，6 个面分别画有不同个数的小圆点，相对面小圆点个数之和是 7，在空白面上画小圆点。

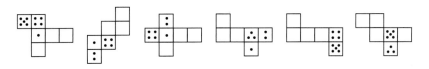

1. 独立完成

学生独立完成。

2. 同桌交流活动建议

①同桌检查对错，找出错误的例子；②选取几幅图说说你是怎么想的；③想一想，怎样找可以又对又快？

3. 全班交流

①错例分析；②还有哪几幅图你们觉得有点难找？（根据学生的建议选几幅图说方法，并通过想象折成立方体后各个面的位置，判断是否正确）；③说说有没有什么好的建议？

生 1：同一行中的先找，比如：第三幅图中可以先找中间一行，4 个点隔一格就是它的相对面,可以画 3 个点;1 个点隔一格就是它的相对面,可以画 6 个点,剩下的就很好找了。

生 2:也可以"Z"字形的头尾先找。像最后一幅图可以先找 Z 字形,找到 3 个点和 5 个点的相对面,剩下的填进去就行了。

生 3:其实只要相对面中有一个面知道的都可以先找到,剩下最难的最后找。

师:大家的建议都很好。可以先找同一行或"Z"字形中的相对面,最难的剩下找确实是一种不错的方法。

【设计意图:本环节以学生的疑难问题为突破口,通过对错例的分析以及对疑难问题解决思路的探讨,寻求合适的解决问题的策略;同时,通过这样的练习,再次回顾平面中相对面之间的关系,并结合想象,进行平面与立体的转化。】

二、立方体的折叠

1. 寻求策略

(1)动画展示立方体展开成展开图,又从展开图折回立方体的过程:刚才我们把一个立方体展开,就能得到它的表面展开图,把一个立体图形变成了平面图形。如果把展开图进行折叠,我们又能变回一个立方体,平面图形又变成了立体图形。

(2)出示展开图 $\begin{array}{|c|c|c|c|}\hline & A & & \\\hline B & C & D & E \\\hline & F & & \\\hline\end{array}$,问:能找到相对面吗?你能不能把它折成一个立方体?可以在心里折一折。

(3)如果把 C 作为底面,立方体的顶面、右面和前面又分别会是谁呢?(同桌交流后汇报,说方法,引导学生想象)

学生可能有的方法:

方法一:想象折起来的过程,找到各个面;

方法二:先找相邻面,再找相邻面的对面。

(4)如果 E 做底面,各个面又分别是什么?比一比,谁找得快。你有什么好的建议?(引导学生用方法二来思考)

2. 应用拓展

涂色部分如下图，在所折叠的立方体顶面和侧面分别填入相应的字母。（有困难的可以剪下来折一折）

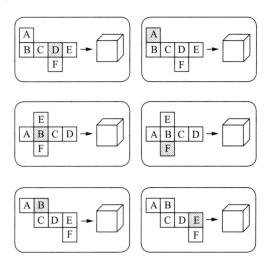

(1)独立练习。

(2)同桌交流：选几幅图和同桌说一说你是怎么想的。

(3)全班交流：①校对结果；②选取觉得有困难的说方法。

【设计意图：推理是数学的基本思维方式，推理能力的培养应贯穿于整个数学学习当中。本环节从平面到立体的活动安排，既进一步巩固了平面与立体的联系，培养了学生空间想象能力，发展了空间观念，又引导学生用前面的发现进行推理，提高了推理能力。同时，学习过程中考虑到不同学生的需求，为有困难的学生提供了学习的支架，允许他们通过操作来解决问题，逐步提高，使"人人都能获得良好的数学教育，不同的人在数学上得到不同的发展"成为可能。】

三、回顾与整理

今天我们又一次认识了立方体，与前面相比，你有什么新的收获？

【评析】本课教学的内容是立体图形的展开与折叠，基本的思路是对立体图形转化为平面图形进行研究，这既是数学家研究几何图形的重要方法，也是培养学生空间观念的重要的途径。立体图形的展开和平面图形的折叠，在教学目标上有相同也有区别。相同的目标都是发展学生的空间观念，区别在于立体的图形的展开侧重归纳与发现，而平面图形的折叠侧重于判断与推理。

在数学学习中，培养学生空间观念的途径是多种多样的，本课的教学，通过研究立方体的展开与折叠，引导学生发现立体图形中相对面在平面上的位置关系，概括出几种"模型"，并运用这些关系与模型进行判断与推理。整节课的教学内容看似比较简单，实则思考十分丰富，体现了"简结构大容量"的教学特点。更为重要的是，这节课不仅展示了培养学生空间观念的有效途径，而且也揭示了发展学生空间观念与其他重要数学能力相结合的路径。

有效的教学并没有统一的定义，但是围绕数学的核心设计学习活动应当是有效教学的重要内涵。立方体的展开图共有 11 种，这些图因为展开的方式不同，面与面之间的位置关系也有差异，这些有差异构成了不同难度的判断与推理。

教学中，吴老师以寻找相对面作为重点，根据学习材料的特点，对不同的展开图在活动方式与反馈交流中做了有差异的处理，学生先是归纳出"相对的面间隔一格"，然后发现"Z 字形的头尾也是相对的面"。在发现这些结论的过程中，学生经历了对学习材料进行归纳概括的思维过程，进一步把这些结论运用于更复杂的图形分析中。无论是归纳与发现还是判断与推理，都是数学学习中极其重要也是核心的数学活动。

在数学的核心处设计有效的数学活动，对于教学来说最重要的挑战在于学习环节层级递进的设计，否则教学就可能在同一层次水平上徘徊，这样的教学不能称之为有效。吴老师这节课的教学设计，也揭示了有层级推进的教学设计的一般路径，以简单的问题作为教学的起点，通过对学习材料的观察与分析概括得到规律性的知识，把规律性的知识用于解决更加复杂的问题。这些更加复杂的问题可能是逆向思考的问题，也可能综合了其他数学活动的问题。这样的教学思路，解决问题所需要的重要知识与核心能力，都是学生在教师精心设计的活动中获得的，因而这样的学习是真正的自主学习，这样的教学是真正有效的教学。

九、问题解决思路的创新性

当今世界正处在大发展大变革大调整时期，世界多极化，经济全球化深入发展，科技进步日新月异，人才竞争日趋激烈。我国正处在改革发展的关键阶段，中国未来发展，中华民族伟大复兴，关键靠人才，基础在教育。

《纲要》在"总体战略"中指出："……努力培养造就数以亿计的高素质劳动者，数以千万计的专门人才和一大批拔尖创新人才。"《纲要》在"战略主题"中指出："坚持能力为重。优化知识结构，丰富社会实践，强化能力培养。着力提高学生的学习能力、实践能力、创新能力。"

在这样的大背景下，《标准（2011 年版）》进一步明确了数学教育的地位和作用，数学课程目标从"双基"发展到"四基"，增加了基本思想和基本活动经验，课程内容提出了 10 个核心概念，这些调整与变化，表明了"能力为重"是数学教育改革的方向，提高小学数学教育质量应聚焦于数学能力培养，提高学生数学素养。

在数学学习中，问题解决作为一种认知活动或思维活动，它与知识的关系密切，具体体现在两个方面：一是知识影响问题解决，二是问题解决是知识获得的重要途径。从经验中我们可以知道，我们的很多知识都是在日常的问题解决中自己领悟或学习到的，而学生也是在解决练习和实践中真正掌握知识的。[①]

推动数学发展的力量主要来自于两个方面，一是现实生活的应用，二是数学内部发展，这两股力量协同作用。相应的，数学问题产生也有两个来源，一是来自于现实生产生活，我们称之为应用问题，二是来自于数学内部结构，我们称为纯数学结构性问题。

从狭隘的实用性上看，解决纯数学结构性问题不像解决应用问题那样有实用价值，但是从数学教育的核心目标是发展思维能力的角度看上看，纯数学结构性问题与应用问题的教育价值是等同的。新思维数学在各个不同的领域都设计了大量的纯

---

① 辛自强. 问题解决与知识建构［M］. 北京：教育科学出版社，2005：14.

数学结构性问题，这些问题联系的知识技能并不复杂，思维的空间比较开放，有利于引发学生的数学思考，鼓励学生的创新思维。以数与代数领域的内容为例，新思维数学设计了系列学习材料，下面介绍数式、数谜、数列、数表、数阵等训练系列。

（一）数式

用数字构建等式联系数感、运算能力、代数思维等多种核心素养，新思维数学设计了从基础训练到能力拓展不同难度的构建数字等式的问题。这些问题结合运算教学的不同阶段，不仅有基本的运算能力培养，还有创造性思维的训练。

1. 和相等

和相等的等式是最基本的等式。结合 20 以内的进位加法学习，构建和相等的等式。例如：使各算式的得数分别等于 13，14，□（自己填一个数）。

13	14	□
4+□	5+□	6+□
□+□	□+□	□+□
□+□	□+□	□+□
□+□	□+□	□+□
□+□	□+□	□+□

根据指定的和有序地写出算式，观察加数的变化规律，渗透函数思想，同时为构建和相等的算式积累思考的经验。

再如：从 🐜 🕺 🍓 🐓 🎱 🍤 🎿 🎈 🍄 这九个数字中选四个填入 □+□=□+□，两两相加使和相等。

想：和最小是几？和最大是几？

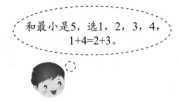

和最小是5，选1，2，3，4，1+4=2+3。

和最大是15，选6，7，8，9，6+9=7+8。

从两个数的和相等扩展到两个数的和与三个数的和相等，进一步建立"算式平衡"的观念。

从 1～9 这九个数中，各选一个填入 □ 内。（一个等式中，同一个数不能重复出现）

想：这九个数中，9，8 是最大的两个数，9＋8＝17，所以和最大是 17，在余下的 1，2，3，4，5，6，7 中，哪三个数相加的和是 17 呢？4＋6＋7＝17，所以 9＋8＝4＋6＋7。

例：

```
9+7=16
    ┌──┐
  8 + 8
      ┌──┐
      6 + 2
      5 + 3
```

9+7=8+6+2
9+7=8+5+3

再如，以形数结合的方式，为进一步解决数阵的问题做准备。

用 0～9 这十个数做加法，使每条边上三个数的和相等。（每个图中同一个数不可重复出现）

每条边上三个数的和等于 13。

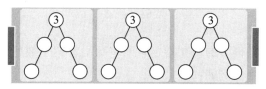

本质上是构建和是 10 的等式，有序地思考，以适当的形式记录思考的过程，可以呈现丰富完备的答案。

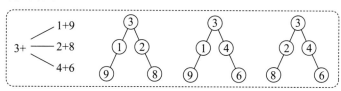

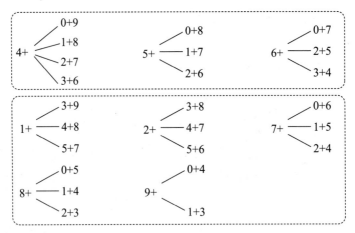

2. 选数构建数学等式

选数构建数学等式是在学习了四则混合运算的基础上进行的，数字可以组合，但不能重复。培养的核心数学素养主要是数感、运算能力，由于这种训练思路开放，不拘一格，有利于培养学生思维的敏捷性和发散性，可以用于检测学生创造性思维能力。

例如，算 24，这是中国传统的速算游戏，新思维数学把 1～9 的数字有序地写在 3×3 的方格里，用四连方盖住的四个数字来算 24，赋予这个古老的数学游戏以新的内涵，如从图中找出四连方图形，并用图形中的 4 个数算出 24。

1	2	3
4	5	6
7	8	9

这个问题的答案是很多的，在指定时间里写出答案个数的多少，可以检测学生的运算能力与思维能力。例如：

1	2
4	5

$4\times(5+2-1)$

2	3
5	6

$6\div2\times(5+3)$

4	5
7	8

$(4+8)\times(7-5)$

5	6
8	9

$(8+5-9)\times6$

6×(5−2+1)　　(9−5)×4+8　　4×(5+3−2)　　6×8÷(7−5)

(8−4)×(1+5)　　6÷2×5+9　　(7+5)×(4−2)　　3×8×(6−5)

5×6−(2+4)　　5×8−(7+9)　　3×(5+1+2)　　8×(4+5−6)

(8−5)×4×2　　(6−3)×5+9　　(2+6)×(8−5)　　4×7+1−5

$4 \div \left(1 - \dfrac{5}{6}\right)$　　4×[8−(9−7)]　　6×(5+3−4)　　6×[8÷(9−7)]

(5+8−1)×2　　2×6+9÷3　　(1+4+7)×2　　2×8+3+5

8×4−(1+7)　　8×9÷(5−2)　　8×(2×5−7)　　8×[9÷(6−3)]

用 1～9 这九个数字和四则运算，构建式与式相等的式子，也是一项思考丰富的数学训练，这些训练可以有不同的选数的规则，并且把式的恒等变形结合了起来。

例如：等式的左边已给出一个式子或一个数（两位数或一位数），用余下的几个数字在等式的右边写一个式子。2，4，6，8，9。

$4 \times 9 \div 6 = \underline{8-2}$　　　　　　$2+4=$ _____

$2 \times 9=$ _____　　　　　　$6 \div 2=$ _____

$48=$ _____　　　　　　$24=$ _____

$8+4=$ _____

例：$4 \times 9 \div 6 = 8-2$　　恒等变形：$4 \times 9 = (8-2) \times 6$

$8 = 4 \times 9 \div 6 + 2$　　　　　　$9 = (8-2) \times 6 \div 4$

$4 = (8-2) \times 6 \div 9$　　　　　　$2 = 8 - 4 \times 9 \div 6$

$6 = 4 \times 9 \div (8-2)$

以这种训练作为基础，进一步学习用 5 个数字构建不同的等式。以 1，3，6，8，9 这几个数字为例，可以构建如下等式：

$3+6+9=18$　　　　　　$9 \div 3 + 6 = 8 + 1$

$6 \div 3 = 9 - 8 + 1$　　　　　　$9 \times (8-1) = 63$

$18 \div 9 = 6 \div 3$　　　　　　$(8+1) \div 3 = 9 - 6$

$3 \times 6 = 8 + 9 + 1$　　　　　　$9 \times (3+6) = 81$

$9 \div 3 \times 6 = 18$　　　　　　$6 \div 3 + 8 = 1 + 9$

$6 \times 9 = 18 \times 3$

仍然是 1～9 的数字，对构建等式的规则加以改变，可以进行如下训练：

从 1～9 这九个数中，选其中四个填入 □＋□＝□＋□，再用余下的五个数组成一个等式。

$2+5=3+4$，余下 1，6，7，8，9 五个数。

$7+8 = \underline{9 \times 1 + 6}$　　　　　　$6 \div 1=$ _____

$8 \div 1=$ _____　　　　　　$16 \div 8=$ _____

$9+6=$ _____　　　　　　$6+1=$ _____

先选四个数组成两两相加和相等的等式，引导学生有序思考，可以从"选数"考虑，也可以从"定和"考虑。如果从"选数"考虑，四个数中相邻数之间的差相等的有9组，相邻数之间的差不相等的有25组。再将余下的五个数组成等式，引导学生从不同的角度思考。

2011年12月，我们对各年级学生的数学能力进行检测，其中四年级上有一题测试创造性思维能力的题。

请使用1，2，5，6，8，9六张数字卡片，运用"＋、－、×、÷或()、[ ]"进行四则运算，并尽可能多地写出数学等式（至少4个）。例如：$6+8+15=29$，$(29+1)\div5=6$。

提示：(1)同一等式不能出现两个相同的数字。

(2)等式越复杂得分越高。

评分标准：满分12分。写出的等式含一个运算符号的每式得1分（如果写出的四个等式都只含一个运算符号的只能得4分；如果是同一个式子的变形，如$8+1=9$，$9-1=8$，$9-8=1$，即使写出三个式子，也只能按一个式子给分）。写出含2个运算符号的每式得2分，如$29-(8+6)=15$，$5\times6=29+1$。写出含3个运算符号的每式得3分，如$6\times9\div(5-2)=18$，$6\times(8+2)=59+1$。每多写1个等式，加相应的分值（1分，2分，3分），最多可加10分。

测试的样本为省会城市城区一、二、三类学校共14所1690名学生。本题选自中国科学院心理研究所超常儿童研究中心"创造性能力测验试题"，是本次四年级上数学能力测验的十道试题之一，测验时间50分钟，学生解答此试题一般在5分钟左右。

我们对各校学生成绩等级（优、中上、中、中下、差）分布百分比进行了统计，结果表明校与校之间的差异悬殊，两极得分率为85.8%和15.3%，含三个或四个运算符号的人均答对题数，两极得分率为1.894%和0.084%。生与生之间的差异也十分明显，有42名学生超常发挥，创造性思维水平相当高。另有13所学校245名学生达到优秀水平，占14.5%。一些学生创造性地构建了新颖的数学等式，如$(59+1)\div6=8+2$，$28\div(6+1)=9-5$，$56\div[(9-2)\times1]=8$，$8\times9\div[2\times(5+1)]=6$，……经整理，学生从不同角度构建了含三个或四个运算符号的56个不同等式（不含某一等式的恒等变形）。但是相当一部分学生创造性思维水平十分低，有647人（约占 38.3%)在例题提示的情况下竟构建不出一个等式。在落实数学教学"四基"目标，坚持"能力为重"的新一轮数学课程改革中应引起足够的重视。

(二)数谜

数谜是在一个数学式子(竖式或横式)中擦去部分或全部数字，用图形、文字或空格代替部分或全部数字的不完整的算式。在计算中，如果教学的目标不只是关注计算的基本技能，而且重视在计算中加强思维能力的培养，那么数谜也是一种很好的训练。新思维数学在加减乘除的运算中，设计了一系列的数谜，主要以竖式的形式呈现。与一般的给出数字让学生直接进行计算有所不同，数谜的训练除了培养基本的运算能力之外，还可以培养学生的推理能力，特别是根据运算的关系以及数与数之间的关系进行思考的能力。许多数谜问题思路都是开放的，可以培养学生的发散性思维。

读下面这首诗。

重重叠叠山，
曲曲环环路。
叮叮咚咚泉，
高高低低树。

把这首诗改写成下面的加法竖式形式。

```
   重重          曲曲          叮叮          高高
 +   叠        +   环        +   咚        +   低
 ────────      ────────      ────────      ────────
   叠山          环路          咚泉          低树
```

这四个加法算式，用统一的模式来表示，用图形代表汉字，同一个汉字用同一个图形，不同的汉字用不同的图形。

例如，两位数加一位数和为两位数的进位加法，其中 a, b, c, d, e 五个数字都不相同的(不出现重复数字)有 143 题，如 $35+7=42$。含重复数字的，其中含 a, b 两个数字的 1 题($89+9=98$)；含 a, b, c 三个不同的数字的 37 题，分 8 种模式；含四个不同数字的共 179 题，分 7 种模式。其中含三个不同数字的全谜题(两个加数与和的 5 个数字全部空缺），解题时制约的因素比较多，思维含量比较大，可以根据学生的不同水平，选择若干模式进行训练。

如果★、▲、●分别代表不同的数字，你能写出两位数加一位数进位加法不同图形竖式吗？

(1)

★	5	
▲	6	
●	1	

$66+7=73$　　$77+8=85$　　$88+9=97$

(2)

★	5	
▲	6	
●	0	

$66+6=72$　　$77+7=84$　　$88+8=96$

(3)

★	5	
▲	6	
●	1	

$67+6=73$　　$78+7=85$　　$89+8=97$

(4)

$$\begin{array}{r} ★\ ▲ \\ +\ \ ★ \\ \hline ▲\ ● \end{array}$$

★	1	
▲	6	
●	2	

$$\begin{array}{r} 1\ 6 \\ +\ \ 6 \\ \hline 2\ 2 \end{array}$$

$37+7=44 \qquad 58+8=66 \qquad 79+9=88$

(5)

$$\begin{array}{r} ★\ ▲ \\ +\ \ ● \\ \hline ▲\ ★ \end{array}$$

★	1	
▲	2	
●	9	

$$\begin{array}{r} 1\ 2 \\ +\ \ 9 \\ \hline 2\ 1 \end{array}$$

$23+9=32 \qquad 34+9=43 \qquad 45+9=54$

$56+9=65 \qquad 67+9=76 \qquad 78+9=87$

(6)

$$\begin{array}{r} ★\ ▲ \\ +\ \ ● \\ \hline ●\ ★ \end{array}$$

★	1	
▲	9	
●	2	

$$\begin{array}{r} 1\ 9 \\ +\ \ 2 \\ \hline 2\ 1 \end{array}$$

$29+3=32 \qquad 39+4=43 \qquad 49+5=54$

$59+6=65 \qquad 69+7=76 \qquad 79+8=87$

(7)

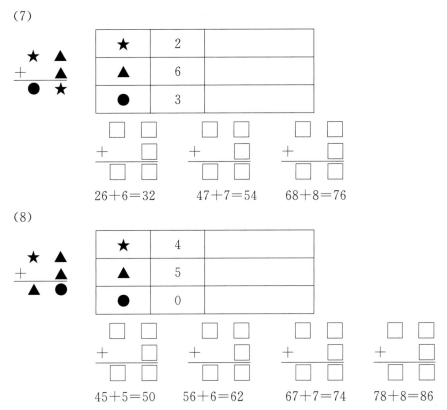

★	2	
▲	6	
●	3	

26＋6＝32　　47＋7＝54　　68＋8＝76

(8)

★	4	
▲	5	
●	0	

45＋5＝50　　56＋6＝62　　67＋7＝74　　78＋8＝86

如果把数谜作为一项研究性学习任务，可以让学生设计出不同的类型，根据这些类型写出相应的算式。例如：

第一类：a，b，c 三个数字。

(1)
$$
\begin{array}{r}
a\ a \\
+\quad a \\
\hline
b\ c
\end{array}
\quad
\begin{array}{r}
5\ 5 \\
+\ 5 \\
\hline
6\ 0
\end{array}
\quad
\begin{array}{r}
6\ 6 \\
+\ 6 \\
\hline
7\ 2
\end{array}
\quad
\begin{array}{r}
7\ 7 \\
+\ 7 \\
\hline
8\ 4
\end{array}
\quad
\begin{array}{r}
8\ 8 \\
+\ 8 \\
\hline
9\ 6
\end{array}
$$

(2)
$$
\begin{array}{r}
a\ a \\
+\quad b \\
\hline
b\ c
\end{array}
\quad
\begin{array}{r}
5\ 5 \\
+\ 6 \\
\hline
6\ 1
\end{array}
\quad
\begin{array}{r}
6\ 6 \\
+\ 7 \\
\hline
7\ 3
\end{array}
\quad
\begin{array}{r}
7\ 7 \\
+\ 8 \\
\hline
8\ 5
\end{array}
\quad
\begin{array}{r}
8\ 8 \\
+\ 9 \\
\hline
9\ 7
\end{array}
$$

(3)
$$
\begin{array}{r}
a\ b \\
+\quad b \\
\hline
c\ a
\end{array}
\quad
\begin{array}{r}
2\ 6 \\
+\ 6 \\
\hline
3\ 2
\end{array}
\quad
\begin{array}{r}
4\ 7 \\
+\ 7 \\
\hline
5\ 4
\end{array}
\quad
\begin{array}{r}
6\ 8 \\
+\ 8 \\
\hline
7\ 6
\end{array}
$$

(4)
$$\begin{array}{r} a\ b \\ +\ \ a \\ \hline b\ c \end{array} \qquad \begin{array}{r} 5\ 6 \\ +\ \ 5 \\ \hline 6\ 1 \end{array} \qquad \begin{array}{r} 6\ 7 \\ +\ \ 6 \\ \hline 7\ 3 \end{array} \qquad \begin{array}{r} 7\ 8 \\ +\ \ 7 \\ \hline 8\ 5 \end{array} \qquad \begin{array}{r} 8\ 9 \\ +\ \ 8 \\ \hline 9\ 7 \end{array}$$

(5)
$$\begin{array}{r} a\ b \\ +\ \ c \\ \hline b\ a \end{array} \qquad \begin{array}{r} 1\ 2 \\ +\ \ 9 \\ \hline 2\ 1 \end{array} \qquad \begin{array}{r} 2\ 3 \\ +\ \ 9 \\ \hline 3\ 2 \end{array} \qquad \begin{array}{r} 3\ 4 \\ +\ \ 9 \\ \hline 4\ 3 \end{array} \qquad \begin{array}{r} 4\ 5 \\ +\ \ 9 \\ \hline 5\ 4 \end{array} \qquad \begin{array}{r} 5\ 6 \\ +\ \ 9 \\ \hline 6\ 5 \end{array} \qquad \begin{array}{r} 6\ 7 \\ +\ \ 9 \\ \hline 7\ 6 \end{array}$$

$$\begin{array}{r} 7\ 8 \\ +\ \ 9 \\ \hline 8\ 7 \end{array}$$

(6)
$$\begin{array}{r} a\ b \\ +\ \ c \\ \hline c\ a \end{array} \qquad \begin{array}{r} 1\ 9 \\ +\ \ 2 \\ \hline 2\ 1 \end{array} \qquad \begin{array}{r} 2\ 9 \\ +\ \ 3 \\ \hline 3\ 2 \end{array} \qquad \begin{array}{r} 3\ 9 \\ +\ \ 4 \\ \hline 4\ 3 \end{array} \qquad \begin{array}{r} 4\ 9 \\ +\ \ 5 \\ \hline 5\ 4 \end{array} \qquad \begin{array}{r} 5\ 9 \\ +\ \ 6 \\ \hline 6\ 5 \end{array} \qquad \begin{array}{r} 6\ 9 \\ +\ \ 7 \\ \hline 7\ 6 \end{array}$$

$$\begin{array}{r} 7\ 9 \\ +\ \ 8 \\ \hline 8\ 7 \end{array}$$

(7)
$$\begin{array}{r} a\ b \\ +\ \ b \\ \hline c\ c \end{array} \qquad \begin{array}{r} 1\ 6 \\ +\ \ 6 \\ \hline 2\ 2 \end{array} \qquad \begin{array}{r} 3\ 7 \\ +\ \ 7 \\ \hline 4\ 4 \end{array} \qquad \begin{array}{r} 5\ 8 \\ +\ \ 8 \\ \hline 6\ 6 \end{array} \qquad \begin{array}{r} 7\ 9 \\ +\ \ 9 \\ \hline 8\ 8 \end{array}$$

(8)
$$\begin{array}{r} a\ b \\ +\ \ b \\ \hline b\ c \end{array} \qquad \begin{array}{r} 4\ 5 \\ +\ \ 5 \\ \hline 5\ 0 \end{array} \qquad \begin{array}{r} 5\ 6 \\ +\ \ 6 \\ \hline 6\ 2 \end{array} \qquad \begin{array}{r} 6\ 7 \\ +\ \ 7 \\ \hline 7\ 4 \end{array} \qquad \begin{array}{r} 7\ 8 \\ +\ \ 8 \\ \hline 8\ 6 \end{array}$$

第二类：a，b，c，d 四个数字。

(1)
$$\begin{array}{r} a\ b \\ +\ \ c \\ \hline c\ d \end{array} \quad 如 \quad \begin{array}{r} 1\ 8 \\ +\ \ 2 \\ \hline 2\ 0 \end{array} \quad 等32题。$$

(2)
$$\begin{array}{r} a\ a \\ +\ \ b \\ \hline c\ d \end{array} \quad 如 \quad \begin{array}{r} 1\ 1 \\ +\ \ 9 \\ \hline 2\ 0 \end{array} \quad 等27题。$$

(3)
$$\begin{array}{r} a\ b \\ +\ \ c \\ \hline d\ a \end{array} \quad 如 \quad \begin{array}{r} 1\ 3 \\ +\ \ 8 \\ \hline 2\ 1 \end{array} \quad 等18题。$$

(4) $\begin{array}{r} a\ b \\ +\quad c \\ \hline d\ d \end{array}$ 如 $\begin{array}{r} 2\ 6 \\ +\quad 7 \\ \hline 3\ 3 \end{array}$ 等15题。

(5) $\begin{array}{r} a\ b \\ +\quad b \\ \hline c\ d \end{array}$ 如 $\begin{array}{r} 1\ 5 \\ +\quad 5 \\ \hline 2\ 0 \end{array}$ 等26题。

(6) $\begin{array}{r} a\ b \\ +\quad c \\ \hline b\ d \end{array}$ 如 $\begin{array}{r} 2\ 3 \\ +\quad 7 \\ \hline 3\ 0 \end{array}$ 等28题。

(7) $\begin{array}{r} a\ b \\ +\quad a \\ \hline c\ d \end{array}$ 如 $\begin{array}{r} 1\ 9 \\ +\quad 1 \\ \hline 2\ 0 \end{array}$ 等31题。

退位减法的数谜与进位加法相对应。此外，乘法和除法也可以设计出融合计算与推理能力相结合的数谜。

（三）数列

《标准（2011年版）》对探索规律提出的教学要求是探索情境中隐含的规律与变化的趋势。探索发现数列的排列规律是思考丰富的数学活动，联系到符号意识、运算能力、推理能力等多种数学核心素养。

探索数列中的规律，重点在于探索的过程，在于使学生在具体情境中，通过观察、计算、操作、思考等方式，了解蕴含在问题情境中的规律，学会思考问题的方法①。

1. 数列规律

规律指的是运动或变化过程中的不变因素，这样的不变因素将不同对象或同一对象的不同运动状态联系起来，进而使得这种运动或变化状态和趋势可以把握。简单说，所谓规律就是"变中的不变"。新思维数学在学生学习的不同阶段，配合学生学习数学的进程与不同阶段能力发展的要求，设计了丰富多样的数列。

---

① 教育部基础教育课程教材专家工作委员会．义务教育数学课程标准（2011年版）解读［M］．北京：北京师范大学出版社，2012：159.

结合 20 以内数的认识，安排图形的排列。例如：看图填数。

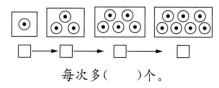

每次多（ ）个。

以图形和数量的直观，学生容易发现数量增加的变化规律，对图形计数后，分析数列的规律。从符号意识的角度，学生可以体会数字、图形具有共同的模型，学生在探索规律的过程中可以感悟到：对于有规律的事物，无论是用数字还是图形都可以反映相同的规律，只是表达形式不同而已。

又如降序排列的数列。

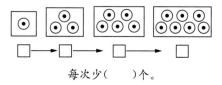

每次少（ ）个。

发现数列排列的升序或降序变化规律，对于进一步增进学生对数序的理解，灵活的掌握数数的方法也是有益的。

对于简单的数列，探索规律主要依赖于数感和运算能力。从几个数列中"排除异己"，发现它们的相同与不同，则需要另外一种重要的能力，即归纳概括的思维能力。例如：有三盏灯笼，每盏灯笼上都写着四行数，其中有一行数的规律与其他三行不同，你能找出来吗？

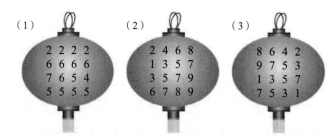

数列规律的复杂程度，主要取决于以下几个因素：一是相邻数的差是否是定值，二是数字的空间排列位置，三是数列的复合程度。

最简单的是等差数列，这一类数列相邻两个数的差是定值。把两个数列复合在一起，让学生在变与不变中发现规律，是一种更高层次的思维训练。例如：用一个▲代表一朵花，用一个●代表一片树叶，把它们分别画在下面的空框里。

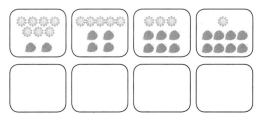

用图形符号表示花与树叶的数量，进一步发现花的朵数每次减少2，树叶的数量每次增加2，每幅图的总和是不变的。这种训练，联系到符号意识、函数思想，是一种综合性的训练。学生可以多角度地描述规律，教师可以根据描述的多样性与完整性评价学生的思维能力。

隐性地把两个数列复合在一起，学生可以通过运算构建出另一个有规律的数列，例如：按一定规律，在□里填上合适的数。

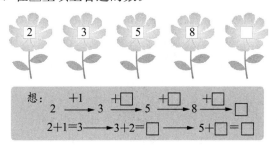

相邻两个数之间的差是1，2，3，4，…，这些差数构成一个新的数列。

再如，打破数字从左到右排成一行的定式，以更加多样的排列方式设计出更具有挑战性的、按规律填数的问题。

例如：

1	2	3	4	
	8	7	6	5
9	10	11	12	
				13

再如：

1			
2	4		
5	7	9	
10			

解决这个问题的思路是多样的，容易找到的规律是横行相邻的两个数相差 2，每一行的第一个数等于前一行的后一个数加 1，而每一行的最后一个数是行数的平方数。还有更加隐蔽的规律，即第一列上下两个数的相差数依次是 1，3，5，7，⋯探索得到这些规律之后，学生选择有用的切入点，联系相关的规律解决问题，解题的思路是开放的。

客观地说，解题思路的创新性依赖于问题的开放性，如下面的数列：在〇里填数，写出几种不同的填法。

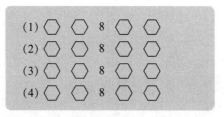

主观地说，解题思路的创新性依赖于基础训练。以上面的数列系列训练为基础，学生可以从不同的角度思考，构建不同的数列。例如：

相差 1：6   7   8   9   10 或 10   9   8   7   6

相差 2：4   6   8   10   12 或 12   10   8   6   4

相差 3：2   5   8   11   14 或 14   11   8   5   2

相差 4：0   4   8   12   16 或 16   12   8   4   0

相邻两个数的差不相等。

第一种：依次递增或递减。

递增 1：5   6   8   11   15

递减1：11　　10　　8　　5　　1

递增2：2　　4　　8　　14　　22

第二种：前两个数相加等于后一个数。

3　5　8　13　21

对于一些特殊的数列，还可以赋予形的意义，通过形数结合的方式，引导学生多角度地观察与发现变化的规律。例如：

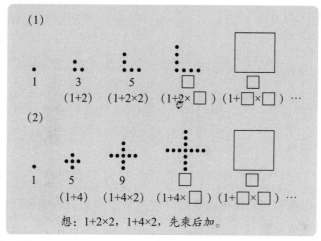

通过算式表征依次增加的数量，把形的变化与数的变化联系起来理解，使学生对数列的变化规律理解更全面、更丰富，也更深入。再如正方形数与三角形数：

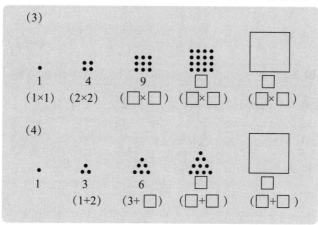

把三角形数与正方形数结合起来，以形数结合的方式研究这两类数之间的关系，例如，观察下列图形：

(1)说一说三角形数和正方形数之间的关系。

(2)在□里填入合适的数。

$4=2\times2=1+\boxed{}$

$9=3\times3=3+\boxed{}$

$16=4\times4=6+\boxed{}$

$25=5\times5=\boxed{}+\boxed{}$

$36=6\times6=\boxed{}+\boxed{}$

$\vdots$

$100=\boxed{}\times\boxed{}=\boxed{}+\boxed{}$

形数结合，探索数列的规律，既可以增进对形的认识，也可以深化对数列规律的理解。例如，五边形数与六边形数：

(1)观察五边形数。

图序	1	2	3	4
图形		⬠	⬠	⬠
圆点数	1	5	12	22

你能发现五边形数的排列规律吗？在□里填上合适的数。

$$1 \xrightarrow{+4} 5 \xrightarrow{+7} 12 \xrightarrow{+\boxed{}} 22 \xrightarrow{+\boxed{}} \boxed{} \xrightarrow{+\boxed{}} \boxed{}$$

第一个数：$1=1$

第二个数：$5=1+4$

第三个数：$12=1+4+7$

第四个数：$22=1+4+7+\boxed{}$

第五个数：$\boxed{}=1+4+7+\boxed{}+\boxed{}$

(2)观察六边形数。

图序	1	2	3	4
图形		⬡		
圆点数	1	6	15	28

你能发现六边形数的排列规律吗？在 □ 里填上合适的数。

$1 \xrightarrow{+5} 6 \xrightarrow{+9} 15 \xrightarrow{+13} 28 \xrightarrow{+\boxed{}} \boxed{} \xrightarrow{+\boxed{}} \boxed{}$

第一个数：$1=1$

第二个数：$6=1+5$

第三个数：$15=1+5+9$

第四个数：$28=1+5+9+\boxed{}$

第五个数：$\boxed{}=1+5+9+\boxed{}+\boxed{}$

也可以从平面图形拓展到立体图形，如：

(3)观察四面体数。

图序	1	2	3	4	5
图形	｡				
圆点数	1	4	10	20	35

在 □ 里填上合适的数。

第一个数：$1=1$

第二个数：$4=1+3$

第三个数：$10=1+3+\boxed{}$

第四个数：20＝1＋3＋□＋□

第五个数：35＝1＋3＋□＋□＋□

第六个数：□＝1＋3＋□＋□＋□＋□

2. 数列求和

等差数列是一种特殊的数列，数列中的各数通过适当分组，可以转化为相同的加数，这样计算这些数的和时乘法就可以派上用场。如：

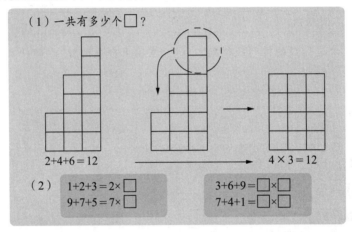

（1）一共有多少个□？

2＋4＋6＝12　　　　　4×3＝12

（2）

1＋2＋3＝2×□	3＋6＋9＝□×□
9＋7＋5＝7×□	7＋4＋1＝□×□

新思维数学通过图形直观，展示了"移多补少"和转化的思维过程，先学习奇数个加数等差数列的求和，这类数列求和方法比较简单，就是"中间数×个数"。再学习偶数个加数等差数列求和，如1＋3＋5＋7＋9＋11，这种类型算法比较多样，如"移多补少"转化为相同的数，即12×3，也可以把首项或末项单独列出，其余各项按项数是奇数的方法计算，即1＋7×5或5×5＋11。

对于特殊的数列求和，还可以引导学生归纳更加巧妙的计算方法，如：观察下面各式连续10个数的和，你有什么发现？

$$10+11+12+13+14+15+16+17+18+19=14\underline{5}$$
$$13+14+15+16+17+18+19+20+21+22=17\underline{5}$$
$$15+16+17+18+19+20+21+22+23+24=19\underline{5}$$
$$19+20+21+22+23+24+25+26+27+28=23\underline{5}$$
$$27+28+29+30+31+32+33+34+35+36=31\underline{5}$$

规律是第 5 个加数乘 10 加 5 即为和，其算理可以回归到"移多补少"的基本方法上来解释。

以等差数列求和的计算作为基础，可以进行两项拓展训练：一是已知数列中的某些数，构建等差数列。例如：

| 12 | | 36 | 45 | | | 73 |

| 88 | | | | 52 |

已知首项和末项求中间各项。

| 12 | 24 | 36 |　$(12+36)\div2=24$
　　　　　　　　$(36-12)\div(2-1)=24$

| 45 | | 59 | | 73 |　$(73+45)\div2=59$

$(45+59)\div2=52$　| 45 | 52 | 59 | | 73 |

$(59+73)\div2=66$　| 45 | 52 | 59 | 66 | 73 |

相邻数之间的差都是 7，五个数（可称作 5 项）有四个间隔，每个间隔之间的差都是 7，第 1 个数与第 5 个数之间的差是 $7\times4=28$，即 $73-45=28$。所以可以用第 1 个数与第 5 个数的差除以间隔数得到相邻数之间的差。

二是已知公差与和，构建等差数列。例如：一列八个数，相邻数之间的差是 120，八个数的和是 3600，按从小到大的顺序写出这八个数。

分析的思路是把 8 个数分成 4 对，等距搭配，每对的和 $3600\div4=900$，中间一对两个数的和是 900 而差是 120，$(900+120)\div2=510$，$(900-120)\div2=390$。这列数为 30，150，270，390，510，630，750，870。

如果只给出和，不指定公差，则可使得问题更加开放，例如：相邻两个加数的差（差＞0）相等的六个加数，它们的和是 240，写出几种不同的填法。

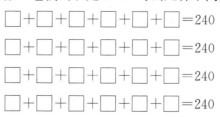

6 个加数，分成两个加数一对，共三对，每对两个加数的和是 240÷3＝80。

80＝39＋41＝38＋42＝37＋43＝36＋44…

中间加数	差	算式
39，41	2	35＋37＋39＋41＋43＋45
38，42	4	30＋34＋38＋42＋46＋50
37，43	6	25＋31＋37＋43＋49＋55
36，44	8	20＋28＋36＋44＋52＋60
35，45	10	15＋25＋35＋45＋55＋65
34，46	12	10＋22＋34＋46＋58＋70
33，47	14	5＋19＋33＋47＋61＋75

(四)数表

数表中的数学问题也是很丰富的，解决这些问题应以数列的规律为基础，联系到运算能力、空间观念、模型思想等数学核心素养。数表中的有些问题的解题思路也是开放性的，是培养学生创新思维的重要训练。

1. 数表的规律

例如，结合 100 以内数的认识，在空格里填数。

按顺序在空格里填数。

1	2	3	4	5	6	7	8	9	10
11								19	
	22						28		
		33				37			
			44		46				
				55					
			64		66				
		73				77			
	82						88		
91								99	

(1)第 7 列(竖看称列)的各数，个位上都是 □。

(2)第 4 行(横看称行)的各数，十位上都是 ☐。

(3)58 是第 ☐ 行第 ☐ 个数。

(4)39 是第 ☐ 列第 ☐ 个数。

(5)根据上表，把缺漏的数填上。

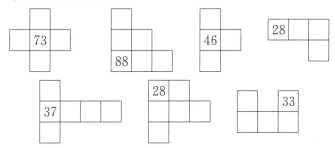

这种形式的训练，其知识基础是 100 以内数的顺序，联系的数学思考与能力是比较丰富的，包括探索规律，培养空间观念，等等。其中，在空格里填上缺漏的数，可以根据不同位置数的关系，从多角度地进行思考。

2. 数表与连方

新思维数学设计的数表与连方的问题分为两类，一类是连方求和，一类是连方平移。

把数有序地排列成方阵，用连方去框住几个数求和，是一种"简结构、大容量"的计算训练，由于框住的几个数之间可能存在某种关系，因此求和的算法是十分灵活的。如果把问题设计成用连方框出几个数，使和等于指定的数，则是一种更加开放的计算训练，其特点是只有解题的基本思路，但没有固定的思考方法，对于培养思维的灵活性与发散性是有益的。

例如：连接下面方格里的数，使和为 35，用彩色笔涂一涂(方格边与边连接，

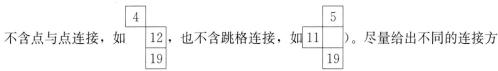

不含点与点连接，如 ，也不含跳格连接，如)。尽量给出不同的连接方法，并简要写出计算过程。

1	2	3	4	5	6	7
8	9	10	11	12	13	14
15	16	17	18	19	20	21

1	2	3	4	5	6	7
8	9	10	11	12	13	14
15	16	17	18	19	20	21

$8 \times 3 + 11 = 35$

方格连数求和不仅可以培养学生的运算能力，更重要的是培养学生的数感与创新的思维能力。

例：　以 $1+8+15 = 8 \times 3 = 24$ 为主干，还差 $35-24 = 11$，而 $2+9 = 11$，所以 $8 \times 3 + 11 = 35$。

从第一行开始考虑：

　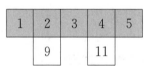　$1+2+\boxed{3}+4+5 = 3 \times 5$ 作为主干。

$3 \times 5 + 20 = 35$　　$3 \times 5 + 20 = 35$

　$3+4+\boxed{5}+6+7 = 5 \times 5$ 作为主干。

$5 \times 5 + 10 = 35$

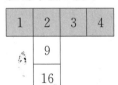　"$1+2+3+4$"整体感知，和为 10 作为主干，$9+16 = 25$。

$10 + 25 = 35$

也可以

1	2	3	4
	9		
	16		

$2+9+16 = 9 \times 3$ 作为主干，$1+3+4 = 8$。

$9 \times 3 + 8 = 35$

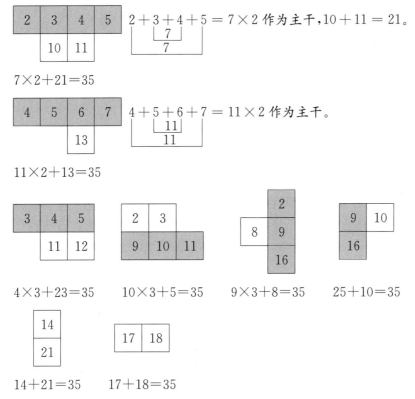

$7\times2+21=35$

$11\times2+13=35$

$4\times3+23=35$　　$10\times3+5=35$　　$9\times3+8=35$　　$25+10=35$

$14+21=35$　　$17+18=35$

方格连数求和，结构很简单，但是答案很开放，不仅联系到数感、空间观念，还有运算能力，这些都是重要的数学核心素养。与一般的四则混合运算的练习相比，这种问题挑战性更强，学生学习的兴趣也更高。

数表中的数都是有序排列的，利用连方平移前后和的变化规律，可以设计出连方平移求和的问题，这类问题不仅可以培养学生的运算能力与空间观念，还把推理能力、模型思想结合在了一起，既可以用算术方法，也可以用方程的思路，是一种综合性很强的数学训练。

如下数表，三连方三个数的和是48，如果要使和变成328或276，请找出三连方延伸后的位置，并确定三个数各是多少？

1	2	3	4	5	6	7
8	9	10	11	12	13	14
15	16	17	18	19	20	21
22	23	24	25	26	27	28
29	30	31	32	33	34	35

......

在上面 $\begin{array}{|c|c|}\hline 1 & 2 \\\hline 8 & 9 \\\hline\end{array}$ 三连方有四种基本模式。

A　1 2 / 8　　1+2+8=11　　　　　B　1 2 / 9　　1+2+9=12

C　1 / 8 9　　1+8+9=18　　　　　D　2 / 8 9　　2+8+9=19

在数表中各自右移 1 格，三连方三个数的和增加 3；各自下移 1 格，则三个数的和增加 21。不论右移或下移，所增加的都是 3 的倍数。

已知三连方三个数的和，要确定延伸后的位置及三个数，首先要确定属于三连方哪个模式。

三连方三个数的和是 328，则

$(328-11)\div 3=105\cdots\cdots 2$

$(328-12)\div 3=105\cdots\cdots 1$

$(328-18)\div 3=103\cdots\cdots 1$

$(328-19)\div 3=103$

属模式 D。

$(328-19)\div 21=14\cdots\cdots 15$　　　　　$15\div 3=5$

下移 14 格，右移 5 格。

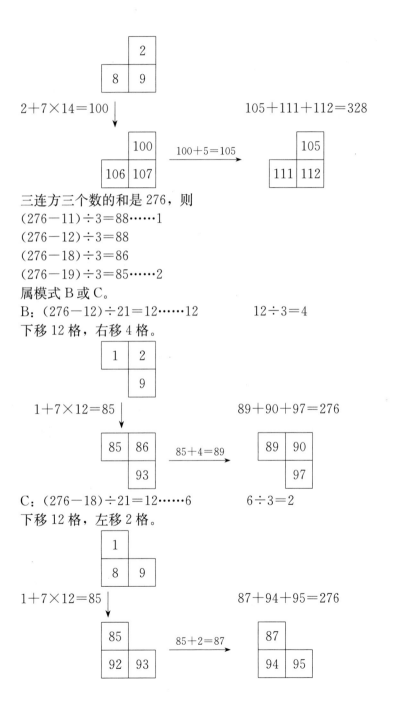

$2+7×14=100$

$105+111+112=328$

$100+5=105$

三连方三个数的和是 276，则

$(276-11)÷3=88……1$

$(276-12)÷3=88$

$(276-18)÷3=86$

$(276-19)÷3=85……2$

属模式 B 或 C。

B：$(276-12)÷21=12……12$　　　$12÷3=4$

下移 12 格，右移 4 格。

$1+7×12=85$

$89+90+97=276$

$85+4=89$

C：$(276-18)÷21=12……6$　　　$6÷3=2$

下移 12 格，左移 2 格。

$1+7×12=85$

$87+94+95=276$

$85+2=87$

3. 数表中数的位置

结合带余除法与整除等知识的学习，变换数字排列的空间形式，确定某个数在数表中的位置，也是一种思考丰富的训练，这种训练的问题往往是同构的，可以让学生经历发现问题、提出问题、分析问题、解决问题的过程。

例如：有 a，b，c 三条线，从 0 点开始依次写数，如下图，把图中各数的排列改写成下面表格的形式。

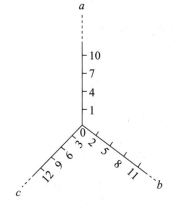

a	1	4	7	10	···
b	2	5	8	11	···
c	3	6	9	12	···

把数线的数整理分类，形成数表，再提出数学问题，如：3 的倍数在哪一条线上？a，b 线上的数各有什么特点？49 在哪条线上？是这条线上的第几个数？b 线上的第 37 个数是几？等等。如果变换一种排列的方式，就可以提出类似的问题，这些问题的解题思路是一样的，但方法却有不同。例如：把 1～200 各数按下面的方法分成三组。

A	1	6	7	12	13	18	···
B	2	5	8	11	14	17	···
C	3	4	9	10	15	16	···

观察数表，从第一列起，自上而下，自下而上往返······三个数三个数分组。A 组偶数个位置上的数都是 3 的倍数，而且都是偶数（6，12，18，···）；B 组上的数从第 2 个数开始都是除以 3 余 2 的数（5，8，11，···）；C 组奇数个位置上的数都是 3 的倍数而且都是奇数（3，9，15，···）。

① 每一组有多少个数？最后一个数各是几？

因为 198÷3＝66，198 在 A 组上，所以 A 组最后一个数是 199，A 组有 67 个数，B 组最后一个数是 200，B 组也有 67 个数；C 组最后一个数 196，C 组有 66 个数。

②A 组第 9 个数是多少？C 组第 57 个数呢？

A 组偶数个位置都是 3 的倍数，第 n 个数就是 $3n$。因为 A 组第 8 个数是 $8×3＝24$，所以第 9 个数是 $24＋1＝25$。

C 组奇数个位置都是 3 的倍数，第 n 个数就是 $3n$。57 是奇数，第 57 个数是 $57×3＝171$。

③143 是哪一组第几个数？

$143÷3＝47……2$　　　　143 是 B 组第 48 个数。

还可以把数表的平移与位置结合起来，如观察数表：

1	2	3	4	5	6	7	8	9
10	11	12	13	14	15	16	17	18
19	20	21	22	23	24	25	26	27
28	29	30	31	32	33	34	35	36
37	38	39	40	41	42	43	44	45
……								

①第 3 列第 57 个数是几？第 7 列第 121 个数是几？

$3＋9×(57－1)＝507$　　　　$7＋9×(121－1)＝1087$

②照这样排列，385，742 各是第几列第几个数？

$385÷9＝42……7$，　　　385 是第 7 列第 43 个数。

$742÷9＝82……4$，　　　742 是第 4 列第 83 个数。

③虚线框里的九个数的和是 198，根据同样的规律，如果虚线里九个数的和是 675，请把这九个数从小到大排列起来。

$22×9＝198$　　　　　　$675÷9＝75$，这九个数是：

65	66	67
74	75	76
83	84	85

④要使九个数的和分别等于 788，963，657 是否办得到？如果办得到，说出九个数中最大数和最小数。如果办不到，请说明理由。

788÷9＝87……5，788 除以 9 有余数，找不到一个中间，因此不能办到。

963÷9＝107，107÷9＝11……8，中间数 107 在第 12 行第 8 列，九个数中间最小的为 107－9－1＝97，最大的数为 107＋9＋1＝117。

657÷9＝73，73÷9＝8……1，73 在第 9 行第 1 列，不可能成为中间。所以也办不到。

⑤虚线框里六个数的和是 237，根据同样规律，如果六个数的和是 483，这六个数中最大的一个数与最小的一个数分别是几？

因为 237÷3＝79，而 34＋45＝35＋44，所以这六个数中最大数与最小数的和与中间两个数的和相等，而中间两个数的和即为六个数的和除以 3，483÷3＝161，最大数与最小数相差 9＋1×2＝11，最大数为(161＋11)÷2＝86，最小数为(161－11)÷2＝75。

（五）数阵

新思维数学设计了数阵问题，以和相等作为显著特征。以数式的训练，特别是构建和相等的等式，为解决数阵的问题提供了最重要的基础。

两条线上有一个共同的数，本质仍然是选四个数，构建和相等的两个加法算式。进一步，可以扩展到一个数等于两个数的和，如：从 1～9 这九个数中选五个，分别填入下图的圆内，使三角形顶上 3 个数与正方形顶上 4 个数的和相等。

例：

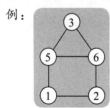

分析：三角形底端所填的两个数与正方形上端的两个数相同，只要三角形顶端所填的数与正方形下端所填的两个数的和相等就可以了。

这个问题是比较简单的，无论是数学结构还是运算，都算不上复杂，关键是要找到解决问题的思路，发现"一个数等于两个数的和"的秘密，并把这些数与它们的空间位置对应起来。再如，变换填入的数字，从 3，4，5，6，7，8，9，10 这八个数中选五个，又怎么填呢？

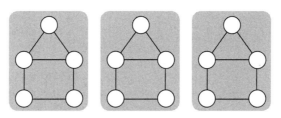

3～10 这九个数中选 5 个，因为最小的两个数是 3、4，所以三角形顶点上所填的数不能小于 7，可以填 7，8，9，10。7＝3＋4，8＝3＋5，9＝3＋6＝4＋5，10＝3＋7＝4＋6，共 6 种可能。

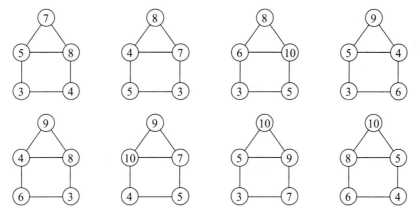

从和相等到等距搭配，则是一种数学方法的提升，如：把 3，4，5，6，7，8 这六个数分别填在□里，使两个数相加的和相等。

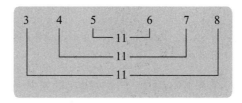

$$\Box+\Box=\Box+\Box=\Box+\Box$$

再发展到形式多样的和相等问题，如：从 3，4，5，6，7 这五个数中，找出两个数相加后和相等的三对数。

$$\boxed{3}+\boxed{7}=\Box+\Box$$

□+□=□+□   □+□=□+□

把上面的五个数填在每个图的 ◯ 里，使每条线上三个数的和相等。

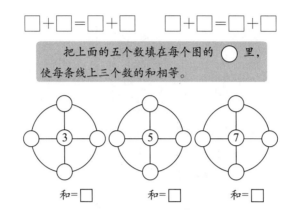

和=□   和=□   和=□

再如：把 1~6 这六个数分别填在下图的 ◯ 里，使每个正方形上四个数的和相等。

想：中间两个 ◯ 里所填的数要重复计算，先填入。如填1，2，剩下的四个数，两两搭配，使和相等。

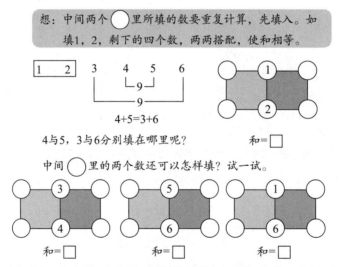

4与5，3与6分别填在哪里呢?

中间 ◯ 里的两个数还可以怎样填? 试一试。

和=□   和=□   和=□

解决数阵问题，基本的思路是对数进行分组，联系到一些特殊的技巧与方法，如下面的问题：

从 1~9 这九个数中，选择合适的数填在各图形的 ◯ 里(一个图形中每个数只能填一次)，使每条边上三个数的和相等。

选 1~6 这六个数怎样填?

想：把六个数分成两组。一组填在三个顶点的 ◯ 里，另一组填在三条边中间的

○里。每组所对应的两个数的差相等。

基本填法	1	2	3	4
顶点上的数	1　2　3	1　3　5	2　4　6	4　5　6
边中间的数	4　5　6	2　4　6	1　3　5	1　2　3
和	9	10	11	12

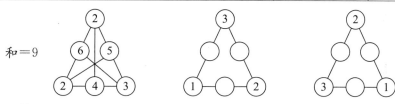

此外，和还可以是 10，11，12。

选 1～6 的基本填法。基本的数学方法是，把六个数分成两组，一组填在三个顶点的○里，另一组填在三条边中间的○里，每组所对应的两个数的差相等，有四种基本填法，如下图所示。

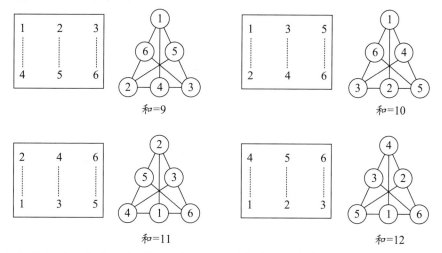

每种基本填法交换顶点所填的数的位置(边中间的数相应交换)，有 5 种变式填法，因此共有 4×(1+5)＝24(种)填法。

连续的六个数还有 2～7，3～8，4～9，各有四种基本填法。

再如，两个一样大的正六边形，内含六个一样大的小三角形，把涂色部分重叠，并将 0～9 这十个数填入每个小三角形内，使两个六边形内六个数的和相等。

  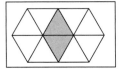

想：0～9 这十个数的和是多少？哪些小三角形里的数要重复计算？选哪些数填入需要重复计算的小三角形内？这些数有什么特点？

如果重复计算的两个三角形所填数的和是 3，怎样填？

想：3＝1＋2，1，2 填入重复计算的小三角形内，其余八个数分两组，每组四个数，使和相等。0～9 这十个数的和是 45，(45－3)÷2＝21，左侧四个小三角形内所填数的和是 21，右侧四个小三角形所填数的和也是 21。

$$3+4+6+8=21 \qquad 3+5+6+7=21$$
$$0+5+7+9=21 \qquad 0+4+8+9=21$$

 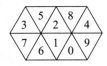

再如三角形填数：把一个大三角形分割成相同的 9 个小三角形（如下图），分别填入 1～9 这九个数，使每 4 个小三角形组成的中三角形中四个数的和等于 20。

分析：四个小三角形组成的中三角形共 3 个：

总和＝20×3＝60

1~9 这九个数的和是 45，在上面涂色的小三角形内所填的三个数要重复计算，而这三个数的和为 60－45＝15，1~9 中和为 15 的共八组：

1＋5＋9	2＋5＋8	3＋5＋7	4＋5＋6
1＋6＋8	2＋4＋9	2＋6＋7	3＋4＋8

重复计算的三个数必定是含"5"的三数组。

例：重复计算的三个数填 1，5，9，有 6 种填法。

余下的六个数 2，3，4，6，7，8，两两搭配，分别填入另外的六个小三角形内。

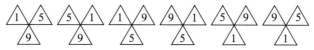

有多种填法，例如：

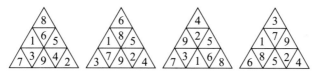

问题解决是培养学生数学能力的重要途径，或者可以说解决问题是达成能力发展目标的最好手段。学生数学能力的差异主要是在问题解决的过程中体现出来的，数学能力的高低是以解决问题的水平来衡量的，而水平主要体现在问题解决的过程中，如思维的敏捷性、灵活性、深刻性、批判性和创造性等，数学课程要培养和发展学生的这些思维品质，需要围绕开放性活动设计相应的数学任务。新思维数学设计的数式、数谜、数列、数表、数阵的训练系列，就是以问题解决思路的开放性，发展学生的高层次思维，达到数学教育培养创新能力的目标。

新思维课堂
——如切如磋，如琢如磨

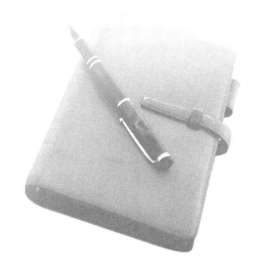

"一个人可以走得很快，一群人才可以走得很远"，在数学研究的道路上，张老师不是一个独行者，他扶老携幼，桃李芬芳。在不同时期培养了一批批优秀的数学教师，有的做上了行政领导，有的评上了特级教师。张老师的研究根植上城，辐射浙江，影响全国。他谦虚而又骄傲地说："我对上城区教育最大的贡献就是引进了像朱乐平、唐彩斌等这样的一些人才，形成了新思维数学教育研究团队。"

　　新思维数学的发展历程，呈现了张老师构建理念、追逐梦想的真实道路。这条前行的道路，维系了珍贵的教育传统精华，也糅合了不同时代的创新精神。以下选编的几节不同时期的典型课，无论是过去还是现在，都代表了新思维数学先进的教育理念与发展思维的价值观，在这些课堂里，凝聚着张老师的教育智慧，也闪耀着新思维数学的光芒。

一、两位数加一位数进位加法[①]

【设计意图】

研究表明：儿童有一种与生俱来的探索式的学习方式，他们的知识经验是在与客观世界的相互作用中逐渐形成的。有意义的学习应是儿童以一种积极的心态，调动原有的知识和经验认识新问题，同化新知识，并建构他们自己的意义的过程。本节课以建构主义理论为指导，尝试着按教学目标分析、问题情景设计、信息资源设计、自主学习设计、协作学习环境设计和学习效果评价设计等几个方面对学生的学习活动进行系统设计，意在从教育观念、教学设计、教学模式及教学评价等方面对传统的教学进行革新，从而为深入开展以学生为主体的"探索发现型"课堂模式研究积累经验。

【教学目标分析】

百以内加法计算分 20 以内进位加法、百以内不进位加法及百以内进位加法三个阶段。在学习本节课内容之前，学生已明白了相同数位对齐、满十进位的道理，如果为学生提供一定的学习情境，学生完全有可能通过知识的综合、迁移，自主学习掌握这一新的知识。为了了解学生已有的认知特点，笔者在课前先做了一次调查，结果表明全班 24 位学生，已有 20 位同学能较熟练地计算这类题目，且口算方法多样。另外经过较长时间的计算教学，学生已对口算学习表现出厌烦情绪，对继续学习这种类型的内容不是很有兴趣。因此，笔者认为：掌握两位数加一位数进位加法的口算方法，能用数学的语言表达口算的思维过程，提高学生的计算能力这一知识性目标的达成并不是本节课的关键；重要的是应通过不同形式的学习使不同水平的学生在原有基础上有不同的提高，引导学生积极主动地参与数学活动，能用数学的语言表达自己的想法并进行交流。

---

① 执教：蒋莉，时任杭州胜利小学校长，曾任杭州市上城区教育局局长，现任杭州市教育局副局长．评析：张梅玲，中国科学院心理研究所．

【问题情景设计】

为了达到让学生自主探索学习，实现知识迁移，达成意义建构的目标，先设计小朋友到超市去购物的情景，提出"可以买两样东西，一样10元钱以上，一样10元钱以内，你可以怎么买"的问题，让学生在计算机、教师的帮助下，通过选择物品、尝试计算、自我反馈、理解巩固等活动进行自主学习，探索解决问题的办法。再设计菜场买菜的情景，提出"50元钱可以买哪些菜?"的问题，通过小组讨论、交流，提高学生应用知识解决问题的能力和学习数学的兴趣。

【信息资源设计】

教师课前为学生准备并提供以下几方面的信息资源：①设计一个体现个别化教学思想的交互式计算机辅助学习课件，使已能进行口算的20位学生，通过与计算机对话开展自主的学习活动。②准备一些可供学生操作的、帮助学生理解"满十进一"道理的小棒或相应学具。③电脑10台，每2人小组一台。④白纸若干张，供学生列式计算用。⑤标有物品价格的图片。

【自主学习设计】

24个同学按课前调查情况分为11组，其中有10个组的学生可以通过与计算机对话自主学习，一个组要在教师的帮助下开展学习。操作计算机的小组，按要求选择商品、列式计算并组内交流计算方法。计算机会根据学生的不同情况给予个别化指导，教师也将对学生进行针对性的帮助。

【协作学习环境设计】

本节课设计了两个协作学习的环境。①在个人自主学习的基础上开展小组讨论、协商，以进一步完善和深化对主题的意义建构。不同组别的学生得出的购物方法不同，列出的算式也不一样。教师提出问题：观察你们组列出的算式，找一找哪些算式是有联系的。组织学生分小组进行讨论交流，按不同的标准归纳算式，写在纸上，再进行组际交流，以巩固百以内加法计算的方法。②围绕"50元钱可以买哪些菜"这个购物主题，学生分小组进行讨论。对于学生在讨论过程中的表现，教师适时做出恰如其分的评价。

【学习效果评价设计】

分别对小组学习成效、小组合作情况及个人学习情况三方面进行评价。对小组学习成效的评价，分列出算式的个数(即获得小红花的朵数)、找出有关联算式的组数、设计购物方案数三方面进行。对小组合作情况的评价从合作的意识及态度两方面进行，对个人的评价分发言积极、思维创新和认真倾听三方面进行。

【教学环节设计】

1. 课前谈话

今天我们是按小组形式来互相帮助着学习。第 1 小组是由小石、小徐、小蔡、小陶和蒋老师五个人组成，其他小组由两位小朋友和一台笔记本电脑组成。比一比，哪个小组学得好，哪个小组配合佳。

2. 创设情景

（看大屏幕投影，出示动画演示）星期天，妈妈带小红去超市买东西，超市里的东西可真多，妈妈让小红自己挑选两样东西，可是有一个要求，一样东西在 10 元钱以内，一样东西可超过 10 元钱，可以怎样买？

师：请你们 2 人小组（出示操作要求）选一选，你买哪两样东西；算一算，一共要花多少钱；再说一说，你是怎么算的。做对一道题你就能得到一朵小红花，你遇到困难计算机会帮助你。等会儿蒋老师与第 1 小组的小朋友一起学习，你们碰到自己没法解决的问题再叫我，好吗？现在你们开始活动吧！

3. 学生活动

第 2 至第 11 组的同学操作计算机，通过与计算机的对话完成商场购物、列式计算、口述算理等活动。教师与第 1 小组同学一起通过摆学具，说算理，找规律，学习并掌握两位数加一位数的计算方法。等 4 位同学都学会后，请他们完成事先设计好的练习纸，巩固知识。

第 1 小组活动纪实：

师：蒋老师和你们一起来学习，好吗？

生：好！

师：（出示题目 32＋7＝　）结果是多少？你是怎样算的？

生：32＋7＝39，2 加 7 得 9，十位上的 3 不变，所以结果等于 39。

师：说得真好，那么 35＋7 等于几呢？你会算吗？（学生一时回答不出来）

师：这里有些小棒，我们一起来摆一摆。

（学生拿出小棒，先摆 35，再摆 7，有一个学生脱口而出：我知道了）

师：你说一说，你是怎么算的？

(学生边摆边移动小棒边说：5＋7＝12，12＋30＝42。教师再进一步指导学生)

师：5＋7满十了吗？满十了怎么办？

生：我会了。

师：请你们两个人互相说一说，可以怎么算？

(有的学生边操作小棒边说)

师：56＋8得几？先摆小棒，再说一说你是怎么算的。

师：算一算：36＋7＝_____，45＋8＝_____，6＋56＝_____。

(教师及时帮助)

师：(出示32＋7＝39，35＋7＝42)比一比这两道题目，都是三十几加7，为什么一题结果十位是3，另一题结果十位上却是4了？

生：32＋7没有进位，35＋7个位进位了。

师：比一比35＋7＝42和45＋7＝52两道题，个位上都是5加7，为什么结果十位不一样了呢？

生：(指35＋7＝42)这题是35，十位是3，个位满十了，向前进位就是4。(指45＋7＝52)这题本来就有4捆小棒，再加1就是5了。

师：那这两题都进位了吗？进位后发生什么变化了？

生：进位后要向十位进1。

师：你们都学会了吗？接下来请你们自己完成练习卷。

①哪些算式是进位的，请你在(　　)里打"√"。

34＋5＝(　　)　　　　46＋7＝(　　)　　　　2＋28＝(　　)

14＋8＝(　　)　　　　4＋59＝(　　)　　　　67＋5＝(　　)

②说一说：和的十位上是几？

47＋5　　　　28＋5　　　　31＋6　　　　65＋8　　　　53＋6

③看图列式计算。(课本上内容，略)

④列式计算。

35＋5＝　　　63＋8＝　　　56＋6＝　　　25＋4＝

47＋6＝　　　49＋6＝　　　73＋7＝　　　83＋9＝

(学生分层活动这一环节大致用了20分钟)

学习反馈

师：请各小组组长汇报一下你们组做对了几道题，得了几朵小红花。写在表格上(用记号笔)。

师：你们几个小组都学得很好，现在请你们退出系统，关闭计算机。

我们第1小组也学得很棒，一起来听听第1小组的学习情况。请第1小组的同学来汇报一下：你们学会了什么？有哪些收获？现在让你去买东西，你准备买什么？然后再请你指定一个小朋友来回答这个问题，结果是多少？是怎么算的？

【说明】本课安排了分层学习，第2至11组用计算机来辅助教学，唯独第1小组的小朋友没能参加操作计算机的活动，孩子们的心情是不愉快的，为了调动这4位孩子的学习积极性，尤其是保护他们的学习信心，笔者刻意安排了这样一个环节。让第1小组的同学提出想买哪两样东西，请他指定一位同学来回答，充当小老师的角色。一方面检查同学们对算理的掌握情况，另一方面给第1小组4位同学一次机会，提高他们学习的信心与积极性。实践表明这样做达到了预期的效果。当这4个孩子站起来向别的同学提问时，说话的声音也响亮了一些，同时流露出自豪的表情，有的孩子甚至有点手舞足蹈起来。

4. 寻找规律

师：老师在你们刚才列的算式中选择了一部分，打在大屏幕上。请同学们观察这些算式，找一找哪些算式是有联系的，请将它们分分类。小组讨论一下，然后用水彩笔写在纸上，一组算式写一张纸，写好后请将纸贴到黑板上。说说各组算式的规律，尤其要围绕进位、不进位讲清算理。

(学生活动略)

5. 实践活动

师：上星期天，老师布置给了小朋友一个作业，请爸爸、妈妈带你们去超市调查4~5种商品的价格，并把它记录下来。同学们都做得很好。老师根据大家的调查结果选择了一些，将它制成图片贴出来了。现在，如果给你们50元钱，随你去买东西，你会怎样用？说说你的理由。

(学生活动略)

【教学反思】

(1)借助于现代教育技术，有利于真正实现个别化教学。

"因材施教"是我国古代的一条重要的教育原则，它是在春秋时期孔子兴办私学、教授诸生的实践中创立的，距今已有两千五百多年的历史。但要真正做到因材施教却不是一件很容易的事。现代教育技术，为真正地落实个别化教学的思想，实施因材施教原则带来了生机与希望。基于本节课学习内容较简单，孩子们在原有知识的基础上通过迁移能较方便地掌握新知识，我们设计了一个交互式的学习软件，供学生们使用。2～11组的学生通过与计算机对话基本上能独立学习新知识，这里计算机代替了教师的一些简单的工作。这样，教师就有可能腾出精力来着重辅导有较大困难的4个同学，使这些同学得到真正的、切实有效的帮助。

（2）学生是学习的主体不应成为一句口号，尊重学生应反映在教学操作上。

主体、自主是反映现代教学特征的两个重要的词汇，在课堂中学生是学习的主体，要引导学生积极主动地探索、建构知识已越来越成为广大一线教育工作者的基本观念。但是让学生真正成为学习的主体，不是口头说说而已，关键要落实到教学行为上。在上这节课前教师用了较多的时间了解分析学生的已有认知水平，根据学生现状确定分层教学的策略，这就是尊重学生的一种表现。另外对第1组的4位学生采用针对性的辅导与评价，请他们出题让其他组的同学回答，一方面检测学习效果，同时也有效地激发了他们的学习兴趣，减轻了他们的心理压力，因此尊重学生的心理感受也是尊重学生的一种极好表现。

（3）学习运用现代教育理论，丰富对教学设计的理解。

教学设计的概念起源于20世纪50年代，以往人们把教学设计等同于课时计划或者教案设计，格式不外乎教学目标分析、教学内容、课前准备及教学环节设计，其最大的好处是让人一看就清楚这节课是怎样一步一步地上下去的，比较便于别人学习。而近年来，由于情境教学、建构主义心理学以及计算机技术等现代教育理论思想的介入，丰富并发展了数学设计理论。所谓教学设计是一种整体规划教学系统的过程，其目的是开发促进学生掌握知识技能的环境。因此教学设计不仅应考虑教学内容的设计，还应重视教学环境、教学资源的设计；不仅要体现教学过程，还应重视学生学习活动、学习评价等方面的设计。本节课尝试着以建构主义理论为指导，按教学目标分析、问题情景设计、信息资源设计、自主学习设计、协作学习环境设计和学习效果评价设计等方面对学生的学习活动进行了系统设计（原计划不将教学环节设计作为一项内容来分），虽然让别人一眼看上去不是很清楚这节课的教学环节，也不是拿来就可以上课的，但对学生的学习活动、教师的教学活动分析得很细，体现了教师对教学的理解和对现代教育理论的运用，是对教学设计的一种新尝试。

【评析】

为了增加每个学生课堂的有效时间，即让每个学生在原有水平上得到更好的发展，蒋莉老师课前对班里 24 名学生现有知识水平做了一次调查。调查结果表明，对"两位数加一位数进位加法"班内 20 名学生已能较熟练地掌握，口算方法也很多样。因此，在课堂上教师提出"今天我们是按小组形式来互相帮助着学习"，第一小组由学习基础较弱的 4 位同学和蒋老师 5 人组成。其他小组由同桌 2 位同学组成，共同使用一台计算机。比一比，哪个小组学得好，哪个小组配合佳。蒋老师以大屏幕投影出示了妈妈带小红去超市买东西的情景：妈妈让小红自己挑选两样东西，要求一件物品的价格在 10 元钱以内，一件物品的价格超过 10 元。各小组认真算一算，一共花多少钱；再说一说你是怎么算的。……有计算机的小组同学个个积极主动，面带笑容，反之，与蒋老师一起学习的 4 位同学乖乖地围坐在一起，和蒋老师一起学。蒋老师以指导者更以平等参与者的身份亲切地、耐心地和这 4 位同学一起学习。(教与学的具体过程见教学设计)

当小组学习结束时，4 名原来不会的同学均能正确地完成各类层次的练习。此时他们脸上带有成功后的愉悦表情。教师一方面让用电脑自主学习的学生退出系统，关闭计算机；一方面对全班说："我们第 1 小组也学得很棒，现在一起来听听第 1 小组的学习收获。"然后她请第 1 小组同学汇报，并提出问题，由他指定一位同学来回答，即让他当上了小老师。此刻这 4 名同学高兴极了，再也不是乖乖地、扳着一张小脸坐在凳子上了，一个个站起来了，有时甚至手舞足蹈，说话的声音也响亮起来了。此情此景，让我这位听课者异常激动，同时也引起了我的思考：教师以什么魅力在近 20 分钟时间里让这 4 位学生从愁眉苦脸到眉开眼笑、充满自信？学生在课堂上情感变化的内外因素是什么？学生情感变化的外部表现是什么？

我认为，学生情感状态发生变化的关键是，他们学会了，会学是爱学的基础，而他们的"会"又决定于教师对他们真诚的爱和浓浓的情，以及科学的教学情境的创设。蒋老师以平等的身份坐在他们中间，循循善诱，但又注意让他们自主探索，让他们手中有权，让他们在参与中满足表现自己的心理需要，让他们在正确解题中满足成功的需要，让他们在当小老师的实践中满足自尊的需要，让他们在和谐的人际关系(师生与生生之间)中满足爱的需要。总之，学生在满足了需要的基础上产生了愉悦，脸带笑容，声音响亮，甚至手舞足蹈。这是愉悦情感、自信心态的外部表现。蒋莉老师在不到 20 分钟的教与学的交往中能让 4 位学生情感发生如此大的变化，不能不说这是蒋老师热爱教师这一平凡事业，对每个学生充满真诚的爱，对新的教学思想务实探索的结果。

二、野炊活动中的数学问题①

【教学目标】

①综合运用数学知识，解决野炊活动中的有关问题。

②通过学生合作设计活动方案，培养学生参与意识和合作精神，提高学生分析问题和解决问题的能力。

【教学过程】

1. 看图揭题，提出问题

(1)同学们高高兴兴地在干什么？(出示课题：野炊活动)

(2)你们玩过野炊活动吗？野炊活动是怎样开展的？想开展这样的活动吗？

(3)根据野炊活动，你想到了什么？(同学相互交流，并向全班同学汇报)

【说明】从学生感兴趣的野炊活动入手，既激发学生的学习兴趣，又使学生体会

---

① 执教：杜小芳，杭州市天长小学，2001 年被评为浙江省数学特级教师．

到数学来自生活实际。

(4)综合同学们提的问题，提出本节课重点解决的问题：①活动时间如何安排？②野炊经费如何使用？

【说明】从学生提出的各种问题中，选择有关问题，进行方案设计，提高学生学习的自主性。

2. 提供设计活动方案的有关信息材料

(1)要解决这些问题，可提供哪些数据？

(学生讨论并出示有关数据)

①从学校到目的地 7200 米。步行 60 米/分，坐车 480 米/分，活动时间 4 小时，下午 2：00 回校。

根据这些数据，设计活动时间的方案，并确定早晨什么时候从学校出发。

②设计经费使用方案。

每组 4 人，野炊活动经费每人不超过 10 元，每组烧的菜不超过三菜一汤。佐料自备。

物品单价表

大　米	面　条	年　糕	水　饺
1.5 元/500 克	1.4 元/500 克	1.2 元/500 克	6 元/500 克
青　菜	青　椒	春　笋	豆　腐
1.5 元/500 克	3.5 元/500 克	5 元/500 克	0.7 元/500 克
番　茄	冬　瓜	笋　干	鸡　蛋
3 元/500 克	1.8 元/500 克	14 元/500 克	0.4 元/500 克
精　肉	黄　鳝	咸　肉	鸡　腿
10 元/500 克	20 元/500 克	13 元/500 克	3 元/500 克

(2)教师说明：设计方案的形式可以是多种多样的，可以是流程图，也可以是统计图、表格或文字说明。

3. 合作开展问题设计

(1)各合作组同学选择有关的问题开展讨论，设计活动方案。

(2)教师参与到合作组中去，与学生共同设计活动方案，并了解各组方案设计情况，进行针对性指导。

(3)各组将设计好的活动方案贴到黑板上展示。

【说明】同学们各抒己见，充分发表自己的观点，体现了主人翁的精神。老师参与到学生的设计活动中去，融洽了课堂气氛，促进了学生学习的积极性，使学生的创造性得到充分的发挥。让学生的设计方案展示在黑板上，促进了各合作组之间的交流。

4. 大组汇报

(1)请有关合作组汇报活动时间如何安排，请有关合作组汇报活动经费如何使用。

(2)其余的同学对设计方案提出自己的想法，发表自己的观点，师生共同进行评价。

【学生对自己设计的方案很感兴趣，分别从营养、味道、节约及合理性等方面进行了评价，调动了学生学习的积极性，学生的个性得到发展。】

5. 结束

今天同学们自己当家做主，设计了活动方案，这些方案，到底可不可行，还要受实践的检验。在日常生活中，如果我们用数学眼光去分析有关问题，我们将变得更加聪明。

三、应用题教学课例研究①

不同历史时期的小学数学教学大纲都对应用题有着相应的要求；都提出要"能够探索和解决简单的实际问题"，而且均在"教学中应注意的几个问题"及"各年级的教学内容和教学要求"中给出了明确的说明和指导。2001年7月颁布的《全日制义务教育数学课程标准(实验稿)》，应用题不成为独立的教学领域，而是贯穿在"数与代

---

① 执教：唐彩斌，2014年被评为浙江省数学特级教师，浙教版小学《数学》副主编，现任杭州市时代小学校长．评析：汪培新，杭州市学军小学校长，浙江省数学特级教师．

数""空间与几何""统计与概率"各个领域中,以"解决问题"为名与"知识技能""数学思考""情感态度"并列在课程目标中。一时间,应用题教学变得迷茫。与此同时,一些新名词相继与应用题交替出现,甚至更为频繁,"问题解决""解决问题""数学问题""数学建模"等,教学交流中,为了与传统划清界限,甚至都不愿再提"应用题"。

然而,笔者以为,名称的更替并不是问题的实质,把应用题的教学与数学建模建立起联系,才是抓住数学教学本质的核心追求。当然,在教学过程中,倡导题材的生活化、呈现方式的多样化,等等,也是对传统应用题教学体系的优化。

下面就以"归一问题"的教学来探讨应用题教学改革的变化路径,以此来引发更为深入具体的讨论。归一问题,是小学数学教学中的典型应用题,一般安排在三年级,是学生在学习完加减混合的两步应用题的基础上要学习的一种常见的应用题,更为重要的是在学习归一问题之前,通常学生也正好刚刚开始接触小学数学的基本数量关系"单价、数量和总价""速度、时间和路程""工作效率、工作时间和工作总量"等,因此,可以说归一问题的解决是小学数学应用题教学的重要开端,因为自此开始涉及基本数量关系式的分析,同时开始有了结构的辨析。因此,该课在小学数学教学中有着重要的地位。

(一)第一次教学

【教学目标】

①经历从现实生活抽象出数量关系的过程,理解单价、数量和总价之间的基本数量关系;

②能从多个现实情境中,归纳出归一问题的基本结构与解决方法,提高学生分析与解决问题的能力;

③组织富有现实性的数学活动,提高学生参与学习的积极性,借助归一的实际应用,内化归一思想,提高学生的综合素养。

【课堂实录】

1. 实践导入,激发兴趣

(1)师:同学们,在我们每一个人心目中都有自己最喜欢的物品。昨天,我已经布置大家去调查了有关情况。现在我们就一起来看"你最喜欢的物品调查表"。

(2)把学生的调查情况用表格展示。(现场输入)

最喜欢的物品	一件物品的价钱	想买多少件	一共需要多少钱

【说明】从小调查开始，轻松的切入学习主题，同时为认识数量关系做了铺垫。

(3)师：像一支钢笔15元，一辆滑板车120元，等等(学生中的例子)，用来表示一件物品的价钱，我们把它叫作单价，(用颜色闪动)表示有几件物品，我们把它叫作数量，一共需要多少钱，我们把它叫作总价。

(4)讨论数量关系。

师：观察调查表，你发现已知单价、数量，怎样求总价呢?(单价×数量＝总价)

师：如果已知总价和单价，怎样求数量?(总价÷单价＝数量)

如果已知总价和数量，怎样计算单价?(总价÷数量＝单价)

(5)实际应用。

师：这些数量关系式在生活中有着怎样的应用呢? 让我们一起到超市去逛一逛(影像文件);暂停影像中的镜头. 指出2元表示什么?(单价)顾客手中的1瓶罐头，这个"1"表示什么?(数量)在收银台计算的是什么?(总价)

(6)用一用，说一说。

师：由此看来，在超市中，单价、数量、总价得到了广泛的应用。如果你去超市购物，你会应用吗? 同桌之间说一说：你是怎么做的? 根据什么数量关系式?

(7)算一算下面各题。

①每本数学课外书5元钱，3本数学课外书多少钱?

②8个玩具120元，每个玩具多少钱?

③5瓶牛奶要多少钱?(为例题教学作准备)

【说明】采用视频文件，能让学生置身于生活情境中学习数学。把常见的数量关系与现实生活中的具体实物场景联系起来。

2. 引导深究，自主学习

(1)从准备练习中的最后一题引入，并进行电脑演示。

师：要求 5 瓶牛奶的价钱，还必须知道什么呢？（5 瓶牛奶的价钱）

师：知道这样 1 瓶牛奶的价钱，（与 5 瓶牛奶不同）能求 5 瓶牛奶的价钱吗？（不能）为什么？（因为牛奶不一样）

师（出示牛奶实物）：品牌不同、大小不同、价格也不同，【注：学生顿悟，微笑会意】

师：如果告诉这 1 瓶牛奶的单价呢？（能）为什么？（因为牛奶相同）【注：计算机形象演示：把两瓶相同的牛奶变成文字"同样的"】

师：如果不告诉你单价，而是告诉你 3 瓶牛奶的价钱 12 元呢，你会算吗？【注：强调："同样的牛奶""照这样计算"的意思是什么？（单价不变）】

【说明】从每瓶不同到相同，强调了单价不变，计算机演示从实物图（奶瓶）到文字"照这样计算"等，力求过渡自然。

(2)学生尝试解答，小组讨论。

①12÷3＝4(元)表示什么？（牛奶的单价）根据什么关系式？（总价÷数量＝单价）

②4×5＝20(元)表示什么？（牛奶的总价）根据什么关系式？（单价×数量＝总价）

(3)列综合算式。

师：先算的表示什么？（单价）再算的表示什么？（总价）

师：以后在解应用题的时候，可以分步计算，也可以列综合算式计算。

(4)练习。学生尝试做。

①2 盒饼干 60 元，买同样的 7 盒饼干要多少元？

②TCL2103 型彩电 3 台要 3600 元，5 台这样的彩电要多少钱？

③2 包零食 4 元钱，3 包零食多少钱？（6 元钱，4÷2×3）

师：你们愿意花 6 元钱买 3 包零食吗？（愿意）

师：拿出 3 包很小的零食，你们愿意吗？（笑答：不愿意）

师：怎么又不愿意了呢？（大小不同了，单价变了）

【注：用实物讲解】

【说明】再次强调如果标准不同就不能用归一的方法简单计算。

(5)小结。

师：对今天所学的应用题，你能总结出哪几条要点？（先求出单价，再求总价）

引导学生发现：在题意叙述中，要用"同样的""这样的"等来表示单价一定的词语。

【说明】学生通过课外实际调查，课内电脑演示，进入了探究归一应用题解题方法的理想情境，学生在老师的引导和参与下，自己尝试总结自己的研究发现。

3. 多样练习，巩固知识

(1)数学魔术：变变变。

出示题目：买 6 袋巧克力付款 30 元，买 7 袋这样的巧克力要付多少元？

要求学生先列综合算式，然后观察屏幕中的变化，马上列出新题目的综合算式，不计算。

师：从变化中发现不变的是什么？

点击，7 变成 10，算式是：$30\div6\times10$。

点击，10 变成 11，算式是：$30\div6\times11$。

点击，11 变成 1，算式是：$30\div6\times1$。

师：能不能更简单？（$30\div6$，学生恍然大悟）

点击，1 变成 12，算式：$30\div6\times12$。【注：引出倍比法解题思路，用实物演示】

$30\times(12\div6)$，12 盒里面有 2 个 6 盒，就是有 2 个 30 元。

点击，三个数字 6、30、12 没变，题意变了，6 只猫一天捉 30 只老鼠，12 只这样的猫一天捉多少只老鼠？

【注：丰富归一应用题的内容，不局限于单价这个数量关系式中】

(2)实际运用。

师：刚才讲的方法，在生活实际中有着怎样的应用呢？我们再到超市逛一逛。

【注：把视频图像的内容转化成文字】

师：中洋超市搞促销，3 块香皂只卖 8 元，照这样计算，9 块香皂要用多少元钱？

【说明】通过深化练习，引导学生用倍比的方法来解决问题，也就是把"3 块"当作"一"个单位来考虑，对归一应用题进一步做了探索，促进知识内化和迁移。

4. 回到实践，应用知识

(1)表格式：水彩笔的数量和总价对照表。（选择自己喜欢的方法）

数量	2	5	6
总价	30		

【注：最后两栏，一般学生都先填数量再填总价，这时，老师可举例；如果先填总价，你们能求数量吗？实际上这是反归一的题型，可丰富应用题的呈现形式，使归一应用题的归一特征更加明显】

【说明】由正归一题型的练习和探究，实现解法向反归一题型迁移，培养创新意识。

(2)生活情境形式：听录音和对话。

主题：今天我当家

地点：月亮湾小区

小刚：阿姨，您好！你买了什么啊？

张阿姨：饺子。

小刚：买了多少？

张阿姨：今天我们家就我和王叔叔两个人，所以我买了2袋(每袋10个)。

小刚：花了多少钱？

张阿姨：6元钱。

小刚：我也正准备去买饺子呢？阿姨再见！

张阿姨：小刚，再见。

按照小刚和张阿姨的对话，今天你当家，请你想一想，根据你家的实际情况，你准备买几袋饺子？花多少钱？并说一说理由。

【说明】通过两种题型的研究学习，让学生联系生活运用数学方法分析和解决问题，为实践应用做铺垫。

5. 课堂总结，课外升华

师总结：今天我们结合生活实际，学会了解答新的应用题，希望同学们能够把它应用到生活中去。

【教学反思】

纵观此课堂教学，与当时的教学改革背景是有关的，当时倡导计算机辅助教学、倡导应用题素材生活化、呈现方式多样化，应该说这节课的教学设计，在这些方面煞费苦心。

（1）在教学单价、数量和总价的数量关系式时，去超市录了一段影像，让学生在课堂上跟着摄像机的镜头"逛超市"，在超市中认识单价、数量、总价。把抽象的数量关系与生活实际联系起来。从课堂上的学生表现看来，学生兴趣还是很高的，效果应该是好的。

（2）在认识了单价、数量和总价等基本数量关系后，基于学生丰富的生活经验，学习归一问题还是水到渠成的，从掌握情况来看还是比较好的。学生通过学习都能比较熟练地解决与"单价、数量、总价"相关的归一问题。

（3）教学设计符合学生认知特点。多次思维定势的冲突，都起到了正面的"强化"作用。在解决归一问题的时候，有一个基本的前提，那就是这个"一"是不变的，在本节课中主要指单价不变。另外一个思维定势的冲突，则是在解决很多归一问题的背景下，求特殊的1份表示多少的时候，学生仍然是用两步来解决，强调了解决两步应用题时每一步所表示的意义。

【主要问题】

（1）归一结构与数量关系认识之间的比重。本节课在学习归一之前，为了概括基本的数量关系名称所用的时间也不少，冲淡了归一结构的探索，因为只是局限在单价、数量和总价的数量关系中，并且也都是正向的归一问题。（先求单价，再根据数量，求总价）。

（2）归一的认识比较抠字眼，而没有趋向本质的探索。用不同的牛奶启发学生说出同样的牛奶，再从"同样的牛奶"启发出"照这样计算"。尽管还是比较直观形象，但教师的"导"的痕迹比较显现。

（3）认识的增量体现不足。没有进行相应的前测，但是从学生的学习状况来看，学生学习这部分内容比较简单，难有知识和技能的习得需要让他们接受挑战，怎样激发学生的探究欲望，赋予学习挑战的内涵，值得思考。

【改进计划】

（1）着重解决归一问题，进行数形结合的尝试，开始先不讲什么数量关系，从直观的图形引入，重点在归一模型的概括上。

(2)教学内容不局限在"单价、数量和总价"的数量关系中,结合学生的生活经验,拓展归一的内容。

(3)学习的梯度力求多层次。归一的类型有正向的归一也有反向的归一;在同一节课中尝试进行反向题的挑战。

(4)引进有趣的儿歌,丰富学习内容,增强学习兴趣;创设富有挑战又有童趣的综合实践活动情境,引导学生学以致用。

(二)第二次教学

【教学目标】

①经历从直观图示中抽象出数量关系的过程,从不同情境中概括出共同的模型,初步感知归一问题的解决方法;

②沟通图形、表格及具体数量之间的联系,通过形数结合的训练,提高学生比较、分析和综合的能力;

③组织富有现实性的数学活动,提高学生参与学习的积极性,借助归一的实际应用,内化归一思想,提高学生的综合素养。

【课堂实录】

1. 创设轻松氛围,从动漫儿歌导入新课

(1)师:在上课之前,我送给大家一首动漫儿歌。儿歌的名字叫《数青蛙》。你们会吗?下面就让我们一起跟着电脑念一念。(播放动漫儿歌,学生跟着节奏念)

(2)师:同学们念得真不错。因为数字比较简单,又是按照一定的顺序从一开始,所以刚才你们背得很熟练。现在加大点难度,不按顺序了,2只,5只,8只,12只,你们还能念吗?我们一起来试一试。

(3)学生尝试念儿歌。(显然节奏变得慢了)

(4)师:怎么一下子就变得这么不整齐了,有时还故意把某个字念得特别长,这是为什么?(学生会意地笑:我们在算)。

(5)师:是啊,今天我们就要来学习有关怎么算的问题。学了以后,我们不仅能背儿歌,而且还能编儿歌。

【说明】轻松的儿歌,动漫的形式,吸引了学生学习新知的兴趣。同时,也为学习归一孕伏了基础,便于学生在学习过程中迁移已有的经验。

2. 借助直观图形，初步感知每份数、份数与总数之间的关系

（1）师：今天的学习从一个简单的图形开始。呈现一个长方形，表示 120。现在平均分成 4 份，1 份涂上黄色，黄色部分表示多少？

（2）学生解答：$120 \div 4 = 30$。

（3）师：你是怎么想的？

（4）生：用总数除以份数，可以求出一份是多少。

（5）呈现另一个图形：一个三角形表示 90，黄色部分有 6 个，黄色部分表示多少？

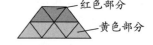

（6）学生解答：$90 \times 6 = 540$。

（7）师：你是怎么想的？

（8）生：用每份数乘以份数，可以求出总数。

【说明】在直观图示的导引下，巩固学生根据总数和份数求每份数，以及根据每份数和份数求总数的基本技能。在两个不同的直观图示中，孕伏了解决归一问题的分解步骤，为学习归一做必要的知识储备。

3. 借助直观图形，初步感受归一的基本模式

（1）师：右面这个图形的黄色部分表示多少？　　　　　　红色部分　黄色部分

（2）生：少条件的，应该告诉一份是多少。

（3）师追问：非要告诉一份是多少吗？我们一起来看看到底告诉了什么已知条件？能不能求出黄色部分是多少？（出示：红色部分表示 180）

（4）学生独立思考，尝试解答。有的先分步：$180 \div 3 = 60$，$60 \times 5 = 300$，教师引导用综合算式解答：$180 \div 3 \times 5 = 60 \times 5 = 300$。特别强调：先算哪步，表示什么？

（5）师补充：如果已知的是整个图形表示 480 呢？

（6）生列式计算：$480 \div 8 \times 5 = 60 \times 5 = 300$。

（7）师引导学生反思：刚才是怎样求出黄色部分的，我们一起来回顾一下，为了比较的方便，可以用表格把相应的数据整理在一起。

	红色	黄色	整个图
总数	180	300	480
份数	3	5	8

(8)学生观察表格以及相应的算式，教师引导学生发现解答这些问题有什么共同之处？

(9)学生：都是先求出一个小三角形是多少。

【说明】在直观图示的导引下，学生形成了一定的认知冲突，要求黄色部分是多少，但又不知道一份是多少？引导学生根据已知的总数和份数求出每份数，再根据每份数和份数，求出相应的总数。虽然先后两次呈现条件，一次已知红色部分，一次已知整个图形，但每一次都是为了先求出每个三角形是多少，突出归一的必要和重要。

(10)观察图表中信息，提出问题，并解答。

总数	63		
份数	7		

学习方法提示：①提问；②解答；③填表；④交流。

(11)学生独立思考，静心思考，再交流。

问题：黑色部分表示多少？解法；$63÷7×5$。

问题：空白部分表示多少？解法：$63÷7×12$。

问题：涂色部分表示多少？解法：$63÷7×12$。

问题：整个图形表示多少？解法：$63÷7×24$。

(12)师引导学生发现共同规律：在解决这些问题中，你们发现了什么规律？

(13)生：都是先求出一个小正方形表示多少？

(14)教师也来提一个问题：表示 36 的图形可以怎样画？

(15)学生解答，先求出有几格？$36÷(63÷7)＝36÷9＝4$

(由 4 格组成，但图形的形状可以不同，有 5 种不同情况)

(16)师：你能提出这样的问题吗？

(17)生：表示 45 的图形怎么画？

(18)学生解答：$45÷(63÷7)＝45÷9＝5$。应该画 5 格。

(19)再比较：有没有共同之处？不同的是什么？

(20)生交流：还是先求一个正方形是多少，只不过本来根据数量求总数，而后者是根据总数求份数。

【说明】在学生初步建立正归一的直观模型基础上，通过对图表中信息的提问，引导提出反归一的问题，在正反归一问题的比较中，进一步突出归一的基本特征。针对三年级学生的学习特征，学习时可结合学生的操作"画一画"表示36的图，既对归一问题解决的方法进行了强化，同时也可以加强空间观念，提高学生的数学综合素养。

4. 通过实物图，感受归一思路的实际应用

(1)师：现在我们一起到生活中看看，迎奥运，买福娃；

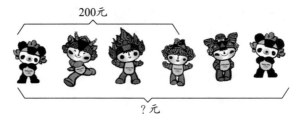

(2)学生解答：200÷4×6＝50×6＝300(元)。

(3)师：你是怎么想的？生：先求一个福娃。

(4)现在题目要变一变，表格中依次出现数据，要求学生马上算出相应的数，看谁的反应快？

总数/元	200				100	
份数/个	4	6	10	80		

(尤其是总数为100元的时候，学生容易思维定势，100×50＝5000元。稍作思考，学生马上会纠正)

(5)教师引导学生思考：如果最后的两个空格由你来填，你打算怎么填？为什么？

(6)生1：先填下面，下面随便填一个，再用下面的数乘50就是上面的数了。

生2：上面的数虽然不能随便填，但只要是50的倍数就可以了，只要用上面的数除以50就是下面的数了。

(7)教师引导强调：不管先填什么，都要先求出一个福娃多少元。

【说明】在直观图形的经验积累基础上，进一步用直观实物来呈现问题，为以后学习的文字问题做准备。学生理想的状态是在解决问题时能提取直观图示来帮助自已解决问题。同时这又是一个变式的对比练习，既是强化同类型(正归一)的问题解决方法，又穿插反归一的问题，着力提高学生思维的灵活性和敏捷性，因为学生容易受到思维定势的影响，所以要增强练习的灵活性和趣味性。无论是正归一还是反归一最终是为了突出归一的本质特点。

5. 借助综合性的实际问题，沟通各种归一思路之间的联系

(1)师：刚才表格中对应的两个数量都不告诉，我们也知道怎么填了。但有时在生活中，对应的两个数量都告诉了，那又该怎么办呢？现在我们一起来解决一个实际问题：饮料一杯能装下吗？

(2)呈现问题：小瓶饮料 90 克，倒进空瓶占 3 格。大瓶饮料 300 克，倒进空瓶(8 格)装得下吗？(每一格质量相等)

(3)学生思考后，解答：

生 1：$90 \div 3 \times 8 = 240$(克)，$240 < 300$；装不下。

生 2：$300 \div (90 \div 3) = 10$(格)，$10 > 8$；装不下。

生 3：$300 \div 90 = 3$(倍)……30(克)；$3 \times 3 = 9$(格)，$9 > 8$；装不下。

(4)教师引导学生发现解决方法的共同点：通过不同的方法，得到了相同的结果，虽然方法不同，但都是先求出每格装多少。

(5)教师引导学生理解：最后一种虽然没有求出一格装多少，但他把三格当作一份来思考了。

【说明】在解决问题时，学生首先要把现实问题转化成数学问题，这也是要着力培养的一种能力。同时，还是蕴含着比较，解决同一问题不同的方法却有一个共同的本质特征，用正反归一两种方法都可以解决问题。更可贵的是有学生能深化对"一"的认识，不拘泥于一就是一格，这是对归一的内涵的拓展，也是对归一问题的透彻的解析。

6. 设计综合实践活动，应用归一思路解决实际问题

(1)教师组织学生再编儿歌。我们一起来把不完整的儿歌编完整。

4 只小动物 4 张嘴，8 只眼睛 32 条腿；7 只小动物 7 张嘴，( )只眼睛( )条腿；( )只小动物( )张嘴，24 只眼睛 96 条腿……

(2)先让学生填空，再引导学生猜测，这是什么小动物吗？(注：8 只脚的，出示图：蜘蛛)

(3)教师鼓励：看来现在大家不只是会背儿歌，而且还会编儿歌了。

【说明】呼应课前念过的儿歌，同时解答的过程中也包含着归一问题的多种类型，并且在解决问题时需要学生选择相应的条件，也为学生用多种策略来解决问题提供了空间。

(4)组织课外实践活动：怎样能知道打开一个水龙头1个小时会流出多少水？

(5)师：你们今天下午放学回家，千万不要一到家就打开水龙头1小时，再测量有多少水？(学生会意地大笑)要注意节约用水。有学生迫不及待：开1秒钟就够了。生补充：那么快，来得及吗？师：看来大家都要先设计好可行的方案，再去实践。

(6)教师勉励：希望大家把今天所学的数学知识用起来，相信你的实验会成功。

【说明】实践能力的培养，需要设计一个个切实可行的实践活动来付诸实施，只有这样才不会成为空谈。而像这样的实践活动，既是对本节课数学学习内容的针对性应用，同时又是一次可操作性很强的实践活动。既有新意，又很务实。

【教学反思】

(1)数形结合，突破难点。有了直观的图形做支撑，学生基于直观概括出抽象的归一结构已变得不再困难。同时，教学又不局限于直观，而是将直观的图形发散，与现实生活中的具体实物建立起联系，丰富对归一的认识。

(2)注重建模，关注本质。无论是三角形图还是四边形图，都是表示单一量的图；无论是正向的，根据单价、数量求总价，还是反向的，根据单价、总价求数量；无论是直观的图，还是抽象的表格或者文字，都蕴含着一个不变的数学模型，那就是归一的模型。归一结构的一般性得到体现了，不再局限在单一的数量关系中。归一的思想开始升华，在"倒饮料"的问题中，"一"可以是一格，也可以是三格，逐渐提高了抽象程度。课堂教学力图充分体现归一的数学本质。

(3)关注儿童，关注生活。因为是儿童学数学，因此还需要依照儿童的心理发展规律，在关注抽象数学本质的同时，需要关注呈现方式的形象化趣味性，激发学生学习的兴趣，因此在教学设计中引进"儿歌""福娃"等一些有趣的学习素材。与此同时，还注重数学与现实生活之间的联系，把一些富有现实性的素材融入数学的学习中，使学生充分感受到了数学应用的普适性。

【评析】

数学是什么？数学是数和形及其演绎的科学。数形结合是数学的一种重要思想，数与代数，图形与几何是小学数学教育中两块重要的内容，到了后续学习中又会产生一门新的学科，那就是"解析几何"，解析几何就是用方程的思想去描述空间与图形。也许，这是小学阶段重视数形结合思想渗透的重要原因吧。

看了这个课题，我们就会想这样一个问题，归一问题属于解决问题中的一种典型的模型，这样一种模型如何和图形结合，是一种挑战。听了唐老师的课，我们很好地领略了唐老师的智慧和风采，他很好的演绎了自己的课题，使我们与会者深受启发。

(1)智慧地建立了图形推算和归一问题的结构性联系。

唐老师找到了直观图形推算和归一问题的联系，通过解决图形中已知总数和对应份数，求几份对应的总数这样的问题，建立了正归一问题的直观模型。让学生感悟到图形推算过程中要先求出单一量的中间问题。然后用具体的现实生活中的实物代替几何图形，推广到了归一问题，实现了图形模型和生活问题的联结，产生了类推，实现了数形结合。同时为学生表格的、文字的生活问题奠定了基础。这样我们也不难理解三年级的孩子能够很好地掌握归一问题的原因了，这个原因就是结构化模型的转换。

(2)渐进地处理了解决问题的模型化和去模式化问题。

模型化有助于学生理解结构和掌握结构，唐老师上课的效果非常明显地证明了这一点。但唐老师在建立图形模型和实物模型的同时，又极力注意去模型化。让学生经历从图形、表格到生活问题的过程，特别是生活中的综合实践问题，重视了对解决问题的策略研究，没有过分地去套用模式，这对学生的思维发展，解决问题的能力发展是很有益的。我想，唐老师也正是基于这样的思考，才实现了正归一、反归一、倍比法的综合，突破了学生思维的定势，增强了灵活性和趣味性，又深化了"一"的认识，不拘泥于"一"就是"一个"，对归一的内涵进行了拓展，透彻解析归一。

感谢唐老师为我们提供"数形结合，从图形直观中理解数学结构，掌握数量关系"这样的思路来改进应用题教学的思路。为我们广大数学教师呈现了一个新的视角，值得大家一起研究探索。

四、约分和通分[①]

【引入】

1. 口答：方框里填几？依据是什么？

(1) $\dfrac{4}{6} = \dfrac{4 \times \square}{6 \times \square} = \dfrac{\square}{30}$ (2) $\dfrac{4}{6} = \dfrac{4 \div \square}{6 \div \square} = \dfrac{2}{\square}$

$\dfrac{6}{15} = \dfrac{6 \times \square}{15 \times \square} = \dfrac{\square}{30}$ $\dfrac{6}{15} = \dfrac{6 \div \square}{15 \div \square} = \dfrac{2}{\square}$

2. 提问：什么叫分数的基本性质？（教师根据学生的口述，用字母表示出分数基本性质的两方面意义）

板书：

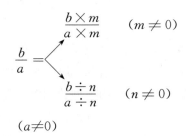

$$\frac{b}{a} = \begin{cases} \dfrac{b \times m}{a \times m} & (m \neq 0) \\[2mm] \dfrac{b \div n}{a \div n} & (n \neq 0) \end{cases}$$

$(a \neq 0)$

3. 学习导向。

今天这节课我们将运用分数的基本性质来学习新的知识（出示课题）——"约分和通分"。

【展开】

1. 在观察、比较中设疑

（出示长方形阴影图 4 幅）

(1)用分数表示阴影部分的大小，再比较①与②、③与④的大小。说说你是怎样比的？

---

① 执教：杨薇华，杭州市天长小学，1998 年被评为浙江省数学特级教师．

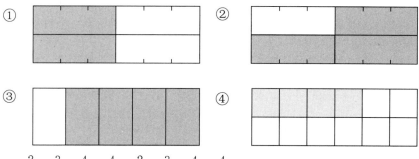

(生：$\frac{2}{4}$、$\frac{3}{4}$、$\frac{4}{5}$、$\frac{4}{12}$；$\frac{2}{4}<\frac{3}{4}$、$\frac{4}{5}>\frac{4}{12}$)

(2)分类。哪些是最简分数？哪些不是最简分数？

(3)设疑。$\frac{2}{4}$、$\frac{4}{12}$ 既不是同分母，也不是同分子，你能直接比出大小吗？

你能运用学过的知识，把 $\frac{2}{4}$、$\frac{4}{12}$ 转化一下，使它们能比出大小，并把转化的过程用式子表示出来吗？

2. 思考、交流、反馈

(学生两人小组活动)

(学生有以下多种方法来比较大小，得出 $\frac{2}{4}>\frac{4}{12}$ 的结论。)出示学生写的式子：

① $\frac{2}{4}=\frac{2\times 6}{4\times 6}=\frac{12}{24}$

$\frac{4}{12}=\frac{4\times 2}{12\times 2}=\frac{8}{24}$

② $\frac{2}{4}=\frac{2\div 2}{4\div 2}=\frac{1}{2}$

$\frac{4}{12}=\frac{4\div 4}{12\div 4}=\frac{1}{3}$

③ $\frac{2}{4}=\frac{2\div 1}{4\div 1}=\frac{2}{4}$

$\frac{4}{12}=\frac{4\div 3}{12\div 3}=\frac{1.\overset{.}{3}}{4}$

④ $\frac{2}{4}=\frac{2\times 2}{4\times 2}=\frac{4}{8}$

$\frac{4}{12}=\frac{4\times 1}{12\times 1}=\frac{4}{12}$

⑤ $\frac{2}{4}=\frac{2\times 3}{4\times 3}=\frac{6}{12}$

$\frac{4}{12}=\frac{4\times 1}{12\times 1}=\frac{4}{12}$

⑥ $\frac{2}{4}=\frac{2\div 1}{4\div 1}=\frac{2}{4}$

$\frac{4}{12}=\frac{4\div 2}{12\div 2}=\frac{2}{6}$

3. 分类

你能将这些方法分成两类吗？每一类的特点是什么？

（学生第一种分法：①③⑤一类，这一类是把原分数转化为同分母分数再比大小；②④⑥一类，是把原分数转化成同分子分数比大小。）

（第二种分法：①④⑤为一类，是利用分数基本性质 $\dfrac{b}{a}=\dfrac{b\times m}{a\times m}(m\neq 0)$，把分数的分子、分母变成较大的同分母或同分子分数来比大小；②③⑥一类，是利用分数基本性质 $\dfrac{b}{a}=\dfrac{b\div n}{a\div n}(n\neq 0)$，把分数的分子、分母变成较小的同分母或同分子分数来比大小。）

4. 学习约分的意义和方法

（1）观察分析"方法②"（以②③⑥一类的②为例）。

$$\dfrac{2}{4}=\dfrac{2\div 2}{4\div 2}=\dfrac{1}{2}\quad\text{"2"是怎么来的？它与}\dfrac{2}{4}\text{的分子、分母有什么关系？}$$

$$\dfrac{4}{12}=\dfrac{2\div 4}{12\div 4}=\dfrac{1}{3}\quad\text{"4"呢？}$$

（2）导出约分意义。思考：转化过程中，什么没有变？什么变了？怎么变？（出示约分板书）——把一个分数化成和它等值的、分子和分母都比较小的分数，叫作约分。

（3）释义中学习约分的简写方法。（学生把式子与意义对着理解后，原式可省去 $\dfrac{\overset{1}{2}}{\underset{2}{4}}=\dfrac{1}{2}$ 的中间过程即得出约分的方法）板书：

师问：原式中的"÷2"到哪儿去了？右上角的 1 与右下角的 2 是怎么来的？

生口述一遍约分的过程。

（4）试做：把 $\dfrac{4}{12}$ 约分。

（5）反馈。口述过程（根据学生的练习情况解释"逐次约分"）。

5. 约分练习

学生自由出题练习（或老师出题：$\dfrac{5}{15}$、$\dfrac{16}{20}$；＊$\dfrac{8}{32}$、$\dfrac{9}{12}$＊为弹性作业）

6. 评价、小结(突出"等值")

(略)

7. 学习通分的意义和方法

(1)再观察分类。

观察①④⑤这组,你能再分成两类吗?(①⑤一类,④一类)

(2)导出通分的意义和方法。

观察①⑤,说说这组中,原来是怎样的分数?变化后又是怎样的分数?(对着式子板书:异分母分数→同分母分数。)

选择分母思考。①式中用 24 作公分母,⑤式中用 12 作公分母,你认为选择几较合适?为什么?(生:12 是 4 与 12 的最小公倍数)

师把⑤式板书完整化:[4,12]=12

$$\frac{2}{4}=\frac{2\times 3}{4\times 3}=\frac{6}{12}$$

$$\frac{4}{12}=\frac{4\times 1}{12\times 1}=\frac{4}{12}$$

异分母→同分母

得出通分意义(出示"通分"板书)——把几个异分母分数化成和原来分数等值的同分母分数,叫作通分。

(式与义对着理解;熟练后中间过程可省略)

说说通分的目的是什么?通分的方法是怎样的?(不同的分数单位→相同的分数单位;先……再……)

(3)试练:把 $\frac{4}{5}$ 与 $\frac{3}{4}$ 通分。

(4)反馈、评价。

8. 通分练习

说出与 $\frac{5}{6}$ 是异分母分数的最简分数,要求分母是互质的、倍数关系的、一般关系的各一个,并与 $\frac{5}{6}$ 分别组成 3 组进行通分(如 $\frac{5}{6}$ 和 $\frac{3}{5}$;$\frac{5}{6}$ 和 $\frac{7}{15}$;$\frac{5}{6}$ 和 $\frac{11}{12}$)

(或师布置:$\frac{1}{6}$ 和 $\frac{4}{9}$,$\frac{7}{10}$ 和 $\frac{4}{5}$,* $\frac{3}{3}$ 和 $\frac{3}{4}$)。

9. 评价

（略）

【总结】

①这节课学会了什么？你是怎样学会的？

②课前引入题(1)(2)这两组题的解题过程实质上是做了什么事？((1)是通分，

(2)是约分)

③约分和通分的相同点是什么？不同点是什么？

相同："转化"成"等值"的分数。

不同：约分是一个分数→分子、分母较小的分数，运用 $\frac{b}{a}=\frac{b\div n}{a\div n}(n\neq 0)$。

通分是几个异分母分数→同分母分数，运用 $\frac{b}{a}=\frac{b\times m}{a\times m}(m\neq 0)$。（与"引入"板书相连）

【机动练习】

判断哪些是约分？哪些是通分？为什么？

①$\frac{7}{9}\rightarrow\frac{14}{18}$　　　　　　②$\frac{18}{24}\rightarrow\frac{3}{4}$　　　　　　③$\frac{12}{15}\rightarrow\frac{4}{5}$

④$\frac{5}{6}\rightarrow\frac{15}{18}$　　　　　　⑤$\frac{12}{20}\rightarrow\frac{6}{10}$　　　　　　⑥$\frac{9}{27}\rightarrow\frac{1}{3}$

【回家作业】（略）

【设计意图】"约分和通分"这节课设计新颖，打破了约分、通分分开教学的传统，让学生从整体认识约分和通分就是分数基本性质的两方面的实际运用，给学生建立起完整的知识结构；重视学生知识的运用，解决问题的素质培养和学习能力的发展。在教学中自始至终让学生主动参与，学生处在观察、分类、对比、评价等积极的大容量的思考活动中。围绕引入题的 4 幅图，用设疑激思的方法紧紧抓住、一组分数如何比大小展开讨论，让学生自己运用原有知识——分数基本性质来解决新问题。通过不断分类、层层推进，把学生原有知识经过筛选、提炼，引出新的知识，从而使学生理解、掌握约分、通分的意义和方法。同时，重视概念的式、义结合，对应理解。最后总结，异同点的区别对比与机动练习，既使学生在正确理解与运用约分、通分两个概念上进行了强化作用，又严谨、完整了整堂课的结构。综上所述，这是一堂以学生活动为主，知识结构全，效率高、密度大的概念教学课。

五、长方体物体的包装①

【教学目标】

①联系长方体表面积在生活中的运用，培养学生用数学知识解决问题的意识。

②在摆、算、想象、猜想等学习活动中，培养学生有序思考、合理分类、化繁为简的思维方法，并发展空间观念。

③会根据实际需要，合理策划选择包装样式，体现解决问题策略的多样化。

④能用准确的数学语言描述思考过程。

【说明】目标的定位与以往有较大的改变。发展性目标落到了实处：了解数学与生活的联系，运用数学的思维方式去观察分析事物。解决日常生活中的问题等要求在教学目标中具体可见，并在教学活动中得以具体展现。

【教学过程】

1. 引入

师：生活中，常把几个长方体物体包成一个大长方体。这样就会有各种各样的包装。

学生间相互交流了解的情况。

师：前几天，我曾让大家去了解这方面的情况，谁来说说你带来了什么？

生：火柴盒、烟盒或药盒等。

师：这节课，我们一起来讨论、研究长方体物体的包装问题。（揭题）

【说明】让学生课前了解各种包装情况是为了把学生的眼光引向广阔的社会空间，也为了使学生学会收集信息。同时课前收集长方体各种包装的实例为课内互相交流研究积累了素材。

2. 展开

（1）师：下面我们研究两个相同长方体物体的包装情况。想一想：把两个相同的

---

① 执教：项海刚，杭州市天长小学，现任杭州市上城区教育局党委书记、局长．评析：沈世昌，杭州市上城区教师进修学校．

长方体物体进行包装，会有几种不同的包法？（学生陆陆续续举起了手）

试一试：要求摆得出，还要说得明白。

交流：有哪几种？为了方便表达，最大面用字母 A 表示，次大面用字母 B 表示，最小面用字母 C 表示。

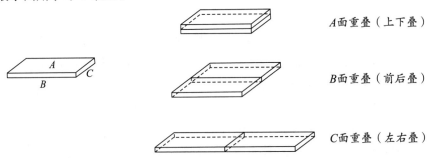

A 面重叠（上下叠）

B 面重叠（前后叠）

C 面重叠（左右叠）

归纳：三种不同包法：A 面重叠（上下叠），B 面重叠（前后叠），C 面重叠（左右叠）。

【说明】先以两个长方体为基础进行研究，归纳出能从三个不同方位（上下、左右、前后）把两个小长方体拼成大长方体的思路。

"试一试"——这是一种学法指导。当学生有想法时就到实践中去试一试，可以证实自己的想法对否。

"摆得出还要说得明白"——这是一种学习要求，即初步学会表达解决问题的过程和结果。

(2)师：现在研究 6 个相同长方体物体的包装情况。2 个有三种不同摆法。6 个有几种呢？你能很快猜出有几种吗？

生：6、7、8、9、10、12 种等。

师：那么，究竟有几种呢？想试试吗？（生：想！）

师：两人一组，边摆边思考，怎样说才能让大家明白你的摆法？

合作学习：

①小组摆、交流。教师在巡视时及时向同学们推荐做记录的学习方法。并问：为什么要记呢？

生：包装方式多，记一记，不会重复。

②大组交流、汇报。

两人一组汇报，要求一位同学边说边摆，另外一位同学选择相应的直观图贴在黑板上。

学生汇报：总共有 9 种不同的包法。（见下图）

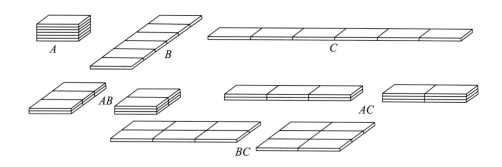

师生归纳：按接触面思考，A、B、C 各一种；AB、AC、BC 各两种。

师：这种方法怎么样？它是按什么思考的？

生：按接触面来思考；这样思考有序，不容易漏掉。

【说明】6 个长方体的包装比 2 个要复杂多了，但学生已建立了从三个不同方位拼的思想基础，困难的是按一定顺序思考，不遗漏也不重复。因此教师组织学生合作学习，在学习小组内经历观察、操作、思考等学习数学的过程。

师：还有其他思考方法吗？能不能将问题简化，比如以两个一组作为一个整体，将两个 A 面重叠（上下叠）的长方体看作一个大长方体，这样就转化为 3 个长方体的包装问题了，可以有几种包法？

生：按上下、前后、左右的方向拼摆，有 3 种包法。

师：大家从中受到什么启发？还可以怎样考虑？

生：哦，我明白了！还可以将两个 B 面重叠（前后叠）的长方体看作一个大长方体，按上下、前后、左右的方向拼摆，又有 3 种包法。

生：还可以将两个 C 面重叠（前后叠）的长方体看作……

生：（抢着说）对，对！它也有 3 种包法。因此 6 个长方体共有 $3 \times 3 = 9$ 种不同的包法。（见下图）

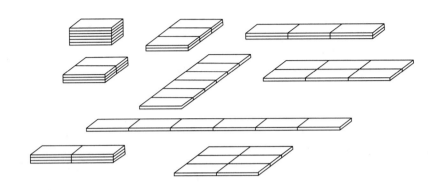

师：这种方法怎么样？

生：这种方式很好，很清楚。

师：先把 2 个小长方体看作一个大长方体，那么 6 个小长方体就可以看作 3 个大长方体。2 个小长方体间的位置不同，就得到了 3 个不同长方体的包装问题。这种将复杂的问题转化为已经解决的简单问题，是我们解决问题的基本方法，很重要。

【说明】要求学生把 6 个长方体的 9 种拼法用不同的思路表示看来要求过高，不少学生可能还未完全搞懂。但其中蕴含的分类、有序思考问题的方法，将复杂问题转化为简单问题的策略却很重要，应让学生逐渐掌握。

(3)师：现在我们来猜猜，哪些样式的表面积较大、哪些较小？说理由，并算算。

生：都是 C 面重叠的包装样式的表面积较大，因为重叠部分面积最小；上图第一列中的 A 面重叠、AB、AC 面重叠的包装样式表面积较小，因为重叠部分面积较大……

师：哪个表面积更小些呢？

生：可以算一算。

师：假设 A 面面积为 6，B 面为 3，C 面为 2。

生：$6 \times 2 + 3 \times 12 + 2 \times 12 = 72$，$6 \times 4 + 3 \times 6 + 2 \times 12 = 66$，$6 \times 4 + 3 \times 12 + 2 \times 6 = 72$。这几个表面积都比较小。

【说明】9 种不同的包装与它的表面积大小有什么关系？研究这一问题时，学生经历了猜想、说理由、算一算证实猜想的过程，也为后面研究现实生活的各种包装做了准备。

3. 讨论现实生活中的各种包装

教师取一种物品(火柴)，先请大家猜可能的包装样式，再说说理由，结合实际谈想法。

学生打开一包火柴观察后说，这种样式表面积小，也就是材料省。

师：是不是厂商设计商品的包装时都考虑节省材料呢？

生：不一定。

师：分小组，互相观察带来的其他物品，说说自己的看法。

学生纷纷举例说明：有的考虑经济、实用，有的考虑美观、大方，有的考虑方便……不同的需要就有不同的标准。

4. 小结

师：这节课对你有什么启示？

生：生活中有许多事，可以用数学方法来解决；包装这一小问题，学问可不小；我们可以用一定的标准选择方案……

【评析】

学了长方体表面积计算，如何进行实际运用呢？过去往往做几道求表面积计算的应用题就算是解决实际问题了。这节课教师的设计思想解放，观念新。把研究市场上各种各样的包装作为课的开始，随着学习研究活动的展开，同学们研究了几个长方体拼在一起有几种包法，各种包装法与表面积有什么关系。然后用研究的结果去解释市场上的商品为什么会有各种不同的包装的现象。学生不是仅仅进行一些表面积计算，而是在解决具有一定现实背景的有实用价值的开放式问题。学生在多角度地分析各种情况下的结论时，他们的应用意识与能力得到了培养。

本课为学生提供了具体的实践活动，创设了引导学生探索、操作和思考的情境。整节课大部分时间学生都在操作，有独立，有合作；有猜想，有验证；有观察，有分析，有想象，有解决问题的策略。学生在尽可能大的活动空间中切实体验到数学就在自己的身边，数学对解决实际问题是有用的。

六、两位数乘两位数①

【教学目标】

①让学生通过猜测一个月大约有多少小时，培养学生对数的感知和直觉思维能力；

②让学生通过独立思考，尝试解决问题，经历解决两位数乘两位数这一数学问题的过程，体验成功解决数学问题的喜悦或失败的情感；

③让学生通过小组和全班同学的交流、合作，体验计算两位数乘两位数方法的多样化。培养学生数学交流的能力和合作的意识。

【教学过程】

1. 创设情境，明确待解问题

上课开始，师生谈话导入。

师：同学们都知道一个大月有 31 天，而一天有 24 小时，请每一个同学都猜猜，一个大月约有多少小时？并说一说，你是怎样猜测的？

生1：肯定超过 600 小时，我把 24 看成 20，31 看成 30，20×30＝600，所以，一个月肯定超过 600 小时。

生2：大约 700 多小时，我想想有 700 多。

生3：不会到 900，我把两个数都看成 30，相乘后也只有 900 小时。

生4：我估计不到 800 小时，如果把 31 看成 40，而把 24 看成 20，这样 20×40 等于 800，所以不到 800 小时。

生5：在 750 小时左右，根据前面几个同学的估计，一个大月的小时数，大于 700 而小于 800，我取他们的中间值就是 750 小时。

每个同学都开始猜测，学生猜测的小时数通常在 600 到 900 不等，也可能会有个别的学生猜测的小时数不到 600 或者大于 900。

师：刚才每一个同学都猜测了一个大月的小时数，现在请每一个同学先把自己

---

① 执教：朱乐平，杭州市上城区教育学院，2000 年被评为浙江省数学特级教师，浙教版小学《数学》教材副主编．

猜测的数写在纸上，然后想一想，有什么办法能说明你猜的这个数是正确的，或者比较接近正确答案，或者与正确答案相差很远？

生：需要计算，$24 \times 31 =$？如果我们能计算出这个算式的结果，就能知道哪个同学的猜测最准确。

师：怎样算呢？我们没有现成的方法，需要每一个同学自己想办法解决这个问题。下面请每一个同学独立的用尽可能多的方法计算出 $24 \times 31 =$？

【设计意图】教师创设了一个学生熟悉的情境，希望学生可以自由的进行猜测，由于一个大月约有多少小时这个问题起点比较低，学生容易参与，创设这样的情境，希望能够调动学生学习的积极性。在学生猜测时，教师不但要关心学生猜测的答案是多少，更要关心学生有没有主动地投入到"猜测"中来。让学生通过猜测一个月大约有多少小时，试图培养学生对数的感知和直觉思维能力，同时也使所有的学生明确要解决的问题。

2. 独立思考，尝试解决问题

【说明】这里的第 2 个环节"独立思考，尝试解决问题"，主要想培养学生独立思考的能力，由于要求使用尽可能多的计算方法去解决 $24 \times 31 =$？因此，不但可能计算的方法不同，而且还可能计算方法的数量也不同，这样的教学试图体现因材施教，让不同的学生得到不同的发展。让学生通过独立思考、尝试解决问题，经历解决两位数乘两位数这一数学问题的过程，体验成功解决数学问题的喜悦，或失败的情感。在这个环节中，教师要注意帮助数学学习上有困难的学生。

3. 梳理思路，准备小组交流

师：刚才在看同学们解决问题的过程中，发现许多同学已经不止用一种方法计算出了结果，已经有了许多研究的成果，但不同的同学所用的方法并不是完全一样的，如果同学之间交流一下，就可以学到不同的方法。在同学们相互交流以前，先整理一下自己已有的研究成果，想一想，也可以写一写：如果你在小组发言，你准备讲哪几点？说哪几句话？现在开始准备。

【说明】这个环节主要是为小组交流做准备，通过整理已有的解决问题的方法和思路，培养学生归纳的能力，为数学的交流做准备。

4. 小组交流，相互取长补短

（略）

5. 整理成果，准备全班汇报

（略）

【说明】这里的第 4 个环节"小组交流，相互取长补短"，一般以 4 人小组为单位进行交流。在小组内每一个同学都讲述自己的解题方法，并对其他同学的解法充分发表自己的看法。通过这个过程，试图培养学生数学交流的能力，并通过交流使学生学会倾听，学会换位思考。第 5 个环节"整理成果，准备全班汇报"，让学生以小组为单位，每个小组推荐一名代表，向全班同学报告小组的研究成果。在这一过程中，主要想培养学生归纳整理的能力和合作的能力。

6. 全班汇报，汇总归纳策略

让部分小组的代表，报告他们小组的研究成果，其他小组可以补充。学生一般有以下几种解题策略：

①$24+24+\cdots+24$（31 个 24 相加）；

②$31+31+\cdots+31$（24 个 31 相加）；

③$24\times30+24$；

④$24\times5\times6+24$；

⑤$24\times10+24\times10+24\times10+24$（$24\times10\times3+24$）；

⑥$31\times4\times6$ 或 $31\times3\times8$；

⑦$31\times30-31\times6$；

⑧$31\times20+31\times4$；

⑨$24\times7\times4+24\times3$；

⑩
$$
\begin{array}{r}
2\ 4 \\
\times\ 3\ 1 \\
\hline
2\ 4 \\
7\ 2 \\
\hline
7\ 4\ 4
\end{array}
$$
。

师生共同总结、归纳这些解题方法的共同特点：把一个"新"问题转化成了一个"老"问题来解决。即把一个两位数乘两位数的题目转化为加法或两位数乘整十数、两位数乘一位数来解决。

7. 回顾过程，总结学习方法

师生共同回顾，这节课我们研究的是两位数乘两位数的问题，研究的过程是，猜测结果→独立解答→小组交流→全班汇报→归纳总结。通过这节课的学习我们知道了一个大月有 744 小时，解决两位数乘两位数的问题可以有许多种不同的方法。我们同学之间相互交流，常常会学到一些新的解决问题的方法。

【设计意图】

上面这个两位数乘两位数的教学设计没有按照传统的课堂教学那样，分成：复习铺垫→新课引入→讲解新课→巩固练习→回家作业这样的环节来设计。在上面的设计中没有复习铺垫这一环节，这是因为笔者认为在已有的众多的知识中去找出与现在要解决的问题有关的信息，这是一种能力，而且是一种十分重要的信息提取能力。在实际生活中，当你在解决一个新的问题时，一般没有人会告诉你解决这个问题需要哪些准备知识，你只有在碰到问题后，在解决问题的过程中方才清楚还需要知道哪些知识，然后，你要在原来的知识库中去提取并且灵活的、创造性的应用原有的知识，这无疑是一种重要的能力。在传统的课堂教学中，复习常常是教师已经为学生做了一些要解决新问题时需要的知识铺垫，学生在解决问题时，常常只是把课开始时复习的知识拿来用即可，如学习两位数乘两位数一般要复习两位数乘一位数和两位数乘整十数，这种教学不利于学生能力的培养。

在上面的教学设计中，进行小组交流讨论之前，让学生先独立思考，尝试解决问题，并且在学生准备后，再进行小组交流，这与传统的课堂教学中，没有学生独立思考和准备交流的基础，就开始让学生讨论与交流相比，也已经有了变化。笔者认为：学生与学生之间的讨论交流，如果能够建立在独立思考和准备发言的基础上，讨论和交流的质量必定提高，反之则常常会流于形式。

在上面的教学设计中，积极提倡算法的多样化，为学生提供了数学交流的机会，目的是促进学生的数学思维活动，提高数学思维能力。讨论和表达数学问题是进行数学交流的两种重要形式。由于积极提倡算法多样化，不同的学生常常有不同的解题策略，学生运用自己的方法解决问题，他们会对解决数学问题有深切的体验，会获得学习数学的经验，这些体会和经验为学生的表达奠定了基础。例如，上面学生解决问题的第⑨种方法：$24 \times 7 \times 4 + 24 \times 3$。学生的思路是，先算一个星期的小时数，再算 4 个星期的小时数，最后再加上 3 天的小时数，这样在小组或全班的交流中，这个学生就会有话可说，有话能说。笔者积极提倡算法多样化，目的是为学生与教师、学生与学生之间进行数学交流提供较大的空间。希望学生在数学交流中不断地讨论、表达，在讨论、表达中促进数学思维活动，从而使学生的数学思维品质得到培养，数学思维能力得到提高。

七、你会提出哪些数学问题？①

"如何有效地培养学生提出数学问题的能力"是当前数学教育研究中的一个重要课题。以张天孝老师为主的新思维数学教材编委早在 2004 年就着力于学生提问能力的研究，并提出了"知识问题化"和"问题知识化"的理念。认为，从学生学习能力的培养角度分析，提出问题本身就是一项独立的数学活动，提出问题本身就是教学目标所在。因此，在新思维数学教材中，专门设置了单元提问课、课时提问课，把相关联的数学知识转化为问题的形式呈现，引导学生在提出数学问题的基础上学习和掌握知识，发展思维。当然，培养学生提出问题的意识和能力并非朝夕之功，需要一个比较长的时间和过程。比如，开始的问题情境应该是具体的、现实的、简单的，逐步过渡到抽象的、数学的、复杂的情境；从最初对提出问题量的要求提升到质的要求；从直接应用情境中的信息，到补充信息提问……这些都需要一定的经验积累，是一个循序渐进的教学过程。那么，如何组织实施有序列的教学？在不同阶段提供怎样不同的学习材料？不同阶段的学生提问能力如何进行评价？等等，这些问题需要做进一步的思考与研究。在这些理念的支配下，笔者引导四年级学生围绕"看到350、560 这两个数，你会提出哪些数学问题？"这一主题，做了课堂教学探索。这一教学内容选自新思维数学四年级上册，本文主要介绍这节课的教学过程和设计意图。

（一）课前谈话：互相提问，认识对方

师：我与同学们第一次见面，相互认识一下吧。你们是来自哪个学校几班的同学呀？

---

① 执教：邵虹，杭州市上城区教育学院，浙教版小学《数学》教材编委，原标题为：看到"350、560"这两个数，你会提出哪些数学问题？

生：我们是来自××小学，四(1)班的。

师：××小学四(1)班的同学，你们好！想认识老师吗？你们想了解哪些信息呢？

生1：老师，你姓什么？是哪个学校的？

师：哦，你想知道老师的姓名和工作单位。

生2：老师，你今年几岁？

师：你想了解老师的年龄。

生3：老师，你有多高？

师：哈哈，你们还想知道我的身高。

……

(教师一一回答了学生的问题)

师：面对同一个人，我们可以从这么多的角度去提出问题，如果是一个数呢？

【设计意图】设计这样的课前谈话，主要有三个意图：一是这样的谈话内容比较有趣，学生容易参与谈话，以便在较短时间内消除师生之间的陌生感。二是教师以平等的心态面对每一个提问的学生，这样开放、民主、宽松的课堂给学生提供了一个敢提问、爱提问的环境。三是对同一情境(或事件)从不同角度提出问题的思想与方法可以迁移到对一个或几个数提出数学问题的学习中。也就是说这个谈话为学生学习今天的内容奠定了一些思想方法上的基础。

(二)看到"8"，你想到了什么？能提出哪些数学问题？

(课件出示"8"，生默读后回答问题)

生1：我想到"8"是一个吉利的数字。北京奥运会2008年8月8日晚上8时开幕。

师：哈哈，这的确是个好日子。你想到了与年月日有关的问题。

生2：老师，我想到一个问题。"晚上8时"用24时计时法怎样表示？

师：很好。他提出了一个关于时间的问题。(板书：时间)

生3：我想到"8"是由8个1组成的。

师：如果改成数学问题呢？

生3继续：问题是"8"是由几个1组成？

师：很好。你想到了"8"的组成。(板书：数的组成)

生4：我想到$2+2+2+2=8$，$2×4=8$，还有$8-7=1$，$8÷2=4$。

师：这些都是关于"8"的计算。（板书：计算）

生5：老师，我还想到"8"是一个对称图形。

生6：如果改成问题，就是"8"是一个对称图形吗？

师：是的。我们还可以从图形角度去思考。（板书：图形）

（学生思考片刻）

生7：如果一个长方形的长是3厘米，宽是1厘米，它的周长是多少厘米？

师：这个同学补充了一些信息，提出了一个新的数学问题。

生8：如果一个正方形的边长是8米，它的面积是多少平方米？

生9：每支活动铅笔2元，买4支要几元？如果买8支呢？

师：真好。面对同一个数，大家从不同角度提出了这么多数学问题。来整理一下板书。

时间	2008年8月8日晚上8时；"晚上8时"用24时计时法怎样表示？
数的组成	8是由几个1组成？
计算	$2+2+2+2=8$，$2\times4=8$，还有$8-7=1$，$8\div2=4$
图形	"8"是对称图形吗？ 长方形的周长可能是8厘米 正方形的边长是8米，它的面积是多少平方米？
应用问题	每支活动铅笔2元，买4支多少元？买8支呢？

师：在这些问题中，"8"既可以作为一个已知的条件，也可以作为一个结果；有的问题比较简单一步可以解决，有的问题需要几步解决。

【设计意图】由于教学对象是四年级学生，在第一学段中，他们已初步经历了从具体情景中提出简单数学问题的学习过程。这一环节的设计，试图激发学生已有的知识、经验与能力，引导他们从抽象的纯数学情境中发现问题和提出问题。刚开始，学生可能各自从不同角度思考问题，处于一种离散的状态，数学语言的表达也不理想。这就需要教师适度引导，通过"整理与分类"，把问题聚集在几个点上，让学生逐步掌握提问的思路与方向。从问题量的多少过渡到问题质的要求，鼓励学生提出不同种类的问题。此外，在学生提出数学问题的基础上，进行观察与分析，归纳出一般的提问方法：①可从不同的知识领域、角度进行思考；②所给信息可以作为一个已知的条件，也可以是一个未知的结果；③可以直接应用已有信息提问，也可以补充一些必要的信息，提出含有情境的问题；④既可以提出一步解决的问题，也可以提出用两步或三步解决的问题。

(三)看到"350"和"560"，你能提出哪些数学问题？

课件出示要求：请每一位同学独立完成①你能提出哪些数学问题？②可以任选一个数提问，也可以两个数都用上。③将你提的数学问题记录在纸上。独立作业时间：8分钟。

【设计意图】每个学生的学习能力存在差异，所以在这个环节中，给学生足够的提问时间，独立思考，提出数学问题。在这样一个以学生自主学习为基础的开放性学习活动中，一方面可以培养学生观察、思考、发现并提出问题的能力，另一方面可以优化学生原有的知识结构。虽然给学生提供的情境——"350、560"与"提出数学问题"的背景信息之间没有明确的、需要解决的数学问题，但根据上一环节的研究成果，还是可以获得其中包含的可以帮助学生发现和提出数学问题的探究点：可以把一个数作为计算结果或参与运算提出问题；可以从两个数关系提出数学问题，如"从350数到560，5个5个数要数几次？"；可以提出纯计算问题，也可以提含有情境的问题，如"学校用560元买了10个排球和12个篮球，排球每个20元，篮球每个多少元？"；可以提"数与代数"领域的问题，也可以提"图形与几何"方面的问题，如"一个长方形的周长是350厘米，它的长、宽分别是几厘米？"；可以提出一步计算的问题，也可以提出两三步计算的问题……另外，提出问题的数量是评价学生提问能力的基本指标之一。事实上，提出问题无论是作为教学手段，还是作为教学目标，它的基本任务就是允许学生提出大量的数学问题。至少，一个学生所提出的问题数量越多，表明他在收集和处理信息时能产生大量的有价值和意义的联想。

(四)小组合作整理数学问题，准备向全班汇报

师：好，时间到。我发现许多同学都提出了不少数学问题，很好。提出三个或三个以上问题的同学举手示意一下。

全班同学都举手(全班36人)。

师：提出五个问题的同学举手示意一下。（有 22 个同学举手）

提出八个问题的同学呢？（有 12 个同学举手）

最多提了几个问题？（2 个同学各提了 10 个问题）

师：下面我们要进行小组交流。在交流之前，有一个要求（课件出示）：①每个同学整理自己提出的问题，准备小组交流；②四人小组交流，注意归纳与整理你们组的成果；③将组内成果记录在小组汇报单上；④选择推荐给全班解决的问题；⑤准备向全班汇报（怎样汇报更容易使人看清楚、听明白）你们组的成果。

（学生先独立整理，约 2 分钟）

师：每个小组应该怎样整理这些数学问题？

生 1：我们想根据用到一个数，还是用到两个数来整理。

生 2：我认为把计算的分一类，把图形分一类，这样整理。

生 3：我们组想把简单的分一类，把复杂的分一类。

师：这些方法都很好。每个组确定自己的分类整理方法，以四人为单位进行交流。

（四人小组交流，并将组内成果记录在小组汇报单上，约 6 分钟）

第（　）小组提出数学问题记录单　共（　）个问题

种类	问题
＿＿＿＿＿＿＿＿＿＿	举例：＿＿＿＿＿＿＿＿＿＿＿＿＿＿＿
＿＿＿＿＿＿＿＿＿＿	举例：＿＿＿＿＿＿＿＿＿＿＿＿＿＿＿
＿＿＿＿＿＿＿＿＿＿	举例：＿＿＿＿＿＿＿＿＿＿＿＿＿＿＿
＿＿＿＿＿＿＿＿＿＿	举例：＿＿＿＿＿＿＿＿＿＿＿＿＿＿＿
＿＿＿＿＿＿＿＿＿＿	举例：＿＿＿＿＿＿＿＿＿＿＿＿＿＿＿
＿＿＿＿＿＿＿＿＿＿	举例：＿＿＿＿＿＿＿＿＿＿＿＿＿＿＿

推荐给全班解决的问题：

【设计意图】当学生提出大量的问题之后，需要关注的就是这些问题的质量和种类。如果说对问题数量的关注在于考查学生能否在较短时间提出大量有价值的问题，那么对问题种类的判别，就是关注学生能否从不同的角度提出不同的数学问题。这

样的训练有助于转化学生的思维模式，提高思维的灵活性。因此，在小组交流中，讨论如何分类、整理提出的问题十分重要。另外，小组交流前，要求学生先独立思考，主要是希望学生能够对自己提出的数学问题进行整理，为小组交流奠定良好的基础，以提高小组交流的质量。

（五）全班交流

小组代表发言。课件出示要求：①汇报你们组一共提出了几个数学问题；②按什么方法进行整理的；③整理的过程和结果。

小组1：我们组一共提出了18个问题，有一些是重复的。我们是按照计算和图形来整理的。关于计算的问题有12个：$350+650=?$ $650-350=?$ $350×650=?$ $350×650=(\ \ )×(\ \ )$，350的2倍比650多少？350是650的几分之几？……关于图形的问题有6个：一个正方形的周长是560厘米，它的面积是多少平方厘米？小红家门口有一条路，长350米，长是宽的2倍，这条路的面积是多少？……

小组2：如果重复的也算，我们组一共提了22个问题。我们组按照简单的和比较复杂的来整理。简单的有：$350+650=?$ $650-350=?$ ……和第一组一样。还有小明50天共做350道计算题，他平均每天做几道？一头大象重10吨，等于几个350千克？复杂的问题有：$△+☆=560$，$△-☆=10$，$△=(\ \ )☆=(\ \ )$；强强10分钟跑350米，照这样的速度，他跑1小时共多少米？一张桌子200元，一张椅子98元，买这样的350张桌子和560把椅子，一共要多少元？

（有学生小声议论，"图形等式推算"也有！）

小组3：我们组的整理方法跟第二组相同，就是补充几个问题。简单的有：350个同学去排队，有几种不同的排法（每排的人数要相等）？复杂的有：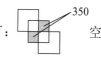空白部分是多少？

鸡和兔一共有350只，鸡和兔的总腿数是560条，问鸡有几只？兔有几只？

（一生插嘴：我知道，这是鸡兔同笼问题。）

师：老师真的很佩服你们！在这么短的时间里，大家提出了这么多数学问题。还有的同学自己补充了信息，提出了很有新意的数学问题，真好！

【设计意图】这个教学环节主要是：①通过小组交流，培养学生分类整理的能力。②通过全班交流，将每个小组的活动成果放大到全班，使学生学会互相欣赏，资源共享。③在交流的过程中，培养学生的口头表达能力。

(六)解决来自学生的比较典型的、有价值的好问题

师：每个小组都推荐了好题给大家，这些题我们会解决吗？每人任选两个数学问题，在本子上做一下。

(学生独立解题，大约 4 分钟后全班交流。)

生 1：我选的是"一个正方形的周长是 560 厘米，它的面积是多少平方厘米？"算式是：$560 \div 4 = 140$(厘米)，$140 \times 140 = 19600$(平方厘米)。

生 2：我选的是"$\triangle + ☆ = 560$，$\triangle - ☆ = 10$，$\triangle = (\ \ )$ ☆ $= (\ \ )$"，$\triangle = (560 + 10) \div 2 = 285$，$☆ = 285 - 10 = 275$。

生 3：老师，我选的是"鸡兔同笼问题"，我发现做不来的。

生 4：我也发现了，数据不对。

师：看来，要提出好的数学问题，还要注意这一题是否可以解答。

【设计意图】提出问题和解决问题是两个密切相关的环节。让学生解决自己提出的数学问题，有利于激发学习兴趣，有助于理解知识间的内在联系。同时，在解决问题的过程中，检验问题的可解性，让学生感知到，一个好的数学问题，必须是一个可解决的问题。

(七)回顾与总结

师：静静地想一想。

课件出示：①这节课我们研究了什么问题？②我们是怎样研究的？③这样的研究方法对我们有什么启示？④还有其他的问题吗？

师生总结(略)。

【设计总意图和反思】这节数学提问课的主要教学目标是：①通过师生课前提问，让学生经历从具体生活情境中提出问题到从纯数学情境中提出问题的转变过程，培养学生用数学的角度发现问题和提出问题的能力。②通过对同一个数学情境提问交流，引导学生从不同的角度提出不同的数学问题。③通过独立思考、小组交流、全

班汇报等数学活动，让学生感受与经历提出数学问题、对数学问题进行整理、分类的过程，从而培养学生的思维流畅性和灵活性。④综合应用已有的知识解决问题，完善知识结构。同时感受到一个好的数学问题还必须具备可解性。⑤进一步培养学生小组合作交流的能力，提高学生数学语言的表达能力。全课设计了七个环节，在每个教学环节中，都是以学生活动为主，教师的作用只是做适当的引导，帮助学生整理、归纳提问的方法。学生的活动包括独立思考、独立提问、独立解题，也包括小组的合作交流和全班的汇报交流。从整节课的完成情况看，学生的学习兴趣高涨，学习活动充分，达到了预设的教学目标。在这节课中，由于学生的提问积极性很高，提出了很多有价值的数学问题，有些问题出乎教师的意料，大大激发了学生的创造力，发展了数学思维能力。

八、"和是 48 的多连方"案例分析①

《标准(2011 年版)》在课程设计中提出了 10 个义务教育阶段数学课程与教学中应该注重发展的核心概念，其中之一就是运算能力。运算能力不仅是一种数学的操作能力，更是一种数学的思维能力，运算的正确、灵活、合理和简洁是运算能力的主要特征。计算教学中如何培养学生的运算能力，本文试以一次在三年级进行"和是 48 的多连方"的教学实践为例，提出个人的一些思考，供大家讨论。

【过程 1：连方求和】

1. 三连方求和

师：(将涂色框依次往右平移一格，出现以下三连方，如下图所示)请你求出数表中每个三连方中各数的和。

1	2	3	4	5	6	7
8	9	10	11	12	13	14
15	16	17	18	19	20	21

1	2	3	4	5	6	7
8	9	10	11	12	13	14
15	16	17	18	19	20	21

1	2	3	4	5	6	7
8	9	10	11	12	13	14
15	16	17	18	19	20	21

生 1：总数是 6，$2 \times 3 = 6$。

---

① 执教：吕琼华，杭州市天长小学．

生 2：总数是 9，3×3＝9。

生 3：总数是 12，3×4＝12。

师：这些三连方你们是怎么求和的？

生 1：中间数×个数＝总数。

师：好，接下来我们比一比谁算得最快！（依次从右向左平移涂色框，出现以下三个三连方）

1	2	3	4	5	6	7
8	9	10	11	12	13	14
15	16	17	18	19	20	21

1	2	3	4	5	6	7
8	9	10	11	12	13	14
15	16	17	18	19	20	21

1	2	3	4	5	6	7
8	9	10	11	12	13	14
15	16	17	18	19	20	21

学生很快得到三个三连方的总和分别是 14×3＝42，13×3＝39，12×3＝36。

师：想一想，数表中哪个三连方的和会用 10×3＝30 来计算呢？

生 1：3、10、17。

生 2：9、10、11。

生 3：2、10、18。

生 4：2、10、18 尽管可以用 10×3＝30 来计算，但它不是三连方，因为三连方必须是三个方格的边和边相连，而不能是点和点相连。

2. 多连方求和

师：我们继续来比赛！（依次出现以下四连方和五连方）

1	2	3	4

2	3	4	5

3	4	5	6	7

生 1：(1＋4)×2＝10。

生 2：(2＋5)×2＝14。

生：5×5＝25。

师：怎样求和最快？

生 1：单数个时，用中间数×个数的方法来求和，双数个时用配对的方法来求和。

师：看来我们在计算的时候还要根据数的特征来选择不同的计算方法。这个五连方你能求和吗？（出示五连方，如下图）

生：10×3+(2+18)＝50。

师：你是怎么想的？

生：中间三个数 3、10、17 是一个等差数列，用 10×3 来计算，再加上剩余部分 2 和 18 就可以了。

师：很好，我们把中间等差数列部分称为这个五连方的主干部分，先求出主干部分的和，再加上剩余部分的和就是五连方的和了。下面这个五连方呢？（出示五连方，如下图）

	3	4
	10	
16	17	

生：10×3+(4+16)＝50。

师：这两个算式有什么共同点？

生 1：和都是 50。

生 2：主干部分都用 10×3 来计算，剩余部分的和都是 20。

师：多连方的主干部分相同，剩余部分的数尽管不同，但是剩余部分的和是相同的，总和也会相同。

【说明】连方求和需要的知识与技能基础主要是等差数列求和的计算方法。本环节的教学，先以直线式的三连方为基本模型，巩固等差数列求和的一般方法，再通过对这个连方的变换，学习"乘加"求和的计算方法，为探索和是 48 的多连方打下知识与技能的基础。

【过程 2：和是 48 的多连方】

活动 1：尝试寻找和是 48 的多连方

(1)尝试练习。

师：和是 48 的多连方会有多少个？3 分钟时间，你能找到几个，请把找到的多连方用彩笔在练习纸上框出来。

（学生独立练习）

(2)伙伴交流。

(展示学生作业，请学生说说你是怎么找到的)

生1：(出示下图)我先从最右边一列找起，这一列的和是 $14\times3=42$，和 48 相差 6，旁边刚好有 6，一起圈进去，和就是 48。

1	2	3	4	5	6	7
8	9	10	11	12	13	14
15	16	17	18	19	20	21

1	2	3	4	5	6	7
8	9	10	11	12	13	14
15	16	17	18	19	20	21

师：你是怎样想的？

生1：先找到一个数列作为主干，求出主干部分的和，再算出剩余部分是多少，看看主干旁边有没有这个数。

师：第二个你又是怎样想的呢？

生1：将主干向左平移一列，三个数是 6、13、20，它们的和是 $13\times3=39$，$48-39=9$，主干旁边刚好有 4 和 5 等于 9，一起圈进去。

师：比较一下这位同学的方法和你的方法，你有什么想说的？

生2：他先找到主干，再找剩余，很有头绪，而且找主干的方法很有顺序，一个一个平移，不容易遗漏。

师：猜一猜，我们怎样得到下一个主干？

生2：继续向左平移一格，得到 5、12、19。

师：会得到怎样的多连方呢？

生2：$12\times3=36$，$48-36=12$，只要在主干旁边找 12 就可以了。

生2：这个主干旁边找不到几个数的和等于 12 的。

师：那怎么办呢？

生1：再往左平移一格，找下一个主干。

生2：下一个主干是 4、11、18。

【说明】面对根据和寻找多连方这一个崭新的问题，先讲方法还是先独立尝试，再通过讨论交流逐步发现方法，是两种不同的教学思路。直接告知方法能节省不少时间，有更多的时间进行练习，但是学生也因此跳过了经验积累的过程，也可能因此而缺少获得成功的学习体验。"帮助学生积累数学活动经验是数学教学的重要目标，是学生不断经历、体验各种数学活动过程的结果。数学活动经验需要在做的过程和思考的过程中积淀，是在数学学习活动过程中逐步积累的。"尝试解决问题的过程也是积累活动经验的过程，尝试解决问题的过程中遇到的挑战和引发的反思使得学生更加乐意参与同伴的交流和讨论，更容易理解解决问题的方法与策略。

活动 2：有序移动主干，继续寻找和是 48 的多连方

（1）尝试练习。

师：你愿意自己来试一试，按这样的顺序继续寻找和是 48 的多连方吗？

（学生活动）

（2）全班交流。

（展示学生作业，请学生说说你是怎样想的？）

生 1：11×3＝33，48－33＝15，10＋5＝15。

1	2	3	4	5	6	7
8	9	10	11	12	13	14
15	16	17	18	19	20	21

生 2：我前两步和他一样，最后一步是 3＋12＝15。

1	2	3	4	5	6	7
8	9	10	11	12	13	14
15	16	17	18	19	20	21

生 3：我前两步也一样，最后一步找的是 2＋3＋10＝15。

1	2	3	4	5	6	7
8	9	10	11	12	13	14
15	16	17	18	19	20	21

师：为什么同一主干会有这么多不同的多连方？

生 1：因为剩余部分是 15，主干旁边和是 15 的数不止一种组合，所以多连方也就有好几个了。

师：看来同一主干，我们只需要对剩余部分进行调整，就可能会得到好几个不同的多连方。

（师生继续交流以（3、10、17）（2、9、16）和（1、8、15）为主干的和是 48 的多连方。）

【说明】在获得基本的方法后，进一步的教学指向灵活地解决问题，关键在于策略的运用。"找主干"的本质是组块计算，"找剩余"的本质是"逼近"，两者相结合，把问题"化难为易"，转化为"求剩余"的问题，可以提高解决问题的速度，训练思维的敏捷性，体验策略对于解决问题的重要性。

活动3：寻找横向主干的和是48的多连方

(1)尝试练习。

师：既然找到一个主干，通过调整剩余数可以找到更多的多连方，那我们怎样才能找到更多的主干呢？

生1：还可以找横向的主干。

生2：可以一行一行找，找完第一行找第二行，找完第二行找第三行。

生1：横向主干可以是三个数一组，也可以是四个数一组，也可以是五个数一组，我们可以按个数多少的顺序来找。

师：很好，你们愿意再来试一试吗？

生：愿意。

(学生活动)

(2)小组交流。

(灯片展示交流要求)

在四人小组中交流你寻找多连方的顺序，每组推选一份作业汇报。

展示同学的作业，你能看出他寻找多连方的顺序吗？

(3)全班交流(略)。

【说明】通过学生的三次独立尝试和三次交流活动，让学生经历寻找和是48的多连方的探索过程。从最初的没有思路，到有序的思考，最后发展到换个角度思考，充分体现了学生独立思考和合作交流的成果。每一次的尝试，都是学生积累数学思维和活动经验的过程，每一次的交流活动，让更多的学生感受到了自己对形成解题策略是有贡献的，进而更加深刻地体验到了学习的成功，更加愿意积极参与、交流互动。在探索过程中，学生进行了大量的计算训练，不管有没有成功地找到和是48的多连方，每一次尝试都是一次计算的练习，既巩固了等差数列求和的两种基本方法，又体会到了计算的多样性。

【结论】

运算能力，不仅仅是指运算技能，而且包括在运算活动中对数与数之间关系的思考。它并非是一种单一的、孤立的数学能力，而是运算技能与逻辑思维等的有机结合。数学教师在计算教学中不仅要关注学生"算"的能力，同时也要关注运算的思考性、逻辑性、主动性、创新性，引导学生在独立思考、主动探索、合作交流的过程中提高运算技能，感悟数学的基本思想方法，积累数学思维活动和实践活动的经验。

九、"可能性大小"教学的实践与探索思考①

【内容简介】

"可能性大小"是浙教版新思维数学六年级上册的教学内容。浙教版新思维数学"可能性"教学分为两个阶段：第一阶段（四年级上），经历各种游戏活动体验确定与不确定事件，用"可能""不可能""一定"等词语描述事件的结果；在游戏活动中感受可能性有大有小，感知大量重复试验事件发生的频率会趋于某一稳定值。第二阶段（六年级上），通过转转盘、摸球、抛硬币等可能性试验活动，用分数来描述同一随机事件中各种情况出现的可能性；通过掷两粒骰子，计算两面朝上两个数的和，从大量重复试验中估计可能性大小，加深学生对大量重复试验中事件发生的频率与概率之间关系的理解。

【教学目标】

①经历用分数描述同一随机事件中各种情况出现的可能性大小的过程，掌握通过简单列举求可能性大小的方法，了解取值区间。

②经历通过摸球试验推测两种球个数的活动过程，加深学生对大量重复试验中事件发生的频率与概率之间关系的理解。

---

① 作者：任敏龙，浙教版小学数学教材编委会.

【教学过程】

1. 激活经验，导入新课

谈话：在日常生活和学习中，大家玩过哪些与可能性大小有关的游戏？这节课我们继续研究与游戏有关的可能性大小问题。

2. 定量比较，理解意义

大屏幕呈现问题：哪种游戏获奖的可能性大？

①抛一枚普通硬币一次，正面朝上获奖。

②掷一枚普通骰子一次，点子数"1"朝上获奖。

③袋子里有完全相同的 7 个黄色球、3 个蓝色球，任意摸出一个球，摸出黄色球获奖。

学生独立思考，反馈。

生：我选③。因为第①种游戏正面朝上的可能性是 $\frac{1}{2}$，第②种游戏点子数"1"朝上的可能性是 $\frac{1}{6}$，第③种游戏摸出黄球的可能性是 $\frac{7}{10}$，$\frac{7}{10}$ 最大，所以第③种游戏获奖的可能性最大。

师：谁来解释一下"$\frac{1}{2}$"的分子分母分别表示什么？

生：分母表示抛一枚普通硬币一次，一共有 2 种可能的情况，分子表示其中的 1 种是正面，所以正面朝上的可能性是 $\frac{1}{2}$。

师：抛一枚普通硬币，出现正反面的可能性相等吗？

生：相等。

师：如果这不是一枚普通硬币，抛掷时正反面出现的可能性不相等，还能用 $\frac{1}{2}$ 表示吗？

生：不能。

师：看来，分母"2"表示的是一共有 2 种可能性相等的情况，分子"1"表示其中的 1 种是正面朝上。（板书分母、分子的意义）

学生继续解释 $\frac{1}{6}$、$\frac{7}{10}$ 的意义。

师：刚才我们解决了一个可能性大小比较的问题（板书课题：可能性大小），学习了用分数表示可能性大小的方法，分母表示一共有多少种可能性相等的情况（画波浪线强调：可能性相等），分子表示获奖的可能情况有几种。

【评析】这一环节提供的是古典概率问题，通过解决具有一定挑战性的问题——"哪个游戏获奖的可能性大？"，来学习用分数表示可能性大小的方法。从各种班级的试教和访谈中我们发现：没有接触过"可能性"的学生也能借助分数解决这一问题，但他们对分数的解释通常是工具性的——即用游戏材料的特征来解释，如 $\frac{1}{2}$：一枚硬币有两面，正面是其中的一面，所以出现正面朝上的可能性是 $\frac{1}{2}$。因此，他们对大小比较的解释呈现出明显的数量特征——抛一枚硬币一次，正面朝上是这一次的 $\frac{1}{2}$（$\frac{1}{2}$ 次），同样，掷骰子出现"1"朝上是一次的 $\frac{1}{6}$（$\frac{1}{6}$ 次），摸到黄色球是一次的 $\frac{7}{10}$（$\frac{7}{10}$ 次），所以游戏③获奖的可能性大。有学习基础的学生对分数的解释通常是活动性的——即用试验活动的可能结果来解释：抛一枚硬币，一共有 2 种可能的情况，正面朝上是其中的一种，正反面出现的可能性相等这一前提处于默会状态，在解释中往往被忽略，教学中通过让默会的知识显性化，让学生认识到这是用分数表示可能性大小的前提。试教中也曾出现学生根据游戏③中摸出的球只有黄、蓝两种可能，认为摸到黄色球的可能性是 $\frac{1}{2}$ 的情况，这就必须引导学生分析这是否是两种可能性相等的情况。

3. 设计转盘，了解区间

(1)设计转盘，巩固意义。

大屏幕呈现问题：设计一个游戏转盘，红色为一等奖，蓝色为二等奖，黄色为三等奖，要求转一次转盘，得一等奖的可能性为 $\frac{1}{8}$，得二等奖的可能性为 $\frac{2}{8}$，得三等奖的可能性为 $\frac{5}{8}$。

生：把圆盘平均分成 8 份，1 份涂红色，2 份涂蓝色，其余 5 份涂黄色。（大屏幕呈现涂好颜色的转盘）

师：为什么要平均分成 8 份？

生：因为有 8 种可能性相等的情况，平均分可以保证可能性相等。

(2)拓展设计，了解区间。

提问：如何设计得一等奖的可能性比 $\frac{1}{8}$ 大的转盘？比 $\frac{1}{8}$ 小呢？

学生口述设计思路，教师逐步引导学生思考极端情形——把整个转盘涂成红色，一定得一等奖，可以用"1"来表示可能性大小，不存在比"1"更大的可能性；同样，如果转盘上没有红色区域，则不可能得一等奖，可以用"0"表示可能性大小，不存在比"0"更小的可能性。教师进而小结并板书：$0 \leqslant \frac{b}{a} \leqslant 1$。

师生共同探讨用直线上的点表示可能性大小的方法：先定 0、1 两点，确定范围，再把 $\frac{1}{8}$、$\frac{2}{8}$、$\frac{5}{8}$ 各数标到直线上。引导学生观察从 0～1 可能性变大，事件一定发生用"1"表示；从 1～0 可能性变小，事件不可能发生用"0"表示。

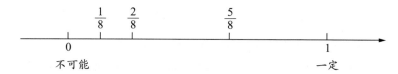

【评析】这是一个几何概率问题。笔者在试教中曾将这一环节与上一环节交换，并把题目改为"根据已经设计好的转盘用分数表示得一、二、三等奖的可能性大小"，在教学和访谈中发现，无论学生有无"可能性"学习基础，对分数的解释基本上都是工具性的：把这个转盘(圆面)看作单位"1"，平均分成 8 份，这样的 1 份是一等奖，用 $\frac{1}{8}$ 表示；……这主要是因为在"分数意义"的学习中，反复出现的等分圆面在学生头脑中形成了强烈的定势，当它出现在"可能性"情境中时，"分数意义"的概念同时被强势激活，给教学造成了较大的干扰。用现行的环节顺序教学，三个游戏的比较更容易激活"有几种可能"等相关知识经验，便于学生建构分子、分母的意义，也有利于学生从意义出发设计转盘，沟通"可能性相等"与"平均分"之间的联系，建立"分数意义"与"用分数表示可能性大小"之间的类比，在用中深化理解。另外，转盘设计中盘面圆周的无限可分和连续性，也便于在表示可能性大小的"数"与直线上的"点"之间建立对应，直观把握可能性大小的取值区间，体现几何概率的特点。

4. 经历试验，建立联系

(1)提出问题，讨论方法。

问题：袋子里有完全相同的黄色、蓝色球共10个，两种球各有多少个？

学生猜测黄色球9个，蓝色球1个；……认为各种情况都有可能，不能确定两种球各有多少个。(教师板书学生的几种猜测)

师：能不能想个办法，让我们猜得有把握一些。

生：可以通过摸球，根据球出现的情况来猜测。

师：这个游戏的规则也规定我们必须通过摸球的方式来猜。

大屏幕出示游戏规则：闭上眼，一次摸出一个，看后放回，摇匀后可以再摸。

师：想一想，这么规定的目的是什么？

生：是为了保证每次摸球时，摸到每个球的可能性相等。"看后放回"保证每次摸球袋子里都有10个球，"闭上眼""摇匀"是为了防止反复摸到同一个球。

师：通过摸球，你想知道哪些与袋子里球的数量有关的信息？

生：两种球谁多谁少？(板书：谁多谁少？)

生：两种球各占几分之几？(板书：各占几分之几？)

师：哪条信息更容易知道？

生：谁多谁少？

【评析】根据事件发生的频率估计概率是统计概率的研究方法。通常认为，基于等可能性的摸球游戏属于古典概率研究的范围，而在掷图钉、抛瓶盖等游戏活动中通过频率来估计钉帽、凹面朝上的概率则属于统计概率研究的问题。小学是概率教学的起始阶段，学生把握统计概率存在一定的困难，这是因为统计概率是一个用频率来逼近的值，没有一个精确值与之对应，而学生又深受确定性数学的影响，缺乏不确定性数学的相关经验，往往会觉得这个逼近值难以把握，容易使学生产生统计规律是不确切、不可靠的认识，对后续学习产生不良的影响。本课提供的问题本身属于古典概率的范畴，又用统计概率的方法研究解决，介于古典概率与统计概率之间，既有频率的逼近，又有确定的概率值为依托，利于从学生的实际出发，在建立频率与概率之间关系的过程中更好地把握统计的规律性，从思想方法、情感态度等方面为今后的学习奠定基础。当然，这一环节的教学需要一定的已有知识经验做支撑，如学生通过游戏活动已经获得了袋子中哪种球的个数多，有放回地摸出这种球的次数也比较多的经验，并对大量重复摸球中各种球出现次数之间的比例与球的个数比例之间的关系有所感知，才能做出通过摸球推测两种球谁多谁少、各占几分之几的设想，并从规则分析中体会等可能性。

（2）摸球试验，确定多少。

师：我们先解决简单的问题。

教师说明每个小组袋子里黄球的个数是一样的，蓝球的个数也是一样的。

出示活动要求：

·闭上眼，小组成员轮流共摸 20 次。

·步骤：

①摸出一个球，记录，放回；

②摇匀，重复第一个步骤；

③统计数据，再猜一猜：两种颜色的球各有多少个？

④把统计数据输入教师电脑。

提醒学生活动结束后把袋子扎紧，放在桌上。学生活动，反馈，教师用 Excel 表记录摸球结果。

师：根据 15 个小组摸球的结果，你们认为，袋子里哪种球更多些？

生：黄球多，蓝球少。因为大多数小组摸出的情况都是黄球多。

师：如果你手头只有一个组的数据，你能判断谁多谁少吗？

生：不能。因为如果我们是摸出蓝多黄少的这个小组，就无法判定。

师：看来拥有更多的试验结果会提高我们猜测的可靠性。根据你们小组摸球的结果，你们猜测黄球、蓝球各有多少个？

学生汇报猜测的结果，教师板书：7，3；6，4；5，5；4，6。

师：你们是怎么猜的？

生：根据比例来猜，用两种球出现次数除以 2。摸球次数是 20，球的个数是 10，正好是的 2 倍，所以用两种球出现的次数除以 2。

师：根据这些数据，有同学打算修改自己的猜测吗？

生：我们打算修改为黄球 7 个、蓝球 3 个，因为这种情况比较多。

师：你们认为有可能是黄球 9 个、蓝球 1 个吗？

生：可能性很小。因为 15 个小组都没有出现这种情况。

（3）大量试验，确定比例。

师：有什么办法可以进一步提高猜测的可靠性？

生：摸的次数更多一些。

师：我们根据什么来推测两种球各占几分之几呢？

生：根据黄球、蓝球出现的次数各占总次数的几分之几来推测。

师：只要有时间，我想我们每个小组都可以继续摸球试验，做成千上万次。不过，通过刚才的试验，我们已经有一些数据了，能不能利用一下这些数据呢？

生：我们可以把这些数据累加起来当成是一个小组连续摸 300 次。

教师用 Excel 表对十五组数据累加并同时计算两种球出现的次数各占总次数的几分之几（化成小数，便于观察比较）。提示学生一边观察数据变化一边猜两种球的个数。

师：黄色和蓝色的球各有多少个？

生：可能是黄色球 7 个、蓝色球 3 个。也可能是黄色球 6 个、蓝色球 4 个。（板书：7，3；6，4）

师：怎么看出来的？

生：黄色球出现的次数占总次数的 0.65，黄色球可能占 $\frac{7}{10}$，也可能占 $\frac{6}{10}$，可能是 7 个或 6 个，相应的蓝色球可能是 3 个或 4 个。

师：还不能确定究竟两种球各有多少个，怎么办？下面我们有请一位新朋友——电脑来模拟摸球活动，看看结果又将如何。

教师设定电脑摸球 300 次，电脑随摸球进程画出频率变化曲线图，引导学生仔细观察，纵轴表示摸球的总次数，横轴表示两种球出现的分数，教师解释波动的曲线是如何形成的。再两次设定电脑摸球 300 次，让学生观察两次的曲线是否相同，体会电脑模拟摸球的随机性。进而设定摸球 800 次、2000 次、5000 次。

师：你发现了什么？

生：起先波动比较大，后来越来越平，黄球稳定在 0.7，蓝球稳定在 0.3。

教师根据学生讨论板书：次数少波动大，次数多波动小。

$$黄球出现次数/总次数 \sim\!\sim\!\longrightarrow \frac{7}{10}。$$

师：现在让你再猜一次呢？

生：黄球 7 个，蓝球 3 个。（板书：7，3）

师：你有信心吗？

生：非常有信心。因为黄球稳定在 0.7，蓝球在 0.3。

（4）反思体验，深化理解。

学生打开袋子，数球验证。教师引导学生根据板书回忆四次猜测，体会随着试验次数的增加，猜测范围不断缩小，确定性不断提高。然后再次启动电脑模拟摸球，让学生体会摸球中次数的多少、数据的波动对猜测的影响。

（5）建立联系，迁移方法。

师：找一找，试验中得到的这个"$\frac{7}{10}$"在前面也是出现过的，在哪里？

生：开始题目中的第三个游戏：摸到黄球的可能性是 $\frac{7}{10}$。

师：两个 $\frac{7}{10}$ 有什么不一样？

生：后面的一个是接近的，开始的一个是精确的。

生：后面一个是试验得来的，前面一个不是通过试验得来的。

师：也就是前面一个是"想"出来的，后面一个是"做"出来的。我们发现，通过大量试验，"做"出来的结果会非常接近我们"想"出来的结果。

引导进一步思考：这样的规律在摸球试验中存在，在其他可能性试验中是否也存在呢？比如另外两个游戏：抛硬币、掷骰子。你打算怎样去研究？

【评析】整个环节的教学，以四次猜测为主线，让学生经历随试验次数的增加猜测的范围逐步缩小、确定性不断提高的过程。教学从无试验支撑的猜测开始，通过 15 个组、每组 20 次试验的数据分析，判断两种球谁多谁少，通过一个组与 15 个组数据的比较分析，体会"样本"与"变异"之间的关系（样本小变异大，样本大变异小），进而猜测调整，然后经累加、电脑模拟作第三、第四次猜测，让学生体会大量重复试验中频率的稳定性，用自己的语言表达统计规律——次数少波动大，次数多波动小，通过比较两个 $\frac{7}{10}$ 有什么不同，让学生体会大量重复试验中频率与概率之间的关系，进而从学生已有的活动经验和话语体系出发，用"想出来的结果""做出来的结果"把概率、频率的学术定义通俗化,帮助学生交流学习感悟,升华活动经验,萌发理性认识。教学中,电脑模拟摸球的直观、高效有利于学生更好地认识统计规律,感受到技术进步的巨大威力,也注意通过多轮重复演示,消除学生对电脑摸球的随机性所可能产生的疑虑,当然,如果能让每位学生都有操作电脑探究统计规律的机会则更好。

5. 总结全课

师:这节课我们解决了什么问题? 有什么收获?

十、对 20 以内进位加法教学的思考①

【从调查情况说起】

笔者对五所实验学校和五所普通学校中入学两个半月的一年级学生进行了调查。调查内容为:学生在学习 20 以内进位加法前(按常规教学进度,距 20 以内进位加法学习还有一个月左右)已经具备的知识、技能。调查方法为:①团体测试(20 以内进位加法计算题,40 题)。②个别询问,观察解题方法和思路。

(一)调查情况

十所学校测试情况表

总人数:684人　总题数:40题

做对题数	做对人数	占总人数百分率
40	196	28.66
30～39	350	51.17
20～29	65	9.50
10～19	60	8.77
10 题以下	13	1.90

其中错误率较高的题有:7+8、6+7、9+6、7+9、4+7、7+4、6+8、7+6。

---

① 作者:邱向理,张天孝,杭州市上城区教师进修学校.

(二)结果与分析的方法计算

1. 约 29％的学生已能正确地进行 20 以内进位加法计算

通过谈话与观察,发现这些学生在运算中有较强的重新分组的能力,能用转换的方法较灵活地进行计算。计算方法大致如下:

(1)用同数相加的得数,推出相邻的算式的结果。

例如:由 $5+5=10$,推出 $5+6=5+5+1=11$;由 $6+6=12$,推出 $7+6=6+6+1=13$。

(2)用 10 加几等于几,推出 9 加几等于几或 8 加几等于几。

例如:由 $10+5=15$,推出 $9+5=10+5-1=14$,或推出 $8+5=10+5-2=13$。

(3)用"凑十"的思想,转换成已学过的连加。

①拆小数"凑十":如 $9+4=9+1+3=13$。②拆大数"凑十":如 $9+4=3+6+4=13$。③俩五"凑十":如 $7+8=2+5+5+3=15$。④背口诀(个别学生用熟记的口诀计算)。

2. 约 51％的学生基本会计算 20 以内进位加法

这些学生已初步具有"凑十"的思想,但不能熟练应用,他们多采用背口诀的方法,有时还需借助逐个数数的方法计算。尤其是计算如下算式错误率较高:$7+8$、$6+7$、$9+6$、$7+9$、$6+8$、$7+6$、$7+4$。错误的主要原因是学生用逐个数数的方法计算,加数较大时容易出错。还有的用背口诀的方法,这些算式离第一句口诀较远,也容易出错。个别的由于不理解位值而出错,如 $8+5=30$。

3. 约 20％的学生计算能力较差

【思考与讨论】

(1)调查表明,80％的学生在学习 20 以内进位加法前一个多月时已经完全或基本会计算,那么 20 以内进位加法内容的教学时间是否可以提前些?

(2)教学的课时是否可以缩短为 2～3 课时(包括练习课)? 第一课时:让学生探索 20 以内进位加法的多种计算方法,交流计算思路,理解"凑十"法的道理,形成并巩固方法。第二课时:在巩固方法的过程中,探索规律,发现加以内进位加法题之间的内在联系,系统整理知识。第三课时:熟练计算技能,灵活迁移。

(3)对加法运算意义的理解、位值的理解，10 以内加法和 10 加几的加法运算技能和重新分组的能力，是学习 20 以内进位加法知识的基础。调查发现，学生的基础差异主要表现在运算中重新分组的能力不同。而运算中的重新分组能力的培养，可以通过算式的改编、等量的替代、重新排列、重新组合等进行。例如，在前阶段的学习中是否应该重视这样的填空训练：

$5+4=1+\boxed{}+4$

$6+3=\boxed{}+2$

$6+4+2=6+\boxed{}$

$9+\boxed{}=9+1+4$

$5+4+5=\boxed{}+5+4$

(4)本单元教学的目标是否能从传统的掌握"凑十"法，并熟练计算 20 以内的进位加法，扩充为以下几点：

①让学生从自己熟悉的生活背景中发现并提出 20 以内进位加法问题，培养学生将生活问题数学化的能力，体会所学的 20 以内进位加法与生活的联系，体会数学的价值。

②让学生在发现多种计算方法的过程中，培养思维的灵活性，体会解决问题策略的多样性。

③让学生在归纳、概括计算方法的过程中，提高对数学材料进行抽象思维的能力。

④让学生在交流自己解题思路的过程中，深刻理解"凑十"的道理，形成转换的数学思想方法。同时培养认真倾听、评价他人意见的习惯。

⑤让学生学会并熟练掌握 20 以内进位加法的计算技能。

⑥让学生自愿选择、分层练习，使不同学习水平的学生都有所发展。

(5)教学时，练习的算式是否能根据学生错误率的高低决定练习的次数多少，如下算式出现的次数是否能多一些？

$$9+6、7+8、6+7、7+9、6+8、7+6、7+4$$

【教学案例及评析】

课题：20 以内进位加法(第一课时)(执教者：郭瑾芳)

1. 从情境中发现、提出 20 以内进位加法问题

师：2000 年 9 月在悉尼举行奥运会，我国运动员取得了优异的成绩。其中第一块金牌是由射击运动员获得的。森林里的小动物们听到这个消息后，高兴得不得了，它们也想举办一次小小运动会。瞧，这里的比赛正在紧张地进行着。（课件演示：动物们进行投飞镖比赛后争吵着："我第一！我第一！"）

师：究竟谁第一呢？

生：看比赛成绩表。

比赛成绩表

动物	第一次成绩	第二次成绩	总成绩
小猪	9	5	
小兔	4	8	
小猫	8	7	
小熊	7	6	
熊猫	6	8	

生 1：小猪第一！

生 2：小猫第一！

生 3：9＋5 数字大，小猪第一！

生 4：7＋8 数字大，小猫第一！

【评析】孩子们对突然出现在其面前的成绩表，进行了敏锐的观察，做出了迅速地识别，进行了综合的整体判断。当然，学生的有些看法并不一定正确，但是，所有的学生都积极主动地参与了思考活动。因此，这样的情境、这样的提问，非常有利于对学生直觉思维能力的培养。

师：大家的意见不一致，那么用什么办法评判"谁第一"较公平合理呢？

生：算算看。

师：怎么算？你能列式吗？

（学生口答，教师板演：9＋5、4＋8、8＋7、7＋6、6＋8）

【评析】教师不马上评价学生的回答是否正确，在学生进行直觉判断后，引导学生反思哪种判断正确，向学生渗透"猜测—验证"的科学思想方法。而且，这样的处理，自然地使学生将情境中的问题与 20 以内的进位加法建立起联系，达到了培养学生在生活问题中发现并提出数学问题的能力。

2. 发现计算 9＋5＝14 的多种方法

(1)独立计算 9＋5＝?（不会计算的可用学具摆一摆）

(2)同桌交流计算思路。

(3)全班交流。

例如：

① 9＋5＝14;

1 4

10

② 9＋5＝14;

4 5

10

③9＋5＝10＋5－1＝14;

④因为 9＋2＝11，所以 9＋5＝14。

……

【评析】让学生充分暴露真实思维，在此基础上实施教学，真正体现学生是学习的主体，教师是学生学习的组织者、引导者。并且，让学生在发现多种方法的过程中，体会解决问题策略的多样性，培养思维的流畅性、变通性。

3. 分析上述各种方法的特点，概括抽象"凑十"方法

师：大家已经算出小猪的总成绩是 14 环。而且，我们发现 9＋5＝14 可用多种方法计算。下面我们来分析一下各种方法的特点吧！

生：第①和第②里面都有加起来是 10 的。（教师接着补充"'凑十'的"）第③种方法 10＋5 比 9＋5 多一个，要减 1 的。（教师接着补充"多加了要减去"）

师：我们有没有发现这三种方法还有一个共同点？

（学生答不上）

师：它们都是把 9＋5 变化成以前学过的算式 9＋1＋4、4＋5＋5、10＋5－1 来

算的。这也是一种非常好的方法。（这一小结非常重要，点出了转换的数学方法）

师：我们发现第①、②种方法的共同点是"凑十"，再看看它们有没有不同点。

生：第①种方法是从 5 里拿 1 给 9 凑成 10；第②种方法是从 9 里拿 5 给 5 凑成 10。

生：第①种方法是把小一点的数分开凑成 10 的；第②种方法是把大一点的数分开凑成 10 的。

师：你喜欢用哪种方法"凑十"呢？

生：我喜欢分大数"凑十"，因为 5+5＝10 很简单。

生：我喜欢分小数"凑十"，因为分小一点的数容易。

师：用你喜欢的"凑十"法来计算一下小兔的总成绩好吗？

（学生思考后交流）

师：为什么都用分小数"凑十"了呢？

生：4 小一些，还是分 4 容易些。

生：8 和 10 的距离近一些，加 2 就是 10 了，还是分 4 简单些。

【评析】学生能用"距离"这个词了，很不简单啊！看来，学生头脑中已有了朦胧的数轴观念，将数与数轴上的点建立联系，产生数与数之间的"距离"的概念。

师：计算时，选择哪种方法，应根据算式而定。

【评析】与传统的教法相比，最大的区别在于：教学的重点不在于教学生怎样抽象教师事先编好的"凑十"法，即看大数、拆小数，凑成 10、10 加几，然后熟记这一方法。而是引导学生自觉经历对数学材料进行抽象思维的过程，体会自己发现的各种方法的特点，让学生用自己喜欢的方法计算，在计算过程中体会方法的优点、局限性及普遍性，在抽象的过程中，不但培养了学生抽象逻辑思维的能力，而且使学生深刻地理解了"凑十"的道理，形成了转换的数学思想方法。

4. 形成"凑十"方法

(1)让学生用"凑十"法计算出其他小动物的总成绩。（分四大组，每人只要求做一题）

$8+7$、$7+6$、$6+8$。

（学生汇报计算方法及结果。课件演示，将结果填入成绩表中。给第一名的动物挂金牌）

（2）练一练。

$4+7$、$7+9$。

（3）说一说"凑十"的计算过程。

5. 巩固应用、灵活迁移

（1）游戏：投飞镖比赛。

要求：①每四人小组选一名运动员参赛，其他三名当裁判员。

②比赛开始，运动员投飞镖，裁判员登记成绩，算出总成绩，评出优秀投手，小组发奖，表扬优秀裁判。

评析：生动、活泼的游戏活动使学生们兴奋了，每个人都非常关心自己小组的比赛成绩，积极主动地计算着。在游戏活动中，学生不但巩固了20以内进位加法的技能，而且培养了组织、合作、交往的能力。

（2）分层练习。

游戏中计算全对的学生 （自己选做一题）		游戏中计算有错的学生 （与教师一起找错误原因后练习两题）
(1)口算后将算式分类。 $8+3$　　$9+3$ $9+5$　　$9+6$ $9+7$　　$9+4$ $7+8$　　$6+7$	(2)研究题。 $13=\Box+\Box$ $\quad=\Box+\Box$ $\quad=\Box+\Box$ $\quad=\Box+\Box$	$6+8=\Box$　　　$9+7=\Box$

【评析】分层教学，更有利于不同学习水平的学生都能在原有的基础上有所发展。让学生自由选择练习，把学习的主动权真正交给学生。

（3）反馈。

①做口算题的学生进行交流。

口算后将算式分成两类：

第一类：9＋3＝12　　　　　　　第二类：8＋3＝11

　　　　　9＋4＝13　　　　　　　　　　7＋8＝15

　　　　　9＋5＝14　　　　　　　　　　6＋7＝13

　　　　　　　　　　　　　　　　　　　9＋6＝15

　　　　　　　　　　　　　　　　　　　9＋7＝16

生：一个加数都是 9，另一个加数分别是 3、4、5、6、7，从小到大，每次多 1。

生：答案是 12、13、14、15、16，也是从小到大，每次多 1。

师：再观察一下第二个加数与得数的个位有什么关系。

生：得数的个位总比第二个加数少 1。

师：你有没有办法，使 9 加几很快算出来？

生：9 加几等于十几，这个"几"比第二个加数小 1。这样算就快了。

【评析】对第一类算式找规律，目的是让学生应用规律提高计算速度。这样的讨论，虽然只是一部分学习水平高的学生在参与，但达到了"思维共享"的目的。

②做研究题的学生进行交流。

生：13＝11＋2＝12＋1＝6＋7＝9＋4＝8＋5。

师：还有其他的填法吗？谁能又快又不遗漏地写出来呢？如果有兴趣研究的话，请课后思考。（下课时间到了）

【评析】从和出发想算式，完整地解这样的问题，学生需要具备如下能力：对数的分析能力、进位加法的逆向思考能力、有序思考能力。为学有余力的学生提供这样的学习材料，有利于学生综合能力的培养。

【总评】本节课在如下几个方面有新的突破。

第一，教学内容的组织。

在第一课时中，9 加几、8 加几、7 加几、6 加几、5 加几、4 加几、3 加几、2 加几的算式都出现。这样的设计是前所未有的，这样的安排是符合实际的。因为：一是 20 以内的进位加法的各种类型的算式、计算方法大致相同。不论是 9 加几还是 8 加几，等等，学生都可能用如下几种方法计算：①用已知算式的得数，推出相邻算式的得数；②用"凑十"的思想方法，转换成已学过的连加来算；③背口诀。学生一旦发现了方法，各种类型同时出现，并不增加难度，反而可以让学生用自己发现的方法，在尝试计算各种类型的算式的过程中，体会方法的优劣。二是从我们的调查结果发现，有80％的学生在学习前已经基本会计算20以内进位加法了，这些学生的学习重点是学会如何探索多种计算方法，如何交流自己的思路，进一步理解"凑十"的道理，形成转换的思想方法，等等。因此，20以内进位加法的各种类型同时出现是可行的。

第二，差异教学的实施。

不同的学生在知识技能的掌握情况和学习能力上存在差异，教师十分重视让所有学生的学习水平在原有的基础上都能有所提高。在本节课中，采取了如下措施：①互相影响。据调查，还有20％的学生在学习前，基本不会计算20以内的进位加法。让这些"慢生"与"快生"一起参与发现、交流9＋5的多种方法和抽象概括"凑十"法的学习活动，在活动中，尽管"慢生"参与能力不强，但在这样的学习环境中，"慢生"会从"快生"的思维中吸取有益的成分。反过来，在这样的环境中，"慢生"也有暴露思维的机会，让"快生"帮助他们进行分析、判断，这样有利于学生互相影响，共同提高。②分层练习。在巩固练习后，将学生分成两部分进行活动，一部分是计算出错的学生，另一部分是计算全对的学生。"快生"不需要陪着"慢生"做较低层次的练习，可根据自己的能力，选择练习。"慢生"可得到教师的个别辅导。③思维共享。虽然"慢生"没有时间和能力去研究较高层次的问题。但是"慢生"通过倾听"快生"的交流，达到了思维共享的目的，拓宽了解题思路。同时，"快生"锻炼了表达能力。

第三，重视学生转换思想方法的形成。

以往，20以内进位加法的教学重点放在使学生掌握"凑十"法上，因此，在课的引入环节中往往会让学生复习"10加几""9加几凑成十""10以内数的分解"等知识，作为学习"凑十"法的铺垫。这样往往会限制学生的思维，造成计算方法单一。本节课，教师将教学重点放在让学生形成转换的思想方法上，让学生在尝试用多种方法计算9＋5的过程中，体会无论是"凑十"法还是用已知或熟悉的算式的得数推出新算式的得数，都是将新问题转化为能用已学过的知识技能解决的旧问题。从而，促进学生转换思想方法的形成，这样有利于学生思维灵活性、变通性的养成。

新思维历史

——博观约取，厚积薄发

一项教学研究，一套数学教材，乃至新思维数学全部的课程理论与整个体系，其精华常常可以浓缩为简单的几句话来表达。但是，张老师构建新思维数学体系，经历了长期的积淀与漫长的探索。他紧随时代发展的每一个节拍，从"三算结合教学研究""应用题教材结构和教学进程的研究""小学生数学能力培养和发展研究"，迈向"现代小学数学综合教学改革实验"，这一系列实验研究的实践与成果，成为编写教材的素材与基础。

　　新思维数学的成长之路布满荆棘，只有坚定的勇敢者才能前行；新思维数学的改革之路通向远方，只有胸怀大志的人才能坚持。从收录的几篇文章中，我们可以看到张老师目标确定的坚持，可以读到张老师脚踏实地的毅行。

一、"三算结合"教学的新试验①

(一)历史的回顾

在研究小学数学教学内容现代化和提高教学质量时候，实事求是地回顾和总结三算结合教学的经验和教训，是必要的，也是有益的。

1."三算结合"，缩短了计算教学时间，提高了计算能力

就教学进度来说，过去整数、小数四则计算教学的任务要四年完成，三算结合教学后，可以在二年半到三年内完成。在学习年限相差一年的情况下，口算、笔算、珠算的计算能力都要比过去强。对此，杭州大学教育系心理学的专家曾在我区作过调查研究，现将部分结果摘录如下：

一年级试点班与二年级普通班口算成绩比较表

项目 平均成绩 班别	百以内			万以内进退位加减	一位数乘除	总评	计算时间
	不进退位加减	进退位加减	合计				
一年级试点班	97.22	99.44	95.83	74.56	66.00	85.75	13′52″
二年级普通班	92.51	89.18	90.86	73.33	57.72	79.35	17′10″

一年级试点班与二年级普通班笔算成绩比较表

项目 平均成绩 班别	百以内			万以内进退位加减	一位数乘除	总评	计算时间
	不进退位加减	进退位加减	合计				
一年级试点班	95.35	93.15	94.07	83.33	79.11	88.23	13′38″
二年级普通班	90.35	97.36	93.38	88.07	85.60	90.17	12′36″

---

① 原载于《珠算》1980 年第 1 期，作者：张天孝．

"三算结合"教学为什么既能缩短教学时间，又能提高计算能力呢？主要原因是：

(1)发挥了算盘的直观教具作用。

算盘有既具体、又抽象的特点，在认数教学中能起到从具体到抽象的桥梁作用。算盘有聚积式的特点，使儿童能尽快脱离用点数实物来认数的原始阶段，向用数群认数的高一级阶段发展；算盘有按群计算的特点，使儿童在学习计算时，能加速从逐一计数向按群计算过渡；算盘有数位器的特点，有利于儿童数概念的扩展，容易形成较大数的概念。

(2)统一了运算顺序，在数学中珠算、笔算、口算互相促进。

三算分离教学，既互相重复，又互相干扰。在三算结合教学中，对三算都进行了一些改革，揭示了三算之间的内在联系，统一了运算顺序和方法，教学时珠算、口算相互促进，收到了"一学三会、举一反三"的效果。

(3)加强了练习，改进了教与学的关系。

在过去的认数和计算教学中，教师有教具，学生无工具，教师讲，学生听，教师演示，学生观看。三算结合教学，人人一把算盘，无论是数的概念的学习和计算法则，都可以亲手实践，练习机会增加。用算盘练习计算，眼看，手拨，嘴念，脑记，练习方式多种多样，调动了学生学习积极性，为精讲多练创造了条件，有效地提高了学生的计算能力。

2."三算结合"教学促进了教学体系的改革

原来的小学算术，采取"分类教学体系"，教材按整数、小数、分数、百分数、比例的次序安排，每一部分又以加、减、乘、除的顺序进行教学。"三算结合"教学的试验，完全改变了这种传统的教学体系，按认数与计算、加法与减法、乘法与除法、整数与小数、分数和比例、数和形相结合的方式进行教学。这种"结合教学体系"，有利于学生理解知识之间的内在联系，并可以减少重复，缩短学时。

3."三算结合"教学为小学数学内容现代化创造了条件

四则计算，是学习数学的基础。"三算结合"教学提高了学生整数、小数四则计算的技能，为进一步学习数学打下了必要的基础。"三算结合"教学缩短了学时，为提高数学水平，渗透现代数学的基本思想和方法创造了条件。"三算结合"教学与小学数学教学内容现代化，不仅没有矛盾，而且有一定的促进作用。

但是，"三算结合"教学试验正值"文化大革命"时期，当时形而上学猖獗，实用主义盛行，"三算结合"教学试验也受到一些影响，主要表现在珠算的教育功能与计算工具作用、基础知识教学与计算能力训练、分类教学与结合教学这三个关系处理不够妥当，还须做进一步研究。

（二）当前的试验

1978 年秋季，一年级新生统一使用教育部编的通用教材，"三算结合"教学也就基本停止了。但是上城区光明小学、饮马井巷小学一年级的两位教师，坚持了"三算结合"教学试验。"实践是检验真理的唯一标准"，随着问题讨论的展开，该区向阳小学和延安路一小二、三年级个别班级也陆续恢复了试验。1979 年 9 月经区委批准，成立了"三算结合"教学试验小组，扩大了试验范围，确定在胜利小学、天长小学、饮马井巷小学、小营巷小学、向阳小学、九曲巷小学、阳光小学等八所学校十个班级进行试验。

这几个班的试点教师，认真总结了前一阶段试验的经验教训，本着坚持正确的、纠正错误的和不断改进的精神，在新生入学后第一周就开始进行三算结合教学试验。在试验中，坚持不加重学生的负担，保证语文教学时间。当时，二年级的一个试点班，经过两个学期又三个月（1978 年 9 月—1979 年 11 月）的试验，已学完了小学数学教学大纲所规定的第四册的全部内容。一年级的一个试点班，从 1979 年 9 月份开始，到 11 月底止，已学完百以内的进位加法、退位减法和九九乘法表。从多次随班听课与几次测验的情况来看，教学效果良好，具体表现在三方面：

1. 掌握基础知识比较扎实

二年级一个试点班，1979 年 11 月中旬正在学习通用教材第四册（征求意见稿）"小数的简单计算"时，参加了该校二年级四个班统一命题的期中考试，从试卷分析来看，学生在没有系统复习的情况下，对过去学的基础知识掌握得比较扎实。

2. 口算、笔算、珠算能力较强

不论是一年级还是二年级试点班，除了学会珠算以外，口算、笔算能力都比普通班要强。

2 月下旬，我们用江苏省常州市的口算标准能力测验表，对一、二年级两个试点班及 1～4 年级的一些普通班的口算能力进行了调查测验，证实效果很好。

3. 解题能力有所提高

这两个试点班，吸取了过去试验的教训，在提高计算能力的同时，加强了基本概念的教学，重视了基本数量关系的练习和解题步骤，以及思考方法的训练。因此，学生的解题能力有所提高。例如，一年级试点班在期中考试中，有这样四道题：$50+(\ \ )=100-20$；$15+20=30+(\ \ )$；$5\times8=60-(\ \ )$；$9\times4=18+(\ \ )$；大部分学生思路清楚，能正确填出答案，正确率达到91.6%。

而二年级普通班学生在解答这些题目时，一般都感到比较困难。根据试点班所在学校二年级两个普通班的调查，普通班里正确率只达38.7%。

我们还对二年级试点班与三、四、五年级普通班解答两步计算应用题的能力进行调查，结果如下表：

二年级试点班与三、四、五年级普通班解答两步计算应用题能力对比表

班别	二年级试点班	三年级普通班		四年级普通班		五年级普通班	
		一班	二班	一班	二班	一班	二班
正确率	84.6%	73.2%	64.2%	68.6%	66.6%	87.7%	62.1%

以上结果，初步表明，试验的效果是好的。

我们在试验中，除吸取了前几年的经验外，还采取了以下措施：

(1)充分发挥珠算在认数和四则计算教学中的作用。

在十以内加减教学阶段，认数和计数结合，以珠算为基础，以珠算促口算，加速从逐一计数向按群计算的过渡。在教珠算前，我们对试点班学生的口算能力进行了预测，虽然多数儿童学前已经能进行10以内加减口算，但大多是逐一计数的，速度慢，正确率低。珠算、口算结合教学以后，用23课时完成了大纲规定的52课时的教学任务，从复测中看，全部学生达到按群计算的要求。

一年级试点班10以内加减珠算、口算结合前后口算能力对比表

项目	预测		复测	
	加法	减法	加法	减法
完成20题全班平均时间	2′17″	2′31″	53″	58″
正确率	92.5%	94.4%	99.1%	99.5%

在20以内加减教学阶段，充分运用算盘，帮助学生掌握"进一减补""退一加补"

的规律。在教百以内加减法时，利用算盘档位清楚的优点，着重解决数位对齐的问题。在万以内加减的教学中，把珠算作为笔算的运算模型，利用珠算具体形象的特点，促使学生理解笔算的计算法则。在教多位数的认识时，则借助算盘，克服读、写教时的难点。两位数乘一位数的口算训练时，利用算盘，突出"叠加"，增强直观性，使视觉、运动觉结合，加强记忆效果，促进口算能力提高。二年级的一个试点班，在后半学期就能较熟练地进行两位乘一位的口算。全班学生平均每分钟能口算10.7题，正确率达到94％，提前三个学期达到大纲规定的要求。

(2)突出规律，处理好分类教学与结合教学的关系。

在处理100以内加法的教学时，我们主要按照是否进退位划分为"不进退位加减法""进位加法""退位减法"三个教学阶段，采用"合－分－合"的教学方法。

教不进位加法和不退位减法时采用"合"的方式，使学生初步了解加减法的意义和相互关系。在教10以内加减时，为便于珠算、口算结合，暂时回避了珠算"满五加""破五减"的内容；学习了10以内加减后，紧接着学习百以内加减法。这样既有利于熟练10以内加减的口算技能，又有利于分散笔算教学中的难点，同时可以补教珠算"满五加""破五减"的内容。教进位加法和退位减法时，为采用"分"的方式，便于学生掌握进位、退位的规律，每一部分又分为"20以内""百以内"两个段落；每个段落又注意正确处理珠算与口算，口算与珠算、笔算的关系。1979年的一年级试点班，只用12课时就完成了20以内进位加法的教学任务。学生做36道进位加法口算题，全班平均时间只要1分21秒，正确率达到99.1％。二年级试点班，在1979年4月5日(当时是一年级)对20以内进位加法的口算能力进行复测时，36道题目全班平均时间为49秒2，其中最快的30秒，最慢的1分52秒，正确率达到99.1％，而五年级一班，全班平均要58秒，正确率达到97.9％。

在加减综合练习和用加减法解决实际问题时，又采用"合"的方式，使学生能够从各个不同的侧面，来运用同一数量关系。

(3)重视培养学生的逻辑思维能力。

我们在课堂教学中，比较注意让学生在长知识的过程中长智慧，发展思维能力。我们着重抓了三个方面：

①讲解知识注意启发性。

试点班教师根据低年级学生思维具体形象的特点，在教学中重视通过具体例子的分析、比较，充分利用旧的知识，引导学生找出规律，学习新知识。

②练习内容注意思考性。

教师在组织学生练习时，除安排一定数量的基本练习题外，比较重视思考性较强的题目的练习与指导。例如，在 20 以内加减教学中，安排了 $7+8=6+\Box$，$13-7=\Box-6$ 之类的题目；在学习九九乘法表时，安排了 $2\times2=2+\Box$，$3\times\Box=3+6$，$8+8+8>8\times\Box+2$ 等。

③运用知识注意灵活性。

经常进行灵活解题的训练，发展学生创造性思维。例如，$5+5+5+5+3$ 这道题，要求学生用简便方法计算。学生积极开动脑筋，有的用 $5\times4+3$ 的方法算；有的列出 $5\times5-2$ 的式子；也有的学生说，其中一个不是相同加数，不能用乘法算。在应用题教学中，还可以组织一些不同叙述形式的题目让学生练习，以培养学生在分析数量中确定算法的能力。

从过去和现在的试验来看，"三算结合"是减轻负担、提高质量、缩短学时的小学数学教学改革的一条途径。我们将进一步通过实践，继续研究其中的规律。

二、"三算结合"教学试验报告[①]

"三算结合"教学，是指从小学一年级开始，把整数和小数四则计算中的口算、笔算、珠算结合起来进行教学。这项试验，开始于 1969 年，经过六、七年的大规模试验，证明算盘直观形象，提前学习珠算，能有效地促进口算，带动笔算。只要教学得法，从小学一年级开始，儿童完全能够同时学好口算、笔算和珠算。由于这项试验出现在"文化大革命"期间，这就不可避免地会出现很多问题。例如，试验无明确合理的要求，实用主义倾向严重等。为了正确地评价"三算结合"教学，特别是"三算结合"教学对儿童抽象思维的发展有无消极影响，我们认为有必要做进一步的实验、观测。

---

① 原载于《小学数学教师》1984 年第 6 期，作者：张天孝、王权（杭州大学教育系），原题为："三算结合"教学试验报告——百以内加减法的实验教学．

　　我们试验的教材采用北京、天津、上海、浙江四省市合编的六年制小学数学课本，拟用四年时间学完整数和小数四则运算，完成一轮实验。顺序原则上按教材体系进行，只是在不得已的情况下，对某些单元的教学顺序做适当调整。因此，从总体上说教学要求与普通班相同。在本阶段(第一学年)20以内和百以内的加减法教学中，在认识10以内的数时，算盘主要是作为形成儿童数概念的教具，保持原教材的教学体系。而在20以内的加减法教学中，为了使珠算和口算的方法相一致，以有效地发挥珠算对口算的促进作用，我们改变了原教材的教学体系，按加九减九，加八减八，加七减七……的拨珠规律进行教学；同时考虑到分散难点，我们又把珠算中的满五进位加和破五退位减的算式放到单元的最后教学。百以内的笔算加减法，仍按原教材体系进行教学。

　　为了使算盘的直观教育作用不致影响儿童抽象思维的发展，我们采取了以下两点措施。

(一)处理好直观形象与抽象概括之间的辩证关系

　　算盘具有十进制数概念模型的特点，有助于低年级儿童理解和掌握整数、小数概念和四则运算法则。因而在低年级，珠算可以促进口算。但是，如果口算和笔算过分地依赖于珠算，以珠算过程的表象作为获得口算结果的唯一方法，这实际上是使儿童的思维水平停留在具体形象的阶段，因而不利于发展和提高儿童的抽象思维能力。

　　在20以内的加法教学中，开始时我们让儿童利用珠算"减补进一"的方法来口算，稍后则重点引导儿童利用"满十进一"的道理，帮助他们掌握"拆小数、拼大数"的口算"凑十法"，而不拘泥于算盘上拆第一加数的程式。这样珠算方法既对口算起了直观诱导的作用，同时口算的思维方法又在珠算的基础上提高一步。

(二)减少不必要的机械重复，注意类比推理能力的培养

　　在20以内的珠算加法教学中，我们先教给儿童加9的拨珠方法，接着就在同一节课里让儿童试拨加8、加7……算式。实践证明，通过加9的拨珠方法的启示，绝大多数儿童能够运用类比推理，掌握珠算"减补进一"的计算规律。

　　在百以内的加减法教学中，我们是先珠算后笔算，在讲清珠算法则和原理的基础上，要求儿童自己总结出笔算方法。在教学珠算时，如有几个例题，我们只讲一个关键性例题的拨珠方法，其他的则要求学生自己类推。

实验中，我们选择了学生来源相仿的四个班的一年级新生，并任选两班由两位教学水平、教学态度都相仿的教师担任教学，我们把这一对班级看作区组Ⅰ。并任选其中一班进行"三算结合"教学，另一班则用一般方法教学。我们称前一班为实验班Ⅰ，后一班为对照班Ⅰ。还有两班我们又请另外两位水平等方面相仿的教师担任教学。我们称这对班级为区组Ⅱ，一班则为实验班Ⅱ，另一班则为对照班Ⅱ。在整个教学实验中，我们把教学方法(三算结合教学方法和一般教学方法)和不同试题的测量看作两个试验因素，反应量则是在上述两种处理下被试的正、误反应，并以全班的错误率计量。

第一阶段——20以内和百以内加减法教学结束时，我们进行了一次全面测验。首先是测量实验班与对照班在抽象思维水平上的差异。我们认为概括能力和推理能力是表明抽象思维水平高低的两个主要方面，为此，我们从这两个方面，对参加实验的全部学生进行了测验，结果得到各班的错误率如下：

表1 概括水平各班错误率

方 法		区组Ⅰ		区组Ⅱ	
		实验班Ⅰ	对照班Ⅰ	实验班Ⅱ	对照班Ⅱ
试题	1	0.69	0.60	0.56	0.74
	2	0.79	0.55	0.79	0.74
	3	0.69	0.35	0.36	0.52

表2 推理水平各班错误率

方 法		区组Ⅰ		区组Ⅱ	
		实验班Ⅰ	对照班Ⅰ	实验班Ⅱ	对照班Ⅱ
试题	1	0.28	0.25	0.59	0.22
	2	0.52	0.50	0.59	0.48
	3	0.38	0.30	0.28	0.43
	4	0.34	0.10	0.13	0.48
	5	0.48	0.65	0.36	0.48
	6	0.76	0.80	0.77	0.85

经统计分析，得如下结果：

表3 概括水平的方差分析表

（随机化区组内两因素析因试验设计分析）

变差来源	平方和	自由度	均方	F_0	P^*
区组	1.3	1	1.3	—	
教学方法(A)	120.3	1	120.3	0.57	＞0.05
试题(B)	1 191.5	2	595.8	2.86	＞0.05
交互作用(AB)	191.2	2	95.6	0.46	＞0.05
误差	1 050.7	5	210.1		
总和	2 555.0	11			

P^* 是表示不同"概率"。表3中"教学方法"的 P 值大于 0.05，是表示：假设"这两种教学方法的不同对成绩没有影响"，则由此可推算出发生本试验结果(指相应的 F 值)的可能性大于5%。因此可能性较大，于是认为假设是正确的，即认为两种教学方法没有差别。表4中"试题"的 P 值小于 0.01，是表示：假设"这些试题的不同对成绩没有影响"，则由此可推算出本试验结果(指相应的 F 值)出现的可能性小于1%。因为出现的可能性太小了，而事实上又是出现了，这与假设发生了矛盾，说明开始所做的假设，是不可信的，所以认为这些试题的差别会对成绩有显著影响。

表4 推理水平的方差分析表

（随机化区组内两因素析因试验设计分析）

变差来源	平方和	自由度	均方	F_0	P
区组	37.5	1	37.5	—	
教学方法(A)	1.5	1	1.5	—	＞0.05
试题(B)	7 378.5	5	1 475.8	9.12	＜0.01
交互作用(AB)	729.5	5	145.9	0.90	＞0.05
误差	1 780.5	11	161.9		
总和	9 927.8	23			

根据以上分析，说明三算结合法与一般的教法对儿童概括能力和推理能力发展的影响并无显著差异。因而担心儿童由于学习了珠算而影响抽象思维发展的想法是

不必要的。同时我们也看到各种概括能力的测验题对错误率无显著影响，而各种推理能力的测验题对错误率有非常显著的影响。也就是说概括能力测验题之间的难度无差异，而推理能力测验题之间的难度有非常显著的差别。

在抽象思维水平测验的同时，我们还进行了口算和笔算能力的测验。为了便于比较，口算试题使用了邱学华同志编制的口算量表，学生的测验成绩以五分钟内做对题数来计量。笔算测验成绩不计时间，只记做对与否，一般都在 15 分钟内做完。测验结果如下：

表 5　各班口算测验成绩比较

	平均数	标准差	人数	t	P
实验班Ⅰ	174.1	43.1	29	0.66	>0.05
对照班Ⅰ	165.3	49.5	20		
实验班Ⅱ	131.4	43.4	39	2.66	<0.01
对照班Ⅱ	103.7	38.4	27		

表 6　各班笔算测验成绩比较

	一步计算错误率(%)	Z	P	二步计算错误率(%)	Z	P
实验班Ⅰ	3.4	−0.64	>0.05	5.5	1.29	>0.05
对照班Ⅰ	2.0			10.0		
实验班Ⅱ	2.6	2.18	<0.05	6.7	2.94	<0.01
对照班Ⅱ	7.4			17.0		

从以上结果可以看出，在口算能力方面，实验班Ⅱ的成绩非常显著地高于对照班Ⅱ；实验班Ⅰ的测验成绩显著地高于对照班Ⅰ，其中一个原因是对照班在测验时没有掌握好时间，比规定的 5 分钟拖长了几秒钟。所以总的来说，三算结合评测后，实验班口算成绩高于一般班级。这是因为三算结合教学，充分发挥了算盘的十进制数概念的模型作用，给低年级儿童理解、掌握数概念和计算法则带来了方便，因而加速了学习进程，使教师在课堂上可以安排更多的时

间进行口算训练。

在笔算成绩方面，实验班Ⅱ的成绩也是显著地高于对照班Ⅱ，特别是两步计算的错误率两班的差别更是显著；实验班Ⅰ与对照班Ⅰ没有显著差别，但实验班Ⅰ的错误率主要来自于一个差生（错误率为80%）。所以，实验班的笔算成绩还是较好的。

综上所述，三算结合教学，如果处理得好，不仅不会对儿童抽象思维发展带来消极的影响，而且口算和笔算的成绩可以胜过一般班级，并能加快认数和计算教学的进程，还多学了珠算。

三、"应用题教材结构和教学进程"的实验和研究①

1964—1965年，笔者在杭州市上城区老师进修学校担任小学数学教学法教师期间，开设了"应用题教学研究"的课程。结合此课程的教学，笔者曾将新中国成立以来人民教育出版社出版的几套课本的全部应用题题目制成卡片，从中分析应用题的结构，研究教学体系。同时，对复合应用题传统教法的历史、现状及其弊端进行分析，查阅了应用题研究的有关资料，针对当时应用题教学中存在的问题，设计了"应用题补救教学课时计划"。当正要试验时，"文化大革命"开始，各校处于停课状态。到1972年借一所小学的名义，以《五年级算术应用题补救计划》为题，印发各校。1977年又以《四、五年级应用题补救计划》为题印发，在全区各校四、五年级集中一段时间进行系统补课，效果颇好。以此为开端，从1978年下半年到1984年下半年在我区系统地进行了应用题教学改革的实验，《小学数学》1987年第六期刊登了《关于"应用题教材结构和教学进程"的研究》的介绍文章，整个实验分纵向试验、横向试验、推广性试验三个阶段。

纵向试验指从1978年秋季入学的一年级新生中选择一个班（与"三算结合"试验同一个班）进行系统实验，到1982年3月完成了全部试验任务。在此试验阶段中，

---

① 原载于《小学数学教改实验》，1994年，成都科技大学出版社，作者：张天孝.

　　我自己于 1979 年 3 月至 1980 年 6 月在小营小学一个班执教，进行"分数应用题"和"比例应用题"两个专题的试验。

　　横向试验是指 1981 年 5 月—1982 年 4 月，按整数简单应用题、整数两步应用题、整小数多步应用题、分数应用题、比例应用题五个题共 11 个项目，分别在不同年级各选择若干班组织实验。每一个班只就一个专题进行实验。在这一阶段的，我们按照教育科学实验的要求，切实抓好选点（按等组设计的要求确定实验班和对照班）、控制条件、统计分析三个环节。结果表明，实验的效果是好的，实验班和对照班两种不同的教学方案，对学生解题的影响是有显著差别的。在此期间，我发表了《一般应用题教学》《复合应用题的分析》《应用题的讲解和练习》《两步应用题教学的几个阶段》等专题总结。1982 年 5—8 月，根据纵向试验和横向试验的情况，编著了《小学应用题教学》，1983 年 3 月由浙江人民出版社出版，该论著获浙江省 1983—1984 年社会科学优秀成果三等奖。

　　推广性试验分两步。第一步，逐步推广性试验。参加实验的教师，都感到实验方案要比传统教法好。实验方案揭示了应用题之间的内在联系，重视应用题的智力价值，注意调动学生的积极性和主动性，使学生的解题能力得到较大的提高。不少学校要求扩大试验，我们就因势利导，召开了全区性的应用题教学研究会，组织实验方案的公开教学，介绍实验的情况。在此基础上把实验的一些基本做法，按专题进行整理，在各年级教研活动中组织专题讲座，并开办"应用题教学研究班"，向教学骨干系统地介绍实验方案。对多步应用题与分数应用题两个专题还从点到面，组织推广性实验，由我按课时编写了试验材料，发给有关教师。

　　多步应用题教学的推广性试验，在四年级进行。我区 1978 年秋季入学的学生在学完第七册后，该年级一部分学生编为六年制四年级，另一部分仍为五年制四年级。我们在六年制的班级，按实验方案对已学的应用题进行重学，作为实验班；对五年制的班级，对已学的应用题教给学生列方程解法，作为对照班。教学试验前预测成绩，实验班 66.25 分，对照班 75.9 分；教学试验后测验成绩，实验班 87.7 分，提高率约为 32.4%，对照班 80.7 分，提高率约为 6.3%。

　　在此期间，发表了《多步应用题两种教学方法初步研究》《改进多步复合应用题教学》《解正、反比例应用题的列式训练》《两步应用题的改编训练》等专题总结。1983

年 4 月，笔者在江苏省第一期小学数学教学研究班做了一星期的"应用题教学改革"讲座。1983 年 6 月，对五年来的试验进行了初步总结，撰写了论文《应用题教学序列化初探》，经省教研室推荐，被中国教育学会中小学数学教学研究会选用。1983 年 10 月参加了"全国小学数学学术交流讨论会"，1984 年 8 月，应中国科学院心理研究所的邀请，参加了小学数学教学改革座谈会，此文又以《应用题教学改革初探》为题在会上做了交流。

第二步，扩大试验。经过逐步推广性试验，证明实验方案的效果是好的，为满足各校扩大试验的需要，我将各专题中的试验材料改编成《小学数学应用题系列训练》教材（共六册），1983 年下半年开始在区内各校试用。1984 年上半年，江苏省第三期小学数学教学研究班翻印了全套《应用题系列训练》，共印 6 万册，供全国二十个省市的一些地区开展试验和研究使用。1985 年 8 月，江西教育出版社出版了全套《应用题系列训练》，共印 15 万册，向全国发行。在此期间，发表了《小学生解答应用题难点的心理分析》《小学第七册应用题常见错误分析》《分数应用题》等文章。1985 年下半年，我对应用题教学改革实验进行了系统总结，并从理论上进行了概括，撰写了长篇论文《应用题教材结构和教学进程的研究》在《福建教育》1985 年第 12 期作为"教学改革成果专辑"全文发表。

1984 年下半年，我区开始《现代小学数学》教材改革先行试验，笔者就将应用题教学改革试验成果系统地反映在《现代小学数学》教材试教本和试用本中。1989 年上半年，先行试验结束后，我再次进行了总结，提出了应用题教学体系改革的基本思路，即：从数量的基本性质出发，理解基本数量关系（相并关系、相差关系、分总关系和倍数关系），掌握数量关系的基本复合和复合关系的基本结构（相并关系结构、相差关系结构和比例关系结构），熟悉数量关系的基本变换（可逆变换、扩缩变换和情节变换），构成三大教学系列，并力求题材内容生活化、解题思路方程化、教材结构简明化、教学活动序列化。配合《现代小学数学》教材的修改，按照上面的思路进行教学设计，陆续反映在《现代小学数学》修订本、实验课本教材之中。同时，编写了《两个不等量之间的相差关系应用题》等十二篇论文，分别发表在《小学数学教师》《小学数学》等刊物中，完成了专著《小学数学应用题教学》，1993 年 3 月由科学出版社出版。

四、小学生数学能力测查方法的构成和测验的编制①

教育作为一个完整的过程，测量和评价是其重要的组成部分。有责任感的教师，必然会采取有效的方法去测量每个学生的学习成果，并评价这些成果在多大程度上完成或达到了教学目标。通过客观的评价既可以对学生起到信息反馈和引起动机的作用，又可以作为教师修订教学计划、检查教学程序、改进教学方法，从而促使教学目标更好实现的依据。教育测量，是以测验为手段对学生的学习成绩、学习能力或个性特征进行定量描述，它提供的仅仅是客观的数量资料（如分数）。教育评价则是对这种数量资料的价值判断，说明学生知识、技能的掌握程度，学习能力的发展水平，学习态度与兴趣有什么变化，身体素质是否有提高，等等；同时还要诊断学生学习上存在的困难和他们学习新知识时原有知识、经验与能力方面的准备状态。另外，评价还意味着要做出教育上的决策。

在各种教育测量和评价中，对小学生的数学能力进行测量和评价是十分重要的。在科学技术高度发展的今天，数学除了作为探索和了解自然规律的重要工具外，对培养一个人的科学头脑和才能，也是十分必要的。因此，并不是只有以后从事数学方面工作的人，才需要数学，一切从事现代化建设的人们都需要有一定的数学教养。小学教育作为基础教育，如能在这一阶段为学生打好数学基础，将会对他们今后的工作产生重要的影响。在影响学生学习的各种因素中，学生数学能力上的差异是一个极为重要的因素。实际上，刚入小学的儿童，数学的认知能力就已不同，随着年级的升高，他们对数学概念的掌握水平和认知能力可能更不相同，教师不了解这种差异，就不能因材施教。如果教学内容和教学方法超过了一部分数学能力低的学生的接受程度，他们只能在记忆水平上形式地掌握所学的知识，当转入新的学习阶段时，由于知识的缺漏和能力发展上的不足，必然会遇到很大的困难。如果教学内容和教学方法低于那些数学能力较高的学生的需要，则难以引起他们的学习兴趣和激

---

① 原载于《小学生数学能力的测查与评价》，1989 年，教育科学出版社出版，本文为绪论，作者：张天孝、赵裕春.

发他们的学习动机，更说不上发展他们的数学能力。所以，为了实现一定的教学目标，不仅要长期地测量和评价学生的学业成就，还要结合教学实际定期地测量和评价学生的能力。这样才能及时诊断，及时补救，使每个学生的数学能力都能在原有的基础上得到应有的发展，从而使学生能更为有效地掌握和应用数学知识。为此，我们从 1980 年开始，就如何结合教学实际，测量和评价小学生的数学能力的问题进行了研究。

这项研究的目的是，为教师提供一整套用于测量小学生数学能力的量表，它可以在几个主要教学阶段结合教学实际测量学生的数学能力。我们希望，通过这套测验：①帮助教师理解编制小学生数学能力测验所依据的原则，使教师取得相应的经验，并能结合自己的教学实际编制出更切合自己教学对象情况的数学能力测验，更好地评价学生的数学能力。这对改革小学数学的考试方法和促进学生数学发展会产生积极的作用。②按教学阶段连续测量小学生的数学能力，可以从中找出一些有规律性的东西，它将为今后教改实验提供一些客观依据。③作为一个客观的尺度，可作为比较研究的一个工具。④以本测验为中心，再配合使用其他研究非智力因素的方法了解学生，可以为综合评价小学生的数学能力积累经验，也可以为阐明非智力因素与我国小学生数学能力发展的关系提供实际的可靠资料。

编制小学生的数学能力测验，首先必须明确什么是学生的数学能力和编制测验所依据的原则和方法。

我们认为，所谓学生的数学能力就是指学习能力，主要是形成和运用抽象的数学概念的能力。这种能力，作为一个整体结构，包括获取、加工和运用信息，以及储存信息。也就是说，它不仅和一个人的思维能力有关，也和感知、记忆能力有关，缺乏后两个环节中的任何一个，都不能很好地进行数学思维。但是，就其结构的主要成分来说，应该是思维方面的能力。对数量关系和其他数学材料的概括，以及同这种概括能力有直接关系的可逆思考和函数思考的能力，是学生数学能力结构中起重要作用的因素。

学生的这种能力，是在掌握和运用数学知识的过程中形成和发展起来的，也是在掌握和运用知识的过程中表现出来的。我们认为可以透过知识考查能力并把它作为编制小学生数学能力测验的基本原则。也就是说，我们是以学生掌握数学概念的概化程度和迁移的可能性为指标，编制测验，考查学生数学能力的。

这样做之所以可能，是因为概念、知识的掌握和运用，要求掌握者进行智力活动。学生所要掌握的数学概念的抽象水平越高，它要求学生的数学抽象思维能力也越高，掌握同级水平的数学概念需要至少有同等水平的数学抽象思维能力。学生对同一数学概念的不同掌握水平，可以反映出导致这种不同掌握水平的智力活动的水平。

具体地说作为人类经验总结的知识，它的每一概念都是抽象的。概念代表的是一类事物而不是指这类事物的任何一个特定的对象。比如，树这个概念，它指的不是某棵具体的树，而是对所有的树所必须具备的那些共同的、本质特征的一种概括。因此，概念尽管可以用语言、文字或其他符号等物质形式作为信息在传递者（教师）的手中以现成的方式使学生接受下来，但学生必须通过自己的头脑活动，了解概念所代表的这类事物的有关属性和无关属性，发现有关属性的结合原则，并把它们有机地联系起来；或者把新接受的概念与自己认知结构中原有的有关概念联系起来，并进一步的分化和融会贯通，只有这样才能获得概念。这种心理操作的功能就是作为个性心理特征之一的能力。学生能力的高低，会使他们在其他条件大致相同的情况下，掌握同一概念时的效率和质量有所不同。

概念掌握的质量，我们是以概念的概括化水平来衡量的。所谓达到概括地掌握水平，是指学生所掌握的概念反映了事物的本质属性，学生能把它纳入原有的认知结构中去，既能和原有认知结构中的有关概念进行精确分化，又能理解它们之间的关系，使新概念成为原有概念体系中的一个有机组成部分。也就是可以在一般化的意义上理解这一概念和有关的原理。因而学生不仅能把它用到新的事例上去，也能把它作为理解新知识或解决新问题的基础，即能较为广泛地迁移。

学生如果在此基础上能进一步融会贯通，那么当他面对复杂的新课题时，就不仅能利用有关概念选择对解决当前问题有用的信息，而且能分析出解决下一步的问题会发生作用的信息，对问题的解决更有预见性。或者，学生能把看来与当前问题无关的知识改组成新的、更加概括化的联系系统；或能按问题的条件，不断改变对课题的看法，重新组织自己的知识、能力，从而能超越自己学习时的条件，创造性地解决问题。

相反，如果"抓不住"概念的本质属性，不能使原有的知识、经验得到充实或精确化，学生掌握的概念就不能发挥概念在认知功能中的作用——不能作为理解新知识，解决新问题的基础。学生只能机械地背诵或应用所学过的东西，不能在变化了的条件下处理新的或特殊的问题，即不能进行有效地迁移。

总之，学生能力上的差异，是导致他们在知识、概念的掌握上出现差异的最直接的因素。学生能否清晰地掌握所学的概念，形成良好的认知结构，是知识得以迁移的基础。知识的迁移，除了知识的概化程度和良好的认知结构外，还需要学生善于对新的课题情境进行分析，概括出新、旧课题情境之间本质上相同的东西以及它们之间的联系。所以迁移不单纯是知识本身的问题，还有赖于对新旧课题情境的分析和对期间关系的概括；而思维的这种分析、概括活动又离不开一定的知识、经验，已有的知识经验必须参与到人的智力活动过程中去，才能实现对外界事物的分析和概括。这就是说，知识是思维的结果，而过去思维的结果又制约着当前思维过程和效率，直接关系到新知识的掌握和问题的解决。

从这个意义上讲，知识本身又是能力得以实现的重要因素之一。事实上也正是这样，一个人的知识越丰富，概念越清晰、稳定，知识结构越完善，就越容易对所学的有关事物以及事物情境之间的关系进行有效地分拣，从而体现自身的能力。我们正是从知识与能力交互作用的这种辩证关系上认识人的能力，编制测验和考查表。传统的智力测验要尽量排除知识、经验的影响，这实际上是不可能的。我们所以把两者结合起来作为测验编制的基本原则，其理论依据就在于此。苏联心理学家把有效知识的总和作为诊断学生智力发展的一个重要指标，以及美国心理学家关于专家、能手与新手在知识结构上的差异研究，都说明了这样一个问题。

为了弥补团体测验不能充分从过程上了解学生能力的不足，我们以个别询问的方式配合团体测验，或以测验中的某些题目作为实验材料进行了个别测查实验，以了解学生解答这些题目时的思维活动过程和特点。同时，在实验中，通过学生解答问题遇到困难时给予帮助的情况，还可以揭示学生的最近发展区，即从学生获得知识的潜在可能性上了解他们的能力。这种教学性实验可以作为教师重点了解某些学生数学能力的一个补充办法。小学生处于发育生长时期，他们的能力，在教学条件的影响下常会发生变化。同时，这种测验，特别是团体进行的测验，有时受偶然因素（主观的和客观的）的影响，不能很好地反映学生能力的真实水平。所以，一次测验不能充分说明问题，为此，我们采取追踪连续测验，即按小学数学教学阶段，大致每年在同一学生团体中测试一次的方式，考查学生的数学能力。这样，不仅可以从教学与学生能力发展的相互关系上看学生能力的发展，而且可以从学生能力发展的恒常水平和发展趋势来说明学生的数学能力。从测验本身看，由于它是在各教学阶段中进行的，主要是透过学生掌握概念的水平考查能力，所以各阶段的测验题目所反映的数学内容必然符合数学的系统性，它的深度和学生在相应教学条件下发展起来的数学能力也是大体相当的。就这个意义来说，分阶段地透过学生掌握概念的水平考查能力体现了从发展中考查学生数学能力的精神。

如前所述，透过学生掌握数学概念的不同水平考查学生数学能力是我们设计和制定小学生数学能力测查方法的基本原则。为了保证根据这一原则编制的测验能测出学生的能力，而不只是知识和技能，我们的测验是这样编制的：

第一，尽量保证测验题目对学生而言是构成问题的新课题。因为，思维是从问题开始的，没有问题，就不会去思考，就不能保证学生得出的答案是他思维活动过程的结果。对能力测验来说，如果测验的结果不是作为思维过程的结果而是单纯记忆的结果，对判断能力而言就失去了意义。所以，在编选测验题目时，就要很好地研究教材，使题目的内容既能体现教材的基本内容，又要避开教科书和教师常用的例题或练习题的习惯方式，使学生面对的是新的，有待他通过思考才能解决的问题。

第二，利用各种形式的问题，通过学生掌握数学概念的程度，考查学生的数学能力。

①利用表征数学概念的多种变式，看学生能否从变化的形式中看出它的不变性；

②利用概念的内涵与外延的一致性；

③利用抽象符号表明一般的数量关系；

④对计算问题中的数与数量关系的理解；

⑤对先前学过的数学概念的理解；

⑥利用旧知识理解新概念，或利用已有的预备性知识解决尚未学到的，但它和将要学到的东西有直接联系的新课题；

⑦在新的具体情境下或各种不同的抽象水平上，灵活地运用数学概念解决新问题（或逆向问题）；

⑧根据问题条件重新组织自己的知识、经验、创造性地解决新课题；

⑨不同年龄或年级的学生，对各种数量观念的守恒、部分与整体的关系，分类操作及对有关概念（如平行、垂直、坐标、集合或概率等）的认知发展水平。

　　另外，在题目的编排上，有时还可采用一类题目两式（在难度或情境上不同）连排。这样也可以从中看出学生的迁移能力。我们利用这类题目所做的个别测查实验表明：能力强的学生容易表现出较大的迁移的效果；能力差的学生表现出的这种迁移效果则极小。因此可以把它作为衡量学生数学能力的一种标志。

　　在一个测验中，究竟采用哪几种题目形式，则要依具体情况而定。

　　这种测验基本上是常模参照测验，在一定程度上实行标准化，并对题目进行难度、鉴别力分析。但这种测验是透过所学的数学概念的掌握水平考查能力，因此不一定完全按照常模参照测验的要求，必须扬弃太难太易的试题。如果该试题能反映所欲考查的概念的性质，也可以根据需要适当保留少量的这类题目。同样，在鉴别力上，只要不出现零和负数一般均可保留，主要从内容方面决定取舍。但并不排除大多数的试题应有较好的鉴别力；对测验结果的解释，既可以根据常模参考分数（如T分数，五分等级等）说明该生与其他同学相比所达到的相对水平，也可以根据该生在各试题上通过与失败的情况，以及在各试题上通过与失败的综合情况（即参照测验的内容）说明该生知道什么和能做什么，或者就测验内容来说，达到了什么程度，以及在同类连排题目上的迁移能力，等等。我们认为，把这两方面联系起来解释学生的测验分数，会为教师提供更多的有用信息。

　　依据上述原则和方法，我们从1980年开始设计编制小学生数学能力测验。计划在1982—1987年间结合小学数学教材的基本内容编制完成六套测验，供我国大、中、小城市一至五（六）年级的小学生使用。这六套测验的实施时间见下表。

测验的时间安排

年级	测验	实施时间
低年级	一	学完100以内的读法和写法
	二	学完万以内的读法、写法和加减两步式题（加减两步应用题之前）
中年级	三	学完多位数的读法和写法
	四	学完小数的意义、性质和长方形、正方形的面积
高年级	五	学完分数乘、除法（分数、小数混合运算之前）
	六	学完百分数、比和比例（也可在小学毕业考试后进行）

　　为了保证测验题目的信度和效度，我们在正式施测前一般都经过两年的初试和预试。

　　初试的目的是初步检验题目的难度、鉴别力等，以及对一般水平的学生来说每个题目的时限是否适当，进行指导语的修改等。

　　预试是以初试后修改、筛选后的题目及其他材料进行的第二次施测。目的在于进一步完善测验所应具备的各项指标及检查时间、指导语，以及一系列操作步骤的标准化。

　　从 1982 年开始我们在国内九个地区对近 2000 名小学生的数学能力，同时用同一标准进行了大规模的调查研究。这九个地区包括大、中、小三类城市，其中中等城市居多；各地区均从本市的区级重点、普通和较差的三种学校中各选出人数大体相等的学生作为测验对象。这种非概率抽样方式，虽然不能用来推算总体，但从所获得的结果，可对我国小学生的数学能力情况做适当的估计。

　　1982 年、1983 年分别完成了供小学低年级学生使用的第一、二套测验，测验结果详见《小学生数学能力的测查与评价》（低年级）一书。供小学中年级学生使用的第三、四套测验已分别在 1984、1985 年完成。测验的学校、班级基本不变（个别班级因故中断了二年级以后的测试，同时增添了另外几个班），九个地区共计 27 所小学，51 个班，被试的学生因转学、留级等原因，人数逐年减少了一些。

　　《小学生数学能力的测查与评价》除绪论部分外，第二部分为小学中年级数学能力测验及测验结果的分析和应用。在这一部分主要说明了第三、四套测验的内容，分析了测验的结果，对结果的应用做了说明；在分析测验结果的基础上提出对教学的改进意见；综述了连续四年跟踪测验的结果，具体地分析了四年跟踪连续测验中男女学生数学能力差异的变动趋势，以及学生在四年小学期间数学能力发展的关联情况。第三部分，主要是小学三、四年级学生数学能力的个别测查报告，另有一篇是小学教育工作者适应当前教学改革的需要，利用第一套测验检查教材、教法改革效果的比较研究报告。第四部分，介绍了学习兴趣、态度和抱负与数学能力发展的关系。在这一部分阐述了研究学习数学的兴趣、态度、抱负与学生数学能力发展关系的目的和意义；小学生数学兴趣问卷的编制原则和实施步骤；对结果进行了分析和总结，并提出了一些建议。此外，将"中年级数学能力测验及说明书""兴趣问卷和说明书"以及"编制和使用问卷的有关问题""多元回归分析简介""若干统计方法的注释与说明"等作为附录，一并收入《小学生数学能力的测查与评价》内。

五、小学数学教育与学生素质的发展[①]

《中国教育改革和发展纲要》第七条中指出"中小学要由'应试教育'转向全面提高国民素质的轨道"。素质反映了一个人的基本质量、水平、特点和倾向，制约着人的认识、行为和创造性。一个人素质的发展，一方面是人类文化、社会文明向个体的转化；另一方面是个体潜能的开发。两者相互作用推动着人的素质的发展。数学理论和方法是人类文化的重要组成部分。现代社会成员，应该学会用数学的理论和方法，去观察、分析、研究、处理日常生活、商品生产和市场流通中的实际问题。小学数学是最基础的数学知识和方法，它是每一个公民所必须具有的思维方式和文化素养。

《简明国际教育百科全书》将"人的发展"定义为"随着时间的推进在人身上发生的变化"。这种变化，不是自然生长，也不是范围的扩大，而是"从一种相对稳定的结构向另一种结构多方面的转换过程""发展的关键……在于得到一种机制使原有结构发生合理性转变"（刘森林：《当代中国发展着的'发展'观念》，《新华文摘》1994年第一期第34页）。根据这一观点，小学数学教学中促进学生素质的发展，并不是一种知识的积累，而是结构的转换，即知识结构的转换和思维结构的转换。

陈旧的小学数学教学，立足于学生知识的积累，由知识掌握的多少和牢固程度作为标准，以应付考试为目的，很少考虑从知识的内在联系上去把握知识，在掌握知识的过程中形成和发展学生的思维结构。现代的小学数学教学，十分重视数学学习中的认识活动以及伴随着认识活动所产生的情感体验，并且注意研究它们作为统一的心理活动过程中两个不同方面所存在的联系。在教学中，对数概念的建立、计算法则的概括、数量关系的理解和空间观念的形成等，都强调学生积极、主动地参与意识，重视通过各种实践活动，使外部活动逐渐内化，从而完成知识的"发现"过程和"获取"过程。

---

① 此文为张天孝老师1992年开设的浙江教育学院小学教育专业《小学数学教学法》系列讲义之一，曾在《中国小学数学教育》发表．

在小学数学教育中发展学生的素质主要表现在以下三个方面。

1. 提高文化素养

小学数学教学要初步体现数学的文化价值，这种价值包括两个方面。其一是知识、技能素养，具有当代社会中每一个公民生活、参加生产和进一步学习所必需的，并且能长远起作用的数学基础知识和基本技能，掌握基本的思想和数学方法，理解数学的符号、图像、术语、表格的含义，并且学会运用这种科学语言去理解和表达思想。其二是应用数学素养，具有应用数学的意识，良好的信息感、数据感以及量化的能力，养成从不同角度考虑日常事务的兴趣和习惯。重视"问题解决"的教学思想和方法，以培养学生应用数学的能力。

2. 提高思维素养

发展思维能力是提高学生素质的重要方面。结合数学知识的教学，培养学生进行初步的分析、综合、比较、抽象、概括，对简单的问题进行判断、推理，逐步学会有条理、有根据地思考，同时注意思维的敏捷和灵活。教学时，要遵循学生的认知规律，重视学生获取知识的思维过程。通过操作、观察，引导学生进行比较、分析、综合，在感性材料的基础上加以抽象、概括，进行简单的判断、推理。要启发学生动脑筋想问题，要鼓励学生质疑问难提出自己独立的见解，逐步培养学生有条理、有根据地思考问题。发展学生的思维能力，既是数学教学的目的，也是数学教学的手段和途径。抓住了这个核心，就能够，也才能够有效地摆脱题海战术，减轻学生负担，提高教学质量。

3. 提高精神品格素养

数学教学应该促进学生世界观和方法论的转变，促使学生思维方式和观念的转变，进行辩证思维的初步训练。要通过数学知识的具体分析，浅显地揭示数学知识和现实世界的关系，数学知识的内部矛盾运动，从而渗透实践的观点、对立统一的观点、普遍联系的观点和运动变化的观点的启蒙教育。还要重视伴随着思维过程所产生情感体验，以及两者之间的关系，激发学生数学学习中的满足感、喜悦感。要努力实现数学教学效果由数学领域向非数学领域迁移。这迁移比知识的迁移要深刻得多，困难得多，其作用也大得多。

既然发展是从一种结构向另一种结构转换的过程，在小学数学教学中促进学生素质的发展，实际上就是学生认知结构的建构问题。结构主义与建构主义相统一，是发生认识论的创立者皮亚杰进行研究的方法之一。皮亚杰认为，人的认识既不来自客体，也不来自主体，而是主客体相互作用的产物。主客体的关系是发生认识论的基本关系，因此，建构学说始终是围绕主客体关系展开的。皮亚杰说："认识的获得必须用一个结构主义和建构主义紧密地联结起来的理论来说明，也就是说，每一个结构都是心理发展的结果，而心理发展就是从一个较初级的结构过渡到一个不那么初级的（或较复杂的）结构。"（皮亚杰：《发生认识论原理》，第15页）

学生在学习数学活动中，存在两种结构。一种是知识结构，即数学知识之间内在的联系所构成的整体。数学的知识结构是数学家研究的对象，是前人研究所积累的经验总结。教材中的数学知识结构，是数学教育家根据教学要求和学生的认知规律组织起来的知识体系。知识结构是客观的，对学生来说是外在的东西。另一种是认知结构，数学的认知结构是学生学习数学时在自己头脑中逐渐形成的认知模式，即学生头脑中的数学知识结构。认知结构是主观的，对学生来说是内在的心理上的东西。数学教学就是把数学知识结构转化为学生的认知结构。这个转化的过程就是建构的过程。

结构主义与建构相结合有以下一些特点。

（1）结构的建构是一个不断从低级水平向高级水平无止境的发展过程。

皮亚杰认为，任何一个结构在没有被整合到一个更大的更为复杂的结构中之前总是不完善的，这就要求对现有的结构进行新的建构。建构过程也就是一个不断地对现有形式进行再加工，使之过渡到更为高级水平的形式化过程。这种建构包括物质动作内化和精神动作外化两个基本方向。内化建构实际上是认识对象（某一新知识）的感知水平、表象水平、理解水平的向内发展，朝向主体认知模式的形成。学习小学数学的主体是6～12岁的儿童。这一年龄阶段儿童的思维以具体形象思维为主导，并正在逐步向抽象思维过渡。而低年级小学生的思维还有动作思维的成分。因此在内化建构中，教师应根据小学生的认知特点和数学知识本身的特点，有意识地设置学生动手操作的情境，把课本上的现成结论转变为学生主动探索的对象，促使静态的知识动态化。外向建构是运用主体头脑中的认知模式，作用于客体，从理性到实践，实现数学材料实践化，参与到"问题解决"之中。要实现数学材料的实践化，不仅应让学生有足够数量的数学题进行练习，以完成外化建构，而且更应促使学生把数学知识应用于生活、生产中，学会将实际问题转化为数学问题，建立一种模型，去解决实际中的问题。从而扩大主客体之间作用的范围，同时使主客体之间的直接作用转变为间接的相互作用，学生也就能在这种螺旋式的双向建构过程中掌握知识，发展思维。还应强调指出，双向建构是在主体内部进行的，如果作为主体的学生，不参与到教学过程中去，其原有的认知结构就不能被激活，建构活动也就无法进行。

(2)新结构的建构是"组合"而成的。

皮亚杰把新结构的形成看作是一种新的组合。他认为一切知识都是主客体相互作用中建构的产物。在学习新知识时，只有当新知识与学生认知结构中原有的知识和经验建立联系后才能获得心理意义。因此，在小学数学教学中，教师如何抓住学生已知的知识和未知的知识之间的种种联系，促使学生原有的认知结构与新学习的知识结构发生作用，即如何使学生在教师的指导下主动地建构认知结构，应成为课堂教学中的一个核心问题。数学认知结构的建构作为一种新的组合，其组合的形态取决于新旧知识之间的关系。如果新学的知识在包摄和概括水平上低于认知结构中原有的旧知识，新知识与旧知识构成一种类属关系。表现为新、旧知识之间没有实质性的变化，只是认知结构中原有知识中的一个特例，一个例证。这种组合的教学设计所展示的每个新概念，每种新计算的过程，应尽量促使学生利用原有的认知结构来学会新的知识。或者表现为新知识被认知结构同化后，原有的观念发生部分质的变化，对原有结构产生加深、扩展、限制或修饰等作用。这种组合的教学设计既要注意新旧知识的共同基础或共同构成部分，又要注意新知识相对于旧知识质变的部分，着眼于新旧知识的异同。揭示其共同点，旧知识才能同化新知识；分析其不同点，新知识才能与原有知识分化。如果新学的知识包摄和概括水平上高于认知结构中原有的旧知识，新知识和旧知识构成一种总结关系，即在原有几个观念的基础上学习包摄性更大，概括程度更高的新知识，这种组合的教学设计要十分重视提供直观形象的材料，让学生在操作活动和实例的分析、比较中领悟原理。如果新知识和认知结构中原有的一些旧知识或经验，既不能产生从属关系，又不能产生总结关系，则需要将认知结构中原有的知识或经验重新组合，或者实行必要的改造，构成新知识。这种并列结合的新知识学习，学生只能利用一般的和非特殊的有关内容来起固定作用。因此，这种组合的教学设计要紧抓学生思维的横向联动和逆向联动，

促使新、旧知识的转化和综合。

(3)不同水平结构间的互反同化。

正因为新结构的形成是组合而成的,所以在皮亚杰看来,"不同水平的两个结构之间,就不能有单向的还原,而是有互反的同化,以至高级的东西可以借助转换而从低级的东西中演化出来,同时高级的东西可通过整合低级的东西而使低级的东西更为丰富。"(皮亚杰:《发生认识论原理》,第 105 页)两个结构的转换,实际上是某一知识与某一知识的转换,从知识的纵向系统看是一种扩缩性转换,从知识的横向系统看是一种可逆性转换。这种不同水平结构互反同化的理论,在小学数学教学中得到了广泛的应用。每一个新知识的建构总是建立在原有认识结构基础上的,在新知识的教学中,总是先抓住新旧知识的连接点,搞好知识铺垫,缩短与未知的差距;然后把新的知识纳入原有的知识体系中,以扩大和丰富原有的认知结构。

建构主义在国外已相当流行,1966 年在西班牙举行的第八届国际数学教育大会上,还把"建构主义,教与学"列为专题讨论项目。在认知建构主义心理业已兴起的今天,应该把认识建构主义延伸到教学法建构主义。建构主义教学法的核心强调学习者是一个主动的、积极的知识构造者。面对新世纪的小学教育,应该重视对这个问题的研究。

六、关于学生数学能力发展的研究报告[①]

(一)基本情况

1984 年下半年,我们在杭州市五所学校八个班级进行《现代小学数学》第一册先行教学试验。这册教材贯穿了以"1"为基础标准,揭示数和形中部分和整体的关系这一条主线。重视将基础知识教学和基本技能训练与发展智力、培养能力紧密结合,一方面注意发掘知识的内在智力因素,另一方面在学习的适当阶段联系所学知识有计划地安排了思维训练的内容;教材还重视将智力因素和非智力因素相结合,注意

---

① 此文为 1985 年"现代小学数学"实验工作会议上的报告,原题为:《现代小学数学》第一册试点班学生数学能力发展的研究报告.

了动机的激发，兴趣的培养，让学生在游戏中，在生动活泼的气氛中学习数学。教材强调了知识的形成过程，强调了解题的策略，强调了照顾优、中、差各种不同认识水平的学生。

参加先行试验的八个班级的学生都是分别由各校按学区新近招收的，未经选择。参加的五位教师中，从年龄结构分析，五十几岁1人，四十几岁2人，三十几岁1人，二十几岁1人；从文化程度看，有中师毕业，高中毕业的，也有初中文化程度的；从教学水平看，有比较高的，也有一般的。1985年3月，我们用中央教育科学研究所小学生数学能力研究协作组编制的第一套数学能力测验，对本区六个试验班学生的数学能力进行了测查。

(二)测查结果

1. 测查总成绩的比较

(1)小营小学(实验班)与定安路小学(普通班)一年级学生能力总成绩的比较。

表1 总成绩差异的显著性检验

班别		人数	平均分	标准差	Z	P
第一组	实验班(一)	36	51.2	12.03	7.17	<0.01
	普通班(一)	47	33.0	10.71		
第二组	实验班(二)	39	47.4	8.98	6.77	<0.01
	普通班(二)	43	32.5	10.96		

从表1看出两个组的实验班的平均成绩都高于普通班，而且差异非常显著。

(2)天长小学(实验班)与定安路小学(普通班)一年级学生能力比较。

表2 总成绩差异的显著性检验

班别	人数	平均分	标准差	Z	P
实验班	37	43.3	12.07	4.07	<0.01
普通班	47	33.0	10.71		

表2结果表明，实验班的平均成绩与普通班比较差异非常显著。

（3）饮马井巷小学实验班与普通班学生数学能力比较。

表 3　总成绩差异的显著性检验

班别	人数	平均分	标准差	Z	P
实验班	47	45.1	9.5	3.85	<0.01
普通班	36	36.7	10.1		

饮马井巷小学的实验班与普通班的教学由同一位教师担任，普通班系 1983 年秋季入学的一年级学生，实验班为 1984 年秋季入学的一年级学生。而且两届学生属同一学区。实验班与普通班的师资条件与生源基本相同。

（4）胜利小学实验班与普通班学生数学能力比较。

表 4　总成绩差异的显著性检验

班别		人数	平均分	标准差	Z	P
第一组	实验班（一）	44	50.2	9.39	5.82	<0.01
	普通班（一）	42	37.1	11.27		
第二组	实验班（二）	43	50.8	9.24	8.00	<0.01
	普通班（二）	40	37.9	10.03		

胜利小学实验班与普通班的教学由同一位教师担任。普通班系 1982 年秋季入学的一年级学生，实验班为 1984 秋季入学的一年级学生。

2. 对数概念的掌握水平和数的概括推理能力测查的比较

表 5　数概念的掌握水平平均数差异显著性检验

班别		入学时测验					实验后测验				
		人数	平均分	标准差	Z	P	人数	平均分	标准差	Z	P
第一组	实验班（一）	40	8.8	1.15	0.28	>0.05	36	15.4	4.28	5.86	<0.01
	普通班（一）	41	8.7	1.97			47	9.6	4.08		
第二组	实验班（二）	38	8.9	1.04	0.79	>0.05	39	15.1	3.54	5.33	<0.01
	普通班（二）	43	8.7	1.42			43	10.2	4.77		

表 6 数的概括推理能力平均数差异显著性检验

班别		入学时测验					实验后测验				
		人数	平均分	标准差	Z	P	人数	平均分	标准差	Z	P
第一组	实验班（一）	40	5.5	2.12	-0.85	>0.05	36	13	3.10	5.79	<0.01
	普通班（一）	41	5.9	1.99			47	7.9	4.89		
第二组	实验班（二）	38	5.5	1.70	-1.38	>0.05	39	12.1	3.07	6.23	<0.03
	普通班（二）	43	6.5	1.66			43	7.4	3.76		

表 5 和表 6 中的入学测验，由我室四位数学教研员配合每所学校的六七位数学教师，根据统一设计的题目和统一的指导语，逐个口试做出记录。从表 5 和表 6 看出，在数概念的掌握水平和数的概括推理能力方面，实验班和普通班在入学测验时无显著差别，但实验后的测验出现了显著的差别。

3. 对上、中、下各类学生数学能力测查结果的比较

饮马井巷小学上、中、下各类学生数学能力的测查结果见表 7 和表 8，实验班和普通班比较，各类学生的数学能力都有非常显著的差别。

表 7 实验班和普通班五级分配人数的百分比

等级划分标准	分 数		等级	人 数		百分比		理论常态曲线下的面积比
	实验班	普通班		实验班	普通班	实验班	普通班	
$m+2.5\sigma$	69	62	优	3	2	6	6	7
$m+1.5\sigma$	59	52	中上	12	9	26	25	24
$m+0.5\sigma$	50	42	中	17	14	36	39	38
$m-0.5\sigma$	40	32	中下	11	8	23	22	24
$m-1.5\sigma$	31	22	差	14	3	9	8	7
$m-2.5\sigma$	21	11						

表 8　各类学生平均成绩差异的显著性检验

程度	班别	人数(k)	平均分(x)	标准差(s)	t	p
上	实验班	15	54.7	3.2	4.64	<0.01
	普通班	11	48.2	4.2		
中	实验班	17	46.7	2.9	5.08	<0.01
	普通班	14	37.7	4.1		
下	实验班	15	32.6	5.7	3.09	<0.01
	普通班	11	25.5	5.8		

(三)结果分析

从小学生数学能力结构的三个方面,即掌握数概念的能力、数的概括和推理能力、空间关系的认知能力进行分析,分析结果如下。

1. 掌握数概念的能力

数概念的测试题分三个部分,从不同的侧面,透过学生掌握和运用数概念的水平,综合地考查了一年级小学生学习数学的能力。

第一部分是对应、守恒、分类、部分与整体关系方面的试题。

对应的过程是整数结构的基础,它对两个集的等值提供了最简单、最直接的计量方法。如果两个集合的各元素之间能做一对一的对应,则其总量是等值的;如果不能做一对一的对应,就产生了"多"或"少"的观念。因此,它是进一步学习求差问题的基础。此外,两个集合的各元素按顺序排列并对应,就有了函数关系,所以,对应也是函数概念的基础。测试结果表明,在集合间有紧密的空间关系(上下或左右对应)的情况下,能够用对应关系判断数量的等值或多少的学生,普通班占42%与39%,而实验班则占75%和61%。在两个集合不是一对一并列,需要在几个集合群中找出可做匹配的集合时,普通班只有25%的学生能解决这类问题,而实验班则有47%的学生通过。

守恒,是这部分试题内容之一。所谓守恒,即改变一个物体的形状、长度、方向和位置,但不改变其原有的总量。皮亚杰认为,守恒是随着可逆性概念发展而来的,把守恒和可逆看作是获得数量概念的重要条件,普通班守恒题答对率为37%,

液体守恒题答对率为 48%，而实验班分别为 61% 和 64%。

分类及部分和整体关系也是这部分试题的重要内容。分类要求学生能辨认一个集合中各元素性质的异同。把合乎某一条件的元素聚集在一起组成一个部分集合。反过来还要求能把各部分集合再结成一个集合。这就需要学生了解子集与全集的关系，即部分与整体的关系。这种关系也是学习和理解加减法的必要前提。我们通过四个题目考查小学生根据指定的观点做分类整理和对整体与部分关系的初步理解能力。其中一道题目，是要求把圆作为一个集合从其他图形中分离出来，再按圆的大小加以分类。在这里，圆是所有圆形中的一部分，大圆又是圆中的一部分，全部大圆和小圆合在一起，又组成了圆的集合。这部分题目，普通班答对率为 42%。实验班为 55%。

第二部分通过分组数数，对序数、百以内数的大小和数的分解组成的理解，考查学生掌握数概念的水平及相应的能力。现从分组数数的能力和分解组成数的能力两个方面做分析比较。

分组数数，不仅比一个一个地数简便，而且也是形成乘法与函数观念的基础。把一些东西分成两个一份，五个一堆，顺次把份数（堆数）与数目对应进来，就是一种函数关系。所以分组数数反映的不只是数数的能力，从中也可以看到他们的倍的观念和他们利用对应关系进行函数思考的能力。

学生能明确地把握住数群的结构自由地进行数的分解组成，是数概念形成的最重要的标志。为了能比较客观地测查学生分解、组成数的能力，测查中要求学生利用"数的分解组成"解决实际问题，如：

①把 9 支铅笔分别给甲、乙两人

如果甲得→

_____

那么乙得→

②花瓶里有 12 朵花，有红色的，还有白色的。

如果红色的有→

_____

那么白色的就有→

这类题用具体的情节掩盖了数的分解组成原理，而且两道题的具体情节又不同，学生需要根据题意做灵活处理。如果学生不能把握住数群的结构就难以做出正确的解答。测查结果表明，普通班的通过率为 30%，而实验班达到 45%。

又如：

$25+54=(20)+(\quad)+(\quad)+4$

$13+26=(\quad)+(\quad)+20+(\quad)$

这类题，学生需要重新组织自己的经验才能得到正确的解答，测查结果，普通班学生通过率为 10% 和 7%，而实验班则为 70% 和 63%。说明在实验班中有更多的学生能在不同程度上利用数的分解组成知识，解决相加的两数分解为四个数相加的新的组合的问题，表明了他们对数的理解深度和概括化程度。

第三部分是通过组数计算、选择算法、按群感知计算和解答基数与序数关系的应用题，考查学生的计算能力。

计算不仅是一种技能，而且包含着对数和数量关系的理解，学生如果只是根据记住的计算程序操作，而不了解数和数群结构，不能进行可逆思考，就不能认为他有了真正的计算能力。所以我们在测查中，着重考查学生在计算活动中思考数和数量关系的能力，现从两个方面说明如下。

按群感知计算，要求学生在规定时间里，从 7 个点子图中找出三群点子相加和为 11 和 15 的点子图。普通班学生的通过率为 49%，实验班为 67%。我们知道，从逐一计数到按群感知计算，标志着儿童的计算能力有了质的变化，因为他们已经开始能用单位群进行思维，测查表明实验班比普通班达到这个水平的学生人多。

组数计算，试题采用方格填数的方式，如在空格里填数，使横竖每行上的三个数相加得 16。

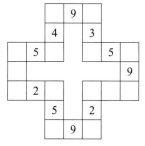

这题需要利用数的分解组成，还要考虑到部分与整体的关系，采用逆运算的方

法才能完成。计算时，首先要知道 9 是 16 的一部分，要利用加法的逆运算求出 9 与 16 的差是 7；再分解 7，分解时必须要考虑到两侧竖行里已有的两个数(4 和 3)，再分解 16 与 4 和 16 与 3 的差数(12 和 13)，看到 4 和 3 下面填什么数才适合下一步计算……然后才能确定如何分解 7，确定 4 和 3 上面分别应填什么数。测查表明，普通班只有 19％的学生能够顺利地完成这种形式的计算题，而实验班则有 34％。要提高小学生的计算能力，必须把学生的计算活动建立在对数的关系的发现与概括的基础上，实验教材注意到了这一点。

2. 数的概括和推理能力

对数量关系和其他数学材料的概括与推理能力是数学能力结构中起主导作用的因素，也是学生掌握和运用数概念所必须具备的最基本的能力。

在概括能力的测试题中，有这样一类题，要求学生从几堆形状、性质和功能毫无共同之处的物品中抽出数——5 或 8 这个共同的因素，同时把唯一的一个例外(3 或 5)标记出来。在这几堆物品中，除 5 或 8 这个属性之外，其他属性都在变化。学生需要有很好的分析与概括能力才能实现这种概括。实验班有 84％的学生能做到这一点，而普通班只有 43％的学生可以。其他学生由于受到具体物品的束缚，看不出它们中间有什么共同的因素，表明他们不善于从数量方面进行概括。

推理能力的测查，有 14 道数列推理题，其中有单系列的，也有难度较大的两重系列推理的。单系列推理，要求找出两个数、两个数之间的关系，概括成规律后推断后继的或该系列之中的数。其中包括公差为 1、2、3、4、5、10 的单系列数和公差为 −1、−2、−3、−10 的逆向单系列数，也有成倍数关系的单系列数。实验班正确率为 77％，普通班的正确率为 43％，其中公比为 2 的两道题，3、6、12、( )、48，2、4、8、( )、32。普通班仅有 4％的学生通过，实验班则有 19％通过，通过的这部分学生是很有智慧潜力的。在这些学生中，即使有人学过 2 的乘法口诀，但他如果能在这种数列推理形式中有效地利用乘法口诀，也可以说明他的数学能力是比较高的。两重系列推理，要求有更高的概括能力，如(2、4)，(3、6)，(4、8)，(5、10)，(×、×)，难度比较大，普通班只有 14％的学生通过，而实验班通过的有 67％。

3. 空间关系的认知能力

客观世界的空间形式，也是数学研究的基本对象，而且它和客观世界的数量关系是有机地联系在一起的。因此，空间知觉，特别是对空间关系的知觉能力，同样也是数学能力的主要因素之一。根据一年级小学生的特点，我们从辨认图形、数方木块，比较面积的大小三个方面来比较实验班与普通班学生的空间认知能力。

辨认图形，考查学生辨认不同方位四种图形（正方形、长方形、三角形、梯形）的能力。将各类若干个这些图形组织在统一的结构中，其中有许多图形，同标准图形有方位上的差别。有的需要做 45°的翻转，有的需要做 90°的翻转，有的还要做 180°的逆转。尽管它的方位有变化，但是，如果掌握了某种图形的本质，仍然能加以识别。因此，它可以反映学生对空间关系的概括能力，实际上也是一种分类活动。测查结果，普通班的正确率为 23％，实验班的正确率为 54％。

数方木块，是通过一定的暗示以后考查学生是否能觉察隐蔽在一堆方木块里的小方木块，它需要初步的三维空间观念，理解了物体之间的关系才能正确解答。解答此类题普通班只有 45％的学生通过，而实验班则有 86％的学生通过。

比较面积的大小，考查学生对不同排列的相同的若干个图形利用小方格这一参照系进行互补运算，并能做出正确判断的能力。从测验结果看，普通班通过的学生为 35％，而实验班则为 72％。在使用《现代小学数学》第一册教材进行教学的条件下，学生的数学能力与同年龄、同文化程度的其他学生比较，差异非常显著。

(四)小结

通过杭州五所学校八个班先行试用《现代小学数学》第一册的结果分析表明，《现代小学数学》教材不仅有利于激发学生的学习兴趣，有利于学生掌握基本知识，而且实验注重对学生进行思维训练，有力地促进了学生数学能力的发展。

七、依据未来的需要设计今天的教学①

今天的小学生是 21 世纪祖国建设的生力军。因此，基础教育应依据 21 世纪对

---

① 原载于《人民教育》1993 年 04 期，作者：张梅玲、张天孝．原题为：从未来的需要设计今天的教学——《现代小学数学》教学实验的探索．

人才素质的要求来培养今天的小学生。

从小培养小学生爱学情感和会学、善学的能力，非常重要，因为这种情感和能力是 21 世纪人才素质诸因素中的重要因素之一。从小学开始，学校教育不仅要让学生在基础知识、基本技能方面打好基础，而且要让他们在学习能力上逐渐完成"学会"到"会学"的转化，在情感上完成"要我学"到"我要学"的转化。《现代小学数学》教学实验的指导思想正是基于这种认识，即：小学数学教学要以发展小学生数学能力，尤其要以促进小学生数学思维的发展、萌发小学生辩证思维为主要目标。

《现代小学数学》教学实验是一项着眼于人的素质提高，促进小学生数学能力发展的教学实验。这项实验是在中国科学院心理研究所"儿童数学思维发展"课题组主持下，由心理学研究工作者和小学数学教学研究工作者及教师参加的一项协作性的教学实验。从 1981 年起，这项教学实验在黑山北关实验学校一个教学班进行探索性实验，1984 年组成协作组，在杭州上城区、拱墅区 5 所小学 8 个班进行先行实验。在此基础上，1985 年开始陆续在 28 个省、自治区、直辖市 4000 多个教学班进行实验。

《现代小学数学》教学实验是一项以发展小学生数学能力为主的教材教法改革实验，实验教材以九年义务教育教学大纲为依据，重新构建了小学数学现行教学内容的知识结构。整套教材以"1"为基础标准，以揭示小学数学中部分与整体关系为主线，以揭示数学知识内在的辩证关系为着力点，以利于帮助学生形成良好的认知结构，提高学习效益。下面分几方面谈谈实验教材《现代小学数学》的主要特点及实验效果。

(一)着眼于提高人的素质

九年义务教育的性质和任务，决定了小学教育必须从应试教育转变为提高全民族素质的教育。为此，我们把实验的着眼点放在了打好数学知识基础、促进学生智能发展和素质提高上。

学生在学习活动中引起的心理变化，最深刻地反映了学生素质的改变，我们在编写《现代小学数学》实验教材时着重考虑了两个方面：

①十分重视数学学习中的认识活动以及伴随着认识活动所产生的情感体验，并且注意研究它们作为统一的心理活动过程中两个不同方面所存在的联系。教材注意反映数学知识的发生过程和学生获得数学知识的认识过程。例如，对"数"概念的建

立、计算法则的概括、数量关系的理解和空间观念的形成等，都强调学生积极、主动地参与意识，重视学生通过各种操作和实践活动，使外部活动逐渐内化，从而完成知识的"发现"过程和"获取"过程。以认数和计算教学为例，第一册中"9以内的数"和"9以内的加法和减法"这两个单元的编排，是先让学生认数再计算，并突出数感训练。在1至9的认数教学阶段，为使学生从逐一计数向按群计数过渡，教材采用看图连数、看图写数、数数和画画以及圈一圈、填一填等练习形式，增加一定数量的数感训练材料，以帮助学生更好地理解和掌握数的概念，为学习计算打下良好基础。因为儿童掌握数概念的过程是从直接感知物体的数量开始，经过抽象与概括形成初步的数概念，然后通过运用数概念进行运算，从而进一步加深对数概念的理解。

又如，第五册中"两位数乘、除多位数"这部分知识，教材紧紧扣住揭示乘除的关系这一点，充分利用学生原有的知识和技能，让学生主动学会新知识，掌握新技能。教材在内容安排上分为五个层次：第一，除数是整十数的除法；第二，出示一位数乘两位数的算式，如 $56 \times 4 = 224$，要求学生根据乘除之间的互逆关系写出两个除式：$224 \div 4 = 56$，$224 \div 56 = 4$，从而引出除数是两位数、除数是两位或三位数、商是一位数的除法；第三，从商是一位数过渡到商是两位数的两位数除法，进而引出乘数是两位数的乘法；第四，把乘数是两位数、被乘数是两位或三位数的乘法题和除数是两位数、商是两位或三位数的除法题进行对照训练，相互验算，并引出被乘数中间有零的乘法和商中间有零的除法的计算；第五，学习因数末尾有零的乘法的计算。

②突出德育首位意识，把思想品德教育作为数学教育的有机组成部分，把促进学生非智力因素的发展作为小学数学教育的一项重要目标，教材结合有关的数学知识，有计划地编排了一些主题图，对学生进行思想品德教育，并结合有关内容进行爱祖国、爱社会主义、爱科学的教育。整套教材有意识地把数学知识的辩证关系与培养学生辩证的思想方法结合起来，使学生在学习数学知识的同时，接触一些较为浅显的、科学的世界观和方法论的观点，如全面的、相对的、发展变化的、一分为二的观点，以萌发小学生的辩证思维。

(二)构建合理的知识结构

学生良好的认知结构是学生心理素质的一个重要方面，而学生的认知结构又与教材的知识结构紧密相连，因此，构建一个合理的知识结构是提高人的素质的一个重要方面。我们在构思实验教材体系时，着重考虑了以下几个方面：

①整套教材用以"1"为基础标准揭示小学数学中部分和整体的关系，作为构建小学数学知识内容的主线。"1"从性质上讲，有概括性、包含性、相对性和可分性；就其在小学数学教学内容中的地位而言，"1"是一个最基本的知识结构（聚"1"为自然数，分"1"为分数）。为使学生在形象地认识整体"1"的基础上，逐步认识更抽象的一份数、一倍数、分数单位以及分数、比例应用题中假设的单位"1"，进而认识比和正、反比例，实验遵循"1"这条发展线索把整数、分数、比值等概念基本上构建在一个系统之中，并用"1"去说明它们之间的内在联系和层次之间的过渡。

部分和整体关系是自然辩证法的一个基本观念，也是小学数学中的一种基本关系。学生对这种关系的不同层次的认识，标志着他们思维所达到的不同水平，也显示出他们认知能力的发展规律。培养学生从部分和整体的关系上去认识数量关系和空间关系的能力，对于他们数概念的掌握、运算能力的发展和空间关系的形成都起着重要的作用。实验教材基本上遵循着这条主线。例如，第一册中对"9以内数的认识"，我们把单位的关系（量的意义）和相邻数的关系（顺序关系）统一地揭示给学生。一方面把每一个新学的数看作整体数，通过图示使儿童直观地感知这个整体数是以"1"作为组成单位的。整体数由几个部分数组成，反过来又可以分解为几个部分数，任何一个部分数都小于整体数，这种数的分解和组成反映了数的部分与整体的关系。另一方面让学生在一定的关系中认识每一个数，强调自然数的构成原则，先用给前面的数添上1的方法得到一个数，使学生掌握数的递增顺序，懂得每一个数比前面一个数多1；继而使学生认识还可以用从后继数里减去1的方法得到一个数，掌握数的递减顺序，懂得每一个数比后面一个数少1。这样就使学生形成了相邻数互逆关系和差数关系的概念。在揭示这种关系时，我们考虑到这一年龄阶段儿童的认知特点，教材采用一一对应的办法把相邻数的两个集合以直观对比的形式演示给学生看。"9以内的加法和减法"这一单元，教材更是抓住部分和整体的关系来展开，先通过图示把合并和分开的心理演绎活动与加法和减法的计算活动有机地统一起来，使学生懂得两个部分数合并为总数（$A+B=C$），从总数中减去一个部分数还剩另一个部分数（$C-A=B$，$C-B=A$），从而初步认识减法是加法的逆运算，加、减之间存在着互逆关系。接着，教材呈现了两个加数交换位置后相加的和不变这个内容，使学生初步认识部分位置的变化不影响整体，从而加深对部分与整体关系的认识。教材在"20以内的退位减法"这一单元中，分别出现了两个部分（两个加数或减数和差数），一个部分增加一个数，另一部分减少同一个数，其整体不变。通过这一内容的学习，使学生初步认识到整体不变性，即：在整体不变的条件下，部分与部分之间的互补关系和增减关系。这样，学生就能在较高的层次上认识部分与整体的关系。

②揭示数学知识内在的辩证因素，以萌发小学生的辩证思维。我们根据小学数学知识的内容和儿童认知特点，有意识地结合有关知识内容，把一和多、分和合、相等和不相等、变和不变、有限和无限、常量和变量等对立统一的辩证思想渗透到教材中去，并注意在内容上尽量结合儿童的生活实际，在形式上以形象直观为主，在方法上让儿童多动手操作，使他们在"动"中发展思维，在"动"中产生情感，受到辩证思维的启蒙教育。

③强调教材结构的网络化，注意让知识点延伸成知识链，从而构成纵横交错的知识网。实验教材既注意知识间的纵向联系，又注意知识间的横向沟通，并揭示知识间的逆向转换关系。按照这样的思路，我们对某些教学内容的知识体系做了较大的变动。例如，应用题，我们注意让学生熟悉基本数量关系，掌握数量关系的基本复合和数量关系的变换，使这些数量关系构成相并关系、相差关系和比例关系三大教学系列。我们力求使题材内容生活化，解题思路方程化，教材结构简明化，教学活动序列化。

(三)培养学生主动探索的精神

学习的过程是主体在与客体相互作用的过程中，是能力和倾向发生相对稳定的变化的过程。《现代小学数学》教材的编排，强化了知识的发生过程，重视培养学生主动探索的精神。

①注意知识呈现的顺序性，力求反映概念的形成过程、结论的推导过程和解法的思考过程，以利于知识的再发现。教材展示每个新概念、每种新的计算方法时，尽量做到使学生利用自己原有的知识来自学新知识。为此，教材注意从以下三方面来揭示已知与新知的逻辑联系：第一，新知识为已知的扩展性变换，从已知的较一般的整体性知识中不断分化，引出细节性的新知识；第二，新知识为已知的可逆性变换，将成对互逆的概念或运算并列呈现；第三，新知识为已知的情节性变换，从

改变已知的题材内容、叙述方式或改变数域范围来引出新知识。

②注意抓基础、促迁移。在简单的结构中包含较大的知识容量，使学生从"学会"转化到"会学"。抓基础，就是教学内容的选择和组织把小学数学中的基本概念和基本原理放在教材的中心地位，作为教材的基本结构。这种知识结构具有知识之间的联结和转换功能，具有认知结构的同化和顺应功能。促迁移，就是在解决旧知识与新课题的矛盾时，突出知识之间的内在联系，重视设计新旧知识的联结材料，安排好学习后继知识所必要的准备训练，对一些重要概念的引入采取"孕伏—理解—发展"的编排方式。

③精心设计练习，突出基础性和发展性，强调知识基础和能力基础，注意思维过程和解题的方法、思路。注意练习内容的系列化，通过系列练习引导学生在沟通新旧知识中发现联系，在对比中区别概念的异同，在辨析中防止知识的混淆。注意练习方式的多变换，同一内容从不同角度用不同的形式进行练习，既有模仿例题的，也有增加非本质干扰因素的变式训练和一题多解等灵活性训练。注意练习安排的层次性。教材练习的内容和要求一般都富有弹性，注意处理好统一要求和因材施教的关系。练习题按"新授课""练习课"分别安排。新授课中的练习内容，一般就是课本中"练一练"的题目。练习课的内容又分为基本练习、综合练习、专项思维训练三个层次。综合练习中标有"＊"的题作为选做题，只供有余力的学生选用。有"＊"的题和专项思维训练的内容，均不作为水平考试的要求。专项思维训练是《现代小学数学》教材中新出现的一种训练形式，是在平时常规训练的基础上进行的专项训练。在训练中为学生创造积极思考的情境，使学生体验到思考是一种愉快，促使学生在探索中激起兴趣，从发现中寻求快乐，体验到成功的喜悦，并使学生的可逆思考能力、空间想象能力、逻辑推理能力和抽象概括能力得到提高。

《现代小学数学》教学实验在全国范围内的扩大实验已进行了八年。这期间，我们对大中城市学校、小城镇学校、农村学校实验班和普通班学生的知识与能力进行了多次测查和比较。测查结果表明，在学生来源、学校条件、师资水平基本相同的情况下，使用《现代小学数学》教材的实验班学生掌握数学知识的水平略高于普通班，而学生的数学能力，实验班则有明显的优势。另外，实验班学生在解决问题的方法和思路上更能从整体上把握问题，能看到整体所包含的部分之间的互逆、互补、关联等关系，而且更能应用转化的思考方法来解决较复杂的问题。

《现代小学数学》教学实验虽然取得了令人鼓舞的成效，但作为一项科学研究，才迈出了第一步。我们还要依据未来的需要去设计今天的科研工作，我们将以"小学生数学思维发展"这一科研工作为中心，来促进《现代小学数学》教材的日趋完善，来提高各级各类人(小学生、教师、教研员和专业研究人员)的素质，为逐步建立一支高质量的教师队伍和科研队伍而努力奋斗。

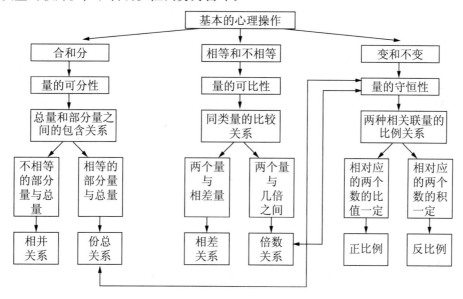

八、小学数学课程改革中的《现代小学数学》①

20 世纪 80 年代，在改革开放政策的指导下，许多小学数学教育研究工作者和教师，反思和整理了新中国成立以来几十年的小学数学教学理论和实践，从不同的角度开展了小学数学教学改革，涌现出了"马芯兰小学数学教改实验""小学数学启发式教学实验""尝试教学法的实践与理论""小学生数学能力的测查与评价"(获全国首届教育科学优秀成果一等奖)"优化小学数学教学实验"……1992 年河南教育出版社

---

① 原载于《小学数学教师》2014 年第 300 期，特约稿，作者：张天孝．

出版了相关著作，介绍了 22 项小学数学教学改革成果，可谓百花齐放，争奇斗艳。这些群众性的自下而上的改革，推动了小学数学课程建设。1993 年我国小学数学教学领域结束了一套教材一统天下的局面，经全国中小学教材审定委员会审查，国家教育委员会推出了十余套小学数学教材，迎来了"教材多样化"的春天。

我在参与"小学生数学能力的测查与评价"和"现代小学数学教学实验"两个课题的研究中，编著了《现代小学数学》。其知识结构的构建以揭示关系为主线，遵循"抓基础，促迁移"的原则，以问题解决为核心，充分利用数学展开数学思维教育；让学生积极主动地参与，使学生获得成功的体验。提出了数学教学的三个转变，即在教学内容的组织上，要从四则运算为中心转变为揭示数量关系和空间关系为主线；在教学方法的选择上，要从单纯地接受现成知识结论转变为主动地建构知识；在练习内容的安排上，要从单纯的技能性训练转变为在技能性训练的同时突出思考性训练。1984 年开始，全国各地不少学校参与实验，国家基础教育司也认为"是一套锐意改革的教材"，为"小学数学教学改革做出了贡献"。1993 年，该教材列入国家教育委员会教学用书目录。2000 年 3 月教育部颁发了《九年义务教育全日制小学数学教学大纲（试用修订版）》，我们随即对《现代小学数学》进行了修订，2002 年经全国中小学教材审定委员会审查通过，成为义务教育小学数学教材。审查意见认为该教材的主要特点是：能注意加强基础与创新发展之间的关系，在知识导入时，能提前孕伏，通过学生探索发现，获得体验，以加深理解和提高数学思维能力；题材比较丰富，注意贴近学生生活实际，有利于激发学生的学习兴趣，有利于学生形成积极主动的学习方式；学生活动和练习多层次（包括探索性、开放性题），为学生的创新教育提供了时间和空间。正因如此，这套教材被全国 24 个省市近 1000 所学校采用，产生了比较广泛的影响。

21 世纪初，我国开展了新一轮基础教育课程改革，我们积极参与制定数学课程标准的讨论，满腔热情地宣传数学课程标准。2001 年、2002 年先后组织了五次大型研讨活动，2500 余人参加。遗憾的是我们的教材无缘参与这场自上而下的"新课程改革"。2003 年，笔者所在的杭州市上城区也进入"新课程改革"省级实验区，面临着小学数学教科书的选用，省市区教育行政部门的一些领导，出于对"优秀文化"的保护，出于对"科研成果"的推广（该教材实验获浙江省人民政府首届基础教育教学成果一等奖），同意继续选用《现代小学数学》。为此，我们编著了《现代小学数学（新读本)》(以下简称《新读本》)，在本区 24 所小学开展实验。

《新读本》以《全日制义务教育数学课程标准(实验稿)》提出的基本理念和基本内容为指导，致力于构建"主题介入、数学建构、开放教学"的模式。①主题介入主要指主题化设计，包括单元主题设计和课时主题设计，并力求两主题协调，促使学生以主题活动为线索进行生动有趣的学习和自主探究。新教材设计的一个个主题活动，将数学知识和学生的日常生活紧密结合在一起，构建了一个个问题情境，使数学学习活动化、情境化，生动有趣，大大激发了学生学习的兴趣，使学生获得了积极的情感态度体验。同时为学生进行数学建构提供了问题情境和活动情境。②数学建构主要是倡导主动建构的求知模式，致力于创设问题情境，以数学问题的提出和解决来引导学生积极情感状态下的自主性学习活动，促使学生成为学习活动的主体。具体地说，主要是通过"知识问题化"和"问题知识化"的设置促使学生完成对数学知识、数学思想和方法的主动建构。知识问题化，指数学知识化为问题的形式，把知识的形成过程和结论隐含在问题之中，而不是将知识直接呈现给学生，更不是向学生灌输。知识问题化的关键是通过设计数学主题情境图，让学生愿意亲近，激发学生从多角度去思考，使所创设的情境成为问题，引发学生进行积极学习，并在教师指导下，将实际情境中的实验问题转化为数学问题，把提出问题作为一种相对独立的数学活动。问题知识化，是指在学生提出问题的基础上，从有利于学生掌握数学、发展数学思维和问题解决的能力出发，对问题进行再加工，形成问题串，展开基于问题解决的，以学生自主活动为基础的开放性学习活动。③开放教学主要是指以数学知识教学为载体，把关注学生的发展作为首要目标，通过创设有利于学生生动活泼、主动发展的教学环境，提供给学生充分发展的空间，使学生在现实的、有趣的和探索性的数学学习活动过程中，各方面素质得到全面发展。其主要特征为：在教学中不追求任何一种强制的统一；给各种不同意见以充分表达的机会；教师积极地拓宽学生的学习空间，给学生留下充分的自由度。

为了探讨《新读本》实施的成效，我们十分重视一线教师的意见和建议，教育部浙江大学基础教育课程研究中心组织人员，开展了"教师对教材教法的调查问卷"以及相应的教材评价综合表和意见征集表，了解了教材的实际使用效果，对《新读本》的实验成果实行了全面的评估和鉴定。调查和评估都给出了肯定的答案，表明《新读本》在教材编著、数学教学、教师和学生发展等方面都带来了显著的变化和丰富的成果。

值得一提的是，2004 年以来，原使用《现代小学数学》的一些学校，在选用新课标教材后，因学校教师和家长的强烈要求，又返回来用《现代小学数学》。2005 年新学期全国仍有 78 所学校的新一年级选用了《现代小学数学》，56 所学校选用了《新读本》。新编写的《新思维数学》，在新加坡教育出版社全套出版，并已在澳门的学校开始实验，并且获得了好评，将会有更多学校参与实验。

2006 年 6 月浙江省教育厅、教育部浙江大学基础教育课程研究中心邀请中国科学院院士张景中、原国际数学教育委员会执委张奠宙、教育部基础教育课程教材发展中心刘坚教授等 15 位专家对我们团队的"新思维数学"教学体系进行鉴定。鉴定意见认为：这个团队从 20 世纪 50 年代到 21 世纪初，从"三算结合教学""应用题教学改革""小学生数学能力的培养和发展"到"《现代小学数学》实验"，再到"《新读本》的实验"，每一项研究成果在不同的历史时期都具有国内领先水平。研究成果在内地产生了很大影响，并辐射到港澳地区。这一团队历久不衰形成了教育研究的基地，是我国数学教育研究中的一支优秀队伍。专家们认为，在 50 年的研究过程中，张天孝团队形成了自己明确的小学数学教学观念，清晰的教学指导思想，问题解决教学模式，课堂教学评价策略，初步形成了小学"新思维数学"的教学体系。这个团队不但进行了理论研究，而且还从事了大量的实践研究，先后编写了具有创新特色的五套教材，尤其是《新读本》，已成为小学数学教材中的一项精品。鉴定意见指出："张天孝锲而不舍的钻研精神，严谨中求创新的治学态度，构建了小学数学新思维教学体系，他的一系列成果是小学数学领域内一笔可贵的财富，在理论与实践上所做的贡献令人尊敬，所取得的成果在当前建设创新型国家中具有重要的意义。"

回顾二十年来的数学课程改革，既有群众性的自下而上的改革，虽然它的进展缓慢，但却是一步一个脚印走来的，即使出现问题，也纠正了过来，又有行政性的自上而下的改革，虽然进展快速，但由于准备不足、条件不具备，暴露出来的矛盾与问题也比较多。我们应该认真总结课程改革的经验教训，广开言路，应充分发动群众，进行多项实验，不要过分相信少数专家，要相信广大教师和广大家长的鉴别力。在数学课程改革中，要贯彻落实科学发展观，构建一个和谐的改革环境。相信，中国小学数学课程改革的春天还会来。

九、新思维数学"新"在哪里①

（一）基本情况

从 1980 年到 2009 年，从大纲版实验教材《现代小学数学》到课标版实验教材《新思维数学》，从科学出版社到浙江教育出版社，历时 30 年，功勋教师张天孝带领团队一直致力于小学数学教材的研究，传承创新，与时俱进。在 2007 年 8 月，浙教版新思维数学通过国家教育部中小学基础教育教材审定委员会的立项审查，自 2008 年 4 月以来教材 1～6 册相继经教育部全国中小学教材审查委员会审查通过，成为 2001 年新课程改革以来国家审查通过的 8 套实验教材之一。

该教材的相关科研成果两次获得浙江省政府基础教育教学成果一等奖，并在第 11 届国际数学教育会议上做了展示与交流。该教材的研发得到了专家指导委员会张景中院士、张奠宙教授、张梅玲教授、戴再平教授、顾汝佐老师、邱学华老师的指导与支持。

浙江省教育厅一直支持和关注该教材的开发，从 2008 年秋季开始该教科书已经被列入浙江省中小学用书目录，在各地实验学校开展实验。与此同时，北京、上海、江苏、广东等全国各地二十多个省市的实验学校都加入了实验的队伍。按照教育部的要求，目前每年级已经有 2 万学生参与新教材的实验。该项成果多次获得省教育行政部门和业务部门领导与专家赞誉：新思维数学教材根植杭州，辐射港澳，影响华语圈。教育部相关领导对实验教材也寄予希望：实验教材可以做课标教材不能做的事，为数学课程改革开辟新思路。

（二）教材特点

新思维数学到底新在哪里呢？可能不同的人从不同的角度会有不同的解读。教

---

① 原载于《中国教育报》2009 年 8 月 11 日，作者：张天孝、唐彩斌. 原题为：浙教版新思维数学"新"在哪里.

材审定意见认为：双基比较落实，注意思维训练，题目设计比较灵活，教材编排结构具有一定特色。

1. 双基比较落实

新课程实施以来，在数学课程改革的过程中，来自实验区的调查发现有两项基本技能下降很大，一项是计算，一项是应用题。那么在这两个方面新思维数学是怎样落实的呢？

（1）计算方面。

计算能力为什么下降？计算能力与计算基础的重视程度是有关的。基础需要从"数量""速度"来实现。

不同版本教材题量统计表

	A 版	B 版	S 版	浙教版
20 以内进位加法	189	174	201	209
两位数加一位数进位加法	82	87	79	93
两位数减两位数退位减法	55	48	64	88
除数是两位数的除法	76	67	100	167

我们关注"题量"，并不是想说明，量一定要更多就更好，而在于我们要思考学生形成技能所需要的合适的量。

除了"量"更关注"质"。口算训练的材料，要从错误率及后继学习的作用两方面来考虑。例如，100 以内两位数加一位数进位加法共 369 题，对进位加法本身来说，这些题的口算训练价值是等同的。但对后继学习（多位数乘法计算）的作用来说，口算训练价值就不一样。在多位数乘法计算中，涉及两位数加一位数进位加法的题共 60 题，约占总题量的 16.3%。例如，748×7，要用到 $28+5$，$49+3$ 两道口算题，因此对这 60 道题的训练就应增加题量。

训练的时间：口算训练的老传统是贵在坚持。新思维数学教材顾问顾汝佐老师曾经痛心地说过："搞改革千万不能背山起楼，焚琴煮鹤，糟蹋原来美好的东西，更不能把许多好的民族传统的内容弄得支离破碎。"对于口算，我们不仅不放弃，而且还继续发扬。"学用结合"把口算的本领真正用起来，让孩子的头脑里有更多的模块。

例如，将 $125 \times 8 = 1000$，作为基本的模块，根据乘法的运算定律，教材安排了如下的训练：$128 \times 8 = (125+3) \times 8 = 1000 + 24 = 1024$。

（2）应用问题。

新课程改革的过程中，"应用题"已经不叫"应用题"，改为"解决问题"，然而改为"解决问题"就解决"问题"了吗？其实形式的改变并不重要，重要的是内涵的完善。从发展的眼光来看，"应用题"教学应该有更加丰富的内涵，比如解决问题，以前可能只是"解决"已经提出的问题，现在可能还要关注"提出"需要解决的问题。怎样培养学生提问能力呢？新思维数学特别设置单元主题图来培养学生的提问能力。

要培养学生的提问能力，首先要明确培养的方向和目标，通俗地说就是首先要知道怎样的提问是好的？提出问题的数量多少并不能代表提问能力的好坏。

对于提问能力的评价，依据巴克（Balker）的研究，从"流畅性""灵活性"和"独创性"三个方面对问题进行了分析。"流畅性"指提出的问题或产生的疑问的数量；"灵活性"指问题或疑问的种类；"独创性"指问题的新颖性。

冈沙雷斯对问题的评价立足于学生对"问题"信息的处理方式。对问题信息的处理方式进行分类，即直接使用、改进、拓展、补充以及其他与已有情境无关的信息处理方式。相应地把产生或提出的"问题"信息来源分为以下五种：

已知的信息：来自已有情境的数学信息。改进的信息：提问者基于已有情境进行修改和改进的问题信息。拓展的信息：仅仅增加了原有情境的信息量的问题信息。附加的信息：提问者自己提供的信息。不清楚的信息：这是一类在信息来源上具有开放性的问题信息。由这些信息构成的大多是一些没有意义的和不能解决的数学问题。

在实验的过程中，我们设置了实验班和对照班，对学生提出的问题从这几个维度去分析，结果如下：

表1　各个维度测试的数据

	总个数	问题种类	新颖性	已知的信息	改进的信息	拓展的信息	附加的信息	不清楚的信息
实验班	838	330	35	707	157	41	10	13
对照班	654	261	19	546	37	29	2	52

具体分析如下：

表 2   提出问题"流畅性"比较分析

	人数	平均分(问题个数)	标准差	
实验班	30	27.93	8.67	$Z=3.14$
对照班	30	21.8	6.27	$P<0.01$

从表 2 可以发现：实验班的提问能力相对于对照班，差异非常显著。

表 3   提出问题"灵活性"比较分析

	人数	平均分(问题个数)	标准差	
实验班	30	11	4.39	$Z=2.18$
对照班	30	8.7	3.5	$P<0.05$

从表 3 可以发现，实验班的提问能力相对于对照班，差异显著。

表 4   学生提出问题处理信息的比较分析

	人数	已有信息	改造信息
实验班	30	75.18%	24.82%
对照班	30	89.60%	10.40%

从表 4 可以发现，实验班的学生更善于改变信息提出问题。这样的问题所占的比例更高。

对于提问能力的培养，也是一个序列的探索。从具体的图到抽象的图，从生活的情境到数学的元素，即便是两个数，也能培养学生提问的能力。例如：观察 350 和 600，你能提出哪些问题？在教学中，学生的想象能力和提问能力都得到了充分的展示。

在解决问题能力的培养方面，值得探讨的是数量关系讲不讲？应用问题还要不要分类？如果要做一个简单而表面的回答似乎也简单：数量关系讲不讲，讲；分类分不分，分。值得探讨的是，哪些是基本的数量关系？按照怎样的维度来分？我们也反对那些过多过细的以"文字特征"为标准的分类方式，认为应该关注数学问题本身的模型。

　　近期，新思维数学编委会开展了一个大型的实验：图形等式推算，在四、五年级学习三步运算时，通过图形等式推算，构建若干典型代数模式，并用以分析数量关系，从而提高学生解决应用问题的能力。

　　①两积之和。

模型 1	$ax+bc=f$
例题	买 15 个排球和 12 个篮球共付 2400 元。篮球每个 100 元，排球每个多少元?
数量关系式	15×排球单价＋100×12＝2400
等式	15×★＋100×12＝2400

　　②

模型 2	$a(n+x)=f$
例题	买排球、篮球各 12 个，共付 2160 元。篮球每个 100 元，排球每个多少元?
数量关系式	12×(100＋排球单价)＝2160
等式	12×(100＋★)＝2160

③

模型 3	$a(n+x)=bx$
例题	篮球每个 100 元，排球每个 80 元。先买 3 个排球，再买同样个数的篮球和排球，结果买两种球用的钱相等。买篮球多少个？
数量关系式	80×(3＋排球和篮球同样的个数)＝100×篮球的个数
等式	80×(3＋★)＝100×★

④

模型 4	$ax+by=f$ $nx=my$
例题	买 15 个排球和 12 个篮球共付 2 400 元。4 个篮球的价格与 5 个排球的价格相等。求篮球、排球的单价。
数量关系式	篮球单价×12＋排球单价×15＝2400 篮球单价×4＝排球单价×5
等式	★×12＋▲×15＝2400 ★×4＝▲×5

⑤

模型 5	$ax+by=f$ $x+y=n$
例题	买篮球和排球 27 个共付 2400 元；篮球每个 100 元，排球每个 80 元。买篮球、排球各多少个？
数量关系式	100×篮球个数＋80×排球个数＝2400 篮球个数＋排球个数＝27
等式	100×▲＋80×★＝2400 ▲＋★＝27

⑥两积或总量相等的结构模式。

模型 6	$ax=by$ $x-y=n$
例题	买 12 个篮球与 15 个排球钱数相等。1 个篮球比 1 个排球贵 20 元。求篮球、排球的单价。
数量关系式	12×篮球单价＝15×排球单价 篮球单价－排球单价＝20
等式	12×★＝15×▲ ★－▲＝20

⑦

模型 7	$ax+n=bx-m$
例题	用一笔钱买同样个数的篮球或排球，排球每个 80 元，篮球每个 100 元。如果只买排球，剩余 50 元；如果只买篮球，还缺 250 元。这笔钱是多少元?
数量关系式	80×排球个数＋50＝100×篮球个数－250
等式	80×★＋50＝100×★－250

在此项实验中，除了从不同结构的模型的角度分门别类的研究应用问题，我们还得到了如下启示。①感受符号感的实质：用图形代表数，除了浅层的简约，更为重要的是可操作性，图形可以像数一样自由地参与运算，培养了学生的代数思维；②策略的通性通法：用图形来代表数量，分析它们之间的关系，辨析结构，解决问题，作为一种学生解决问题的通用策略，让"难题"不难，并为后续的学习积累了经验。

2. 注意思维训练

可以说理念上所有的教师都认同思维发展是数学教学的重中之重，甚至可以说"为思维而教"，但数学思维到底是什么？怎样有序地进行培养？教师们却总是"摸着石子过河"。

华国栋教授对小学生数学思维能力的研究做了综述，认为数学能力分为两个层次，第一个层次是运算能力、空间想象能力、信息处理能力；第二个层次是逻辑思维能力和问题解决能力，模式能力在这两个层次之间起非常重要的桥梁作用。

新思维数学教材一直注重学生数学思维的培养，并基于教材努力构建思维训练的序列。比如，数与代数领域中，纯数学问题的8大结构；图形与几何领域的空间观念训练的10大系列；萌发辩证思维的10大系列，等等，都是基于20多年来实践经验的积累。

具体地说：数与代数领域中纯数学问题的8大结构是：数阵，等量替换，图形等式，数字谜，组算式，数量关系的概括与推理，数形结合，数的整除。"图形与几何"领域——空间观念训练的10大系列是：形感——图形之间的转换；图形的分解和组合；找隐蔽图形；数立方体个数（如四连方的系列课）；图形概括；图形推理；图形的组合判断；图形的展开和折叠；图形的辨认——三角形旋转，正方形旋转；比较面积和距离。再如：萌发辩证思维的10大系列：一与多；合与分；相等与不等；分解与组合；变和不变；精确和近似；具体和抽象；离散和连续；有限与无限；常量与变量。

数学思维训练序列的构建如同人类基因排序一样具有攻坚意义。

3. 题目设计比较灵活

审查委员认为新思维数学的习题设计比较灵活。现列举几例。

· 数与代数领域

(1)20以内进位加法。

分别求出每种颜色的线的长度。

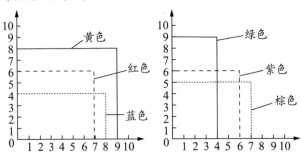

（2）乘法口诀的训练。

如果：

那么 6 个 ⚽ ×3＝□ 个 ●

（3）连数求和。

连接下面方格里的数，使它们的和都是 40。你能连出几种？试一试。

1	2	3	4	5	6	7	8
9	10	11	12	13	14	15	16
17	18	19	20	21	22	23	24

1	2	3	4
9	10	11	

· 图形与几何领域

（4）比较滚动的图形。

在圆上滚动的圆 　　　　　　在线上滚动的圆

（5）等分图形。

有一块长 4 米，宽 3 米的园地，现要在园地上辟出一个花圃，使花圃的面积是原园地面积的一半，问如何设计？

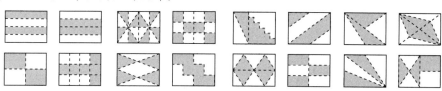

· 统计与概率领域

(6)统计：奥运歌曲中的音符。

统计：谁来当班长。悄悄话愿意跟谁说。

· 综合与实践领域

(7)有趣的七巧板。

拼平行四边形：

用七巧板中的3个小图形，形成一个大平行四边形。

用七巧板中的7个小图形，照下面的样子拼成一个大平行四边形。

拼正方形：

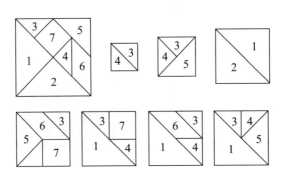

七巧板还能拼出什么？

4. 教材结构具有特色

新思维数学突破了传统的编排体系，着眼于处理好数学知识的逻辑顺序和小学生心理发展顺序之间的关系。小学生的认知特点是由近到远，由局部到整体，由浅入深，其思维特点是由具体形象思维逐步向抽象思维过渡。要使抽象的数学内容为小学生所理解，就不能完全按照学科知识的逻辑顺序来编排，而应当适应小学生认知发展特点，从有利于学生学会学习的角度进行加工。为此，我们对小学数学知识的内部结构进行了重构和调整。这大致包括：不同领域内容之间的整合；同一知识体系内部知识点学习顺序的调整；不同阶段学习内容的有机整合。

不同领域内容之间的整合，如"篮球场上的数学问题"。教材的设计注意将割裂的、分散的知识从不同的角度联系起来，使学生形成较完整的知识体系和知识网络。这样才能深入到数学知识的本质中去，从而提高解决问题的能力。例如，教材将步测和目测、长方形的周长、乘法分配律、长方形面积、两位数乘两位数等原本不相关的知识，以"乘法分配律"为核心，整合在三年级下册"篮球场上的教学问题"的单元中。在测量中学习目测与步测，掌握了测量的方法来测量篮球场的长与宽，知道了长与宽，计算篮球场的周长，$28 \times 2 + 15 \times 2$，$(28 + 15) \times 2$ 从不同的计算周长的方法引出乘法分配律，学习了乘法分配律以后，再学习长方形面积的计算和两位数乘两位数，这时学生应用乘法的分配律不仅能很好地理解竖式计算的基本方法，同时也能更好地实现算法的多样化。每一个知识的学习，环环相扣，逐次建构成一个知识网络。

同一知识体系内部知识点学习顺序的调整，如对"分数的意义和运算"的编排体系进行了比较大的改革。教材的设计，注重将分数意义的理解与分数运算相结合，注意分数运算与整数运算之间的联系。分三段进行了编排：

第一段三年级下。从几分之一到几分之几，把几分之一的认识单独设一节课，直观地比较分数单位，直观地认识 $\frac{1}{2}$ 与 $\frac{1}{4}$ 的关系，并进行直观地运算。从单个"1"的均分，到整体"1"的均分，并引入用"归一"思维解分数应用题。

第二段四年级下。从单个物体的均分到多个物体的均分过程中，引出分数与除法的关系，认识真分数、假分数。

第三阶段五年级下。教材编写时突出了两点：①把"1"和"多"统一在单位"1"之中，丰富对单位"1"的认识，从分数的意义理解求单位"1"的几分之几的计算方法，引出分数乘分数，解答求一个数的几分之一是多少的应用问题。②通过直观演示和实际操作，让学生理解分数运算的本质——在统一分数单位的条件下对分子的整体运算。在三年级下已经出现同分母分数的减法，使学生懂得分数单位相同就是分子的运算。分数乘分数，通过图形的分割，使学生理解两个分数单位相乘，得一个新的分数单位，两个分子相乘就是分数单位的个数。分数除以分数被除数与除数的分数单位相同，直接用分子除以分子；如果被除数、除数的分数单位不同，同样可以通过通分，使分数单位相同进行运算，从运算过程的分析与比较中得出运算法则。

知识结构的改变正如生活中的例子：带一个孩子去爬山，可以走的路不止一条，当然有一条老路，你会带学生走老路吗？而事实上不同的路上，可以看到不同的风景，也会有不同的感受。我们想探寻的路就是希望学生能看得到更多风景有更多收获的路。

(三)实验情况说明

一个似乎与新思维数学紧密相关的问题，那就是"难度"。

作为教学研究人员，应该很好理解把教材难度降下来的操作程序是简单的，把带 * 号的题去掉，把题中的间接条件改为直接条件，难度马上降下来了。然而，我们应该理性地思考：合适的难度是培养学生思维不可或缺的要素，也是提高学生数学素养的不可忽视的途径，更是实现学生成就动机的不可替代的标准。主观上编委会旨在降低学生的学习难度，但前提是不降低学生的数学素养。

合适的难度是什么需要实证研究，不能依托简单的定式的经验，需要依靠实验和调查。我们需要的是实践，用事实说话。全美数学顾问小组发布的报告《成功的基础》，其中第 15 条：教师和教材的设计者有时会假定学生只有到了一定的年龄阶段才能学习某些数学知识，然而一项主要的研究结果显示，数学知识的学习主要跟教材的编排顺序和方法有关，而不是与年龄有关。那些认为学生"太小""没有处在最适合的学习阶段""没有做好准备"的种种所谓有理论根据的说法已经被证明是错误的。同样，那些认为即使学生已经具备了学习新知识的基础，仍以学生的大脑还没有得到充分发育为由，认为学生不适合学习某些特定知识的说法也是错误的。他山之石，可以攻玉。我们需要理性看待这些结论，并用本土的经验来印证。

题目	二年级正确率	三年级正确率
$\blacktriangle+\blacktriangle+\blacktriangle+7=25$	99%	89.1%
$\blacktriangle+\blacktriangle+\blacktriangle+\blacktriangle-6=30$	83.2%	65.5%
$83-8\times\blacktriangle=27$	91.2%	85.5%
$\blacktriangle\times9-24=48$	88.1%	69.1%

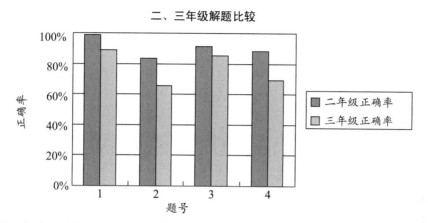

二、三年级解题比较

从图表中，我们可以得到这样的结论：像这样一图一式的图形等式二年级的学生是可以学习的，只要安排在合适的学习序列中。

《人民教育》刊发了成尚荣教授的文章《关注学生的现实性，开发学生可能性》，新思维数学就是在不断开发学生的可能性。

十、新思维数学坚如磐石的教育信念①

从1980年到2015年，从《现代小学数学》教材到《新思维数学》教材，历时35年，几乎经历了我国自1978年由"算术"改为"数学"以来的所有改革历程，著名小学数学特级教师张天孝带领团队一直致力于小学数学课程改革的前沿，传承创新，与时俱进。目前，新思维数学在浙江、北京、上海、江苏、广东等全国20多个省市的实验学校使用。新思维数学教材的研发得到了专家指导委员会张景中院士、张奠宙教授、张梅玲教授、戴再平教授、顾汝佐老师、邱学华老师的指导与支持，更是得到了全国各地实验学校教师们的共同实践与建设。

由于受到各种复杂因素的影响，虽然作为实验教材使用的面不是很广，但新思维数学团队几十年如一日，默默坚持以"出名师·育英才"为己任，以思维为核，能

———————————

① 原载于《小学数学教师》2015年第7、8期，作者：张天孝、朱乐平、唐彩斌．

力为重，努力提高数学教育的质量，用课程的力量全力培养创新型人才，为建设创新型国家贡献团队的智慧。教育部有关领导对实验教材也寄予希望：实验教材可以做课标教材不能做的事，为数学课程改革开辟新思路。35 年风风雨雨，新思维数学伴随着国家数学课程改革不断发展。本文将从学生、课程、教师、评价等维度，梳理新思维数学那些重要的信念。

(一)孩子是充满无限潜力和可能的，实验是检验结论的标准

作为教育工作者，我们容易把自己个体的"经验""习惯"就当作公众公认的"常识"，甚至用老师的小时候与当下学生的小时候来比较。什么年级学习什么内容，似乎是不可改变的事实，即使某些"常识"被身边的很多人认可，它也可能是一种偏见。新思维数学团队坚持实验是检验真理的标准，课程建设"实验在前"，对实验点进行大规模系统抽样并长期追踪调查。基于实验数据，能让我们更加全面、更客观地、无偏见地来看待学生的现实，从而对数学课程内容的安排做出判断与决策。常常有人评价："新思维数学教材是实验出来的教材。"学生是充满无限潜力的，有无限的可能，我们不该也不能用有限的见识阻挡孩子无限可能的发展。

(二)让学生喜欢数学，只有好学，才能学好

兴趣是最好的老师，培养学生学习数学的兴趣重要性不言而喻，如果学生不"好学"就没有"学好"的可能。但对于培养兴趣的方式和理解各有不同。新思维数学主张，作为科学的数学和作为学科的数学，有着质性的不同，作为学科任务的数学，需要关照到学生的心理年龄特征，尽可能选择充满童趣的材料、创造生动活泼的形式。但是，随着年龄的增长，不能总是依靠外在的表面形式的因素来吸引学生喜欢数学，而是需要依靠数学自身的美妙和魅力来驱动孩子学习。兴趣，不是好看好玩好笑所以喜欢，而是即使遇到了困难还选择了坚持，在坚持后获得了成果或成功。大数学家陈省身的题词"数学好玩"，应该不是指表面的好玩，而是数学知识具有融会贯通的美妙，数学应用有无处不在的巧妙吧。

我们强调"好学"是"学好"的基础，但与此同时"学好"也是进一步"好学"的动力。事实上，也不是"好学"就能"学好"，对于学生来说，从愿学，到乐学，再到会学，

学好数学是一个多种因素综合影响的复杂过程。

(三)课程的线索不是唯一的，内容结构顺序都是可以改变的

学习数学是有线索的，但是线索不是唯一的。乘法口诀是一年级学还是二年级学；是先学乘法分配律还是先学两位数乘两位数；是先学旋转还是先学角的认识；圆的认识是四年级还是六年级？这些教学内容的编排，是可以有不同的答案的，答案并不是非对即错的二元选择，关键在理由。更不能因为某一个版本教材的编排顺序，成为否定另一种课程编排顺序的依据，这种课程理解的偏激基本源自对原有课程内容的认识僵化和对课程新顺序的不理解。义务教育数学课程标准只对一个学段的内容做出了规定，为不同教材多样化的编排提供了开放的基础。新思维数学突破了传统的编排体系，着眼于处理好数学知识的逻辑顺序和小学生心理发展顺序之间的关系。小学生的认知特点是由近到远，由局部到整体，由浅入深，其思维特点是由具体形象思维逐步向抽象思维过渡。要使抽象的数学内容为小学生所理解，就不能完全按照学科知识的逻辑顺序来编排，而应当适应小学生认知发展特点，从有利于学生学会学习的角度进行再造。为此，新思维数学对小学数学知识的内部结构进行了重构和调整。大致包括三种方式：不同领域内容之间的整合；同一知识体系内部知识点学习顺序的调整；不同阶段学习内容的有机整合。

知识结构的改变如同生活中"带孩子爬山"，可以走的路不止一条，当然有一条老路，不同的路上，可以看到不同的风景，也会有不同的感受。新思维数学努力探寻的是希望学生能看得到更多风景有更多收获的路。

(四)数学课程是需要有合适的难度的

一个似乎与新思维数学紧密相关的问题，就是"难度"。只要有过教学经历的人，应该就很好理解把数学课程难度降下来的操作办法是简单的，就是"删难就简"，把带 * 号的难题去掉，难度马上降下来了。然而，我们应该理性地思考：合适的难度是培养学生思维不可或缺的要素，也是提高学生数学素养的不可忽视的途径，更是实现学生成就动机的不可替代的标准。主观上编委会旨在降低学生的学习难度，但前提是不降低学生的数学素养。

《纲要》中对于"课程的难度"提出的要求是"科学设计课程难度"，有时这条要求

被简单化地解读为"降低课程难度"。然而，在《中小学理科教材难度的国际比较研究》中，专家们对中国、美国、俄罗斯、英国、德国、法国、澳大利亚、新加坡、韩国、日本 10 个国家的教材进行难度比较，发现中国小学数学教材的难度排在第六位。笔者无意解读这个结论为"中国小学数学教材要增加难度"，只是呼吁每一位数学教师需要理性客观地分析。"为班级学习共同体提供有一定难度的问题"是集体学习材料理想的标准，无论是苏联的赞科夫还是日本佐藤学的研究都是同样的观点。不要把"大众教育"形式化理解为"低水平的教育"，差异是必然的，标准不能总是往下拉，否则创新型人才的培养将是一种空想，数学在这方面有不可替代的作用，作为教师就有不可推卸的责任。不为"精英"，却人人成为"精英"，是芬兰教育成为全球教育第一的秘密，也是值得我们努力的方向。

从国际化的视野来看，数学学科的课程合适的难度是需要的，我们需要做的是"迎难而上"，化难为易，不要对学生提出过高的统一的要求。越来越多的证据证明：学力不是靠低水平反复来累积的，而是靠高端引领才能得以形成。

(五)数学课程是具有选择性的

课程是选择的艺术。大而言之，从教材的选择开始。从教育规律分析，只有这个学校的教师才最了解这个学校的学生，他们处在做出教材选择的最佳位置，把教材的选择权交给教师，是教材选用的国际发展趋势，也是社会民主的应有结果。

讨论教材的选择现状，褒义地讲是教师对教材的忠诚，换个角度讲是教师对教材的过分依赖。比起其他发达国家，中国的小学数学教师过度依赖教材，更多扮演的是课程的执行者，很少是课程的建设者，不是能力问题，是思维的习惯。教材是教材编委会对课程标准的解读，所选内容具有一定的典型性和代表性，教材的编写所依据的是众多学生普遍的特点，凝聚了一个学术团体的集体智慧，但任何一套教材无法保证完全适合特定学校的特定班级的每一个学生。教学是教师根据学生情况结合教材对课程标准达成的再度解读。教材只是供教师选择的教学材料，"为我所用"即可。未来的教师应该可以拥有多个版本的教材，根据学生制订合理的教学计划，有机组合、有效实施，逐渐形成富有学校特色的校本课程资源库。教师不仅可以选教材，还可以选内容，更重要的是会为不同的学生制订不同的学习计划，因材施教，我们常常倡导一种教材观：教师"用教材教"不是"教教材"，"一个教师就是一门课程"，就是这种课程选择的理想状态。

另外一种选择，是学生对学习内容的选择。到了中学，随着走班制的推进，不同的人学习不同的数学，有足够的条件。但是对于小学数学来说，选择性不全是体现在不同的内容选择上，更多的是体现在学习同一内容时不同程度的要求上。

几乎每一种在国家层面通过审查的教材在实际使用过程中，教师们对适应性都颇有微词，但实事求是地说，国家课程依然是当前各级各类课程中质量最有保障的课程。用好用足国家通过审查的课程，依然是当前大多数学校深化课程改革的重要任务之一。将国家课程转化成为符合学校大多数学生能获得不同发展的课程，依然是一个需要长期解决的问题。

（六）教师的教学是具有创造性的

教材是教学的材料，即使将来不是纸质的，变成了电子的，更新周期变得更短，相对于教师的灵活能动性来说，材料还是处于相对静态的。静态的教材，是怎样成为一个个鲜活的、生动活泼的课堂的，依靠的是教师教学的创造。

虽然新思维数学在呈现内容时，也给予了教学法适当的建议和指导，但为教师的课堂创造留下了广阔的空间。新思维认为，过于拘泥于教学的框架与细节，学生学的思路和教师教的思维将受到禁锢而得不到创新。

教师不仅仅是课程的执行者，而且还是建设者。在新思维数学教材的建设中，一方面，编委核心团队最具一线教学经验，同时还聘请了一大批富有实践经验和理论水平的兼职研究员，教材的编写经历"小课题实验—教材—再实验—优化教材"，很多新思维实验的教师都有这样的经历：自己上过的公开课编进教材了。有时新思维数学教材提供的一个看似简单的素材，经过教师们的创造性使用，总是能看到数学课上意想不到的精彩。新思维数学教师的创造性在于激发了学生的创造性，全国各地实验学校，在各级各类数学能力的测试中，总能创造佳绩。

（七）能力的发展源自每一堂课"一点一题"的挑战

"坚持能力为重"，这是国家教育改革的方向，也是数学教学与研究的重点。关键的问题是怎样把能力的培养落实在每一个课堂，落实在每一个孩子的身上。原来我们所熟知的传统三大能力"运算能力、空间想象能力和逻辑推理能力"，如今演化为课程的"十个核心素养"（数感、符号意识、空间观念、几何直观、数据分析观念、运算能力、推理能力、模型思想、应用意识和创新意识）。然而，无论如何，每一种核心素养都需要深入细化，进行务实可操作的实践操作。能力的培养不能停留在观念上，而是需要落实在具体的内容上。记得 20 世纪 80 年代，中央教科所赵裕春教授与张天孝老师等合作开展"我国小学生数学能力测查"，为小学生数学能力培养提供了研究导向。从理论研究转向实践操作，比如在培养学生空间观念方面就罗列出四个基本内容，图形的认识、图形的测量、图形的运动变换和图形的方位，以及十个专项训练维度，图形的转换、图形的分解、图形的组合、图形的辨认、图形的概括、图形的推理、图形计数、多连块拼图、找隐蔽图形、图形的展开和折叠等。而每一个方面又都表现在具体的一些小问题上，将具体的内容落实在日常的课堂教学中，

都说能力为重，都说学习是需要冲刺和挑战的，那么我们就应该坚持让每一节课都有"一点"或"一题"的挑战，细水长流，滴水穿石。只有这样，能力的培养才成为可能。

（八）不同的孩子在数学上可以有不同的发展

数学课程的基本理念是"面向全体学生，适应学生个性发展的需要，使得：人人都能获得良好的数学教育，不同的人在数学上得到不同的发展"。相互对应的两句描述本没有任何异议，但在实际教学中总容易成为矛盾的对立面。一旦有学生不能获得良好发展的数学，就被视作这不是人人都要获得的数学。数学老师常有一种不合理的信念：教材上的题或教师出的题最好人人都能对，至少在教师面前对过。如果坚定这样的不合理信念，那么自然会影响到教师的教学行为，在组织和提供学习材料的时候，就不自觉地选用低等级水平的问题进行不断训练，而不敢也不愿去尝试解决高等级水平的问题。

如果我们能够悦纳不同的人在数学上是可以有不同的发展的，那么我们就能组织学生坦然接受课堂上的挑战，并有勇气接受挑战失败的可能。这样，我们就会在课堂上提供能够包容不同水平学生的问题，让在同一个问题情境中，不同的人得到不同的发展。有时，作为教师总是担心，那些做错的人是否没有得到进步，让孩子们失去信心。事实上，即使有时有学生没有得出正确的完整的结果，但也不能说他们的学习没有价值；即使真的有学生没有学会，对于班集体来说，我们也不能因为

有人不会而放弃其他可能学会的机会。更何况，作为教师对于任何一个儿童的思考与挫折都应当视为精彩的表现加以接纳。

只有承认差异，才能面对差异，发展差异。以学生为本的教学，就是尊重学生个性的教学，就是要实现不同的人学习不同的数学。教育的公平不是让每一个人成为一个样，而是应该让每一个人变得不一样。

(九)科学的评价需要合理的标准

对基础教育进行质量监测是国际教育发展的共同的趋势。考试是评价教师教学和学生学习的必要手段，是改进教学的重要依据，关键是考什么，怎么考，考好以后怎么办。现实教学中，一次考试的一道题的对与错也许就直接影响着一个孩子的学业水平等级，这样的评价客观科学吗？我国已经修订并颁布了新的课程标准，建设学生学习数学的质量标准，迫在眉睫。

尽管教育部在《小学生减负十条规定》再次重申："实行'等级加评语'的评价方式，采取'优秀、良好、合格、待合格'等分级评价，多用鼓励性评语，激励学生成长。全面取消百分制，避免分分计较。"但在实际的操作中，还是把分数折合成等级，而这个等级是相对的，不确定的，"三年级的优秀"与"四年级的良好"哪个好？这个人的优秀和那个人的优秀是否一样优秀？即使是分数："三年级的95分和四年级的95分又有什么区别"？还有更离谱的是"A学校的数学成绩比B学校的差，说明A学校的教材是不好的"。都说评价是为了改进，模糊地不确定的评价不利于改进，反而影响教学朝着正确的方向前进。

值得欣慰的是，我们国家的多家研究机构正在进行大规模的质量监测工作，等有了足够的数据，经过团队的研究，将研制出具有我国特色的"学生数学水平评价标准"，具体到某一个知识点或某一种技能学生是否达到了标准，在群体中处于一个怎样的相对水平，对于个体来说，到底哪些方面是优势，哪些方面是薄弱的？将给予明确的评价。有了科学的质量监测，才能为学生设计相应的后续课程，匹配学生的认知负荷，切实减轻学生负担，提高教育的增量。

近年来，新思维数学研究团队开展了数学学业评价方面的尝试与探索，尤其在小学生数学能力检测方面积累了大样本的数据，正努力建设小学生数学能力测评的参考标准。

(十)坚持中国特色，走向世界舞台

教育全球化，是一个不可阻挡的趋势，在国际视野下，如何发展中国小学数学，新思维认为要传承优良传统，借鉴经验创新。在近几年的PISA（国际学生评估项目）测试中，中国上海学生的数学表现连续夺冠，已经引发了全球数学教育工作者的关注。作为中国数学教育工作者，当然不会因此沾沾自喜，但足以让我们更加自信地在国际视野下坚持自己的中国特色，比如：双基扎实，结构严谨，螺旋上升、变式提升等。

要理直气壮地传承优良传统，坚持中国特色。比如，教师们都熟悉的"应用题"近年来被"改来改去"，先是改成"解决问题"，教师们困惑"把应用题改为解决问题，解决问题了吗"，如今"把解决问题又改成问题解决"，教师们又犯难了，"把解决问题改成问题解决，问题解决了吗"，我们需要理性地思考"从应用题到问题解决的变与不变"，揭示变化中扬弃、传承与创新的分别是什么。广大的教师已经不会太在意"个别概念的重建"或者"某种新理念的引进"，而在意实践层面的行动，更容易接受的是在原有概念体系下，丰富或微调概念的内涵，而不至于另起炉灶。新思维数学一直坚持"应用问题"，并保存着原有应用题的完好体系，这是经过几十年实践证明的教学体系，从未轻言放弃。

他山之石可以攻玉，要虚心诚恳地借鉴国际经验，融入国际数学教育大舞台。不能因为某一项测试的成绩比较好，就断言我们的基础数学教育是最好的，不同国家的数学教育都各有优劣，有很多的方面也值得我们虚心学习。另外，我们在引进来的时候，要走出去。近年来，一大批学者在国际数学教育的舞台上展示了中国数学教育的风采，也出版了一些有影响力的专著，《小学数学的掌握与教学》《华人如何学习数学》《华人如何教数学》，等等，像英国还专门派教师来中国进修学习。在这些国际化的数学研讨交流活动中，新思维数学积极参与其中，在第11届、12届国际数学教育会议上做了展示与交流，引发了国际数学教育同人的青睐，相关内容目前正翻译成法语、德语，并有意与美国同人合作输出美国。此外，新思维数学团队还和澳门数学教育学会合作编写了《澳门新思维数学》。数学也是比较容易在全世界沟通的语言，希望中国的新思维数学，也是世界的新思维数学。

新思维印象
——香远益清，亭亭净植

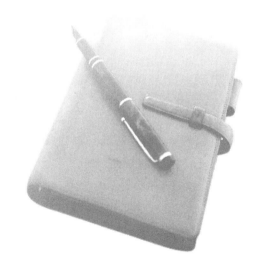

张老师用智慧的妙笔写成了新思维数学的巨著，用坚定的脚步走出了丰富的数学人生。张老师的研究成果十分宏伟，宛如一座雄峰，不必攀登，遥望即可让人肃然起敬。在中国小学数学教育界，张天孝的名字闻名遐迩，他的研究成果对不同时期的数学教育改革产生了独特的影响。中央民族大学孙晓天教授在《小学教学》杂志上撰文指出：实干兴邦，他盛赞"南有栉风沐雨的张天孝，北有结草衔泥的吴正宪"。

　　2006 年，在"构建小学新思维数学教学体系"课题成果鉴定会上，由张景中院士、张奠宙教授、张绪培副厅长等组成的鉴定专家组指出：我们一致认为，张天孝老师锲而不舍的钻研精神，严谨中求创新的治学态度，构建的小学新思维数学教学体系等一系列的优异成果，是小学数学领域内一笔可贵的财富，在理念与实践上所做的贡献令人尊敬，所取得的成果在当前建设创新型国家中具有重要的意义。

一、《新思维数学》立项推荐意见①

自教育部公布《全日制义务教育数学课程标准（实验稿）》以来，根据国家"教材多样化"的方针，为了能够使更多的学校有更多的选择，更快地促进学生的发展，提高全民族素质，我省功勋教师、特级教师张天孝带领一个团队一直致力于编写一套有特色的小学数学教材——《新思维数学》。编写团队老中青结合，有资深专家也有来自一线的优秀教师，团结精干，学术严谨，实践深入，求实创新，有深厚的理论研究和丰硕的实践经验。

《新思维数学》教材是在《现代小学数学》的基础上，按照国家数学课程标准的精神编写而成的，已经有近二十年的实践经验积累，教材建设趋向成熟。在研究的过程中，既传承了我国传统教材的精华，又积极借鉴教材建设的国际经验，务实研究，锐意创新。该教材重基础，重思维，重发展；展示了新观念、新体系、新思路，实现了学习内容主题化、学习方式多样化、思维训练系列化。《新思维数学》的试用取得了显著的效果：利于培养学生学习数学的兴趣，提升了学生的数学能力，发展了学生的思维品质，促进了学生科学推理和创新精神的养成，得到了国内众多专家和广大师生家长的认可。

《新思维数学》建设的研究成果，是我省基础教育教学成果中的优秀成果，近期获得浙江省人民政府基础教育教学成果一等奖。我厅郑重推荐《新思维数学》教材接受教育部的立项审查，请教育部批准。

浙江省教育厅

二〇〇七年三月二十七日

---

① 此文为 2007 年浙江省教育厅向教育部推荐《新思维数学》教材立项编写的推荐意见．

二、"张天孝小学数学教学研究和实验"通过专家鉴定

教学论专家组鉴定意见：

受杭州市教委的委托，杭州市教研室和杭州市教科所组织了来自北京师范大学、华东师范大学、浙江大学、中央教科所、浙江省教科院的专家，于 1998 年 11 月 14 日对"张天孝小学数学教学研究与实验"这一教学成果进行鉴定。鉴定组专家通过认真审读成果报告与附件，观看有关录像资料，就一些问题进行提问与答辩，在充分讨论的基础上，达成下列鉴定意见：

1. 这是一项富有开拓性与鲜明特色，并在教学实践中产生显著成效的优秀教学成果，为我国小学数学教学的改革与发展做出了积极的贡献。

2. 该成果针对传统数学教学的弊端，强调学生主动建构认知结构，致力于小学生数学辩证逻辑思维能力的培养，形成小学数学"发展为本、主动参与、重在思考、合作学习、体验成功"的现代教学观，对学科教学论研究具有重要的借鉴意义。

3. 该成果结合数学学科的特点，立足思维能力开发，强调创新意识、创新能力的培养，构建了以数学关系概括与推理能力、可逆思考能力、函数思考能力为主导的数学能力结构模式，形成了相配套的教材及系列训练材料，具有可操作性。

4. 该成果起点高，研究方法比较严谨，在长达 15 年的研究中，坚持理论研究与实验研究相结合、教学研究与科学研究相结合，其成果在理论与实践上为我们结合学科教学、推进素质教育提供了有益的启示。

5. 这是一项富有生命力的教学成果，成功地探索并总结出一条优化小学数学教学的有效途径，在全国产生了较大的影响。

鉴定组专家一致认为，这项成果在国内小学数学教学领域中处于领先水平，具有推广价值。成果符合国家教育部有关基础教育优秀教学成果奖的要求，建议申报国家优秀教学成果奖。

鉴定组组长签名：裴娣娜

（鉴定组成员：裴娣娜、成有信、缪小春、田正平、张定璋、连瑞庆、方展画）

数学教育专家组鉴定意见：

张天孝在长达 15 年的小学数学教学实验的基础上，形成了以促进小学生数学思维能力发展为特征的现代小学数学教学法。改变了传统的计算和应用题教学体系，突出了在计算活动中的思考性训练；在应用题教学中，从数量的性质出发构建了数量关系的基本结构，建立了着眼于数量关系的变换和重视实际应用的教学体系；对小学生的数学思维能力进行了总体分析，形成了系列的训练材料。这些都是我国小学数学教学领域中具有开拓性的研究成果，在国内处于领先水平，为我国的小学数学教学法理论研究和小学数学教材建设做出了贡献。

张天孝的现代小学数学教学法符合国际数学教育发展的趋势，具有区别于国外小学数学教学的特征，有一定的理论高度，操作性强，为在我国实施素质教育做出了许多重要的、有意义的探索和实践。

张天孝呕心沥血，几十年如一日的敬业精神和科学求实的态度，值得大力提倡。

鉴定组成员一致认为：张天孝的现代小学数学教学法，有鲜明的时代特征，切合我国国情，具有推广价值。

鉴定组组长签名：

（鉴定组成员：张奠宙、王尚志、张梅玲、顾汝佐、刘兼）

三、"构建小学'新思维数学'教学体系——
张天孝小学数学教学改革五十年"课题通过鉴定①

鉴定会纪要：

潜心研究五十年锐意改革结硕果

2006 年 6 月 8 日，"构建小学'新思维数学'教学体系——张天孝小学数学教学改革五十年"课题鉴定会在杭州召开。

---

① 原载于《小学青年教师》2006 年第 8 期.

本次会议是应浙江省教育厅教研室和教育部浙江大学基础教育课程研究中心的邀请，由张奠宙、刘坚、高凌飚、孙晓天、顾汝佐、张梅玲、戴再平、邱学华、汪甄南、吴正宪等国内知名数学教育专家（张景中院士因参加院士大会而通过网络参与）以及中国教育学会副会长、浙江省教育厅副厅长张绪培，浙江省教育厅教研室主任刘宝剑、浙江省教科院副院长朱永祥、杭州市教科所所长施光明组成的鉴定组，对杭州现代小学数学教育研究中心提交的这一基础教育教学研究成果进行鉴定。

会上，大家首先听取了杭州现代小学数学教育研究中心朱乐平代表课题组所做的研究成果报告，接着，专家组成员对不明确的地方进行了质询，如该教学体系对农村教学的适应性，该教学体系与张天孝老师教学改革五十年的关系等，课题组一一作答。随后，在课题组有关人员回避的情况下，课题鉴定组就是否形成了思想体系，是否符合时代的精神，是否符合国家课程改革的方向，对整个数学教育领域产生了怎样的影响等方面进行了讨论，大家对张天孝老师"能够孜孜不倦、持之以恒把这样一件事情地做下来"并取得这样丰硕的成果表示崇敬，鉴定组建议领导部门对《新思维数学》加以审查、推广和使用，并最终对本课题给出了鉴定结论。

鉴定会由浙江省教育厅教研室副主任柯孔标主持，华东师范大学张奠宙教授任课题鉴定组组长。

四、张景中院士鉴定意见①

新思维数学教学新体系，从 20 世纪 50 年代，直到 21 世纪初，历经 50 年的历练，凝聚了张天孝老师毕生心血，同时也汇集了国内众多专家、学者、一线教师的执教经验，是中国小学数学教育改革的一笔财富。

从"三算结合教学""应用题教学改革"到"现代小学数学实验"，再到《新思维数

---

① 此文为著名数学家张景中院士对"构建小学'新思维数学'教育体系——张天孝小学数学教学改革五十年"课题成果鉴定意见.

学》，以至于构建了一个"新思维数学"的体系，在每一个实验的阶段，都敢于打破常规，改变原有的传统，立意创新，在不同的历史改革阶段有着一定的先进性。从整个教学体系看来，结构严谨，一脉相承，对于小学数学知识的呈现方式，教学实施中的教学方法和评价体系；学生的基础知识和基本技能，以及学习方法、思维方式和创新精神，都有所关注。

　　教材是整个教学体系的重要组成部分，按照义务教育课程标准编著的《新思维数学》，有如下特色：①创造性地提出主题建构，建立数学联系，利于学生学习；②重视学生提出问题和解决问题能力的培养，实现知识问题化和问题知识化；③善于重组知识结构，建立新的知识序列，便于学生自主建构；④关注不同学生在数学上不同的潜质，首创并坚持将"选做题""数学百花园"有序呈现，致力于学生思维能力的培养，实现不同学生不同发展；⑤努力尝试将信息技术纳入数学课程中，实现将技术作为工具应用于学习过程中，将技术的思想渗透在学习的方法中；⑥从教材的体例上看来，着力于改变教师的教学方式，能给予教师教学法的指导，以便在课堂教学中顺利实施。

　　50 年的改革成果，精神可嘉，成果显著。如此务实的研究，精辟的观点，在我所知道的国内同类课题研究中有着领先地位。当然，小学数学课程建设中还有很多值得研究的问题，张天孝老师的出色成果不仅体现了小学数学课程改革和教学实践50 年来的宝贵经验，而且也为今后深入开展小学数学课程建设提供了好的基础。希望"新思维数学"的体系在推广中继续完善，为中国教育事业做出更大的贡献。

五、为了后代的创造性①

　　澳门圣心女中校长快步上前，急切地恳求："张先生，拜托您了！明天离澳前请再给我们全校老师讲一次，哪怕一小时也行！不请您再讲一次，我们会后悔失去这个机会的。"

---

① 原载于《人民日报》2000 年 4 月 9 日第四版，记者：袁亚平．

　　被称为"张先生"的，是全国著名小学数学教育改革家、杭州市上城区教师进修学校校长、特级教师张天孝。他应澳门基金会邀请，专程来指导达豪、圣心两校的"现代小学数学"实验。他独特的教学思想，精辟的学术报告，使恪守日程的东道主为挽留他而打破了惯例。面对真诚的渴求，他应允了。

　　在澳门讲学，只是张天孝无数次讲学中的一次。他长期从事小学数学教育研究和师资培训工作，他编写的全套《现代小学数学》教材，被定为国家九年制义务教育教材。

　　数学教育的目标，要充分反映时代的要求，培养出现代社会所需要的人才，应当以"普遍的高标准"取代传统的数学教育目标。

　　"数学上的高标准，是指具有较高的数学素养，不但使学生掌握一定的数学知识和技能，更重要的是培养学生数学思维的习惯和能力，从数学的角度去观察世界。"张天孝说。

　　30年来，张天孝先后进行了"计算教学改革""应用题教学改革""小学生数学能力的培养和发展"三个专题的研究，从理论和实践的结合上进行了探索，出版专著、教材、教育读物100余本，发表论文120余篇，获中国科学院、教育部、省、市优秀教育科研成果奖7项。

　　记得在1984年8月20日，张天孝从北京回到杭州。他应中国科学院心理研究所的邀请，参加小学数学教改实验协作领导小组，由他编写《现代小学数学》第一册，并在他所在区的四所省、市、区实验小学开展先行试验。他一下火车，顾不上回家，就直奔学校资料室、办公室。他伏案疾书，桌边放的只是一些干面包、方便面。整整十天，从早到晚，手中的笔没有停过。最后一页稿纸写完时，他累倒了，一头栽进梦乡。而《现代小学数学》第一册书稿，静静地、完整地躺在他的身边。这是迸发数学天才的十天啊！

　　不久，中国科学院心理研究所聘请张天孝担任《现代小学数学》教材的副主编。他具体执笔编写的《现代小学数学》教材1至10册，竟达150多万字！

　　《现代小学数学》全套教材及其配套的《小学数学思维训练》，已被列为国家自然科学基金会1998—2002年重点资助项目"儿童认知的发展和促进——小学生数学思维的发展和促进"课题研究的实验材料。

　　一种先进的教学思想，一种先进的教学方法，只有在教材中体现出来，才能真正进入千万个课堂，影响千万个学生。今天，这套教材已在全国 29 个省、市、自治区及澳门等地的 8000 多个教学班使用。

"信息社会需要的是善于解决各种复杂问题的劳动者，问题解决是学习的最高形式。在某种意义上，运用知识解决问题，进行创造性活动，是人类学习的根本目的。"年过六旬的张天孝，保持着教改实践者的激情，科学研究者的清醒。

六、记住张天孝老师[①]

昨天上午，杭州市人民政府和浙江省教育厅、全国教师教育学会一起，举办了一次以小学教师命名的"张天孝小学数学改革 50 年思想研讨会"。张天孝老师进行"我的 50 年改革之路"演讲时，来自全国各地的 700 多位专家学者凝神静听。他们被这位从教 50 年的老教师的探索精神深深地打动了。

张天孝是谁，估计知道的人不会太多。但在中国的数学界，尤其是小学数学教学领域，张天孝的知名度很高。他 50 年如一日地从事小学数学教学的改革研究，完成了 5 套教材的编写，他的手稿，用"汗牛充栋"形容毫不为过。他的研究成果"小学新思维数学教学"体系不仅在内地产生了很大影响，而且成为港澳地区选用的教材。一位教育专家告诉笔者，张天孝的"新思维数学"体系，不但提供思维方法，还讲求思维动机和思维态度，是让学生在思维过程中产生兴趣，学会提问，这种提出问题和解决问题的能力就是思维素养和精神品格的提升。中国科学院院士张景中的评价更高：张天孝老师的研究和实践，对建设创新型国家有重要意义。

据笔者所知，张天孝编写的教材已经被全国 24 个省市上千所学校的百余万学生使用，在中国小学数学教学领域，已经形成一个张天孝独创的"新思维数学"教育体系。今年七十岁的张天孝本可以尽享荣禄，颐养天年。但他却依然热衷于与小学生和小学老师打交道，依然不断地提出小学数学教学的新思维，甚至在自己爱妻病危的床边依然演算着数学习题。

---

① 原载于《东方网》2006 年 10 月 20 日，《文汇报》记者：万润龙.

昨天，是一位北京来的教育专家找到笔者说的一番话促使我写下这则短文。她说，中国需要陈省身，需要丘成桐，但更需要张天孝；如果没有张天孝们默默无闻的奉献，中国的基础教育将无从说起。

记住张天孝这位浙江省的特级教师和浙江省功勋教师，记住无数个默默无闻的小学教师。

七、人生就为这一大事来①

在我们身边，有这样一些人。他们忠诚地怀有一个利他的理想，默默无闻然而又是坚忍不拔地为此努力着。他们是上等的好茶，和而不淡；他们是高山的名木，实而无华；他们在我们这样一个日益繁华而浮躁的时代里，成为一处清凉所在。

年届七旬的浙江省功勋教师、中科院心理研究所特邀研究员、杭州现代小学数学教育研究中心主任张天孝老师就是这样一个人。

在不久前召开的"构建小学'新思维数学'教学体系——张天孝小学数学教学改革50年"课题鉴定会上，张天孝老师半个世纪钟情于小学数学事业的精神深深地感动了与会所有的专家和领导。来自上海的特级教师顾汝佐感慨地说："50年锲而不舍于教学改革，在中国小学数学界找不出第二人，这种精神太难得了。"

写张天孝老师是件挺难的事情。一则他的个人经历实在丰富：几十年间，他几乎对全部小学数学教学领域都做了研究和改进；二来，他的言语实在朴实：用现在的话说，就是实在不会包装自己。记者记下了一些有关他的印象。

印象之一：执着一事精益求精

1984年8月，已先后在小学计算教学、应用题教学和数学能力培养方面展开过深入研究和长期实验，积累了大量素材与心得的张天孝老师开始参与"现代小学数学"的实验工作。从此，现代小学数学就成了他人生的"重中之重"。20余年来，他孜孜以求，乐在其中。

---

① 原载于《中国教育报》2006年8月21日，记者：朱振岳，通讯员：陈敏. 原题为"人生就为这一大事来——杭州现代小学数学教育研究中心主任张天孝印象".

　　"我想写一套能让孩子学了更聪明的教材。"朴实的一句话，珍藏着多大一个心愿！张天孝为此付出了大半辈子的汗水与心血。

　　在张天孝的脑海里，枯燥的教学法则是一幅幅生动美丽的图画，"要从学生的认识和发展特点出发"，按照这条新思路，"我们的新教材要用对立统一的观点来揭示数学知识的辩证关系及其真实内涵，数学要变得更加简练，有味道！"赶在新学期开学的第一天，"现代小学数学"实验试用教材第一册书稿完成。经过一个学期的试用，一个人十天写成的教材赢得了全部四所实验学校八个实验班级师生的一致喜爱。张天孝一炮而红。一年后，作为《现代小学数学》教材的副主编，张天孝欣然承担了全套教材、教学参考资料、学生课外辅导读物以及大部分练习册的编写工作。

　　他给自己制订了严格的行动计划。上午：听课，调查，收集一线资料。下午：去各大图书馆、大学查阅资料，请教专家。晚上：夜深人静，细品一日之收获。一千多个日日夜夜，张天孝日日访查，夜夜写作，其工作投入之大，研究之深之细，非亲历者难以想象。"《现代小学数学》教材 1 至 12 册，先后经历了试用本、修订本、实验本二次大的修改，每种版本我都写了三稿。征求意见稿、教学实验稿和出版发排稿，手写的。"先生打开书橱——整整齐齐码着一橱的大部头。如果说在前一个十天里，我们看到的是一个才华横溢、激情迸发的张天孝，那么眼前这 36 册 200 多万字的手稿，向我们展示的则是他对于工作深沉的爱。

　　进入 21 世纪，几经实验、修订的《现代小学数学》已遍地开花。全国 24 个省市以及港澳近 1000 多所学校的近百万学生选用了这套教材。面对全国中小学教材审查委员会的高度认可，张天孝却未雨绸缪："面对今日数量庞杂而更新频繁的信息，孩子们要善于抓住本质，创造性地提出问题、解决问题，就应当更自主、更自信。"于是，64 岁的他，带领着一个年轻的团队又开始了新一轮教材的编写。

　　"我们的新教材采用主题介入来组织内容。"说着，张天孝向我们展示了一幅童趣盎然的主题图。"这幅图是小朋友熟悉的上学情景，但它却有着丰富的数学内涵，小朋友通过观察、交流，从不同角度提出各种问题：大象坐船会沉吗？长颈鹿脖子那么长，能通过山洞吗？……"参加这样的学习，能不快乐吗？这种贴近生活的主题，是为了引发学生的问题意识，其思考实质是数学的。"生活中有大量的问题情境，学生学习数学，就是去发掘这样的机会，创造性地把数学模型应用到现实中去……"

　　从 2003 年启动到今天，不到两年的时间，这位惯与时间赛跑的人，在年近耄耋之际，又刷新了一个纪录：他完成了一生中的第五套《现代小学数学》。这一套《新读本》，日前已在杭州市上城区投入试验，外省市亦有部分学校自愿参与其中，反响热烈。

一个人，20多年的光阴，5套教材，500多万字手稿。大到一部教材的体系，小到教材里的一道题、一幅图，张天孝都亲力亲为，那需要怎样的一种坚持啊！在计划赶不上变化的今天，确实有人"短、平、快"地成功了，而张天孝却一生坚守着一个理想，执着于寓绚烂于平淡、要速度更要厚度的人生态度。

印象之二：锐意革新旨在求真

张天孝从踏上教坛的第一天起，就注定不是一个墨守成规的人。

课本上明文规定，笔算多位数加减法从个位算起，张天孝偏不！1962年，时年25岁的张天孝借鉴我国珠算技法，经过反复研究求证，勇敢地冲击了这一传统做法。他明确告诉他的学生，可以从高位算起。结果在次年杭州市小学生速算比赛中，他那九位"高位算起"的小弟子全部获奖，在当时的杭州小学数学界引发了一场不小的轰动。根据实验，张天孝与黄继鲁老师合撰的学术论文《以珠算为模式改革笔算》被日本全国珠算教育联盟研修委员长长谷清一译成日文，发表在日本《珠算春秋》第52期上。此后，又进一步发展成为"三算结合教学"实验。张天孝与人合写的《三算实验报告》被美国一家刊物转载。

多少年了，师生们都觉得小学数学应用题难，难在类型庞杂，难在无据可依。真的无据可依吗？张天孝不信。1963年年底，他开始啃这块"硬骨头"。两年时间里，他分析研究了4种版本的小学数学教学大纲，对人民教育出版社1952年版、1956年版、1960年版和1963年版4套小学数学教材做了2000多张应用题卡片。在此基础上，他提出了"应用题数量关系的基本结构"，创造性地把小学数学应用题归结为"两积之和、两商之差、归一、归总、几个数的和"五种基本结构，同时又指出小学数学应用题的三种变换，即可逆性、扩缩性和情节性变换，提纲挈领，为教师培训和课堂教学打开了科学之门。可惜的是，由于十年浩劫，直到1983年，先生才得以整理成果，出版了他的《小学应用题教学》，该书被评为1983—1984年浙江省社会科学优秀成果。至今，仍是许多小学数学教师的案头宝典。

编写《现代小学数学》亦是如此。"要'人无我有，人有我新'。"张天孝说道。

有时是条条大路通罗马，可以改。"小学起始学什么？数数不是唯一的选择。经过调查我们发现，对很多孩子来说，图形更直观、更有趣，也有基础，我们的《新读本》就从认识图形开始。"

有时是白璧微瑕，耿耿于怀，必须改。"我们过去数学书的编写，参照的是数学知识的逻辑体系，可是学生不是知识的容器，他们有他们的理解，需要一个过程。《新读本》从学生的经验出发，用学生熟悉的情景把相关联的数学知识整合起来，一试，效果果然很好！"

有时是急学生所急，不得不改。"学生觉得分数计算挺别扭。加减时要先通分，乘法又说可以直接相乘了，到了除法又让颠倒相乘。个别学习困难的孩子，上考场了，教师还在嘱咐他，是把除数颠倒，可别把被除数颠倒。"

"什么原因？学生不理解，教材没编好。《新读本》里，我们请孩子们观察、比较，自己动手操作，他们理解到分数四则运算的本质是在统一分数单位前提下分子的整数运算，他们不学法则，也会算了嘛！"张天孝说。

长期的数学教学研究锻造了张天孝的理性精神。新数学课程标准实验稿出台至今，各种声音此起彼伏。"旧东西也曾经是一种创造，有其合理的地方，轻率地予以全盘否定，我想不会有真正的创新。""你都没有站在前人的肩膀上，你又看得了多远？做得到多好？"崇古而不泥古，求新而不追新，张天孝给我们做了一个榜样。

印象之三：淡泊名利脚踏实地

人们自然不会忘记张天孝在小学数学教育方面做出的杰出贡献：浙江省功勋教师、浙江省特级教师、曾宪梓教育基金会中等师范学校教师奖一等奖。谈及这些荣誉，他都淡淡地一句："人不要为名利所累，最要紧的是抓紧时间实实在在地做事。"他是这样说的，确实也是这样做的。

学界友人来拜访张天孝。一谈，就遗憾时间走得那么严格。张天孝的新想法是多么吸引人啊，更重要的是他已经做了那么多相关调查，掌握了大量第一手翔实的资料。

一线教师慕名而来，他们在张老师这里不仅学到了专业知识，更见识到了大家风范：格物致知是如何严谨中有创新，待人接物是如何宽和中有坚持。

和张老师一起工作的后辈时时感觉如坐春风。办公室小陈想借张老师的德国教材看看，轻声轻气一说，张老师立刻记在了心里，中午特意回家去拎了来。大家开玩笑："嚯，功勋教师给你跑腿了。"

　　一群群小学生想来看看给他们写数学书的"张天孝"长什么模样。哈哈，这位白发苍苍的老爷爷竟然要玩一玩他们带去的溜溜球。他小时候一定也是个顽皮的孩子吧？

　　当然，张天孝也发脾气。2005 年和澳门地区的教师合编教材，对方编辑没有完全领会他的思路，擅自对一些内容做了修改。老人一看，筋骨全伤，徒留其形，那哪行？立刻给对方发邮件，措辞甚严，称"如若强行变更体系，恕难合作愉快"。编辑一看，第一天就从香港直飞杭州。张天孝认真地向对方解释了全盘构思，重点、难点、生发点，一一列出，对方心悦诚服，回去后马上照张老师的意思重新编撰。现在这套《新思维数学》已在澳门投入试用，越来越多的师生体会到了其中的前后呼应，层层推进。

　　张天孝工作 50 余年，收获过无数的鲜花和掌声，但这些永远都只是他的一种经历。旁人还在羡慕他这一段风景的时候，他早已经翻过了另一座山头。超然物外，实心做事，桃李不言，下自成蹊。

　　一个人，一辈子，一件事，张天孝和他率领的研究团队已走过了 50 年的历程。这个团队从 20 世纪 50 年代到 21 世纪初，每一项研究成果在不同的历史时期都具有国内领先水平；研究成果在内地产生了很大影响，并辐射到港澳地区，这一团队历久不衰形成了教育研究的基地，是我国数学教育研究中的一支优秀队伍。

　　老骥伏枥，壮心不已。张天孝思索着、设计着新一轮的实验蓝图。

八、数学不是让学生解难题[①]

　　回首往事，张天孝显然感到还是挺满意的。"不少同学都羡慕我'混'得不错。"他愉快地说。在学生时代，他留给同学印象最深的是做事执着，有一股不服输的劲头。

　　他说，这种性格大约小时候就有了。他 5 岁那年逃难，大他两岁的哥哥因为体

―――――――――――

① 　原载于《浙江日报》2006 年 6 月 21 日，记者：任琦.

弱有人抱，小他两岁的弟弟也有人抱，只有他这个老二，爹娘要叫他自己走。他就发狠："就自己走，就要走得快。"小学毕业，因为怕被"请财神"（就是被绑架后向事主家敲诈勒索一笔钱），爹娘就买来一架摇袜机，对他讲："你不要上学了，哥哥也没上。你就学这个好嘞！以后卖卖洋袜也很不错。"他偏不，想要读书。中考已经考过了，一个小学毕业生也有胆，自己一路找去，找到学校对校长说："好不好给我一个机会，你们考考看，我够不够格。"结果一考就考上了。从此少了一个生意人，多了个小学教师。

搞教学研究也是这股劲头："人家搞过的，我不大有兴趣，总想弄点自己的东西！"

用五十年的光阴，张天孝还真的"弄"了点自己的东西出来。不久前，他刚开过一个小学数学教学改革五十年课题鉴定会。来的人有中科院的院士、大学的专家教授、数学教育协会的会长，国内的数学教育专家被他踏实做事的精神感动，为他比较超前的数学教学理念叫好。而年已七十的他，还在享受着工作的快乐，带领数学教育研究的团队继续耕好自己的"一亩三分地"。

因为审批等原因，张天孝的数学读本还没有通过"新课标"的立项，这就意味着他的教材在理论上讲不能再被使用了。尽管浙江省教育厅领导多次肯定了他的研究成果，张天孝觉得受到的压力还是很大。"去年我们的教材订数下滑，但今年又有回升。很多用过的学校都觉得我这套教材对数学思维训练有不错的效果。"这个市场选择的结果又让他多少有些欣慰。在基层做了一辈子研究工作，张天孝以他的执着证明，一个人在坚持中会产生怎样巨大的力量！

在鉴定会上，教育部一位专家的话让人动容："一个学者的个人学术观点不一定对，但他的个人探索精神是非常令人感动的。"是的，让每个专家肃然起敬的是张老师实实在在的研究精神。张天孝在编写《现代小学数学》时都有三个版本，先做出实验本，待成熟后再出版。每一个专题的探讨都经过实实在在的实证研究。从设计方案，到课堂进行实证研究，通过实验，再做修改，再运用到实践，说起来没有什么奥秘。但难就难在这种脚踏实地的精神，这种一丝不苟，以实证说话的态度。

为了研究小学数学应用题，他光是卡片就做了两千多张，为了研究小学生数学能力，跟踪调查就做了六年。

现在创新氛围日浓。张天孝这个基层研究工作者以他的踏实与敬业告诉我们创新应该从何而来。

十中有九：数学老师比赛成名

张天孝说答案很简单，"64＋7"应该多练，因为这涉及后面的乘法进位。比如"89×8"就会用到这一道加法，没有两个单数相乘会得出65。在100以内，像这样得多练几遍的两位数加一位数的进位加法就有60道。

至于同样是20以内的加法，张天孝认为"6＋7"该出现10次以上，"8＋7"次之，"9＋2"只需两三次就够了。为什么？他指指一大堆实验数据，这都是做过实验得出的结论。

张天孝最早喜欢的是语文，他说自己在师范学校看了许多小说，文科成绩挺不错。1956年毕业后分到杭州市上城区中心一小（即现在的饮马井巷小学）既教语文，也教数学。当时，他对口算与笔算相结合的口算法挺感兴趣，在学校与同事一起推广杭州大学教育系一位教师搞的速算卡片。1963年全市小学生要举行一次速算比赛，每个学校可以推荐九名学生参加。比赛的结果让所有的人都大吃一惊，全市的前十名，除了天长小学的一个学生外，被他的九个学生全部包揽。

"如果不是有名额限制，很可能这个名次我也拿下了。"时至今日，他还是颇有得意。这下不得了，知道了这样一位小学数学教学能人后，上城区教师进修学校马上来调他，要让他把这套教学法好好推广到教师中间，并专门从事小学数学教育研究。这一待就是四十多年，一直到退休返聘，还没挪过地方。

"学而优则仕"，这个古老的法则在张天孝身上好像没起作用。按照张天孝的说法，漫长的人生路上，好像也有几次步入行政管理的机会，可是都被自己摆手拒绝了。他说自己脾气执拗，特别喜欢有自己的想法，这样的个性在官场上可能并不合适。

当官不去，那么去大专院校吧，中科院心理研究所甚至也曾向他摇过橄榄枝。机会难得，他思前想后还是说了"不"。小学数学教学研究最好的就在区里，要搞什么实验，电话拎起，什么学校都成。教学第一线的老师有什么新想法，学生有什么新变化，区里掌握着第一手资料。"别看那些大专院校的教授，他们的科研条件可能还没我这么优厚呢！"他自信地说。

说到一生的专业选择，张天孝充满了感慨，"是一种偶然，当初我选师范，是因为乡村教育英语底子差。听说师范学校不用考英语，还有免费的午餐。也不知道读师范是干什么的就去考了：后来因为有别的工作，不教语文，专门教数学，就开始研究数学教育。我从研究速算法开始，后来研究小学数学应用题教学改革，到现在研究新思维数学教学，一直没有离开过这一行。我对自己的认识是，我这个人不会做别的，就会这一样，小学数学教育研究。这些事大教育家不会来做，大数学家也不会来做，总得有人做！而且我相信，数学是思维的体操。数学能让一个人聪明起来。如果我能在这里面做一点微小的贡献，我也就很满足了。"

执着信念独创"新思维数学"教育体系

在一般人的概念里，教材不是部编，就是省编，统编的才够权威。虽然20世纪八九十年代就提出过"一纲多本"，但基本上都以人民教育出版社统编的教材为蓝本，做一些本地化的工作。对于一个学历只有"中师"的小学教师搞的"新思维数学教材"，不少人都会下意识地打个问号，他行吗？

这样的疑问多得让张天孝解释不过来。可是绍兴人的拗脾气让这个学历不高、决心很大、信心十足的基层研究员交出了一份满意的答案。

他执笔编著了全套《现代小学数学》，2002年经全国中小学教材审定委员会审查通过，在全国24个省市近千所学校近百万学生中使用，广受好评。2001年，全国倡导新一轮课程改革，颁布了《全日制义务教育数学课题标准（实验稿）》，张天孝又主编了《新读本》，在浙江教育出版社出版。他为澳门编写的澳门数学教材《新思维数学》，如今不但被澳门学校广泛选用，而且已经进入香港的两所小学。在中国小学数学教学领域，初步形成了一个张天孝独创的"新思维数学"教育体系。

"99％的人不会专门从事数学工作，但是100％的人必须学数学，数学教育的目的，是培养一种思维能力。"研究了一辈子小学数学教育，张天孝得出了这样一个结论——数学是培养人的科学思维和创新思维。数学是使人聪明起来，而不是解难题。小学数学教育就是让这种思维通过教学和练习，让小学生掌握起来。说说简单，做并不容易。

在漫长的研究中，他也是逐步形成了新思维数学。

在他的教材中，他特别注重数学知识的重新结构与梳理，建立新的知识序列。"数学的主要特点就是抽象性和逻辑的严密性，小学生又有独特的认知特点，如何让数学知识按照小学生的认知特点呈现出来，是我想得比较多的问题。"

为了研究这个问题。张天孝把一些难点分析解剖，找出他们需要的知识点，再回溯到基础知识，找出哪些是需要重点解决，重点强调的。好比他出的"64＋7"和"65＋7"的练习频次，在他看来，数学决不能机械地重复做题，而是要明白每一个知识点在更大知识体系中的位置。每一个知识点，每一道练习题多寡的设计都是有目的的。

数学也不是猛做直白的习题，而是要解决实际问题，帮助人们找到事物发展的规律。在他的"读本"中，特别多地设置了类似智力游戏的题目，需要小朋友自己从图形表象开始，动脑筋做判断，并找出内在的规律。他的数学也演化成情境数学，如"餐厅里的数学""教室里的测量""影剧院里的数"等主题单元巧妙地把"20以内的退位减法""认识长度单位""认识100以内的数"等数学知识和问题嵌入其中。

他非常喜欢化繁复为简洁。小学数学应用题一直是教学难点，他经过多次比较提出了五结构之说。他说，一个结构可以化做十二种不同类型的题目。好多年前，他曾应邀给六年级的孩子上数学辅导课，也是用这套应用题结构法。虽然都是临考前的"抱佛脚"，但每次都有难题被他"幸而言中"。考上的学生自然感激，不过，张天孝很少做这样的辅导，"太忙，编教材搞研究都做不过来"。

培养孙辈：方法科学是第一位的

和现在中国许多爷爷奶奶一样，张天孝在"自己孩子的成长过程中没花太多力气，但对孙子孙女辈真是不遗余力"。

读小学五年级的外孙是张天孝一手带大的。教育外孙既是他的责任，也是他做研究的"实验"对象，有许多新的想法都是通过与外孙的互动教学中产生和实验的。

早在小外孙八个月的时候，他抱着小孩子爬楼梯，一边爬，一边嘴巴里念，"1、2、3、4"，有一天，小外孙突然就记住了"8"，并且脱口而出，因为从楼下到自己家里一共有八级台阶，用很简单的方法，小孩子就获得了数的初步印象。

再大一点就给他启蒙，不是做数学题，而是思维配对。这里有一堆小提琴、弓、水果，那里有一堆木头、乐谱、玩具。谁和谁放在一起呢？为什么？

两团一模一样的橡皮泥。一个捏成了香蕉，一个捏成了圆球，那么，这两团橡皮泥还是一样重吗？

一杯水，分别倒在两个杯子里，会出现什么情况呢？（等分、不等分，多与少的概念）

读了书掌握了一定的运算法则后，就开始玩最古老也是特别有效的"算24点"。剔除扑克的花牌后，你出两张牌，我出两张牌，加减乘除随便用，谁先算出24谁赢。

为了培养外孙对数的感觉和概念。他发现了一本由新西兰出的书《数独》，形式很好，类似中国的九宫格填数字。可是内容对一个小学生来说却过于艰深。"一开始太难，小孩子有了畏难情绪，就不容易学好！"他按照书的理论体系，自己重新制作了100张练习卡片。带着小外孙一起猜字谜一样地开始"玩"着算，小外孙越做越带劲，玩到后来比他还顺溜。"赶不上喽，脑子赶不上小朋友。"

张老师说："很多人都觉得我编的题目难。一是因为我的教材自成体系，老师不经过培训是有点难，另外一个就是方法要领没掌握。你知道，思维是要靠激发的，有点难度，跳一跳才能够得着。"

不过、对于参加各种数学竞赛。张天孝的态度也很鲜明，他不主张"从难题到难题"的孤立解题，也很反对为了数学竞赛而陷入大量难题的海洋。他说："你看吧，数学'奥赛'的得主，真正成才的并不多。"所以外孙要去参加"奥赛"，他拦着不让去。"知识积累不到，如果去，不觉得负担重才怪呢！"

外孙的同桌已经会做很难的数学题了，女儿不免有些急，怀疑他的做法对不对。张天孝坚持自己的一套训练法，认为"瓜熟蒂落，水到渠成"。等外孙掌握了相当的基础知识，到时难题就迎刃而解了。不过，对外孙的未来规划，他也不含糊，"竞赛还是会选择参加的，不过不是现在去，而是等六年级或者初一。我现在每天晚上把六年级的数学编一点儿教给外孙。打好基础，到时就不怕了！"

看来"抓基础，促迁移""简结构、大容量"这套指导他编写数学教材的想法也贯穿到他对晚辈的教育中去了！

张天孝，浙江省功勋教师。今年七十岁的他一生致力于小学数学教学研究与实践，整整五十年，孜孜不倦、持之以恒的研究都化作了沉甸甸的研究成果，他完成了5套小学数学教材的编写，一个人从第一个字写到最后一个字，全是手稿。

九、求真求实开拓创新^①

20 个世纪 80 年代末，我主持课题"21 世纪中国数学教育展望"的研究，接触到了像张天孝老师这样的教育改革先驱。张天孝老师当时已经从事研究多年，拥有一系列的研究成果、论文专著，一整套思维训练的培训材料，尤其是和中国科学院心理研究所专家一起编著的教材《现代小学数学》，在当时教材多版本多样化的背景下，显示了其优越性，在小学数学教育改革中产生了积极的影响。

20 世纪 90 年代初，随着"21 世纪中国数学教育展望"课题研究的深入，我们起草了课程改革方案。当时教育部的基础教育课程教材研究中心组织国内小学数学专家研讨"21 世纪的小学数学教育"。张天孝老师应邀参加，大家从他朴实的语言中感受到他工作的务实和独特的见地。1994 年，因编写小学数学教材，我特意到杭州拜访张天孝，他办公室的《现代小学数学》手稿给了我们震撼：我本以为编写教材，总是很多人分头编著，笔迹各异，当时看到工整清楚的书稿时，才知道这套教材最基础的工作，都出自张老师的手笔。说起教材中的某一个细节，什么题多少道，什么题型怎么用，张老师如数家珍；说起某一道题的编写，他必定言之有据。题目的背后是大量的实证和大量的调查研究所积累的事实，他的研究就是那样求实求新。

进入 21 世纪，全国推行新课程改革，他仍然以满腔的热情投身其中，组织了一系列的"走进新课程"数学教学研讨会，他仍然坚持在教学的最前沿，带领教师们一起研究。新课程改革的理念在一线是否被教师认同并有效实施？新的学习方式是否被学生接受并真正使用？课程改革实施的困难在哪里，解决方法怎样？他总是默默在宏观指导下进行微观的研究，系统而深入。

在新课程改革过程中，张天孝老师继续参与新课标教材的编写工作，在送审样章的阐述中，在编写新课标教材的准备阶段，面对年近七十的张天孝老师，我们仍然可以感受到他那种开放大气的胸怀、深入细致的作风和求真求实开拓创新的精神。

---

① 原载于《教育信息报》(浙派名师专版)2005 年 11 月 19 日．作者：教育部基础教育课程教材发展中心主任助理、课程处处长刘坚．

　　在教育领域，有深厚的研究功底和理论水平，又能关注一线的教师和课堂；一方面严谨求真求实，一方面又积极开拓创新；一辈子从事小学数学实践，有大量的理论研究成果，又能编著成一套有特色的教材；能够把这几个方面都有机地结合在一起的人，不仅在浙江，而且在全国也是极为有限的。同为教育一员，我们向像张天孝老师这样呕心沥血默默奉献，辛勤工作的探索者致敬。

十、学者的深邃，智者的思想，勇者的力量①

　　20 世纪 80 年代，我还在读大学时，张天孝老师是第一位作为小学教师走上大学讲台给我们上课的老师。当时，他给我的印象是：激情与深邃。后来，我从事着与张天孝老师同样的工作：小学数学教学研究。与他接触多了，逐渐发现从他身上能学到很多的东西，学者的深邃、智者的思想、勇者的力量……

　　同其他功勋教师、特级教师一样，张天孝老师具有自身特有的人格力量，他在培养人才的同时使自己也成为智者。20 世纪 80 年代开始，张天孝老师从事数学课程的研究与开发，编著了《现代小学数学》及其他数学课程，从首都北京，到祖国的南疆与北国，百万学生受益。1988 年，我在绍兴县实验小学教书时，用的正是张天孝老师编著的《现代小学数学》，教学中我真正体会到"数学是思维的体操"的真正含义。当我的孩子读幼儿园的时候，我把张天孝老师编著的《数学思维训练》丛书作为礼物赠送给他，给他的后续学习产生了积极的影响。编著数学教材需要日复一日，年复一年的修正、研究、培训……他全身心倾注于"功在儿童"的事业。

　　20 世纪后期，课堂教学中重教轻学，重灌输轻启发的现象普遍存在，他提出了"重过程""重兴趣""重学生主动性"的观点，对当时的小学数学教学产生了较大的影响，一线教师们如醉如痴地听他讲课。每一节课，每一句话，都浸透着他精益求精的心血，闪烁着艺术创造的光焰。在他的影响下，我省的小学数学教学由"教研"兼

---

　　① 原载于《教育信息报》（浙派名师专版）2005 年 11 月 19 日．作者：全国小学数学专业委员会理事、浙江省小学数学研究会副会长方张松．原题为"同行眼里的张天孝——学者的深邃，智者的思想，勇者的力量"．

容"科研"，由"借鉴"发展"创造"，成为一块数学教育改革的热土。

"爱生""敬业""求精""探索""创造"，这是像张天孝老师一样的名师们给我们和我们中国教育的宝贵的精神财富。

十一、人活着最要紧的是实实在在做事[①]

人生有许多幸福的事，遇到一位好老师，是人生的一大幸福。我遇到了张天孝——这位好老师中的好老师，自然也就能使我不断感受到幸福中的幸福。

好老师就像一本好书，需要不断地去读，去品，去享受。我十分幸运地已经在张天孝老师身边工作了10多年，在这10多年中，有大量的机会与张老师接触，反复地阅读这本字里行间都闪烁着光芒的书。

现已年近七十的张天孝老师有着许许多多的荣誉：他是浙江省功勋教师、特级教师；被中国科学院心理研究所聘为特约研究员；获得过曾宪梓教育基金会中等师范学校教师奖一等奖……然而，当我与他谈及荣誉时，他总会淡淡一笑，轻轻地说："人不要为名利而活，人活着最要紧的是实实在在做事。"张老师是一个为而不争的人，这种利物而不与物争功，为人而不与人争名的行为，体现出了大家的风范。是啊，作为一个教师，如果能为下一代的成长实实在在地做点事，难道还有什么比这更重要、更美丽的吗？人生当感受到这种重要和美丽时，自然就会幸福。

"教材篇"是张天孝老师这本书中一个光辉的篇章。他编写过的《三算结合》教材先后由浙江人民出版社、湖北人民出版社出版，近百万册教材供全国24个省市实验班使用。他编写的五年制、六年制两套《现代小学数学》教材，都被国家教育部教材审定委员会审查通过，在全国29个省、市、自治区及澳门等地的8000多个教学班使用。每当我读着他编写的教材时，都会感受到"数学"与"教育"的完美结合，享受着"体系和结构的美丽"。这20多年来，《现代小学数学》经过了试用本、修订本、实验本等多个版本。有时，一个版本刚刚被学生和教师使用，张老师又有了新的想法，

---

① 作者为《义务教育数学课程标准》研制组核心成员，浙江省数学特级教师朱乐平．

经过实践后证明有效，他就会在第二年马上修订。在他身边工作，经常能感受到这种变化过程，渐渐地使我由这种变化联想到了生命，自信自己对生命的内涵有了更深刻的理解：生命需要不断地告别，不断地超越。无论这个人年龄多大，但只要是不断塑造新的自我的人，将永远年轻，这种青春的活力将永远美丽。张天孝老师的许多数学教育的研究成果都经得起历史的检验，比如，他在 10 多年前，就提出了"题材内容生活化"，今天它仍是指导我国数学教育改革的重要观点。与张老师接触的时间越长，读他这本书时间越久，就会越来越感觉到：他那心灵所折射出的光芒，他那智慧所锻造出的理论，完全能跨越时间、空间，像春天一样永远青翠悦目。

在繁华与喧闹的尘世中，能阅读到张老师那种从书卷中熏陶出来的知识、教养、气韵、风范，真是人生的幸福。

十二、爱，在无声中流淌①

我与张天孝老师自 1984 年共事至今，已 22 年有余。老张给我印象最深的，除了众所周知的视事业为生命之外，就是他对亲人、对学生以及对同志的那种无声的爱。也正是因为有了对于后者的许多真切的感受，才使我对他的了解变得更为丰富和深入。

张天孝老师有种几近特殊的本领——他能够在嘈杂纷繁的环境里丝毫不受干扰，专注地，效率极高地写作、编题，哪怕是有人找上门来跟他谈天，他也照样可以一边应对，一边照写不误。记得和他坐在一个办公室办公的时候，工作一天下来我常常感叹做不出什么事，而老张却能刷刷地写出十多页的稿子来。一本又一本的教材书稿，就在我一天又一天的叹息中层层叠加，复印诞生……在老张看来时间就是生命，丝毫浪费不起。或许是因为工作太投入，也许是长期独思冥想成了习惯，平时老张的话不多，包括在家里。然而，这并不影响他传递他心中的爱，他以自己独特的方式表达着对周围人的那一份深沉而细腻的爱。

挚爱无言

张天孝的爱妻，我的挚友——冯根第，一位难得的大好人，她的贤惠、善良和勤

---

① 作者为浙江省语文特级教师王燕骅.

劳可以说尽人皆知。为了老张的事业，她付出了许多许多。2003 年 9 月，冯老师不幸被确诊为胃癌晚期，原本幸福、平静的一家，一下乱了套，老张陷入了深深的内疚和痛苦……家里不能没有贤妻，一定得竭尽全力留住她——老张期待奇迹的出现。

中午，老张不再午睡，怀揣中药瓶，急忙赶往医院，按时为冯老师送上第一煎汤药；傍晚又匆匆直奔病房，递去第二煎汤药；晚上陪伴到 9 点，在根第的再三催促下才肯回家，风雨无阻，一天又一天……

记得有一天傍晚，我正骑车回家，一眼瞄到老张在街上边走边吃包子，急匆匆地向医院走去，花白的头发在风中抖动……我的鼻子不觉酸酸的，心中涌起的是一份感动，想象着冯老师喝着尚带着老张体温的中药时的那种满足和欣慰……此景此情，虽已过去两年之多，但它常常会浮现在我的脑海，让人难忘。

在亲人们无微不至的关心和鼓励下，冯老师奇迹般地挺过了 3 个月、半年，又一年……其间，在美丽的西子湖畔，多了一对"执子之手，与之偕老"的侣伴。雷峰塔边，城隍阁下，梁祝琴声袅袅的万松书院里……留下了老张陪伴妻子散步的身影。我估计，那段日子里，老张陪着根第外出散心的时间，也许超过了他们以往几十年来两口子一起出去走走的总和吧！那是老张对妻子一直以来的那份深深的歉意的真诚表达，他觉得亏欠她的太多太多。善良、知足的根第，在弥留于世的最后日子里，曾不止一次地对老张说：我让你受苦了，很对不起你。我真舍不得离开你。如果有来世，我一定要再和你做一家人，好好报答你……

根第带着无限的眷恋走了，老张心中留下的是永远的痛。

口无声而似语，目无言而传情——那是一种至善至美的境界。

哦，挚爱无言啊！

深爱无声

让老张觉得同样愧疚的，是对子女。老张孩子不多：一个本分务实的儿子，一个如花似玉的女儿。老张常说，就智力而论，两个孩子绝对有优势，可是，平时花在他们身上的时间实在太少了，他们在学业上没有得到最优化的发展。为此老张觉得很对不起孩子。为了弥补这一点，老张可以说是不惜一切代价。

且不说置房买车这些大事，老张首先想到的儿子需不需要，女儿方不方便；就是吃一顿饭这样的事，老张都会挂在心上。只要子女们回来共餐，他就很当一回事儿——自己可以随便一点，对孩子就不肯马虎，事事扑心扑肝。

　　女儿有了孩子，给全家人增添了无限欢乐，老张更是视外孙为掌上明珠，关爱有加。

　　那年，我和老张一起外出，老张精心地为每一位家人选购了礼物，外孙的礼物当然是头等重要的。在给家里打长话时，我听到老张对外孙说："迪迪，爷爷给你买了一件礼物。啊，一件不够的啊？好，好！你说要几件？爷爷去买！"老张一边呵呵地笑着，一边忙不迭地答应再去买。往后每到一处，为外孙采购就成了老张的铁定活动项目。

　　外孙上小学了，老张只要有空，就会主动承担接送外孙的任务。进修学校离天长小学虽说不远，但走走也得有十几分钟。下午放学时间还没到，老张就像许多爷爷外公一样，早早地很有耐心地站在校门口，有时一等就是一节课时间，但老张绝无怨言，待到远远见到外孙，老张立马笑开了花，乐不可支地赶上去，祖孙俩开始精练又精彩的对话：要吃肯德基？行，现在就走！要买文具、书？好，马上去！要坐三轮车，可以，爷爷去叫……真是有求必应，百依百顺哦！

　　老张对子女、对外孙的爱，就融在这些末枝细节之中，事情虽小，透出的却是长辈对孩子的无法言喻的深入骨髓的爱。

　　深爱无言！的确如此。

大爱无边

　　有人说，爱，是一种本能，动物也具有，而人之所以为人，是因为人是带着思想和感情去爱的；一个人如若只知道爱家人，而不能去爱小家之外的人，那他只是一个普通的人；人的情感，一旦能超越小我，到达不狭隘，非功利的境界，那他就是一个高尚的人。

　　老张和冯老师的本家，都是多兄妹的大家庭。两个大家庭的数十口人能处得那样亲密无间，老张有很大的功劳。老张有个侄子，从小就生活在他家，老张把他当亲儿子一样抚养，供他吃穿，供他读书，当时的住宿条件很困难，一家 4 口就够挤的了，再加上侄子，5 人挤在一间小屋子里，非常艰苦，但老张硬是撑着把侄子培养成人；根第弟妹的工作，甚至是房子问题，老张都尽力关照到。难怪长大成人的侄子视老张为父亲一般，冯家弟妹对老张就像自家哥哥一样亲。

　　更让人感慨的是，老张对学生也赋予了像父亲般的爱，尤其是对学业上，或生活上有困难的学生。记得在"张天孝教育思想研讨会"上，当时的市教委副主任顾树森，就动情地向大家叙述了他在小学读书时所得到的张天孝老师的慈父般的关爱：收到张老师送的学习用品，在张老师辅导下完成作业，然后上张老师家吃饭，那是经常的事，这样的例子，远不止顾主任一个……张老师所给予学生的爱，让学生们终生难忘！张老师认真教书，勤奋学习的精神，更是直接影响了他们一辈子。

老张与他人相处，犹如清茶一杯，很简单、很透明，但香味久远。每年春节来临，他都会记得去看看80多高龄的老何局长——他不会忘记曾经在困难之际帮助过他的老前辈；每当年轻教师前来求教之时，老张会立刻放下手上的工作，尽心尽力辅导——他觉得未来事业的希望就在年轻人身上。

老张觉得，人生在世有两为，一为做人，二为做事。做人以奉献为基点，做事以求索为动力；唯有不忘助人，方能得人之助。只有站起来看，坐下去干，踏踏实实地奋斗，才能真正实现个人的价值。老张有一句名言，叫作："有作为，才能有地位，作为决定地位；有地位，是为了更好地有作为。"此话非常辩证！他是这样认为的，也是这样去做的。赫赫的学术成果，使老张成了荣誉满满的名人，但老张仍然是大家熟悉的老张，他依然按认定的目标工作、生活着。

很多人说老张很有钱，也许是吧，但老张绝不是钱迷。对于钱，该节省处，他决不大手大脚；而该花时，他也一定不小气吝啬。前几年，他一直为教师进修学校老师们的午餐埋单，不惜每月几千元的付出；工会需要活动费用，他爽快给出万元经费，不打一点疙瘩；近年来，他又为中心的发展，源源投入资金……有些项目，并无经济效益可言，但老张不太计较，他愿意为自己的选择而付出，乐意让大家分享他心中的那份非亲非故的爱。

是啊，大爱无边哪！

"莫道桑榆晚，为霞尚满天"，年近70岁的老张，可以说已经功成名就，但他依然一如既往地默默奋斗着，也依然一如既往地在无声中释放着他心中的爱……

十三、我"读"张老师①

一个二年级的小男孩儿在我们学校发现了"张天孝办公室"，惊讶地大声地叫小

---

① 作者为浙江省语文特级教师杨明明．

伙伴："快！大家快来看，这里有张天孝！"可惜办公室门关着。

"张天孝是怎么样的一个人？"孩子带着兴奋和遗憾问妈妈。

"你应该叫张老师！他是个笑呵呵的老爷爷，专门研究你们小孩怎么学数学的大数学家！"妈妈的回答应该说很形象，也很"经典"。

如果孩子问我，我答不好。

"张老师是一本值得读的书。"我想说。

以前，我只知道他对《现代小学数学》的执着：因为我看见过张老师堆积如山的书稿；听说过他当年创业的艰辛；佩服他没有节假日伏案劳作的毅力；敬仰他耐得住寂寞、受得住挫折、容得下不公的坦荡——不过那是对功勋教师的"遥望"。

后来，和张老师接触多了，发觉他居然订阅《小说月报》，也对《大明宫词》"对白"有兴趣，感觉他的脑袋里也并非只装1、2、3、4、5。不枯燥！闲聊中得知大师也读我的"小作文"，更觉得距离骤然缩短，似乎我也可以读懂数学大师张天孝老师。

其实不然。

那天去听"中美关系"报告，推测报告人应是宣传部长或者是大学里研究国际问题的专家。让我惊讶的是，主讲：张天孝。

虽说听众仅本校30多名教工，张老师的讲课风格不变，好像面对着300多个人，依然声音洪亮，讲课投入。一位小学数学教学的专家，居然有兴趣、有精力去研究美国总统们对咱中国是什么样的态度，而且分析得这么头头是道！我不解。

因为坐在他旁边，所以清清楚楚地看到他写得密密麻麻的讲稿，写在白纸上的，写了整整七大张。（据说写了几个晚上）他的研究动机是什么？和他的小学数学专业之间有什么密切的联系？我困惑。

我想绝不会是一种单纯的业余爱好。张老师具体说了些什么，我不重复了，可是那铿锵的语调、忘情的神态，那厚厚的讲稿，那件淡蓝短袖衬衣背上的不断扩大的汗渍，给我的印象很深，很深。

他为什么关注中美关系的变化？

看来我要读懂张天孝老师并不是件容易的事。

如果那小男孩来问我，我答不好。——真的。

十四、现代小学数学教育领域的探索者①

坚持实验，勇于探索，在实践中求真，在探索中创新。

这是张天孝的座右铭，也是他 40 年来致力于小学数学教育与研究的写照。40 年中尽管我们的教育事业历经坎坷，但他在小学数学教育领域却创造出令人瞩目的辉煌成果。

20 世纪 70 年代，他在杭州上城区开展"口算、笔算、珠算结合"的教学实验，在当时全国"三算结合"的实验中，他"高位算起"的实验独树一帜，他编写的"三算结合教材"，先后由浙江人民出版社、湖北人民出版社两社出版，印数近 100 万册，供全国 24 个省市实验班使用。在 10 年实验中，他发表 19 篇论文，其中《以珠算为模式改革笔算》(与黄继鲁合撰)被译成日文，发表在日本《珠算春秋》第 52 期；《三算结合实验报告》(与王权合作)，被美国一家刊物转载。他主持的应用题教学改革实验，历时近 20 年，他写的实验总结《小学应用题教学》1983 年由浙江人民出版社出版，获省社会科学优秀成果奖。

20 世纪 80 年代，他参与撰写的《小学生数学能力的测查与评价》，(由他撰写绪论、测验结果分析和教学建议等共 17 万字)，1990 年 4 月获国家教委全国首届教育科学优秀成果一等奖。

特别是 1984 年，张天孝参加中国科学院心理研究所主持的《现代小学数学》实验后，他承担了《现代小学数学》全套教材、教学辅导材料的研究编写工作，所写的教材手稿高达 100 多万字。1989 年，包括"现代小学数学"实验在内的儿童数学思维发展的科学成果，荣获中国科学研究院科技进步奖一等奖。1990 年国家教育委员会基础教育司在给心理所一封贺信中称赞："《现代小学数学》是一套锐意改革的实验教材。几年来，同志们在这项改革实验中做了大量工作，积累了丰富的经验，对推动小学数学教材、教法改革起到了很好的促进作用。"同年 6 月 26 日《中国教育报》头版

---

① 原载于《华夏师魂》曾宪梓基金教师奖获奖人物报道，作者：浙江省语文特级教师张化万. 原题为"现代小学数学教育领域的探索者——记特级教师张天孝".

对此项实验又做了报道，充分肯定了实验的成果。1992 年以来，国家教委审定通过了《现代小学数学》1～8 册，正式将它列入九年义务教育教材。今天，这套教材已在全国 29 个省、市、自治区及澳门的 8000 多个教学班使用。

张天孝超前的改革思路，"咬住青山不放松"的韧性，所取得的光辉业绩，不仅令千千万万的一线教师称奇，也得到许多大家学者的赞誉。在国内外享有盛誉的国际数学教育大会执行委员、华东师范大学张奠宙教授曾热情得称他是："一位倡导小学数学教育革命的名家。""在'三算结合''应用题教学''小学生数学能力教学'等重大问题上有许多独到的见解，他的工作体现了中国小学数学的某些有别于外国的特征。"中国科学院心理研究所的专家们也十分钦佩他，1993 年，郑重地聘他为特邀研究员。杭州大学教育系特地召开"张天孝小学数学教育思想研讨会"，著名教育家张定璋教授称赞张天孝是真正的小学数学教育家。

1995 年 11 月张天孝应邀赴澳门讲学，指导达豪、圣心两校的"现代小学数学"的实验。不论是实验教师，还是其他科的教师，都为他独特的教学思想，清晰的改革思路和执着的科学精神所倾倒！

每当人们称张天孝为"专家""学者"时，他常常更正："不，我首先是个教师！"这不仅是成功者的谦逊，也是肺腑之言。他深知有生命力的教学改革绝不是"纯学术研究"，他不能做"书斋"式的学者。如果没有 40 余年的深入实践，没有实践中广大师生给予的灵感，鼓舞和支持，他估计没有那么大的决心、勇气和力量！

翻开历史的画卷，就能寻觅他"在实践中求真，在探索中创新"的足迹。

1960 年，张天孝在杭州饮马井巷小学执教才 3 年，可他教的 6 年级学生已在全区统考中夺了冠军，随即被任命为全区最年轻的教导主任，实践的成功激发了他的勇气和闯劲。于是浙江图书馆成了他节假日最好的去处，杭州大学教育系孙士仪先生成了他最好的指导老师。1962 年，他与饮马井巷的小学教师们一起开始了教学改革实验。他大胆地将传统的珠算法与笔算法融为一体，提出笔算也从高位算起，在三算结合的教学改革中形成了新的流派。1963 年杭州市举行全市小学生速算比赛，12 名优胜者中，上城区学生夺得了前 10 名，而其中 9 名是张天孝调教的"兵"——饮马井巷小学的学生！这引起轰动，也吸引了上城区更多的教师心甘情愿地做"三算结合"教学改革之路的铺路石。

1963 年 12 月张天孝调到上城区教师进修学校，这为他的教学改革打开了更广阔的天地。这时，他知道光靠杭州师范给的这点本钱绝对不够，只靠热情、苦干也还不够。要充电，要科学精神！他坚持去杭州大学教育系进修，学完了"小学数学教学法""儿童心理学""教育心理学""高级神经活动学说"等课程，还成了浙江教育学院的"常客"。张天孝说："那两年的学习，实际上是我走上教育科研道路的奠基阶段，为我日后的探索打下了基础。"大学的理论，小学的实践在他脑海里猛烈冲撞，萌发出"应用题教学改革"的蓝图。可惜，这一实验在"文化大革命"中被搁置了，对教学改革的眷恋，对事业的执着，始终使他坐卧不安。咬咬牙，他又回到饮马井巷小学，和教师们讨论，达成协议。以《五年级算术应用题补救计划》为题，开始了高年级系统的应用题教学改革，并通过区教研活动，将"补课"名义下的改革，悄悄地在上城区推开。

10年动乱结束，他决心追回这10年耽误了的人生！他以更沉稳的步伐向小学数学改革之巅前进！

1981年张天孝应邀参加了中央教育科学研究所赵裕春研究员主持的"小学生数学能力的测查和评价"研究课题，他说："参加这个课题，是我教育科研上的重大转折点。我从赵老师那里学到了很多，从此，我拿到了登上高速列车的通行证。"是的，为了完成中央教科所和国家教委"七五"计划期间的重点课题任务，他和同事们在杭州胜利小学、饮马井巷小学和建国一小连续六年进行数学能力的跟踪检测和调查，他写下了17万字的论文，和课题组同人一起，摘下了首届全国教育科学优秀成果一等奖的桂冠。

在这课题的协同攻关中，张天孝胆识、造诣、韧性博得中国科学院心理研究所的高度重视。1984年8月他们邀请张天孝参加由中国科学院院长基金和国家自然科学基金资助，由中科院心理研究所研究员著名心理学家刘静和领导的"现代小学数学"实验工作，并参加教学改革协作领导小组。

张天孝梦寐以求的教学改革理想将要变成现实。这位几十年来探索教学改革的勇士，早在20世纪60年代就开始进行计算教学、应用题教学和能力培养等改革实验，取得了重要的阶段性成果，并做了大量的资料积累与研究工作。今天，他即将亲自参加构建"现代小学数学"教学体系的大厦，怎能抑制住无比激动的心情！他迅速接受了邀请、主动请战，把上城区作为这一实验的主要协作单位，成为全国第一个"现代小学数学"实验区。

　　1984 年 8 月 20 日，他开会回来一下火车，顾不上回家，顾不上吃饭，就直奔学校，一头扎进编写"现代小学数学"教材工作中去。难以置信的是，他苦干 10 天，迸发出了卓越的数学才华！当写完教材最后一页，他累倒了，酣睡过去。可"现代小学数学"第一册实验试用教材的完成手稿却赶在开学前诞生！第一轮实验在上城区胜利、天长、饮马井巷、小营巷四所小学六个班进行，并一举成功。

　　为了使这部新教材造福子孙后代，张天孝在中国科学院心理研究所的领导下，拼搏开拓。在承担全部编写任务的同时，他每天在繁杂的行政事务中挤出时间，培训"现代小学数学"实验教师，讲课几百课时。这些年，张天孝所在的上城区每年要接待来自全国各地听课学习的教师 8000 多人次，他连续六年利用暑假，为全国 28 个省、市、自治区举办"现代小学数学"实验培训班，培训骨干 4800 多人，他很像报春的布谷，催人耕耘，并风尘仆仆地在全国各地播下"现代小学数学"改革的种子。

　　40 年的教学改革历程，人生最辉煌的岁月！他把自己的全部才华献给了小学数学教育改革事业。人民没有忘记他。1995 年 12 月他荣获曾宪梓教育基金会中等师范学校教师奖一等奖。在庄严的人民大会堂，他从雷洁琼副委员长手中接过了沉甸甸的烫金证书。在授奖会前与党和国家领导人合影的时刻，他幸福地握住了李岚清副总理的手。

　　在这难忘激动的瞬间。他想起了昨天：1937 年 12 月 27 日，自己出生于浙江嵊县长乐镇一个贫寒家庭；1953 年当他以优异成绩考上省城杭州师范……

后 记

一个人，一辈子，一件事

一个人孤独中奋勇前行，与时俱进，不断创新；

一辈子专注于实验研究，专心致志，心无旁骛；

一件事成就在课程改善，功在当代，利在千秋。

一个人，1937 年出生于浙江嵊县（现嵊州）农村，中师毕业到小学教书；一辈子，从 1956 年开始到 2016 年，整整 60 年，花了一生所有时光；一件事，执着于小学数学教育的实践和研究。"一个人，一辈子，一件事"，这 9 个字，就成了描述"张天孝老师一生研究小学数学"的最为简洁的介绍。

60 年的风雨岁月，60 年的跌宕人生，要介绍张天孝老师丰富的数学人生，就是像用小数来表示出圆周率 π 的无限数位那样困难，永远也写不完。描绘张老师 60 年的研究图景，不可能全面铺陈，因为那样会显得拖沓甚至不得要领，也不可能精简扼要，因为那样会遗漏精华以至于乏善可陈。张老师在小学数学的领地里辛勤耕耘 60 年，从青春年少到白发苍苍，从默默无闻到声名远扬。张老师的研究成果宛如一座高山，常人难以逾越，让人肃然起敬。张老师是数学教育家，他研究小学数学教育，笔耕不辍，著作等身；张老师是教育改革家，他编写小学数学教材，不断进取，勇于创新，他的研究成果对不同时期的数学教育改革产生了独特的影响，做出过积极而不可替代的贡献。

值此张天孝老师从教 60 周年，中国教育报刊社人民教育家研究院约请张老师整理此专著，我们梳理了张老师的数学人生，提炼了张老师的教学思想，也整理了不同时期具有新思维特色的典型课例，原汁原味地呈现了张天孝老师不同时期的代表作，还选择了具有代表性的评论文章。本书试图全方位地展示张天孝老师 60 年从教的卓越贡献。在整理中，我们被感动，被激励，也被鞭策，200 多本手稿，5 套国家级教材，数百篇论文，还有在国际国内获得科研大奖，这是一种精神，是一种坚持。

张天孝老师痴于专业执着。在张老师的家里，放着一头铜铸的牛，姿态刚劲有力，俯身前探，勇往直前，势不可挡。因为张老师属牛，所以这也是张老师坚持不懈、锲而不舍的精神写照。没有这股钻劲，不可能在 20 世纪 60 年代初，口算比赛一举成名；没有这份毅力，不会累积 2000 多张应用题的卡片；没有这份执着，受政策影响巨大的教材事业早已停歇……如果只是为了荣誉，已是浙江省功勋教师的他，没有必要争取比这个更高的荣誉了。张老师是真正热爱数学的，因为痴迷，晚上睡觉也会梦到某一个数学题，一旦梦到他就翻身起床赶忙记在小本子上；张老师是真正热爱教学的，12 册教材数以千计的数学题，在哪一册哪一页，他如数家珍。张老师的办公桌很"乱"，他博览群书，每天路过张老师办公室，他总是一头扎进堆积如山的书堆里，用略显颤动的手紧紧地握着铅笔，在白纸上一笔一画地写，从来不曾停止，也从来不知疲倦。张老师的一生，已注定是小学数学教育的一生，研究小学数学是他工作的全部，也是他"休闲娱乐"的主要方式，常人眼里的枯燥乏味的数学，在张老师眼里却是有趣的"游戏"。

张天孝老师乐于合作担当。一个人走可以走得很快，一群人走才可以走得更远。在张老师成长的路上，如果没有合作，一个小学数学老师，也难以走到今天的巅峰。因为和杭州大学孙士仪教授的合作，才有了"三算结合"的上城经验；因为和杭州大学王权教授的合作，才将"三算经验"推向国际交流；与中央教科所赵裕春教授的合作，开展了"全国小学生数学能力测查与评价"；与中国科学院心理研究所刘静和、张梅玲等教授的合作，开始了《现代小学数学》教材的编写；与澳门数学教育研究会汪甄南会长的合作，才有了澳门《新思维数学》的成功出版……可贵的是张老师在合作中乐于担当，在"全国小学生数学能力测查与评价"课题组中，受课题组负责人的委托，承担了中年级卷的专著任务，从那时起，实证研究已成为张老师的研究习惯；在《现代小学数学》教学实验协作组，承担起了执笔全套教材的重任，编写教材的工作十分辛苦，也非常具体，真正可以说是"一步一个脚印"。一个个字、一幅幅图，一道道题、一节节课，都要反复琢磨、精雕细琢。只有合作才能走得更快，只有勇于担当才能走得更远。

张老师老师勇于实践创新。常常有人说：张老师编写的教材真的是"实验"出来的，张天孝老师虚心学习，却从不盲从，他坚持"实践是检验真理的唯一标准"。张老师勇于实践，敢于创新。"三算结合"的实验，他倡导高位算起；应用题教学实验，他启动了"补救计划"；"全国小学生数学能力测查与评价"中，他坚持"能力是可以培养的"；"现代小学数学实验"，他破除原来的传统教材结构，重新创建小学数学的知识序列；"新思维数学"实验，他坚持"代数思维早期培养"。在张老师看来"提高数学素养"与"降低学习难度"之间不是矛盾的，在新时期的"英才教育计划"中，他倡导"人人都可以成为英才"……他总是与众不同，从不轻易妥协，从不随波逐流，有时几乎接近"固执"般的坚持，熬忍"缺乏认同"的孤独，而每一次的坚持，所幸在孩子身上换来的是久违的拨云见日的硕果。他总是敢为人先，创办了杭州第一个数学教育研究中心"杭州现代小学数学教育研究中心"，创办了浙江省第一个直接登记注册的民办教育研究院"浙江省新思维教育科学研究院"，这一切的创新，没有张老师，都不可能成为现实。

张天孝老师富有家国情怀。张老师爱看小说，爱看央视主旋律电视剧，当过语文老师，当过大队辅导员，如今是一位杰出的数学教育家。他作为一名老党员，与时俱进地与国家的大政方针保持一致。作为一个区级单位要承担国家教材编写的大任，困难可想而知，他以"出名师·育英才"为己任，在孤独中坚持、在孤寂中前进，参与过张老师培训的老师，从 20 世纪 60 年代开始至今，少说也有十几万，读过张老师教材读本的学生，少说也有几百万。如今，年近八旬的张老师依然站在讲台，亲自给学员讲课。作为国培计划的专家、作为浙江省名师工作站的导师、作为教材的主编，用他铿锵有力的声音、带点口音的普通话，影响着一代又一代的数学老师；张老师用独特的学术观点启发教师，用锲而不舍的精神感染教师。近年来，他还编写了多本学生学习材料，让孩子们学数学长智慧，影响着一个又一个成长中的孩子。年迈的张老师在研究上却一点也不固板，甚至很开放。他一直具有宽广的国际视野，同事出国带回来的国外教材，是他最喜欢的礼物。但作为中国的数学教育家，他却拥有很强的民族自信，他常常以自己的经验告诉年轻人不要贬低中国数学教育，盲目地照搬外国的经验，只可以比较借鉴，要在传承中创新。

　　如今从教 60 年的张老师，80 岁的年龄，却依然有"80 后"的实践研究热情，续写着数学教育人生。在他心里有一个"梦想"，就是想带领团队坚定地走在已经十分丰满的小学数学教育研究的路上，扛好数学教育发展学生思维的大旗，为国家培养创新型人才贡献力量。

　　在我们完成全书初稿的时候，恰巧遇到中国教育学会副会长、国家基础教育课程改革专家委员、原浙江省教育厅副厅长张绪培，他问：现在你们上城区还有几个像张天孝一样的老师？在场的人都无言以对。也许这也是本书的价值所在，我们记录张天孝老师，描述他走过的数学人生，陈列他的卓越成果，不是一定要让我们做到像他一样，但至少能激励更多人努力地为我国数学教育做出更多的贡献，培养更多更好的建设祖国未来的劳动者。

唐彩斌、姜荣富、陈敏

2016 年 5 月